고성장기업 육성을 위한
스케일업(Scale up)의 이해와 방법론

고성장기업 육성을 위한
스케일업(Scale up)의 이해와 방법론

초판 1쇄 발행 2023년 08월 31일

지은이 곽원섭·김창완
펴낸이 장현수
펴낸곳 메이킹북스
출판등록 제 2019-000010호

디자인 박단비
편집 최미영
교정 강인영
마케팅 안지은

주소 서울특별시 구로구 경인로 661, 핀포인트타워 912-914호
전화 02-2135-5086
팩스 02-2135-5087
이메일 making_books@naver.com
홈페이지 www.makingbooks.co.kr

ISBN 979-11-6791-414-9(93320)
값 28,000원

ⓒ 곽원섭·김창완 2023 Printed in Korea

잘못된 책은 구입하신 곳에서 바꾸어 드립니다.
이 책의 전부 또는 일부 내용을 재사용하려면 사전에 저작권자와 펴낸곳의 동의를 받아야 합니다.

홈페이지 바로가기

메이킹북스는 저자님의 소중한 투고 원고를 기다립니다.
출간에 대한 관심이 있으신 분은 making_books@naver.com으로 보내 주세요.

고성장기업 육성을 위한

스케일업(Scale up)의 이해와 방법론

곽원섭 · 김창완 지음

메이킹북스

저자소개

저자 **곽원섭**

성균관대학교에서 경영학사(산업 심리학)를 취득하고 동 대학원에서 산업 심리학 석사 및 박사 학위를 취득하였다. 주요 강의 및 연구 분야는 기업가 정신, 예술 문화와 기술 창업, 조직 개발 및 스케일업 방법론 등이다. 벤처 특성화 대학인 호서대학교 글로벌창업학과에서 교수로 재직하였고 계명대학교 글로벌창업대학원에서 객원 교수로 출강한 바 있으며 피에스아이(PSI Consulting)에서 조직 개발 컨설턴트로 활동하였다. 현재는 케이-스케일업(K-Scale Up Co.,Ltd) 대표이며 초기 스타트업 기업 및 재도약 기업의 고성장을 위한 스케일러레이터(scalerator)로서 활동하고 있다.

전국 대학 창업 교육 센터 협의회 초대회장, (사)한국 창업 교육 협의회 명예 회장 및 한국 기업가 정신 개발원 원장을 역임하였고 충남 산학 협력 중심 대학 육성 사업단 사업단장을 역임한 바 있다. 창업 교육 유공자로서 교육 과학 기술부 장관상 표창 및 대통령 근정포장을 수여받았다.

주요 저(역)서로는 《벤처 기업과 미래 선도 산업》, 《새롭게 벤처 만들기》, 《프로젝트 창업 실습》 및 《조직 개발 이론과 적용》 등이 있다.

※ 교신 메일 주소 : wskwak35@gmail.com

저자 **김창완**

서울대학교에서 미생물학 학사와 석사를 취득하고 성균관대학교에서 기술 경영으로 박사학위를 취득하였다. CJ제일제당의 연구원으로 입사하여 연구 기획, 혁신, 교육, 인사 등을 경험하고 대학에서 산학 협력과 창업 교육, 창업 지원을 하고 있다. 주요 강의 및 연구 분야는 기업가 정신, 비즈니스 모델, 디자인 씽킹 등이다. 계명대학교 글로벌창업대학원 벤처창업학과에 교수로 재직 중이고 창업 교육 센터장, 창업 지원단장, 벤처창업학과 학과장을 역임하였고 글로벌 ebusiness 창업학과, 핀테크 비즈니스학과(계약학과)와 일반 대학원에 창업학 전공과 창업학과 박사 학위 과정을 개설하였다. 현재는 계명시민교육원 창업대학 학장을 맡고 있다.

현재 한국 창업 학회 수석 부회장, 한국 중소기업 학회, 한국 경영 교육 학회 부회장을 맡고 있으며 창업 교육 유공자로서 중소 벤처 기업부 장관 표창을 수여받았다.

주요 저(역)서로는 《대학생들을 위한 기업가 정신의 이해》, 《액션 러닝과 디자인 씽킹으로 캡스톤 디자인 학습하기》, 《스타트업 투자의 언어》, 《소셜 벤처 창업》, 《기술 창업》 등이 있다.

서문

국가 경제가 활력을 갖고 성장하기 위해서는 경제 전체의 신진대사가 활발하게 이루어져야 한다. 이를 위해서는 기술력 있는 스타트업이 활성화되어야 하며 스타트업의 활성화를 통해 궁극적으로는 일자리가 창출되고 지속적인 경제 성장을 이끌게 된다. 이러한 신념을 기초로 세계 주요국들은 2008년 글로벌 금융 위기 이후 지금까지 국가별 스타트업 지원 정책을 수립하고 추진해 왔다. 그러나 최근 보고에 의하면 스타트업의 활성화 그 자체만으로는 일자리 창출, 고용 증대, 경제 성장과 직접적 관련이 없다는 주장들이 있다. 그 이유는 바로 스타트업 장려를 위한 투자 수익률(ROI)이 낮다는 점과 스타트업 기업의 생존율이 개선되지 못하고 있다는 점 때문이다.

2019년 기준 통계청 기업 생멸 행정 통계에 의하면 우리나라 창업 기업의 1년 생존율은 65.0%, 3년 생존율은 42.5%, 5년 생존율은 29.2%, 폐업률은 70.8%로 나타났다. 반면 OECD 주요국들의 5년 차 생존율은 41.7%, 폐업률은 58.3%로서 이는 국내 창업 기업의 생존율보다도 높은 수치다. 결과적으로 우리나라의 창업률은 OECD 국가 중에서 가장 높은 수준인데 비해서 창업 기업의 5년 후 생존율은 OECD 국가 중에서 가장 낮은 수준이다.

뱁슨 대학(Babson College)의 기업가 정신 생태계 조성 프로젝트(BEEP) 개발자인 Daniel Isenberg 교수는, 벤처 기업의 '생존'이 아닌 '성장'을 정책의 성과 지표로 삼아야 하며, 단지 소수의 고성장 기업들만으로도 기업가 정신에 따른 사회적·경제적 효익의 대부분을 창출할 수 있다고 강조하였다. 5년간 100명 규모 기업으로 성장한 기업이 같은 기간에 2명 규모에 머무른 50개의 기업보다 기업가, 주주, 종사자, 정부 모두의 관점에서 더 유익하다는 설명을 통해 단순히 기업 수와 같은 양적인 성장보다는 질적 성장에 초점을 맞출 것을 다시 한번 강조하고 있다. 즉 창업과 성장을 출산과 양육에 비유하면서, "양육이 잘되는 환경에서 출산율이 오르듯이 기업 성장이 잘되는 환경에서 창업도 활성화될 것"이라며 고성장 기업 즉 스케일업 기업(Scale-up)의 중요성을 강조하였다.

근래에 세계 주요 선진국들은 기존 스타트업 지원 정책을 확장·전환하여 '스케일업 정책'에 초점을 두기 시작했다. 영국의 경우 세계 최초로 스케일업 촉진 전문 기관(Scale-up Institute)을 설립해 다양한 지원을 하고 있다. 독일과 프랑스는 스케일업 지원을 위한 정책과 금융 지원을, 중국은 국가첨단기술산업개발구 단위로 가젤 기업 육성 정책을 추진하고 있다. 우리나라도 제2벤처 붐 확산 전략과 'K-유니콘 프로젝트'를 수립하여 추진해 오고 있다.

이렇듯 스케일업은 국가의 경제 성장과 일자리 창출에 기여할 뿐만 아니라 높은 생산성, 혁신 역량 등에서도 그 중요성을 인정받으며 새로운 성장 동력으로 부상하고 있다. 그러나 세계 주요국들과 기관들은 스케일업 지원의 일환으로 스케일업의 현황과 결과에 대한 논의는 많이 하고 있는데 반해 정작 스케일업을 어떻게 하는 것인가에 대해서는 자금 지원과 같은 금융적 측면을 강조할 뿐 스케일업을 위한 체계적인 프로세스와 방법론에 대한 논의는 간과하는 측면이 있다.

본서는 창업 후 기업 성장을 어떻게 이루어낼 것인가라는 질문에 대한 답으로써 스케일업이라는 현상을 이해하고 관련 지식과 방법론을 함양할 수 있도록 하기 위해 개발되었다. 여기에는 스타트업 후 초기 창업 기업뿐만 아니라 창업 후 재도약을 준비하는 기존 기업까지 포함하여 고성장 기업으로 발전하기 위한 방법론을 제공하기 위한 목적으로 집필하고자 하였다. 그러나 본서의 목적이 고성장 기업을 위한 스케일업에 있다 하더라도 현재 기업이 당면하고 있는 현안을 해결하기 위한 단순한 문제 해결 기법의 소개는 지양하고 그보다는 스케일업이라는 전체 여정 속에서 스케일업의 체계를 이해하고 여정의 단계별로 당면하게 될 과제가 무엇이며, 그것을 해결하기 위해 갖추어야 할 방안과 필요한 역량이 무엇인지에 초점을 두고 있다. 따라서 고성장을 위한 외롭고 힘든 스케일업의 여정을 준비하고 있거나 진행 중인 독자들에게 본서는 유익한 동반자가 될 것으로 확신한다.

본서의 구성

본서는 스케일업의 이해와 방법론이라는 주제를 총 4가지 모듈로 다룬다. 스케일업의 중요성에 대한 이해를 기반으로 스타트업의 스케일업 프로세스, 스케일업 접근 방법 그리고 스케일업을 위한 핵심 역량을 포함하는 총 4부 14장으로 구성되어 있다.

제1부에서는 왜 스케일업이 중요한지 그리고 그 배경이 무엇인지를 살펴보고 스케일업을 위한 세계 주요국들의 지원 정책을 살펴봄으로써 스케일업에 대한 이해를 돕는다. 제2부에서는 스케일업의 중요성에 비추어 그 접근 방법은 어떤 것들이 있는지를 알아본다. 즉 스케일업의 내용적인 측면을 검토하는 내용 이론, 스케일업의 프로세스를 다루는 과정 이론, 스케일업을 위한 기업 진단적 측면을 다루는 진단적 접근 그리고 스케일업을 하나의 시스템 내에서 다루는 생태계적 접근을 소개한다. 제3부에서는 스타트업의 스케일업 프로세스는 어떠해야 하는가에 대한 이해를 목적으로 스타트업의 라이프 사이클, 스케일업을 위한 시기와 준비 그리고 스케일업 기업으로 구축되기까지의 프로세스를 다룬다. 제4부에서는 스케일업을 위해 필요한 핵심 역량이 무엇인지를 알고 그것을 배양하기 위한 방법을 소개한다. 즉 비즈니스 전략, 마케팅과 시장 진출 전략, 운영 시스템과 인프라, 자금 조달과 투자 유치 전략 및 인적 자원과 조직 관리 방안을 다룬다. 끝으로 본서는 실제적인 적용과 사례를 강조하면서 각 장의 말미에 스케일업 성공 사례를 제공하고 있다.

본서의 대상

본서의 내용은 다양한 독자들에게 흥미로울 수 있겠지만 본서를 집필하는 과정에서 세부 내용을 추가할 때마다 특별히 염두에 둔 독자들은 다음과 같다:

· 핵심 기술 기반의 기술 창업 기업 및 기술 지원을 기반으로 비즈니스 아이디어를 사업화하고 있는 초기 창업 기업과 재도약을 준비하고 있는 기업의 설립자

· 신제품 및 서비스 기반의 지속 가능한 고성장을 추구하고자 하는 기업의 임직원
· 스타트업 및 스케일업 현상에 관심이 있는 대학원 학생 및 관련 분야의 연구자
· 기술 및 기술 지원 기반 기업의 스케일업을 위해 보육하고 지원하는 공공 기관, 인큐베이터, 액셀러레이터 등의 개입(intervention) 기관
· 스타트업 및 스케일업의 활성화를 위한 정책 입안을 담당하는 공공 기관의 담당자
· 정부, 기업, 공공 기관의 자금 조달 기관 및 민간 투자자

본서를 준비하면서 스케일업이라는 현상을 이해하고 적용하는 방법을 전달하기 위해 나름대로 최선을 다하였으나 부족한 부분은 향후 독자들의 피드백을 받아 개선할 수 있는 기회가 있으리라 생각된다. 본서의 발간을 흔쾌히 수락해 주신 메이킹북스 대표님에게 감사드리며, 한결같은 이해와 지지를 보내준 가족들에게 감사의 마음을 전한다. 끝으로 100세를 앞둔 고령임에도 불구하고 사물의 본질을 바라보는 안목을 일깨워 주신 성균관대학교 명예 교수이신 이창우 박사님께 감사의 말씀을 전한다.

2023년 8월
저자 곽원섭·김창완

목차

서문	006

제1부. 스케일업(Scale Up)의 이해

1장. 왜 스케일업인가? — 016
   Ⅰ. 개요 — 016
   Ⅱ. 세계 주요국의 스타트업 지원 정책과 효과 — 017
   Ⅲ. 스케일업(Scale-up)의 부상 — 027
   Ⅳ. 스케일업 현황 — 031

스케일업 스토리(1) — 042

2장. 주요국의 스케일업 지원 정책 — 045
   Ⅰ. 개요 — 045
   Ⅱ. 주요국의 스케일업 지원 정책 — 046
   Ⅲ. 시사점 — 063

스케일업 스토리(2) — 066

제2부. 스케일업 접근 방법론

3장. 내용 이론 — 072
   Ⅰ. 개요 — 072
   Ⅱ. 고성장 기업의 결정 요인 — 073
   Ⅲ. 요약 및 시사점 — 089

[부록] 고성장 결정 요인 체크 리스트 — 091
[예시] — 092

스케일업 스토리(3) — 099

4장. 과정 이론 　　　　　　　　　　　　　　　　　　　102
　Ⅰ. 개요　　　　　　　　　　　　　　　　　　　　　102
　Ⅱ. 확산 이론(Diffusion Theory)　　　　　　　　　　103
　Ⅲ. 캐즘 이론(Chasm Theory)　　　　　　　　　　　109

스케일업 스토리(4)　　　　　　　　　　　　　　　　　136

5장. 진단적 접근　　　　　　　　　　　　　　　　　139
　Ⅰ. 개요　　　　　　　　　　　　　　　　　　　　　139
　Ⅱ. Growth Wheel(성장 바퀴) 모델　　　　　　　　　140
[부록 1] 성장 바퀴 진단표　　　　　　　　　　　　　154
　Ⅲ. 히든 챔피언 모델(Hidden Champions Model)　　158
[부록 2] 글로벌 강소기업 글로벌 역량 진단 평가표　　170

스케일업 스토리(5)　　　　　　　　　　　　　　　　　177

6장. 생태계적 접근　　　　　　　　　　　　　　　　180
　Ⅰ. 개요 : 생태계적 접근의 배경　　　　　　　　　　180
　Ⅱ. 뱁슨 기업가 정신 생태계 플랫폼
　　　(BEEP: Babson Entrepreneurship Ecosystem Platform)　182
　Ⅲ. 스케일업 생태계의 영역과 구성 요소　　　　　　185
　Ⅳ. 스케일업 툴킷(Scale Up Toolkit)　　　　　　　　189
　Ⅴ. 스케일업 생태계 구축 사례　　　　　　　　　　　194
　Ⅵ. 스케일업 생태계 구축의 원칙　　　　　　　　　　202

스케일업 스토리(6)　　　　　　　　　　　　　　　　　205

제3부. 스타트업의 스케일업 프로세스

7장. 스타트업 라이프 사이클　　　　　　　　　　　210
　Ⅰ. 개요　　　　　　　　　　　　　　　　　　　　　210

Ⅱ. 스타트업 성장 단계 모델　　　　　　　　　　　　　　　211
　　Ⅲ. 스타트업의 공통적인 도전 과제　　　　　　　　　　　　225

스케일업 스토리(7)　　　　　　　　　　　　　　　　　　　228

8장. 스타트업의 스케일업 시기와 준비　　　　　　　232
　　Ⅰ. 개요　　　　　　　　　　　　　　　　　　　　　　　232
　　Ⅱ. 스케일업(Scale up)의 개념　　　　　　　　　　　　　233
　　Ⅲ. 스케일업의 시기　　　　　　　　　　　　　　　　　238
　　Ⅳ. 스케일업을 위한 준비　　　　　　　　　　　　　　　245
　　Ⅴ. 스케일업의 성과 지표　　　　　　　　　　　　　　　256

스케일업 스토리(8)　　　　　　　　　　　　　　　　　　　261

9장. 스케일업 기업 구축　　　　　　　　　　　　　　264
　　Ⅰ. 개요　　　　　　　　　　　　　　　　　　　　　　　264
　　Ⅱ. 스케일업을 위한 기업 구축 프로세스　　　　　　　　267
　　Ⅲ. 요약　　　　　　　　　　　　　　　　　　　　　　　308

스케일업 스토리(9)　　　　　　　　　　　　　　　　　　　309

제4부. 스케일업을 위한 핵심 역량

10장. 비즈니스 전략　　　　　　　　　　　　　　　　314
　　Ⅰ. 비즈니스 전략(Business Strategy)의 개념　　　　　315
　　Ⅱ. 전략 수립 접근 방법　　　　　　　　　　　　　　　319
　　Ⅲ. 요약　　　　　　　　　　　　　　　　　　　　　　　341

스케일업 스토리(10)　　　　　　　　　　　　　　　　　　343

11장. 마케팅 전략과 시장 진출   346
    Ⅰ. 고객 중심 마케팅 전략의 기초   346
    Ⅱ. 온라인 마케팅   363
    Ⅲ. 시장 진출 전략   372

스케일업 스토리(11)   387

12장. 운영 시스템(Operations Systems)과 인프라   390
    Ⅰ. 운영 시스템 개발의 사이클과 고려 사항   390
    Ⅱ. 스케일업과 운영 시스템   394
    Ⅲ. 고성장 기업 운영을 위한 IT 인프라   397
    Ⅳ. 결론   405

스케일업 스토리(12)   406

13장. 자금 조달과 투자 유치   410
    Ⅰ. 자금 조달   410
    Ⅱ. 성장 단계별 자금 조달   415
    Ⅲ. 자금 조달과 기업 가치 평가   423

스케일업 스토리(13)   438

14장. 인적 자원과 조직 관리   441
    Ⅰ. 인적 자원 관리   442
    Ⅱ. 조직 구조와 관리   448
    Ⅲ. 리더십   454
    Ⅳ. 조직 문화   459

스케일업 스토리(14)   469

참고 문헌   472

제1부

스케일업(Scale Up)의 이해

1장. 왜 스케일업인가?

I. 개요

2008년 글로벌 금융 위기 이후 세계 주요국은 저성장 기조와 실업난의 장기화 극복을 위한 혁신의 목적으로 스타트업 생태계를 조성하기 위한 지원을 확대하여 왔다. 세계 각국이 창업 활성화 정책에 집중하는 이유는 창업 활성화를 통해 고용이 확대되기를 기대하며 궁극적으로는 경제의 지속적인 성장을 이끌게 될 것이라는 기대감이 깔려 있기 때문이다.

하지만 2014년경부터는 글로벌 경기 회복이 가시화되면서 선진국을 중심으로 새로운 스타트업의 창출뿐 아니라 지속적이고 새로운 성장의 창출을 위한 스케일업에 대한 논의와 정책이 확산하고 있다. 최근 우리나라도 정책 방향을 스타트업 창업 장려 단계를 넘어 스케일업 지원으로 전환해야 한다는 목소리가 높아지는 상황이다. 스케일업(scale-up)은 매출·고용 등이 단기간에 급격하게 성장한 기업을 의미한다. 통상적으로 스케일업이란 최근 3년간 연평균 매출 증가율 20% 이상 또는 고용 증가율 20% 이상인 고성장 기업으로 정의한다.

이처럼 스케일업(scale-up) 기업이 주목을 받는 가장 큰 이유는 고용 창출과 매출 성장을 통한 경제 활성화에 기여하는 기업은 스타트업이 아니라 스케일업 기업이라고 보는 인식 때문이다. 그 예로써 '영국 경제 성장을 위한 스케일업 보고서(Coutu, 2014)'에서는, 스케일업을 통해 영국은 3년 내 24만 개의 좋은 일자리와 약 380억 파운드(약 62조 원)의 매출 증대를 꾀할 수 있다고 보고하였다. 미국에서도 과거 10년간 창업을 통한 일자리 창출은 7%에 불과한 반면, 스케일업 기업을 통한 일자리 창출은 92%로 훨씬 높았다는 연구 결과(SBA, 2014)가 발표되었다. 이러한 결과들은 창업 기업이 고용 창출에 크게 기여한다는 기존의 주장과, 근래 들어 크게 부각되고 있는 또 다른 주장인 고성장 기업이 고용 창출의 원동력이라고 하는 주장과는 외견상 상충되는 것처럼 보인다.

본 장에서는 세계 주요국들의 스타트업 지원 정책을 개관하고 스타트업을 통한 고용 창출 효과와 경제 성장 효과를 살펴본다. 아울러 고용 창출과 성장이라는 측면에서 스케일업이 부상하는 이유와 스타트업과 스케일업의 역할 관계를 검토하고자 한다. 끝으로 스케일업의 개념적 정의, 중요성 및 주요국들의 스케일업 현황에 대해 알아본다.

II. 세계 주요국의 스타트업 지원 정책과 효과

1. 주요국의 스타트업 지원 정책

2008년 글로벌 금융 위기 이후 세계 주요국은 저성장 기조와 실업난의 장기화 극복을 위한 혁신의 일환으로 스타트업 생태계를 조성하기 위한 지원을 확대하여 왔다. [그림 1-1]과 [그림 1-2]에서 보는 바대로 세계 각국이 스타트업에 투자한 금액은 2012년 45.3억 달러에서 2018년 207.0억 달러로 증가되었다. 특히, 전 세계 스타트업 투자 금액 중 아시아 지역의 비중이 11.5%(2012년)에서 39.1%(2018년)로 크게 증가하였다.

주요국의 스타트업에 대한 지원 현황을 세부적으로 살펴보면, 미국의 오바마 행정부는 2011년 '스타트업 아메리카 이니셔티브(Start-up America Inititive)'라는 스타트업 육성 정책을 추진하였으며, 2017년 트럼프 행정부는 미국 혁신국을 신설하여 스타트업을 지원하였다. EU는 EU 차원에서의 다양한 스타트업 지원 정책을 수립하여, 자금 지원 및 네트워킹 서비스 등을 제공할 뿐만 아니라, 개별 국가 단위 차원에서도 스타트업 지원을 위한 자금 지원이나 세제 혜택 관련 제도를 운용하고 있다. 영국의 테크시티(Tech City), 프랑스의 프렌치 테크(French Tec)가 이에 해당한다. 한편 중국은 정부 차원에서 '대중 창업, 만인 혁신'이라는 경제 발전 방침에 따라 스타트업을 위한 행정 절차 개선 및 창업 교육 프로그램 제공 등 환경 개선 및 자금 조달을 위한 시장 조성에 주력하여 왔다.

[그림 1-1] 세계 스타트업 투자 금액

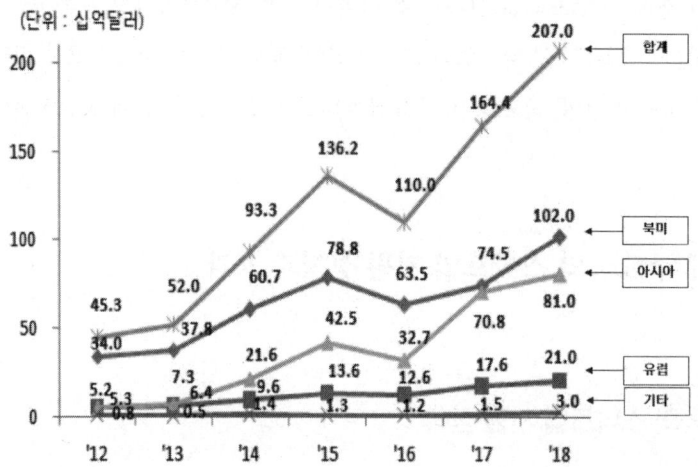

※ 자료원: PWC/CB Insights(2019), "MoneyTree Report Q4 2018"; PWC/CB Insights(2018), "MoneyTree Report Q4 2017

[그림 1-2] 지역별 스타트업 투자 금액 비중

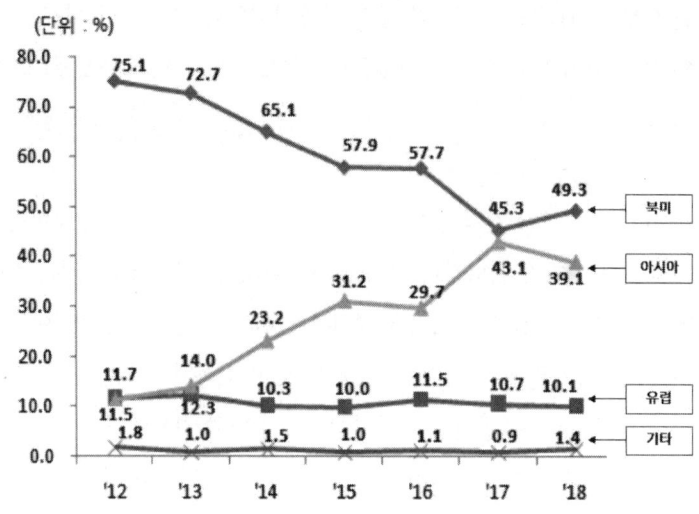

※ 자료원: PWC/CB Insights(2019), "MoneyTree Report Q4 2018"; PWC/CB Insights(2018), "MoneyTree Report Q4 2017

스타트업 생태계 조성을 위한 주요국들의 공통적인 지원을 보면 ① 금융 지원, ② 세제 혜택, ③ 멘토링 등 네트워킹 조성 지원이라는 3가지 방향으로 스타트업의 육성을 지원하여 왔다. 금융 지원 측면에서는, IT 선도기업 및 VC는 유망 스타트업을 선별하여 직접 투자하고 있었으며, 정부도 기금을 조성하여 보조금을 스타트업에 직접 제공하거나 금융 중개 기관을 이용할 수 있도록 보증이나 투자금을 조성하였다. 세제 혜택 측면에서는, 스타트업에 투자하는 투자자를 대상으로 세금 감면, 스타트업에 대한 법인세 감면 등 세금 감면 혜택을 제공하였다. 끝으로 네트워킹 측면에서는, 멘토링 프로그램을 통해 창업 교육, 운영·자금 조달 관련 전문가 연결을 통해 지원하였다.

〈표 1-1〉 세계 주요국의 스타트업 지원 현황

구분	주요 내용
금융 지원	(미국) 해당 기업에 지원한 민간 자본에 매칭하여 투자 (EU 및 역내 국가) 기금을 통해 직접 보조금이나 보증 지원, VC 및 사모 펀드에 투자 (중국) 기금을 조성하여 VC에 투자
세제 혜택	(미국) 스타트업 투자 시 해당 주식을 5년 이상 보유한 경우 자본 이득세 영구 감면 (EU 및 역내 국가) 스타트업 투자 금액에 대한 소득세 감면, 스타트업이 근로자에게 제공하는 스톡옵션에 대한 세금 면제, 스타트업에 대한 낮은 법인세 적용 (중국) 벤처 캐피털이나 개인 투자자의 투자액의 70%에 대해 세금 공제
네트워킹 조성	(미국) 멘토링 프로그램을 신설하여 전문가와 연결, 글로벌 IT기업들이 멘토링 수행 (EU 및 역내 국가) 법적 자문을 제공받을 수 있는 전문가 연결, 기업 확장을 지원하기 위해 멘토·투자자·유럽 내 타 지역 기업가 연결 (중국) 창업 관련 교육 과정 신설, 청년층 창업 지원 플랫폼인 '중창 공간' 설치

※ 자료원: KDB 산업은행(2019). 주요국의 스타트업(Startup) 지원 방식과 시사점, 산은조사월보, 제761호

한편 우리나라의 경우에도 다양한 지원을 통해 스타트업 생태계 구축을 위해 노력해 왔다. 혁신 모험 펀드의 조성(민간 자금을 매칭하여 조성하는 벤처 투자 펀드 10조 원, 성장 단계별 스타트업 지원을 위한 혁신 창업 펀드 2조 원, 스케일업 지원을 위한 성장 지원 펀드 8조 원)을 통해 자금을 지원하며, 벤처 기업 매각에 따른 회수 자금의 재투자 시 세제지원 및 창업 목적 자금으로 자녀에게 증여 시 과세 특례 적용 및 적용 조건 완화 등의 제도를 통해 스타트업을 위한 지원을 확대하고 있다. 이외에도 중기부 창업 지

원 예산은 [그림 1-3]에서와 같이 1998년 82억 원에서 2016년 3,766억 원, 2020년은 8,492억 원까지 대폭 증가했다. 특히 최근 4년 동안에는 4,726억 원이 증가해 지난 20여 년간 증가분의 약 60%가 이 기간 증가했다. 이는 연구 개발(R&D), 정책 자금(융자), 투자 예산 등은 제외한 수치다.

이처럼 세계 각국이 창업 활성화 정책에 집중하는 이유는 창업 활성화를 통해 고용이 확대되기를 기대하며 궁극적으로는 경제의 지속적인 성장을 이끌게 될 것이라는 기대감이 깔려 있기 때문이다. 그렇다면 창업 활성화를 통한 고용 창출과 경제 성장에 어떻게 영향을 미쳤는지 알아보자.

[그림 1-3] 우리나라 연도별 창업 예산 추이

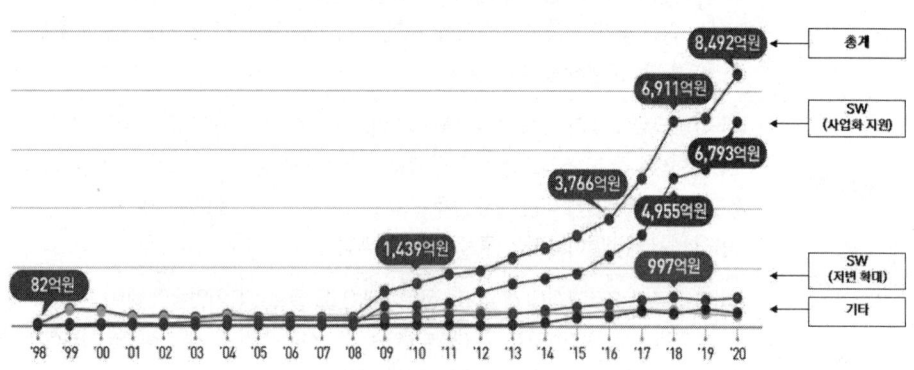

※ 자료원: 중소벤처 기업부(2021). 한국 창업 생태계의 변화 분석

2. 스타트업의 고용 창출 효과와 경제 성장 효과

Kane(2010)이 미국의 기업 생멸 패널 데이터인 BDS(Business Dynamics Statistics)를 이용하여 측정한 바에 따르면, [그림 1-4]에서 보듯이 미국의 경우에 1977~2005년 기간 중 창업 기업(업력= 0 기준)에 의한 순고용 창출은 연평균 295만 명 수준에서 전반적으로 안정적인 추세를 보이고 있다. 이에 비해서 기존 기업의 성장·축소 및 퇴출로 인한 고용은 연평균 약 100만 명 정도 감소했으며, 경기 변동에 민감

한 모습을 보이면서 순환 변동하고 있는 것으로 나타나고 있다. 전체적으로 보면 기존 기업은 순고용 감소 효과를 보이고 있다. 결국 Kane(2010) 연구의 결론은 미국에서는 1977~2005년 기간 중 순고용 창출은 창업 기업이 지배했으며, 기존 기업은 순고용 감소(net job losers)를 기록했다는 것이다. 따라서 창업기업이 많을수록 고용 창출의 효과는 높다고 할 수 있다.

그러나 이러한 분석은 정태적인 분석에 의한 결과로 나타난 것이라고 할 수 있다. 즉 전체 기업체 구성 분포에서 창업 기업이 항시 높은 비중을 차지하기 때문에 생겨나는 구조적인 현상이라고 볼 수 있다(Stangler & Kedrosky, 2010). 정태 분석의 이러한 한계점을 보완하기 위해서는 가장 간단하게는, 두 시점 간의 기업 업력별 종사자 수 분포를 비교 정태적으로 살펴볼 필요가 있다.

[그림 1-4] 미국의 창업 기업 고용 창출 성과 변화 추이

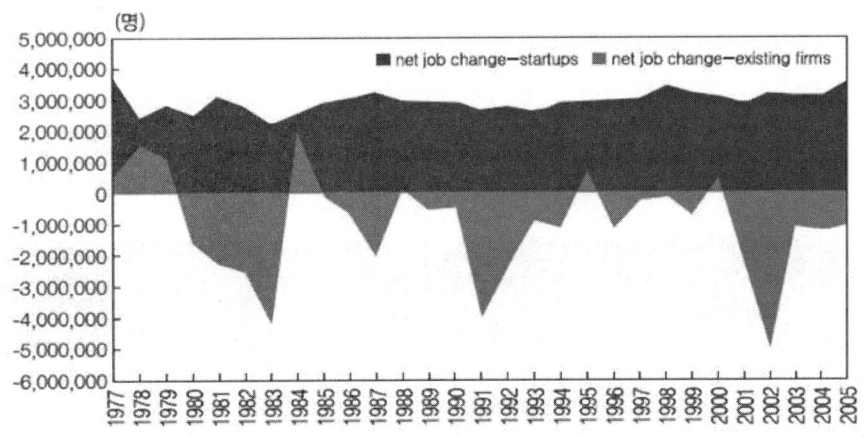

※ 자료원: Kane(2010), "The importance of Startups in Job Creation and Job Destruction:", KAUFFMAN Foundation Research Series에서 인용함.

즉, 두 시점 사이에 전체 산업의 기업 업력별 종사자 수 분포가 어떻게 변화했는지를 파악해 보면, 해당 기간의 종사자 수 변화(순고용 창출)가 어떤 업력 군에서 주로 발생했는지를 알 수 있고, 이를 통해서 창업 기업과 기존 기업 간 고용 창출 기여도를 비교해 볼 수 있기 때문이다.

이러한 맥락에서 〈표 1-2〉와 [그림 1-5]는 2007년 및 2012년의 우리나라 전산업 기업 업력별 종사자 수 분포를 비교하여 나타낸 것이다. 〈표 1-2〉에서 보듯이 업력 0년 창업 기업이 11.1%로 가장 높고, 업력 1년 기업이 1.54%, 업력 2년 기업이 0.5%를 기록하였다. 반면 업력 3년 ~ 업력 8년 기업에서는 순고용 창출 기여도가 (-)로 나타났다. 이후 순고용 창출 기여도가 다시 (+)로 반전하여 업력 12년 기업의 순고용 창출 기여도가 9.17%를 기록하여 순고용 창출에 대한 창업 기업의 기여도 11.1% 다음으로 높은 수준을 나타냈다.

이후 업력이 높아지면서 순고용 창출 기여도는 점차 감소하는 모습을 보이고 있다. [그림 1-5]는 〈표 1-2〉에서 업력을 60년까지 연장하여 작성한 것이다. 〈표 1-2〉와 [그림 1-5]에서 보여 주고 있는 사실은 2007~2012년 기간 중 순고용 창출에 있어서 비록 창업 기업(업력= 0)의 기여도가 11.1%로 가장 높은 수준을 기록했지만, 전반적으로 본다면 기존 기업(특히 업력 9년 이상)의 순고용 창출 기여도의 합계가 창업 기업의 순고용 창출 기여도보다 훨씬 크다는 것이다. 이러한 결론은 순고용 창출에 있어서 창업 기업의 기여도가 기존 기업의 기여도보다 훨씬 크다고 하는 정태적 분석 결과와는 다른 것이다.

〈표 1-2〉 기업 업력별 분포 변화 및 순고용 창출 기여도

단위: 천 명

업력	2007(A)	비중(%)	2012(B)	비중(%)	순고용 창출(B-A)	비중(%)
전체	15,569	100.0	18,127	100.0	2,558	100.0
0(창업)	1,111	7.13	1,395	7.70	284	11.12
1	1,335	8.58	1,374	7.58	39	1.54
2	1,133	7.28	1,146	6.32	12	0.50
3	1,042	6.69	1,018	5.61	-24	-0.96
4	936	6.01	889	4.90	-47	-1.86
5	941	6.04	770	4.25	-170	-6.67

업력	2007(A)	비중(%)	2012(B)	비중(%)	순고용 창출(B-A)	비중(%)
6	801	5.14	723	3.99	-77	-3.01
7	797	5.12	699	3.87	-98	-3.84
8	684	4.39	681	3.75	-33	-0.13
9	541	3.47	615	3.39	74	2.90
10	495	3.18	665	3.67	170	6.66
11	439	2.82	610	3.36	171	6.69
12	415	2.67	650	3.58	234	9.17
13	374	2.40	572	3.15	197	7.73
14	274	1.76	445	2.45	170	6.66
15	280	1.80	406	2.24	126	4.92
16	260	1.67	364	2.01	104	4.07
17	253	1.63	375	2.07	122	4.76
18	251	1.61	336	1.85	86	3.35
19	213	1.37	244	1.35	31	1.22
20	180	1.16	250	1.38	69	2.76

※ 자료원: 통계청. '전국사업체조사'의 2007년도 및 2012년 미시 데이터를 이용하여 작성

 따라서 창업 기업이 고용 창출에 크게 기여한다는 기존의 주장은, 근래 들어 크게 부각되고 있는 또 다른 주장, 즉 고성장 기업 혹은 가젤기업(High growth firms or Gazelles)이 고용 창출의 원동력이라고 하는 주장과는 외견상 상충되는 것처럼 보인다. 왜냐하면 고성장 기업의 상당수는 업력 5년 이하 창업(초기) 기업이 아니기 때문이다.

[그림 1-5] 순고용 창출에 대한 기업 업력별 기여도 분포(2007~2012)

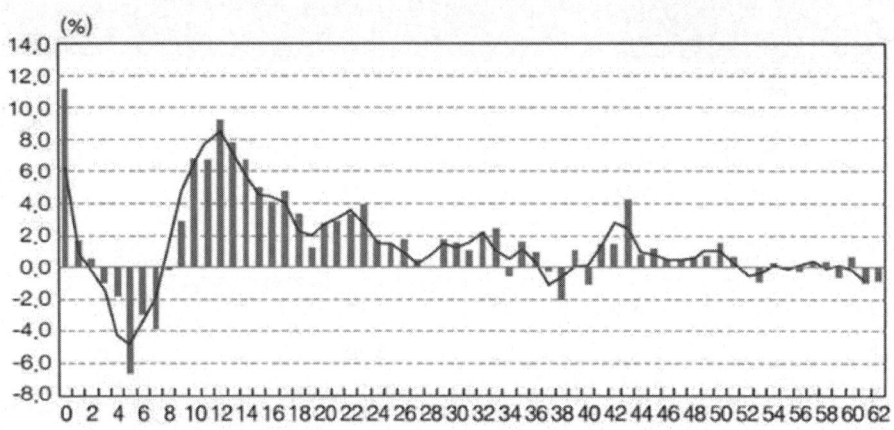

※ 자료원: 조덕희(2014)에서 재인용

실제로 소수의 고성장 기업이 창출하는 일자리는 범국가적인 수준으로 알려져 있다. Kauffman Foundation(2010)에 따르면, 5%의 고성장 기업이 미국의 신규 일자리의 2/3를 창출했다. 또한, NESTA(2009)에 따르면, 6%의 고성장 기업이 영국 신규 일자리의 54%를 만들었다. 우리나라 중소기업청(2014)은 9.8%의 고성장 기업에 의해 신규 일자리의 33.4%가 창출되었다고 발표하기도 했다. 이러한 고성장 기업과 관련하여 한 가지 특기할 만한 사실은, Autio와 Holzl(2008)이 지적하고 있듯이, 일반적인 예상과는 달리 고성장 기업은 일부 업종에만 편재되어 나타나는 것이 아니라 여러 업종에 고르게 산재하며, 특별히 창업 초기 기업이 아니라, 업력(age)이 매우 높다는 것이다.

이러한 결과를 두고 봤을 때 외견상 보기에는 두 가지 주장 즉, 창업 기업이 고용 창출의 원동력이라는 주장과 고성장 기업이 고용 창출의 원동력이라는 주장이 서로 상충되는 것처럼 보인다. 그러나 두 가지 주장은 상반된 것이 아니라 동시에 타당한 주장일 수 있다. 일자리 창출 측면에서 본다면 스타트업 활성화만으로는 부족하다. 즉 스타트업은 새로운 일자리를 창출하기보다 기존 직장을 잃는 실업의 대안으로 작동하거나 실업률이 높아짐에 따라 창업 활동이 활발해지는 경향도 있다. 이 같은 창업 활동은 소기업 비중이 늘어나는 결과로 이어진다. 그러나 다양한 연구와 통계들은 기업 규모가 작을수록,

기업의 생산성, 임금 수준, 직업 안정성, 고용 여력은 떨어진다고 볼 수 있다.

문제는 스타트업의 생존율이다. 우리나라의 국가 차원의 창업 활성화를 위한 지원 결과를 보면, 우리나라의 신설 법인은 2000년 6만 1,000개에서 2020년 12만 3,000개로 20년 동안 6만 개 이상 증가했다. 특히 2017년부터 2020년까지 4년 동안 지난 20년간 증가분의 절반에 가까운 2만 7000개가 증가했다[그림 1-6].

[그림 1-6] 2000년~2020 연도별 신설 법인 추이

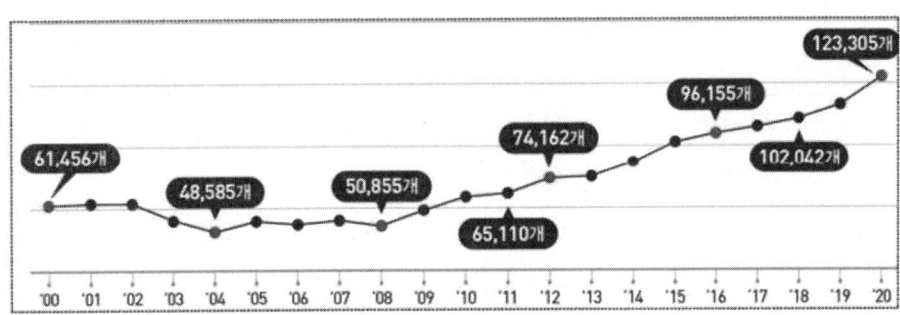

※ 자료원: 중소벤처 기업부(2021). 한국 창업 생태계의 변화 분석

그러나 창업 기업의 생존율 관점에서 보았을 때 국내 창업 기업의 5년 차 생존율은 29.2%로 10개 기업 중 7개 기업이 5년을 버티지 못하고 폐업하는 것으로 확인되었다. 2019년 기준 통계청 기업 생멸 행정 통계〈표 1-3〉에 의하면 1년 생존율은 65.0%, 3년 생존율은 42.5%, 5년 생존율은 29.2%로 나타났다. OECD 주요국의 5년 차 폐업률은 58.3%, 생존율은 41.7%로서 이는 국내 창업 기업의 생존율을 보다도 높은 수치다. 국가별로는 프랑스의 생존율이 48.2%로 가장 높았으며, 다음으로는 영국(43.6%), 이탈리아(41.8%), 스페인(39.7%), 독일(38.6%), 핀란드(38.5%) 순이었다. 이처럼 우리나라의 창업률은 OECD 국가 중에서 가장 높은 수준인데 비해서 창업 기업의 5년 후 생존율은 OECD 국가 중에서 가장 낮은 수준이다.

<표 1-3> 창업 기업 생존율(단위 %)

구분		1년 차	2년 차	3년 차	4년 차	5년 차	5년 차 폐업률
한국	평균	65	52.8	42.55	35.6	29.2	70.8
	예술, 스포츠, 여가 서비스업	59.4	45.2	33.3	25.4	18.4	81.6
	숙박, 음식점업	61.5	44.1	32.8	25.2	19.1	80.9
	사업 지원 서비스업	57.4	43.4	38.1	32	26.3	73.7
	도소매업	61	48.2	38.7	32.2	26	74
	교육 서비스업	63.9	50	41	33.6	27.5	72.5
	출판, 영상, 정보 서바스업	64.4	52.6	43.6	35.9	30.9	69.1
	보건, 사회 복지 서비스업	79.8	69.7	59.2	48.5	39.1	60.9
	전문, 과학, 기술 서비스업	66.4	56.2	46.4	41.7	35.8	64.2
	제조업	72.4	60.7	51.7	45.7	39.9	60.1
OECD	평균	82.2	67.3	56.6	47.5	41.7	58.3
	프랑스	82.6	68	60.7	53.4	48.2	51.8
	영국	89.4	75.4	60.3	49.8	43.6	56.4
	이탈리아	82.2	67.3	53.9	46.1	41.8	58.2
	스페인	77.4	62.4	55.1	46.7	39.7	60.3
	독일	77.4	61.7	49.2	43.8	38.6	61.4
	핀란드	84.2	69.2	60.2	45.1	38.5	61.5

※ 자료원: 기업 생멸 행정 통계('19.12 통계청)

이처럼 우리나라의 창업 상황은 한마디로 높은 창업률과 높은 폐업률, 창업 기업의 낮은 생존율과 부진한 성장성 등으로 표현할 수 있다. 이러한 창업 상황에서는 높은 창업률은 높은 폐업률을 동반하며, 결과적으로 창업 기업의 낮은 생존율과 부진한 성장성으로 이어질 가능성이 높다. 따라서 창업률이 높다고 해서 반드시 우수한 고용 창출 성과를 보장한다고 보기는 어렵다.

즉 창업 위주 정책으로 생성된 스타트업은 경제 성장과 일자리 창출에 직접적 효과가 있다고 일반화할 수 없다. 오히려 고용 창출과 관련된 측면에서 창업 기업의 낮은 생존율과 부진한 성장성을 높여야 하는 과제를 안고 있다. 즉 기업 규모가 작은 소기업 비중이 늘어날수록, 기업의 생산성, 임금 수준, 직업 안정성, 고용 여력은 떨어지기 때문이다. 따라서 일자리 창출을 통한 경제 성장이라는 관점에서 창업 기업이 고용 창출의 상당 부분을 점유한다는 주장과 고성장 기업이 고용 창출의 원동력이라는 주장은 서로 상충하는 것이 아니라 현실적으론 양립할 수밖에 없다. 스타트업과 함께 스케일업은 일자리 창출과 투자를 이끄는 경제 성장의 쌍두마차다. 이제는 상대적으로 정책적 우선순위가 낮았던 스케일업에 초점을 둬야 할 시기라는 목소리가 크다.

III. 스케일업(Scale-up)의 부상

1. 스케일업의 개념

스케일업은 잠재력을 가진 스타트업을 고성장 기업으로 성장시키는 행위(동사)와, 고성장하는 기업(명사) 두 가지 모두를 의미한다(KDB산업은행, 2020). 보다 최근에는 그 대상을 스타트업 뿐만 아니라 기존 기업까지 포함하는 개념으로 확대 사용하는 경향이 있다. 즉 일정 기간 지속적으로 현저하게 성장하는 기업을 지칭하며, 연구자에 따라 그 기준이 상이하나 대체로 스케일업(Scale-up)과 고성장 기업을 같은 개념으로 보는 시각이 일반적이다.

글로벌 스케일업 선두 국가에서는 스케일업(Scale-up)을 매출·고용 등이 단기간에 급격히 성장한 기업을 의미하며, 국가나 기관별로 스케일업의 정의, 조건과 명칭이 다르긴 하나〈표 1-4〉, 공통적으로 '고성장'을 대변하는 용어로 사용하고 있다(OECD, 2007). 즉 '고용이 10명 이상이면서 매출 또는 고용이 3년 연속 평균 20% 이상 성장하는 기업'을 의미한다. 이런 특성은 OECD가 고성장 기업(High-Growth Enterprises)의 특징으로 2007년에 처음 소개하였으며, 2014년 영국의 Sherry Coutu가 같은 개념을 'Scale ups'으로 이름 붙이면서 대중화되었다. 스케일업 기업은 '높은 성장성'에만 집중하는 개념이며 이 가운데 특히 업력 5년 이내인 기업을 높이 뛰는 영양의 일종인 '가젤 기업(Gazelles)'으로 분류하기도 한다.

스케일업의 유형을 성장 속도 및 업력 측면에서 분류하면 스케일업 기업이나 가젤 기업으로 분류하지만, 기업가치 측면에서 분류했을 때는 종종 비즈니스 시장 특성을 매, 비둘기, 곰, 황소와 같이 동물로 묘사하곤 한다〈표 1-5〉.

〈표 1-4〉 스케일업 정의

구분	내용
EU	· 설립 이후 100만 달러 이상의 투자금을 유치한 기업 - (스케일러) 설립 이후 1억 달러 이상의 투자금을 유치한 기업 - (슈퍼 스케일러) 10억 달러 이상의 투자금을 유치한 기업
OECD	· 직원이 10명 이상이면서 최근 3년간 연평균 배출이 20% 이상 성장하거나 고용이 20% 이상 증가한 기업
NESTA	· 10인 이상의 기업으로 최근 3년간 연평균 20% 이상의 고용 성장률을 기록한 기업
Scale Up Institute	· 매출 규모(최하 1~2백만 파운드에서 최고 5천만 파운드 이상까지 5개 구간) · 성장률(20~30%에서 50% 이상까지 총 4개 구간) · 종사자 수(총 10~14명부터 100명 이상까지 총 5개 구간)

※ 자료원: 손가녕(2019). 「주요국의 스케일업 지원 정책과 시사점」, 제31권 2호 통권 685호. 과학기술정책연구원

'유니콘(Unicorn)'은 2013년 벤처 투자자 Aileen Lee가 처음 사용한 용어로 '기업 가치 10억 달러 이상인 스타트업'을 의미한다. 이런 회사를 만들거나 투자하는 것은 상상 속 동물을 찾는 것만큼 어려운 일이라는 의미로 쓰였다. 또한, '데카콘(Decacorn)'은 2015년 블룸버그의 Sarah Frier가 처음 사용한 용어로 '기업 가치 100억 달러 이상인 스타트업'을 의미한다. 유니콘이 뿔이 하나인 상상의 동물이라면, 데카콘은 뿔을 10개 가진 동물로 유니콘보다 드문 기업이라는 점을 강조한다.

많은 이들은 스케일업 기업에 대해 기저 효과를 떠올리며 '낮은 업력과 작은 규모'일 것이라고 예상하는 듯하다. 그러나 스케일업 기업은 전통적인 예상과는 달리 후기 중소기업 또는 중견 대기업의 모습이다. 평균 매출액의 경우 국내 상장 기업 기준으로 2,646억 원, 글로벌 ICT기업에서는 8.1억 달러로 중소기업 규모 기준을 크게 상회한다. 평균 업력은 중소기업을 분석 대상으로 한정하더라도 8.2년으로, 창업 기업으로 보기는 어렵다. 따라서 이러한 일자리 창출 능력에 주목하여 각국 정부는 창업 지원의 틀에서 벗어나 이들 스케일업 기업(고성장 후기 중소기업, 중견 대기업)에 대해서도 정책 지원의 대상으로 포함시키는 양상이다.

<표 1-5> 벤처 기업 관련 용어의 분류 및 개념

분류기준 및 명칭			내용
국내	업력	벤처기업	· 개념 : 중소기업으로서 벤처투자를 받았거나, 연구개발비 비중이 높거나, 기술평가 보증·대출을 받은 기업 · 출처 : 벤처기업육성에 관한 특별조치법
		창업자 (창업기업)	· 개념 : 중소기업을 창업하여 사업개시한 날부터 7년이 지나지 않은 자 · 출처 : 중소기업창업지원법
		초기창업자[1] (초기창업기업)	· 개념 : 중소기업을 창업하여 사업개시한 날부터 3년이 지나지 않은 자 · 출처 : 중소기업창업지원법

분류기준 및 명칭			내용
해외	기업가치	스타트업 (Startups)	· 개념 : 극심한 불확실성 속에서 새로운 제품이나 서비스를 만드는 조직 · 출처 : Eric Ries(2011)
		유니콘 (Unicorn)	· 개념 : 기업가치가 10억달러(약 1.2조원) 이상인 스타트업 · 출처 : Aileen Lee(2013), TechCrunch
		데카콘 (Decacorn)	· 개념 : 기업가치가 100억달러(약 12조원) 이상인 스타트업 · 출처 : Sarah Frier(2015), Bloomberg
	성장속도·업력	스케일업 기업 (Scaleups)	· 개념 : 고용이 10명 이상이면서 매출 또는 고용이 3년 연속 평균 20% 이상 성장하는 기업 · 출처 : Sherry Coutu(2014) 및 OECD(2007)
		가젤 기업[2] (Gazelles)	· 개념 : 고성장기업(또는 스케일업 기업) 중 업력 5년 이내인 기업 · 출처 : OECD(2007)

※ 자료원: 김준영, 김혜진(2019). 벤처 생태계의 스케일업과 패러다임 변화, 자료 재인용

2. 스케일업의 중요성

지난 2017년 11월, 중소벤처 기업부 주최로 열린 '중소·벤처 성장 생태계 육성(Scale Up) 워크숍'에서 뱁슨 대학(Babson College)의 기업가 정신 생태계 조성 프로젝트(BEEP) 개발자인 Daniel Isenberg 교수는 창업과 성장을 출산과 양육에 비교하면서 "양육이 잘되는 환경에서 출산율이 오르듯이 기업 성장이 잘되는 환경에서 창업도 활성화될 것"이라며 기업 성장 즉 스케일업의 중요성을 강조하였다.

이어서 그는 "창업 결과에 매달리다 보면, 기업 숫자에 연연하는 경우가 생긴다. 이러한 생각은 '많을수록 좋다'는 부작용으로 이어질 수 있다. 선진국들의 스타트업 생태계를 조사해 보면 창업이 많아질수록 생태계 환경에 부정적인 영향을 미치는 것으로 나타났다"라며, "시장 규모의 성장의 80%는 결국 상품 판매에 따른 기업 성장에 의해서 결정된다. 스타트업을 시작하는 데 의미를 둘 것이 아니라, 창업 이후 성장에 초점을 맞춰야 한다"라고 강조했다.

아울러 "양육 부담이 저출산을 야기하듯, 성장이 어려운 기업 생태계는 창업을 위한 인재와 투자 유입에도 한계가 존재한다. 독일, 스위스, 영국 등 선진국은 종사자 수 10인 미만 스타트업 일자리 비중은 20% 미만으로 스타트업이 고용에 기여하는 효과는 작다. 덴마크의 경우, 2000년대 초 창업 지원을 통해 창출된 벤처 기업 중 5년 뒤 고성장한 기업은 1% 미만에 불과했다. 이러한 결과를 바탕으로 스타트업 중심이 아닌 스케일업 중심 정책으로 돌아선 대표적 국가다"라고 언급한 바 있다(Isenberg, 2017).

이처럼 고성장 기업이 전체 기업 중에서 차지하는 비중은 작지만, 그에 비해 높은 고용 창출 효과가 있다는 것이 다수의 실증 연구가 증명하고 있다. 미국의 경우 상위 5% 고성장 기업이 신규 일자리의 2/3를 창출하였으며(Kauffman Foundation, 2010), 영국의 경우 2005년부터 2008년까지 6%의 고성장 기업이 신규 일자리의 54%를 창출하였다(NESTA, 2009).

국내의 경우도 [그림 1-7]에서 보는 바와 같이 스케일업은 고용과 매출, 수출 측면에서 중소기업 평균보다 높은 성과를 보이고 있다(중소벤처 기업부, 2018). 즉 스케일업의 평균 고용은 '12년 33명에서 '15년 49명으로 48% 증가하였으며, 매출의 경우도 기업당 2012년 57.2억 원에서 '15년 143.7억 원으로 151% 증가하였고, 기업당 평균 수출액은 2012년 20억 원에서 '15년 59.2억으로 195% 증가하였다.

[그림 1-7] 국내 스케일업의 고용, 수출, 매출액 변화

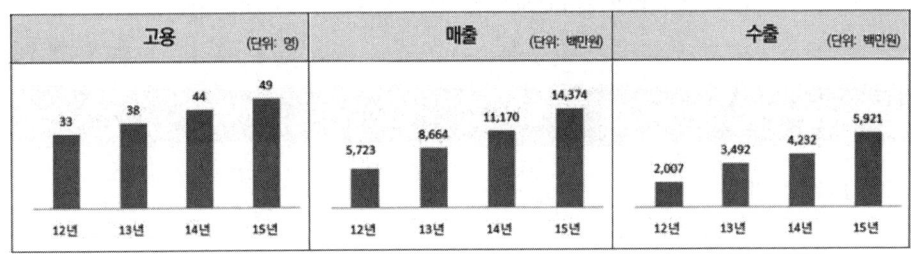

자료: 중소벤처기업부(2018)

이렇듯 스케일업은 국가의 경제 성장과 일자리 창출에 기여할 뿐만 아니라 높은 생산성, 혁신 역량 등에서도 그 중요성을 인정받으며 새로운 성장 동력으로 부상하고 있다. 이에 세계 주요국들과 기관들은 스케일업 지원을 위해 글로벌 차원, 국가적 차원 그리고 지역 차원에서 다각도로 다양한 스케일업 지원 정책을 펼치고 있다.

IV. 스케일업 현황

1. 고성장 기업 및 가젤 기업 현황

스케일업은 상용 근로자 10인 이상 기업 중 최근 3년간 매출액 및 상용 근로자가 연평균 20% 이상 증가한 고성장 기업을 말하며, 가젤 기업은 20% 이상 고성장 기업 중 사업자 등록 5년 이하인 기업을 의미한다. 이러한 스케일업 단계는 빠른 기업 가치 성장을

이룬 글로벌 유니콘 여부를 결정할 뿐만 아니라 고용·생산 등 실질적 경제 성장의 원천으로 국가경제 차원에서도 큰 의미를 지닌다.

통계청(2022)의 2021년 기업 생멸 행정 통계 결과에 의하면 〈표1-6〉에서 보는 바와 같이 우리나라 '21년 고성장 기업은 4,995개로 전년 대비 780개 증가하였으며, 가젤 기업은 1,385개로 전년 대비 176개 증가하였다.

〈표 1-6〉 연도별 20% 이상 고성장 및 가젤 기업 현황

(단위: 개, %)

구분	2017년	2018년	2019년	2020년	2021년
고성장 기업 전년비	4,521 10.3	4,600 1.7	4,449 -3.3	4,215 -5.3	4,995 18.5
가젤 기업 전년비	1,187 8.0	1,159 -2.4	1,245 7.4	1,209 -2.9	1,385 14.6

※ 자료원: 통계청(2022). 2021년 기업 생멸 행정 통계

고성장 기업은 '21년도 4,995개로 전년 대비 780개(18.5%) 증가하였으며, 고성장 기업 비율은 2.1%로 전년 대비 0.2%p 증가하였다. 산업별로는 정보 통신업(33.8%), 운수·창고업(32.6%), 건설업(28.3%) 등에서 증가하였으며, 구성비를 보면 제조업(25.7%), 도·소매업(14.8%), 정보통신업(14.2%)이 전체 고성장 기업의 54.7%를 차지하였다.

〈표 1-7〉 주요 산업별 20% 이상 고성장 및 가젤 기업

(단위: 개, %)

산업 대분류	20% 이상 고성장 기업				20%이상 가젤 기업		
	2020	2021p	전년비	(고성장비율)	2020	2021p	전년비
전체	4,215	4,995	18.5	2.1	1,209	1,385	14.6
제조업	1,117	1,283	14.9	1.7	297	319	7.4
건설업	403	517	28.3	2	54	100	85.2

산업 대분류	20% 이상 고성장 기업				20%이상 가젤 기업		
	2020	2021p	전년비	(고성장비율)	2020	2021p	전년비
도·소매업	682	739	8.4	1.8	200	227	13.5
운수·창고업	89	118	32.6	1.4	21	23	9.5
숙박·음식점업	82	105	28.0	0.7	36	35	-2.8
정보통신업	529	708	33.8	5.3	172	208	20.9
부동산업	80	89	11.3	2.3	22	25	13.6
전문·과학·기술	507	609	20.1	3.3	168	194	15.5
사업시설관리	340	386	13.5	3.1	105	113	7.6
보건·사회복지	166	197	18.7	1.3	75	77	2.7
개인서비스업	49	42	-14.3	0.8	17	12	-29.4

※ 2021p: p는 잠정치임
※ 자료원 : 통계청(2022). 2021년 기업 생멸 행정 통계

한편 가젤 기업은 20% 이상 고성장 기업 중 사업자 등록 5년 이하인 기업으로서 〈표 1-7〉에서 보는 바대로 '21년도는 1,385개로 전년 대비 176개(14.6%) 증가하였으며, 산업별로는 건설업(85.2%), 정보통신업(20.9%), 전문·과학·기술(15.5%) 등에서 증가하였고 구성비는 제조업(23.0%), 도·소매업(16.4%), 정보 통신업(15.0%) 순으로 높았다.

고성장 기업의 지역별 분포를 살펴보면 〈표 1-8〉에서 나타난 바와 같이 국내 대부분의 지역에서 코로나 팬데믹의 회복에 따라 스케일업 증가율이 2021년도를 시점으로 상승 추세에 있다. 매출액 기준으로 볼 때 국내 고성장 기업의 58.8%가 수도권에 분포하고 있으며, 그 다음으로 부울경 11.9%, 충청 10.3%, 대경 7.5%, 전라 6.1% 등의 순으로 나타났다. 지역 혁신의 관점에서 볼 때 스케일업 유치는 매우 중요하므로 지속적인 모니터링 기능이 필요하다고 볼 수 있다.

<표 1-8> 지역별 20% 이상 고성장 기업 및 가젤 기업

(단위: 개, %)

지역	고성장 기준	고성장 기업 (개)		고성장 비율 (%)		가젤 기업 (개)	
		2020	2021p	2020	2021p	2020	2021p
전국	매출액&상용 근로자	4,215	4,995	1.8	2.1	1,209	1,385
	상용 근로자	7,475	8,094	3.1	3.3	1,780	1,937
	매출액	18,822	23,435	7.9	9.7	3,737	4,358
서울	매출액&상용 근로자	1,372	1,634	2.4	2.8	426	487
	상용 근로자	2,287	2,499	4.0	4.3	586	640
	매출액	5,085	6,294	8.8	10.8	1,069	1,227
부산	매출액&상용 근로자	181	229	1.3	1.6	55	64
	상용 근로자	360	386	2.6	2.7	90	91
	매출액	916	1,203	6.6	8.5	170	195
대구	매출액&상용 근로자	115	126	1.3	1.4	28	31
	상용 근로자	222	249	2.5	2.8	49	61
	매출액	567	680	6.5	7.6	105	143
인천	매출액&상용 근로자	158	215	1.2	1.7	39	62
	상용 근로자	335	386	2.6	3.0	77	99
	매출액	788	1,098	6.2	8.5	154	214
광주	매출액&상용 근로자	88	86	1.7	1.6	25	21
	상용 근로자	163	164	3.2	3.1	38	36
	매출액	401	487	7.8	9.1	89	88
대전	매출액&상용 근로자	121	144	2.2	2.5	33	34
	상용 근로자	192	217	3.5	3.8	48	47
	매출액	486	585	8.9	10.3	95	93

지역	고성장 기준	고성장 기업 (개)		고성장 비율 (%)		가젤 기업 (개)	
		2020	2021p	2020	2021p	2020	2021p
울산	매출액&상용 근로자	75	70	1.6	1.5	21	15
	상용 근로자	140	130	3.0	2.7	33	25
	매출액	336	365	7.2	7.7	68	64
세종	매출액&상용 근로자	16	22	1.5	1.9	8	9
	상용 근로자	31	40	3.0	3.5	10	12
	매출액	80	91	7.7	7.9	25	30
경기	매출액&상용 근로자	1,125	1,382	1.7	2.1	330	416
	상용 근로자	2,007	2,181	3.0	3.2	494	564
	매출액	5,043	6,399	7.6	9.5	1,075	1,287
강원	매출액&상용 근로자	66	95	1.4	1.9	15	20
	상용 근로자	124	147	2.6	2.9	25	30
	매출액	419	514	8.7	10.1	72	80
충북	매출액&상용 근로자	118	148	1.6	1.9	32	45
	상용 근로자	223	249	3.0	3.2	49	63
	매출액	641	819	8.6	10.6	118	155
충남	매출액&상용 근로자	165	195	1.7	2.0	45	50
	상용 근로자	314	339	3.3	3.5	62	78
	매출액	731	920	7.6	9.4	144	166
전북	매출액&상용 근로자	98	100	1.6	1.6	31	16
	상용 근로자	174	170	2.8	2.7	43	23
	매출액	556	623	9.0	9.9	100	114
전남	매출액&상용 근로자	165	138	2.4	2.0	44	25
	상용 근로자	241	245	3.6	3.5	52	37
	매출액	776	804	11.5	11.4	116	99

지역	고성장 기준	고성장 기업 (개)		고성장 비율 (%)		가젤 기업 (개)	
		2020	2021p	2020	2021p	2020	2021p
경북	매출액&상용 근로자	148	174	1.4	1.6	37	36
	상용 근로자	266	285	2.5	2.6	59	54
	매출액	864	1,067	8.0	9.7	148	159
경남	매출액&상용 근로자	177	199	1.2	1.4	32	43
	상용 근로자	339	340	2.4	2.4	49	62
	매출액	990	1,241	6.9	8.7	151	191
제주	매출액&상용 근로자	27	38	1.0	1.4	8	11
	상용 근로자	57	67	2.1	2.5	16	15
	매출액	143	245	5.3	9.0	38	53

※ 자료원: 통계청(2022). 2021년 기업생멸행정통계

2. 유니콘 기업 현황

기업 가치 10억 달러(약 1조 원) 이상의 비상장 스타트업인 유니콘 기업이 폭증하면서 전 세계적으로 유니콘 기업 바람이 불고 있다. 최근 미국, 중국, 영국 등 주요국에서 유니콘 기업이 꾸준히 탄생하면서 유니콘 기업 현황은 창업·벤처 생태계의 중요 지표로 인식되고 있다.

2.1 글로벌 유니콘 기업 현황

글로벌 시장 조사 기관인 CB insights(2023)에 의하면 〈표 1-9〉에서 나타난 바대로 2023년 1월 기준 세계 유니콘 기업은 총 1,204개의 글로벌 유니콘이 존재하며, 보유 순위로 집계했을 때 세계 5대 강국은 미국(651개), 중국(172개), 인도(70개), 영국(49개), 독일(29개) 순이다. 미국·중국이 전체 유니콘의 68%를 보유한 가운데, 한국은 1.2%(14

개)를 보유하여 세계 10위로 집계되었다.

세계에서 가장 가치 있는 유니콘 기업은 인공 지능 범주에 속하는 중국 기업 TikTok 소유자인 ByteDance로서 2023년 3월 현재 2,250억 달러의 가치가 있다. 가장 가치 있는 민간 기업 상위 5위는 항공 우주 제조업체 SpaceX(1,370억 달러 가치), 패스트 패션 회사 Shein(1,000억 달러), 결제 프로세서 Stripe(500억 달러), 협업 온라인 디자인 도구 Canva(400억 달러)로 나타났다.

산업 분야별 글로벌 유니콘 기업 동향을 보면, 핀테크는 유니콘 5개 중 약 1개를 차지할 정도로 가장 많이 나타나는 산업 분야이다(21.2%). 그 다음은 인터넷 소프트웨어 및 서비스(18.9%), 전자 상거래 및 소비자 직접 판매(9.0%), 건강(8.0%) 순으로 나타났다. 각 산업 분야별 가장 가치 있는 유니콘은 다음과 같다:

· 핀테크(Fintech) 분야: Stripe(2023년 3월 500억 달러 가치).
· 인터넷 소프트웨어 및 서비스 분야: Canva(400억 달러, 2021년 9월).
· 전자 상거래 및 소비자 직접 판매 분야: Shein(1,000억 달러, 2022년 4월).
· 건강 분야: Devoted Health(126억 달러, 2021년 10월).

〈표 1-9〉 국가별 유니콘 기업 현황 (CB Insights, '23.1월 기준)

순위	국가명	유니콘 수(개 사)	비중(%)
1	미국	651	54.1
2	중국	172	14.3
3	인도	70	5.8
4	영국	49	4.1
5	독일	29	2.4
6	프랑스	25	2.1
7	이스라엘	23	1.9

순위	국가명	유니콘 수(개 사)	비중(%)
8	캐나다	20	1.7
9	브라질	16	1.3
10	한국	14	1.2
	싱가포르	14	1.2
12	호주	8	0.7
	멕시코	8	0.7
14	네덜란드	7	0.6
	스웨덴	7	0.6
	홍콩	7	0.6
	인도네시아	7	0.6
18	일본	6	0.5
	스위스	6	0.5
	아일랜드	6	0.5
21	스페인	5	0.4
22	핀란드	4	0.3
	노르웨이	4	0.3
24	콜롬비아	3	0.2
	벨기에	3	0.2
	태국	3	0.2
	튀르키예	3	0.2
	아랍에미리트	3	0.2
-	기타 국가	31	2.6
	합계	1,204	100.0

※ 자료원: CB Insights(2023)

2.2 우리나라 유니콘 기업 현황

한편 우리나라 유니콘 기업의 세부 현황을 보면 〈표 1-10〉에서와 같이 2022년 12월 확인 시점을 기준으로 볼 때 CB insights에 현재 등재된 기업은 14개 사가 있으며, 비록 기업 가치 1조 원 이상을 평가받더라도 벤처 투자법상 투자가 금지된 상호 출자 제한 기업 집단 소속 회사로 인해 제외된 8개의 유니콘 기업을 합하면 총 22개의 유니콘 기업이 있다.

2021년 말 18개 사이던 국내 유니콘 기업은 2022년에 7개 사가 추가되고, 3개 사[1]는 상장, 인수·합병으로 졸업하면서 2022년 말 기준 22개 사가 됐으며 이는 국내 유니콘 기업을 집계한 이래 연도 말 기준으로 가장 많은 숫자다. 복합 경제 위기로 2022년 글로벌 유니콘 기업 탄생이 '21년 539개 사에서 '22년 258개 사로 절반 이하(△52.1%)로 줄어든 것과 달리, 국내에서는 연간 최다였던 2021년과 동일하게 7개 사가 유니콘에 진입했다(CB Insights, '23.1).

〈표 1-10〉 국내 기업 가치 1조 원 돌파 이력 기업 및 현재 유니콘 기업 현황

기업명	분야	CB Insights	현재 유니콘 기업	비고
옐로모바일	모바일	○	○	-
엘앤피코스메틱	화장품	○	○	-
비바리퍼블리카	핀테크	○	○	-
야놀자	O2O서비스	○	○	-
위메프	전자 상거래	○	○	-
지피클럽	화장품	○	○	-
무신사	전자 상거래	○	○	-
컬리	신선 식품 배송	○	○	-
직방	부동산 중개	○	○	-

---

1) 쏘카-코스피 상장, 에이프로젠-인수·합병, 티몬-인수·합병

기업명	분야	CB Insights	현재 유니콘 기업	비고
버킷플레이스	전자 상거래	○	○	-
리디	콘텐츠 플랫폼	○	○	-
아이지에이웍스	빅데이터 플랫폼	○	○	'22년 신규
메가존클라우드	클라우드 서비스	○	○	'22년 신규
트릿지	데이터 및 무역 플랫폼	○	○	'22년 신규
두나무	핀테크	△	○	-
A사(기업명 비공개)	도·소매업	×	○	-
당근마켓	전자 상거래	×	○	-
빗썸코리아	핀테크	×	○	-
여기어때컴퍼니	O2O서비스	×	○	'22년 신규
오아시스	신선 식품 새벽 배송	×	○	'22년 신규
시프트업	모바일 게임 개발	×	○	'22년 신규
한국신용데이터	소상공인 전문 SaaS	×	○	'22년 신규
우아한 형제들	O2O서비스	△	×	M&A
에이프로젠	바이오	△	×	M&A, '22년 졸업
티몬	소셜커머스	×	×	M&A, '22년 졸업
CJ게임즈	게임	△	×	IPO(코스피)
쿠팡	전자 상거래	△	×	IPO(美, NYSE)
크래프톤	게임	△	×	IPO(코스피)
하이브	엔터테인먼트	×	×	IPO(코스피)
카카오게임즈	게임	×	×	IPO(코스닥)
더블유게임즈	게임	×	×	IPO(코스피)
펄어비스	게임	×	×	IPO(코스닥)

기업명	분야	CB Insights	현재 유니콘 기업	비고
잇츠한불	화장품	×	×	IPO(코스피)
쏘카	카쉐어링	△	×	IPO(코스피), '22년 졸업
34개		14개	22개	-

※ CB Insights, '23.1월 기준
※ (참고) △: 과거 CBinsights에 유니콘 기업으로 등재됐으나 제외된 기업
※ 자료원: 중소벤처 기업부(2023). 보도자료

또한 2022년 국내 유니콘 졸업 기업은 연간 최다인 3개 사로, 글로벌 유니콘 기업 졸업('21년 142개 사 → '22년 38개 사)이 73.2% 감소한 것과 비교할 때 의미 있는 성과라고 할 수 있다.

<표 1-11> 연도별 유니콘 기업 현황

(단위: 개 사)

구분	2018년	2019년	2020년	2021년	2022년
연도 말 유니콘 기업	6	10	13	18	22
신규 탄생 기업	4	5	3	7	7
유니콘 졸업 기업	0	1	2	2	3

※ 자료원: 중소벤처 기업부(2023). 보도 자료

스케일업 스토리(1)

친환경 소재의 글로벌 포장재 제조 기업 'Flexi-Hex'

Flexi-Hex의 아이디어는 2017년에 시작되었다. 그것은 "더 나은 방법이 있어야 한다"는 통찰력 중 하나였다. Sam과 그의 쌍둥이 형제 Will은 Cornwall에서 제품 디자인 회사를 운영하고 있었다. 그들은 또한 열렬한 서퍼였다. 그래서 Sam이 온라인에서 새 서핑 보드를 구입하고 플라스틱 포장이 도착했을 때 그의 반응은 이렇게 값비싼 제품을 심미적이면서도 환경적인 측면을 고려하여 포장해야 한다고 생각했다.

Boex 형제는 이를 기존 비즈니스 내의 부수적인 프로젝트로 고객 브리핑처럼 취급하기로 결정했다. 그들은 재료의 프로토 타입과 샘플링에 시간과 약간의 예산을 할애했다. 그들은 종이 벌집이라는 재료를 발견하여 유연한 개방형 속지를 만들었다. 서핑 보드 주변에 끼워 넣었을 때 놀라울 정도로 잘 맞았고 정말 좋아 보였으며 가장 중요한 것은 '플라스틱 문제를 해결한다는 것'이라고 생각했다. 그리고 그들은 그것이 다른 수상 스포츠와 서핑 제품에 사용될 수 있다는 것을 알았다. 그들은 특허를 획득하고 제품의 지식 재산권 보호 조치를 적용하기 시작했다. "비용이 많이 드는 프로세스였지만 최고의 비즈니스 결정 중 하나였습니다"라고 Boex는 말했다.

2018년 1월, 그들은 Flexi-Hex를 출범시켰고 영향력 있는 서핑 웹사이트인 Magic Seaweed에 새로운 서핑 보드 포장을 발표했다. 입소문을 탔다. 그 후 몇 달 동안 이메일과 요청이 쏟아졌다. 서핑 보드 포장 주문의 수요는 곧 기존 디자인 사업을 압도했다. 지속 가능한 포장 사업은 이후 빠르게 성장했다. 거래 4년 차에 매출은 매년 200% 증가했으며 3명으로 구성된 팀은 현재 13명으로 구성된 팀이 되었다.

서핑 보드 포장부터 음료 포장까지 - 새로운 시장 진출

대기업에서 중소기업에 이르기까지 혁신적인 포장 솔루션에 대한 갈증으로 인해 다른 시장으로의 다각화가 빠르게 뒤따랐다. 2018년 말, 음료 부문에서 많은 문의를 받은 후 Tarquin's와 같은 현지 장인 진 제조업체를 위한 선물 포장 제품을 출시했다. 제품 범위는 곧 확장되었고 봄베이 사파이어와 같은 바카디 소유 브랜드를 포함하여 고객 수가 범위나 규모 면에서 증가했다.

"새로운 시장 부문에 진입할 때는 관심을 보이고 제품을 좋아하는 소규모 브랜드부터 시작해야 합니다. 둘 다 빠르게 배우고 솔루션을 개발하면 더 큰 브랜드로 나아가는 또 다른 디딤돌을 밟을 수 있습니다. 그리고 각 단계마다 시장이 어떻게 작동하는지 이해하고 자신에 대해 더 확신을 갖게 되고 견인력을 얻게 됩니다."라고 Boex 형제는 말한다.

현재 영국 음료 부문은 회사 매출의 대부분을 차지하지만 유럽과 미국에는 큰 성장을 할 기회가 있다. 그는 택배 시스템을 통해 미국의 주들 간에 주류 이동을 막았던 오랜 금지법의 변화가 코로나 팬데믹의 결과로 완화되고 있다고 설명했다. 이러한 변화는 음료 부문을 위한 지속 가능한 포장 솔루션으로 시장 점유율을 확보할 수 있는 흥미로운 기회를 제공한다.

포장은 전자 상거래의 최전선이라고 Boex는 말한다. "소비자가 온라인에서 값비싼 제품을 구매할 때, 그들은 그 포장을 여는 순간 좋은 경험을 원한다. 그것은 마치 상점의 문을 여는 것과 같습니다. 브랜드 체험이 바로 품질입니다." 따라서 다른 부문, 특히 화장품 및 전자 제품도 대형 글로벌 브랜드가 이미 Flexi-Hex와 협력하고 있다.

성장을 위한 과제 - 물류 및 인재

기회가 크면 도전도 크다. Boex에 따르면 현재 Flexi-Hex 제품은 아시아에서 제조되고 있으며 치솟는 배송 비용과 배송 시간 지연은 '큰 도전'으로 남아 있다. 또 다른 큰 도전은 올바른 사람들을 올바른 자리에 앉히는 것이다. 자랑스러운 콘월 기업인 Boex 형제는 콘월에 기반을 둔 글로벌 비즈니스를 만들고 싶었지만 일부 초기 투자자들은 그들의 위치가 성장을 제한할 것이라고 우려했다. "우리는 이것이 사실이 아닐 것이라고 확신하며 그것을 증명하고 있습니다. 올바른 브랜드와 비즈니스를 통해 올바른 사람들은 여행할 준비가 되어 있습니다. 가장 흥미로운 비즈니스는 주요 도시에만 있는 것이 아닙니다."라고 Boex 형제는 말한다. Flexi-Hex는 라이프 스타일과 경력 기회의 변화를 찾고 있는 사람들을 런던 기업 세계로부터 모집했다. 최근 물류 책임자를 영입한 이 회사는 특히 글로벌 기반으로 제조하려는 장기적인 야망을 가지고 있기 때문에 조달 인재를 찾고 있다.

자금 조달 및 Innovate UK 보조금 사용

자금은 Sky Ocean Ventures, 엔젤 투자자, 크라우드큐브(Crowdcube)가 주도하는 크라우드 펀딩(crowd funding), 그리고 가장 최근에는 Cornwall & Isles of Scilly Investment Fund의 지원을 확보하는 여러 자금 조달 라운드가 있었다. 이 회사는 또한 Innovate UK로부터 보조금을 받았으며, 이는 Flexi-Hex가 음료 부문을 위한 제품을 연구하고 개발할 수 있도록 하는 데 큰 도움이 되었다.

지속 가능한 스케일업

Boex 형제들이 집중하고 있는 성장을 관리하는 데는 지속 가능한 방식으로 스케일업하는 방법이 있다. 올해 Flexi-Hex는 B Corp 인증을 받았다. "우리에게는 큰 영예이지만 우리 여정의 시작일 뿐입니다. 예를 들어, Flexi-Hex는 새로운 제조 방법과 재료를 모색하고 있습니다. 현재는 85%가 재활용된 종이를 사용하지만 해초나 농업용 풀로 만든 종이를 찾고 있습니다."라고 하면서 다음과 같이 말한다. "우리는 스케일업을 하고 싶지만 스케일업을 한다는 것은 지구에서 자원을 빼앗는 것을 의미합니다. 우리는 성장을 부정적인 것으로 보지 않지만 이러한 자원을 어떻게 대체할 것인지 알아야 합니다. 이러한 질문은 일상적인 비즈니스 의사 결정 및 전략의 최전선에 있습니다. 궁극적으로, 우리는 빼앗는 것보다 더 많은 것을 남기는 재생 기업이 되고자 합니다."

※ 자료원:www.scaleupinstitute.org.uk/stories

2장. 주요국의 스케일업 지원 정책

Ⅰ. 개요

스케일업이 국가 경제 성장과 일자리 창출에 기여한다는 인식하에 세계 주요국들은 스케일업 지원을 위해 국가적 차원에서 다양한 스케일업 지원 정책을 펼치고 있다. 국가나 기관별로 스케일업의 정의나 조건 및 명칭이 다르긴 하나, 공통적으로 '고성장'에 집중하고 있다. 2014년 영국의 창업가인 Sherry Coutu(2014)가 고성장 기업을 '스케일업(Scale-up)'으로 명명하며 대중화된 이래 주요 국가 및 기관들은 '높은 성장성(high growth)'이라는 개념에 초점을 두고 있다. 즉 〈표 2-1〉과 같은 스케일업에 대한 정의를 통해 세계 각국은 기업의 성장 단계에 맞춘 지원 정책을 추진하고 있음을 알 수 있다.

〈표 2-1〉 국가 및 기관별 스케일업 정의

구분		내용
스케일업	EU	· 설립 이후 100만 달러(약 11억) 이상의 투자금을 유치한 기업· - (스케일러) 설립 이후 1억 달러(1,136억 원) 이상의 투자금을 유치한 기업 - (슈퍼 스케일러) 10억 달러(1조 1,360억 원) 이상의 투자금을 유치한 기업
	OECD	· 직원이 10명 이상이면서, - (매출) 최근 3년간 연평균 매출 20% 이상 성장하거나, - (고용) 최근 3년간 연평균 고용이 20% 이상 증가한 기업
	NESTA	· 10인 이상의 기업으로, 최근 3년간 연평균 20% 이상의 고용 성장률을 기록한 기업
가젤 기업	중국	· 연 매출이 1,000만 위안(약 16억) 이상이며, 매년 20% 이상 성장할 수 있는 잠재력을 가진 기업
	OECD	· 스케일업 중 매출액이 3년간 평균 20% 이상 지속적으로 증가한 업력 5년의 기업

※ 자료원: 정보통신기술진흥센터(2018)

세계 주요국들의 스케일업 정책은 크게 기존 창업 기업을 스케일업 기업으로 성장시키는 것과 스케일업 기업의 지속 성장을 지원하는 두 가지 방향으로 추진하고 있다. 즉 창업 후 죽음의 계곡(Death Valley)을 극복하고 성장할 수 있도록 자금, 멘토링 등을 지원하고 있으며, 또 하나는 기존 기업들이 한계를 극복하고 새로운 성장 모멘텀을 끌어낼 수 있도록 기술, 인력, 리더십 교육 등을 제공하고 있다.

II. 주요국의 스케일업 지원 정책

1. 유럽 연합

유럽 집행 위원회는 2016년 제도 완화, 자금 접근성 제고 등 스케일업을 위한 생태계 개선 계획(the Start-up and Scale-up Initiative)을 수립하고 규제와 행정 장벽, 협력 기회 및 자금 접근성 부족 등의 문제점을 개선하여 스타트업의 성장을 통해 EU의 경제 성장 및 혁신을 통한 경쟁력 제고 방안을 추진하고 있다.

[그림 2-1] EU의 스케일업 패러다임 홍보용 인포그래픽

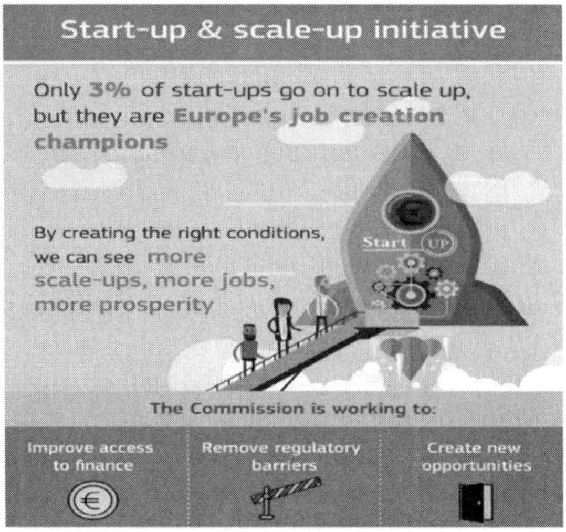

※ 자료원: http://ec.europa.eu/growth/tools-databases/newsroom/cf/itemdetail.cfm?item_id=8998

1.1 장벽 제거

EU 내 조세·행정 절차·법 등을 단일화·간소화하여 스타트업의 성장 비용·시간의 경제성 확보에 주력하고 있다. 구체적인 내용을 보면, EU 회원국에 단일 법인세를 적용하는 CCCTB(Common Consolidated Corporate Tax Base) 도입, EU 내 부가 가치세 제도 간소화, EU 회원국의 우수 벤처 캐피털 조세 제도 확대 시행 등을 통한 조세 절차의 간소화를 추진하고 있다. 또한 전자 정부에 대한 필요에 응답하여 집행 위원회는 온라인 행정 플랫폼인 Single Digital Gateway를 구축하고, 단일 시장 정보, 전자 행정, 기타 지원 보조 업무를 제공하고 있으며 EU 단일의 파산 법안을 마련하여 재정적 어려움에 처한 기업들의 초기 회생을 지원하고 있다.

1.2 새로운 기회 창출

EU와 회원국은 스타트업과 이해 관계자와의 네트워크 구축, 공공 조달 혁신·지원, 지적 재산권(IP) 지원 등을 통해 스타트업 성장을 위한 기회를 마련해 주고 있다. 특히 회원국 내 스타트업 클러스터, 혁신 파트너(투자자, 비즈니스 파트너, 대학, 연구 센터 등)와의 네트워킹 등을 통한 지역 생태계를 구축하고 공공 조달 구매자 네트워크 구축, 회원국의 공공 조달 구매 목표 설정, 혁신적인 공공 조달 지침 제공, 전자 조달 도입 등의 혁신을 추진하고 있으며 스타트업과 스케일업의 혁신 기반 강화를 위한 지식 재산권(IP) 지원·보호 방안을 마련하고 있다.

1.3 자금 접근성 제고

범유럽 벤처 캐피탈 모태 펀드(Pan European Venture Capital Fund of Funds)를 출범하여 최대 4억 유로의 투자금을 제공함으로써 유럽의 전략적 투자 기금(European Fund for Strategic Investments), Horizon 2020 등 기존의 EU 자금 지원 방안을 보완하고 있다.

1.4 유럽 스타트업·스케일업 생태계 조성

EU는 유럽 스타트업·스케일업 생태계 조성을 추진하고 있으며, 자금 지원, 혁신 아이디어 촉진 및 보호 방안 마련, 재도전 기회 창출, 인재 양성 등의 계획을 포함하고 있다.

〈표 2-2〉 유럽 스타트업·스케일업 생태계 확산 조성 방안

구분	세부 내용
자금 지원	· 유럽 투자 계획(Investment Plan for Europe): 재정 활용도 제고, 자문 제공, 투자 기회 확대 등 투자 환경 개선 · VentureEU: 벤처 캐피털의 투자를 늘리고 중소기업 자금 조달 지원
혁신 아이디어 촉진 및 보호 방안 마련	· 유럽 내 모든 기업이 준수해야 하는 단일의 데이터 보호법과 감독 권한 마련 · 단일 특허 등록 절차를 마련하여 특허 보호의 간소화 및 경제성 확보
재도전 기회 창출	· 스타트업의 이전 벤처 사업 채무를 최대 3년 이후 면제하는 방침을 담은 새로운 파산법 제안
인재 양성	· 집행 위원회는 핵심 역량을 정의하고 EU 회원국에 기업가 정신 및 혁신 촉진에 대한 지침을 제공 · 디지털 교육 행동 계획에 따라 학교에서 디지털 기술 교육 활용도 제고 지원

※ 자료원: 정보통신기술진흥센터(2018) 자료 재인용

1.5 투자 활성화를 위한 VentureEU 프로그램을 추진

VentureEU는 EU의 4억 1,000만 유로의 투자 지원금을 기반으로 21억 유로의 공공 및 민간 투자를 확보하여 유럽의 혁신 스타트업·스케일업을 위한 최대 65억 유로의 신규 투자 창출을 목표로 하고 있다. 특히 디지털, 생명 과학, 의료 기술, 자원 및 에너지 효율성 등의 분야에 해당하는 유럽기업의 성장에 투자할 계획이다.

유럽 집행 위원회와 유럽투자기금(EIF)은 투자 제안서 공모를 통해 VentureEU를 관리하는 민간 펀드 회사를 선발('17)하여 투자 유치와 기금 가용성 제고 도모하고 기업은

VentureEU를 시행하는 위임 법인인 유럽투자기금(EIF)을 통해 사전에 선정된 6개의 민간 펀드 회사와 계약을 맺어 투자금 수혜가 가능하다.

2. 영국

2.1 2014년 세계 최초 스케일업 육성 전담 기관 Scale Up Institute 설립

고성장과 지속 성장을 촉진하는 환경 조성을 목표로 스타트업과 스케일업 육성을 지원하고 있으며 2034년까지 15만 개의 신규 일자리 창출과 2,250억 파운드의 GDP 증가, 모든 업종의 생산성 제고를 주요 목표로 설정하여 정책을 추진하고 있다.

Scale Up Institute는 교육, 정보 공유, 네트워킹 중심의 프로그램을 제공하여 스케일업을 지원하고 있으며 인재 교육·양성, 리더십 역량 강화, 시장 접근성 제고, 자금 확충, 기반 시설 구축을 프로그램의 주요 목표로 설정하고 있다〈표 2-3〉.

〈표 2-3〉 Scale Up Institute 지원 분야별 대표 프로그램

지원 분야	대표 프로그램
인재 교육·양성	[Careers and Enterprise Company (CEC)] · '15년부터 기업과 학교를 연결하는 지역 네트워크 구축을 목표로 CEO 또는 기업 고문으로 구성된 1,700명의 자문단 멘토링과 교육 프로그램 운영을 위한 보조금 지원 - 39개의 멘토링 프로그램과 400만 파운드의 멘토링 기금을 운영하여 25만 명의 학생들이 수혜
리더십 역량 강화	[Entrepreneurs Forum: Scale-up Leaders' Academy] · '17년부터 10명 이상의 직원을 보유한 스타트업 소유자를 대상으로 경영 전문성 강화를 위한 스케일업 코칭, peer to peer 멘토링, 행동 기반 학습, 워크숍 등의 프로그램을 제공하는 10개월 동안의 리더십 교육 아카데미

지원 분야	대표 프로그램

시장 접근성 제고	[Sharing in Growth (SiG)]
	· 영국 항공업계의 스케일업을 위해 '13년 시작한 2억 5,000만 파운드 규모의 자금 지원 프로그램
	  - '20년까지 10,000의 일자리 창출과 글로벌 경쟁력 향상을 위한 항공업계의 생산성 제고를 목표
	  - 롤스로이스, 보잉, 국립항공우주기술프로그램(National Aerospace Technology Program), 첨단제조연구센터(Advanced Manufacturing Research Center), 국립물리연구소(National Physical Laboratory)가 참여하여 전문 지식을 제공

자금 확충	[ELITE programme] · 고성장 기업, 전문가, 기업 자문가, 투자자 간 커뮤니티를 형성하여 성장과 투자 유치를 돕는 글로벌 플랫폼 - '12년부터 26개국 600개 기업이 참여하였으며, '16년에 참여하여 24개월의 프로그램을 완료한 기업은 평균 매출 24% 증가를 기록
기반 시설 구축	[Google Campus London] · 런던 내 창업자를 위한 물리적 공간과 네트워킹, 멘토링을 제공하는 런던 스타트업 생태계 - 현재 85,000명이 입주하고 있으며, 캠퍼스 내 기업은 1억 2,800만 파운드의 자금 유치와 3,600개 이상의 일자리를 창출

※ 자료원: Scale Up Institute 웹사이트 재구성('18.11.9 기준)

주요 프로그램 외 스케일업 이해 관계자 대상 설문 조사, 스케일업 정책 연구와 사례 조사를 통한 모니터링 보고서 발간, 기업 검색 서비스, 스케일업 대사(Ambassadors) 매칭 서비스 등을 제공하고 있다. 즉 매년 영국의 스케일업 현황과 스케일업 지원 프로그램의 운영 현황, 정책 제안, 전망 등을 담은 보고서를 발간하고 영국 스케일업의 주요 기업 정보를 제공함으로써 영국 내 스케일업 네트워크 구축·확산 지원하고 있으며 서비스 이용자가 원하는 영국 주요 지역별·산업 분야별 스케일업 전문가인 '대사(Ambassadors)'를 매칭하여 멘토링을 제공하고 있다.

2.2 Tech Nation을 통한 성장 단계별 프로그램 지원

2011년 이후 창업 클러스터 기관인 Tech Nation 설립을 통해 성장 단계별 지원 프로그램을 통해 실리콘 밸리와 경쟁할 수 있는 스케일업 육성을 지원하고 있다.

[그림 2-2] Tech Nation 성장 단계별 지원 프로그램

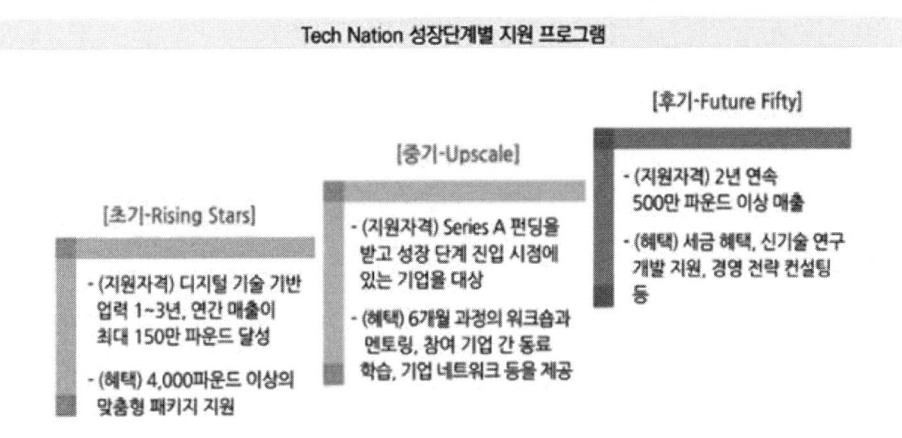

※ 자료원: Tech Nation 웹페이지 재구성

(1) 초기-Rising Stars 단계

이 단계에서는 창업 초기 스타트업의 성장을 지원하며, 회사 또는 아이디어의 가치와 경쟁력, 비전 등을 담은 피치(pitch)를 평가하여 멘토링, 투자자 및 파트너 기업 소개, 맞춤형 PR, 네트워킹 등 4,000파운드 이상의 맞춤형 패키지 지원하고 있다.

(2) 중기-Upscale 단계

성장 단계에 진입한 영국 기업을 대상으로 무료 성장 지원 코칭 프로그램 실시하고 있다. 세금 혜택, 신기술 연구 개발 지원, 경영 전략 컨설팅, 교육, 투자 연계 행사, 기업 홍보 등 다각도로 지원하고 있다.

(3) 후기-Future Fifty 단계

매년 성장 잠재력이 높은 50개 핵심 스타트업을 선정하여 2년간 고성장을 지원하는

선택과 집중 프로그램을 실시하고 있다. 즉 세금 혜택, 신기술 연구 개발 지원, 경영 전략 컨설팅, 교육, 투자 연계 행사, 기업 홍보 등 다각도로 지원하고 있다.

3. 독일

3.1 성장 가속화 프로그램(German Accelerator)

독일은 연방경제에너지부(BMWi)의 성장 가속화 프로그램인 German Accelerator를 2012년부터 운영하고 있다. 전문가 멘토링을 기반으로 독일 기업의 미국 시장 진출을 통한 사업 확장을 지원하고 있다. 즉 고성장 잠재력을 가진 독일 기술 분야 신생 기업을 육성하는 프로그램을 제공하고 있다. 3~9개월 동안 무료로 워크숍, 맞춤형 멘토링, 홍보·마케팅, 운영 지원 등 다각도의 혜택을 제공하고 있다. 그 결과 총 9개 산업 분야 170개 스타트업이 프로그램에 참여하여 미국 시장에 진출하였다.

3.2 벤처 캐피탈 관련 법과 조세제도 개선

연방 정부는 벤처 캐피털 관련 법과 조세 제도를 개선하여 성장 단계의 스타트업을 위한 다양한 금융 수단을 마련하고 저금리 대출, 벤처 캐피털과 스타트업·스케일업 투자에 대한 보조금 지급 등 스타트업의 성장을 통한 일자리 창출과 경제 성장을 도모하고 있다〈표 2-4〉. 특히 연방 경제에너지부에 경제 담당 전문 인력을 배치하여 창업자와 전문직 종사자를 대상으로 금융 기관 상담 및 회의 지원, 지원 가능한 금융 유형에 대한 상담 등을 제공하고 있다.

<표 2-4> 성장 단계 스타트업을 위한 대표 금융 지원 제도

제도	세부 내용
ERP/EIF 벤처 캐피털 모태 펀드 (ERP/EIF venture capital fund of funds)	· 유럽투자기금(EIF) European Recovery Programme(ERP)의 벤처 캐피털 모태 펀드로 성장기의 독일 기술 회사에 투자 · 평균 투자 규모는 2,000만~6,000만 유로
유럽엔젤펀드 (European Angels Fund, EAF)	· 약 80명의 엔젤 투자자[2]와 공동으로 투자하여 성장 단계의 스타트업을 지원 · 엔젤 투자자의 투자는 25만 ~ 500만 유로 수준
Coparion 공동 투자 기금	· 민간 투자자와 동일한 금액으로 성장 단계의 스타트업에 공동 투자 · 기업당 최대 1,000만 유로 투자 가능
기본 보증 (Default guarantees)	· 성장 단계의 스타트업 또는 일반적인 은행 담보가 없거나 불충분한 경우 기본 보증을 통해 금융 기관의 대출 가능 · 보증은 최대 80%까지 융자 가능(최대 125만 유로)

※ 자료원: 정보통신기술진흥센터(2018) 자료 재인용

4. 프랑스

4.1 스타트업 지원 정책인 프렌치 테크(La French Tech)

프랑스는 2013년부터 스타트업 지원 정책인 '프렌치 테크(La French Tech) 운영을 통해 기업의 고성장과 해외 인재·자본 유입을 도모하고 있다. 추진 결과 프랑스는 유럽에서 3번째로 큰 규모의 벤처 캐피털 투자를 이끌어 내었으며, 2015년 기준 투자 건수로는 영국 다음으로 높은 수치를 보이고 있다. 프렌치 테크의 목적은 디지털 스타트업 에코 시스템을 확립하고 스타트업에 필요한 다양한 지원을 통해 스타트업의 빠른 성장과 발전을 이루어낼 수 있도록 하여 다음의 3가지 단계의 정책과 프로그램을 통해 운영되고 있다[그림 2-3]. 즉 지역별, 산업 분야별 네트워크를 그룹화와 스타트업 커뮤니티

---

[2] 기술력은 있으나 자금이 부족한 신생 기업에 자금을 투자하는 개인 투자자

구축, 스타트업의 급속 성장을 위한 적절한 환경조성 및 시기적절한 지원, 그리고 스타트업의 해외 소개 및 해외 진출을 지원하고 있다. 현재 프랑스 전국에 9개의 테마 네트워크가 형성되어 있으며, 테마별 홈페이지와 SNS를 통해 교류하고 있다.

[그림 2-3] French Tech

※ 자료원: French Tech 웹페이지 재구성('18.11.12, 기준)

4.2 Accélérer Program

스타트업의 신속한 성장을 위한 서비스를 제공하는 프로그램으로, 자금 지원과 컨설팅 위주로 운영되고 있다. 즉 공공 투자 은행(Bpifrance)은 스타트업 성장 촉진을 위한 2억 유로의 투자금을 유치하여 지원하고 있으며, 친환경, 직업 교육, 혁신을 통한 경쟁력 확보, 디지털 국가 구축 등에 570억 유로를 투자하는 대규모 5개년 계획('17.9)을 수립하였다. 보조금을 지원하는 Bource French Tech는 설립 1년 이내, 50명 미만의 직원 또는 1,000만 유로 미만의 매출액을 달성한 기업을 대상으로 설립 초기 단계에서 필요한 비용을 기업당 10,000 ~ 30,000유로, 최대 45,000유로를 지원하고 있다. Pass French Tech는 스타트업이 고성장 기업으로 도약하는 것을 지원하는 혜택 패키지로 디지털 분야와 산업·건강 분야로 구분하여 선정된 107개의 기업에 지원하고 있다.

이외에도 프랑스 스타트업의 해외 시장 진출 지원과 해외 인재 유치 등 글로벌 협력을 통한 성장을 지원하는 프로그램인 les hubs French Tech, 해외 인재 유치를 위한 자금, 거주지, 멘토링, 워크숍 등을 패키지형으로 지원하는 French Tech Ticket, 창업자, 해외 인재, 투자자 등을 위한 비자발급 및 거주허가 절차 간소화 지원하는 French Tech Visa 프로그램을 운영하고 있다.

4.3 프랑스 공공 투자 은행(Bpifrance)의 금융 지원

프랑스 공공 투자 은행(Bpifrance)은 2012년부터 성장 잠재력이 높은 분야를 선별하여 규모 등 기업의 특성에 적합한 지원을 제공하고 있다〈표 2-5〉. 스타트업, 중소기업, 혁신 기업을 우선 지원하며, '17년 인공 지능(AI), 에너지, 관광, 기업의 현대화· 글로벌화를 우선 지원 분야로 선정하여 250억 유로 투자 계획을 발표하였다.

〈표 2-5〉프랑스 공공 투자 은행(Bpifrance) 세부 지원 프로그램

구분	세부 내용
대출	[무보증 대출 프로그램 - 설립 대출(Prêt d'amorçage)] · (자격) 설립 5년 이하, 직원 수 50명 이하, 수익 1,000만 유로 이하의 소형혁신기업 + Bpifrance 기존 지원 프로그램에 2년 이내 참여 또는 운영 콩쿠르 등에 입상한 기록이 있는 기업 대상 · (혜택) 최소 50,000유로, 최대 100,000유로(지역 보증 시 300,000유로)까지 지원 · (기간) 8년 (36개월 상각 가능)
보조	[프로젝트 보조 프로그램 - 혁신성 개발 보조] · (자격) 직원 수 2,000명 이하 일반 기업 및 중소기업 대상 · (혜택) RDI 지원(R&D + Innovation), 외국 기관·기업과 협동프로젝트 지원, 진행 단계에 맞춘 다양한 보조 지원
투자	[테마별 투자 - French Tech Accélération (프렌치 테크 과속화 프로그램) 투자] · (자격) 의학 기술 및 디지털 등 혁신 분야 · (혜택) Seed capital, risk capital, fund of funds를 통한 지원
보증	[은행 보증 프로그램 - 중소기업 개발 보증] · 중소기업을 대상으로 은행이 제공하는 risk credit을 40%에서 60%로 강화

구분	세부 내용
동행·코칭	[동행·코칭 프로그램 – Pass French Tech] · (자격) 설립 2년 이상, 100,000유로에서 5,000만 유로의 수익 창출, 3년간 25%에서 100% 사이의 성장률을 보인 기업 대상 · (혜택) 행정 업무 간소화, 다양한 국가 지원 서비스 이용, 기업 네트워크 이용, 일류 기업 커뮤니티 참여 기회 제공

※ 자료원: Bpifrance 웹페이지('18.11.13 기준)

5. 중국

5.1 중국의 가젤 기업 지원·육성 정책

가젤 기업의 57.37%(1,639개)는 10개의 국가고신구에 위치하며, 중국의 가젤기업 지원·육성 정책은 국가고신구 단위로 실시하고 있으며 대출 우대·완화, 보조금 지급 등 금전적 지원과 세제 혜택 등을 기본 정책으로 추진하고 있다.

5.2 중국의 가젤 기업 현황

가젤 기업 보유 수 상위 10위의 국가고신구는 중관촌(中關村), 상하이 장장(上海張江), 선전(深圳), 광저우(廣州), 쑤저우(蘇州), 항저우(杭州), 우한 둥후(武漢東湖), 샤먼(廈門), 청두(成都), 시안(西安) 순이며 중관촌은 국가고신구 가젤 기업 수의 23.14%에 해당하는 661개를 보유하고 있으며, 상하이 장장 296개(10.36%), 선전 123개(4.31%)로 상위 3개 국가고신구에 38%의 가젤 기업이 분포하고 있다[그림 2-4].

[그림 2-4] 가젤 기업 보유 상위 10개 국가 첨단 기술 산업 개발구의
가젤 기업 수와 지원 정책

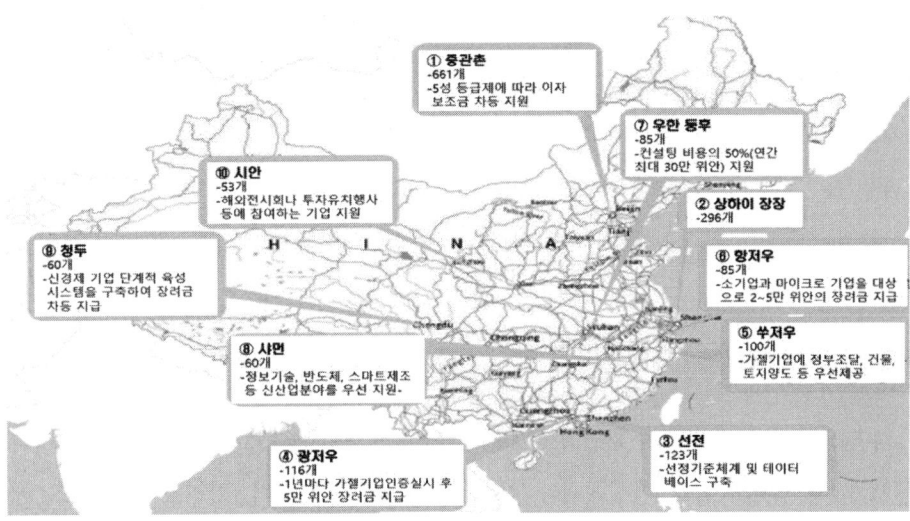

※ 자료원: 정보통신기술진흥센터(2018) 자료 재인용

6. 미국

6.1 중소기업청(Small Business Administration, SBA) 주도의 Scale Up America Initiative

오바마 행정부가 2011년 발족한 Startup America Initiative(SAI)는 '고성장 스타트업'을 발굴하고 이를 통한 경제 성장과 일자리 창출을 목표로 5가지 주요 분야를 추진하였다. 즉 자금 접근성, 멘토 연결, 장벽 제거, 기술 혁신 그리고 공공 분야 사업 기회 제공으로 요약된다.

이후 미국은 중소기업청(Small Business Administration, SBA) 주도로 2014년 7월 Scale Up America Initiative를 발족하고 성장 잠재력이 높은 중소기업이 고성장 기업으로 발전하도록 지원하여 일자리 창출과 경제 성장을 도모하고 있다〈표 2-6〉. 구체적으로는 지역 커뮤니티 중심으로 연평균 15만 ~ 50만 달러의 중소기업을 선정하여 성장

을 지원하며, 경영 교육, 자문, 네트워킹 등의 프로그램을 추진하고 있다.

〈표 2-6〉 Scale Up America Initiative 주요 프로그램

프로그램	내용
기업가 정신 교육 과정	· 성장 지향형 기업가와 중소기업을 위한 검증된 기업가 정신 교육 과정을 제공
경영 지원	· 시장 분석, 경영 전략 수립, 마케팅 등에 대해 1대1 멘토링, 기술 지원
금융 접근성	· 대출, 투자자와의 매칭 등 자본 접근성 확대
네트워킹	· 지역 CEO, 생산자, 공급자, 공공 기관과 네트워크 강화

※ 자료원: 정보통신기술진흥센터(2018) 자료 재인용

아울러 지역 경제와 지역 기업가 중심의 스케일업 성장 생태계를 구축하여 지원하며, 현재 13개 주(아리조나, 펜실베니아, 아칸소, 테네시, 플로리다, 일리노이, 텍사스, 메인, 노스캐롤라이나, 버지니아, 미주리, 워싱턴, 오하이오)의 총 15개 지역 커뮤니티를 선정하여 운영하고 있으며 지원 프로그램은 지역 커뮤니티를 통해 운영되며, 정부는 지역 커뮤니티에 자금을 지원하여 효율적인 경영 자원 활용을 도모하고 있다.

7. 우리나라

우리나라의 경우 스케일업 지원 정책은 스타트업 지원 정책과 같이 스케일업 지원에 해당하는 고유 정책들을 파악하기는 쉽지 않다. 그 이유는 스케일업이라는 용어가 최근 해외 주요국들이 강조하면서 부각된 용어이기 때문에 비록 그에 해당하는 지원 정책을 국내에서 수립 및 추진하였다고 하더라도 지원 사업의 목적을 모두 검토하기 전에는 스케일업을 위한 지원 정책으로 분류하기는 어렵다. 또 다른 이유는 스타트업과 스케일업 범주에 해당하는 지원 사업들이 다양한 정부 부처별로 추진되어 왔기 때문에 부처별 다양한 명칭의 정부 지원 사업을 스케일업 지원 사업으로 재분류하는 것은 더욱 어렵다. 그럼에도 불구하고 성장이라는 일반적인 목표를 전제로 스타트업을 발굴·육성하고자

지원한 사업들을 발췌해 보면 다음과 같은 지원 사업들이 있다.

7.1 중소벤처 기업부 창업 벤처 지원 사업

창업 3 ~ 7년 이내 스케일업 단계의 기업은 상대적으로 투자가 미흡하고, 지원 정책의 비중 면에서도 스타트업 단계에 치중되어 있어, 이를 해결해야 할 필요성이 있다. 이를 구체적으로 살펴보면, 3-7년 차 도약 성장기 기업들을 위한 지원 사업에는 창업 도약 패키지와 팁스 프로그램(TIPS Program) 등이 있다. 창업 도약 패키지 사업은 사업 규모가 증가하고, 수요가 늘어나면서 경쟁률이 높아졌음에도 불구하고, 신청 기업 13,715개 사 중 실제 수혜 기업은 1,600개 사에 그쳐 신청 기업 중 12%만이 지원 가능했고, 지원 예산 규모는 2018년 기준 일자리 중심 정책 개편 사업 전체 규모인 5.8조에서 1.4%에 불과한 것으로 확인되었다. 3-7년 차 도약 성장기 기업들을 위한 지원 사업으로 창업 도약 패키지와 팁스 프로그램 등이 추진 중이며, 자금 지원 중심으로 예산 규모가 800억 원에 불과한 것을 확인할 수 있다(중소벤처 기업부, 2019)

7.2 제2벤처 붐 확산 전략

'제2벤처 붐 확산 전략'에서 제시한 5가지 전략 중 [전략 3]에 그 핵심 내용이 있다[그림 2-5]. 주요 내용을 살펴보면, 홍남기 부총리(기획재정부 장관)는 '19.3.6 관계 부처 합동 브리핑에서 양질의 일자리를 창출하고 혁신적 포용 국가의 기반을 구축하기 위한 「제2벤처 붐 확산 전략」을 발표하고, 추진 전략으로 창업 → 투자 → 성장 → 회수·재투자의 성장 단계 강화 및 스타트업 친화적 생태계 조성의 4+1 전략을 제시하였다. 구체적인 목표로 ① 신규 벤처 투자 연 5조 원 달성, ② 유니콘 기업 20개 창출, ③ M&A 활성화와 역동적 회수 시장 조성을 발표하였으며, 각각의 전략은 아래와 같다.

[그림 2-5] 제2벤처 붐 확산 전략

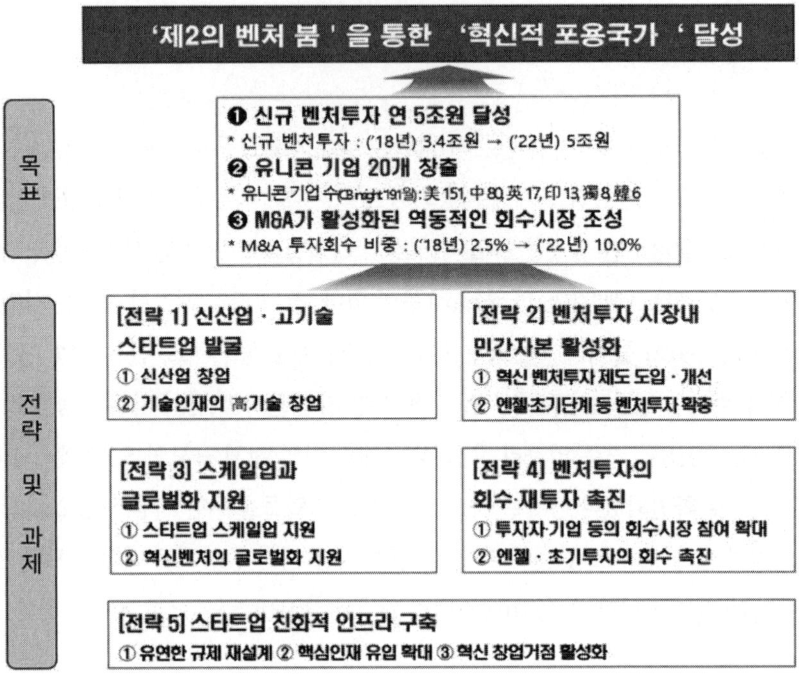

'제2의 벤처 붐'을 통한 '혁신적 포용국가' 달성

목표
- ❶ 신규 벤처투자 연 5조원 달성
  * 신규 벤처투자 : ('18년) 3.4조원 → ('22년) 5조원
- ❷ 유니콘 기업 20개 창출
  * 유니콘 기업 수(CBinsight 191위): 美151, 中80, 英17, 印13, 獨8, 韓6
- ❸ M&A가 활성화된 역동적인 회수시장 조성
  * M&A 투자회수 비중 : ('18년) 2.5% → ('22년) 10.0%

전략 및 과제

[전략 1] 신산업·고기술 스타트업 발굴
① 신산업 창업
② 기술인재의 高기술 창업

[전략 2] 벤처투자 시장내 민간자본 활성화
① 혁신 벤처투자 제도 도입·개선
② 엔젤·초기단계 등 벤처투자 확충

[전략 3] 스케일업과 글로벌화 지원
① 스타트업 스케일업 지원
② 혁신벤처의 글로벌화 지원

[전략 4] 벤처투자의 회수·재투자 촉진
① 투자자·기업 등의 회수시장 참여 확대
② 엔젤·초기투자의 회수 촉진

[전략 5] 스타트업 친화적 인프라 구축
① 유연한 규제 재설계 ② 핵심인재 유입 확대 ③ 혁신 창업거점 활성화

※ 자료원: 관계 부처 합동(2019). 제2벤처 붐 확산 전략, '19.3.6

(1) [전략 1] 신산업·高기술 스타트업 발굴

첫 번째, '신산업 창업'으로, 바이오·핀테크·AI·ICT 등 분야 창업 촉진과 두 번째, '기술 인재 高기술 창업'으로 대학·연구소 등의 우수 인재가 기술 혁신형 창업을 하고, 이에 투자·멘토링·기술 지원 등 강화를 제시하고 있다. 즉 '기술형 창업'을 위한 신산업 분야와 그에 따른 인력 양성 부문을 강조하고 있다.

(2) [전략 2] 벤처 투자 시장 내 민간 자본 활성화

첫 번째, '혁신 벤처 투자 제도'로 민간 자본 유입을 확대할 제도 기반 마련과 두 번째, '엔젤·초기 투자 확충'으로 엔젤 투자·크라우드 펀딩 등에 인센티브를 강화하는 내용으로, 이는 기업 성장을 위한 정부와 민간 투자 활성화를 강조하고 있다.

(3) [전략 3] 스케일업과 글로벌화 지원

첫 번째로는 '스케일업 지원'으로 간접 금융 연계, 스케일업 전용 펀드 등 지원과 두 번째로 '글로벌화 지원'으로 글로벌 기업, 해외VC 등 연계 지원 강화로 그 핵심은 기업 성장의 자금(금융, 펀드, 보증) 지원에 있으며, 글로벌 진출을 위한 해외 거점 조성과 신남방권의 개척을 제시하고 있다.

(4) [전략 4] 벤처투자의 회수·재투자 촉진

첫 번째로는 '민간 참여 확대'로 기업·투자자 등의 회수 시장 참여 촉진이며, 두 번째로는 '엔젤·초기 투자 회수' 엔젤 구주의 회수 활성화로 재투자 유도를 강조하고 있다.

(5) [전략 5] 스타트업 친화적 인프라 구축

첫 번째 '규제 재설계'로 규제 샌드박스 연내 100건 이상 확대를 목표로 하고 있으며, 두 번째 '우수 인재' 벤처 기업에 인재 유입 유도 및 혁신인재 양성이다. 세 번째로는 '창업 거점' 신산업 스타트업 콘테스트(매월 신산업 분야별 경진 대회 개최 → 유망 스타트업 발굴 기회 확대, 창업 열기 지속) 개최, 스타트업 파크 신규 개소, 판교 밸리·혁신 센터 기능 강화 등 벤처 붐 확산이다. 이를 요약하면, '신기술 분야, 민간 투자 활성화, 스케일업과 글로벌 진출 지원, 벤처 투자 활성화, 규제 개선, 인력 양성, 창업 환경 조성'이라고 할 수 있다. 그러나 스케일업과 글로벌 진출 지원 전략은 '금융, 투자 자금 지원'에 핵심이 있어서 전반적으로 국내 벤처 붐 전략은 금융, 투자에 치중되어 있다고 볼 수 있다(홍대웅, 전병훈, 2019).

7.3 K-유니콘 프로젝트

정부는 미래 신산업 분야의 창업·벤처 기업이 유니콘 기업으로 스케일업할 수 있는 생태계를 조성하기 위해 2020년 4월 'K-유니콘 프로젝트'를 수립해 발표했다. K-유니콘 프로젝트는 2단계 전략으로 구성되어 있는데 세부 내용은 다음과 같다.

(1) 1단계 전략: 성장 유망 분야 창업·벤처 기업 발굴·지원

민관 합동으로 미래 신산업 분야에서 시장 검증을 거친 창업 기업들을 폭넓게 발굴해 민간 투자 대상인 예비 유니콘(기업 가치 1천억 원 이상)으로의 성장을 돕는다. 세부적으로는 아기 유니콘 200, BIG3 250(바이오 헬스·시스템 반도체·미래차), 강소기업 100(소재·부품·장비), 포스트 팁스(Post-TIPS)로 구성된다.

가장 대표적인 프로그램인 아기 유니콘 200은 일반적인 창업 지원 사업과 달리 유니콘 기업으로의 성장 가능성에 중점을 둬 평가하며, 대국민 기업 설명회(IR) 등 엄정한 선발 과정을 거친다. 최종 선정 기업에는 최대 3억 원의 시장 개척 자금이 제공되며 국내외 투자자 등과의 네트워킹 기회가 주어진다. 또한 기술 보증 기금 특별 보증, 중소벤처기업진흥공단 정책 융자, 중소기업 R&D 등을 신청할 경우 우대한다.

(2) 2단계 전략: 스케일업을 위한 자금·제도 마련

자금 측면에서는 예비 유니콘이 유니콘으로 성장할 수 있도록 스케일업 펀드 등 대형 펀드를 지난해 총 1조 원 규모로 조성했으며, 올해도 4,500억 원을 추가로 조성할 예정이다. 부채 금융(debt financing) 수요가 있는 예비 유니콘들을 위해 기업당 최대 100억 원까지 파격적으로 지원하는 예비 유니콘 특별 보증도 제공한다.

제도적 측면에서는 K-유니콘 서포터즈와 복수 의결권 주식 도입을 추진한다. K-유니콘 서포터즈는 벤처 투자자, 은행, 증권사, 자산 운용사, 선배 기업 등이 서로 유망 기업 포트폴리오를 공유·투자하는 그룹으로 현재 50개 기관이 참여하고 있다. 또한 대규모 투자 유치 시 지분이 희석돼 유치를 꺼리게 되는 문제를 방지하기 위해 비상장 벤처기업 창업주에 한해 복수 의결권 주식을 허용하고자 한다. 지난해 말 관계부처 합동으로 「벤처 기업 육성에 관한 특별 조치법」(이하 「벤처 기업법」) 개정안을 마련해 국회에 제출했으며, 현재 국회 산업통상자원중소벤처 기업위원회에서 논의 중이다.

K-유니콘 프로젝트는 추진된 지 1년이 안 됐지만, 벌써 의미 있는 성과가 나타나고 있다. 2020년 12월 아기 유니콘 200 참여 기업 40개 사, 예비 유니콘 특별 보증 참여

기업 42개 사를 분석한 결과 6,709억 원의 후속 투자를 유치한 것으로 조사됐다. 평균 매출도 50% 넘게 증가하면서 새로운 일자리를 1,898개 창출했다. 코스닥 시장 상장(하나기술, 엔젠바이오), 해외 창업 경진 대회 수상(디에스글로벌, 센스톤) 등 탁월한 우수 사례도 속속 등장하고 있다.

7.4 실리콘 밸리식 복합 금융, 지역 뉴딜 벤처 펀드 추진

정부는 그간의 성과를 바탕으로 2023년에도 K-유니콘 프로젝트를 추진해 나가도 있다. 2023년도에는 아기 유니콘 200 50개 사, 예비 유니콘 특별 보증 20개 사를 지원해 유망 창업·벤처 기업의 스케일업을 지원한다. 비상장 벤처 기업에 복수 의결권 주식을 허용하는 「벤처 기업법」 개정안도 통과될 수 있도록 국회·업계·시민단체와의 소통을 적극적으로 추진한다.

또한 올해는 실리콘 밸리식 투융자 복합 금융, 지역 뉴딜 벤처 펀드가 새롭게 추진될 예정이다. 상반기 중 「벤처 투자 촉진에 관한 법률」(「벤처투자법」)을 개정해 투자 조건부 융자(venture debt), 조건부 지분 전환 계약(convertible note) 등 예비 유니콘의 스케일업을 위한 실리콘 밸리식 벤처 투자 제도를 도입한다. 비수도권 소재 기업도 유니콘 기업으로 성장할 수 있도록 지역 혁신 기업 등에 중점 투자하는 '지역 뉴딜 벤처 펀드'는 자생적인 지역 혁신 기업 생태계를 형성하기 위해 지역의 공공 기관과 지자체, 모태 펀드가 공동으로 조성해 지역 주력 산업과 혁신 기업에 투자하는 펀드이다.

III. 시사점

지금까지 스케일업 육성을 위한 세계 주요국들의 지원 정책을 살펴보았다. 이러한 지원 정책의 결과라고 할 수 있는 고성장 기업과 가젤 기업의 현황 및 유니콘 기업의 현황은 한 국가의 창업·벤처 생태계의 중요 지표로 인식되고 있다는 측면에서 세계 모든 국가들의 관심의 대상이 되고 있다. 글로벌 시장 조사 업체인 CB insights(2023)에 따르면 기업 가치 10억 달러 이상의 비상장 스타트업인 전 세계 유니콘 기업 수는 2023년 1월 기준 총 1204개로, 이 가운데 미국과 중국이 차지하는 비중은 전체 68%에 달하는 반면 우리나라는 14개 사에 불과하다.

그렇다면 선진국에서 유니콘 기업이 대거 출연할 수 있는 이유는 무엇일까? 그것은 본 장의 전반부에서 소개했듯이 주요국들이 스타트업을 발굴해 지속적으로 성장시켜가는 스케일업 정책이 뒷받침했기 때문이라고 할 수 있을 것이다. 단순히 특정 몇몇 기업을 정부가 임의로 선정해 육성한다고 이뤄지지 않는다. 유니콘 기업을 잉태하는 창업·벤처 생태계를 발전시켜 나가면, 자연스럽게 유니콘 기업이 늘어나는 결과가 따라오게 된다. 이에 정부는 최근 일기 시작한 제2벤처 붐을 통해 우리나라 창업·벤처 생태계의 기반을 탄탄히 다지고, 2020년 4월 발표된 K유니콘 프로젝트를 통해 미래 신산업 분야의 창업·벤처 기업이 유니콘 기업으로 성장할 수 있는 스케일업 생태계를 조성하는 데 주력하고 있다. 이러한 국가 차원의 지원들이 오랜 기간의 시행착오를 거쳐 마련된 정책이기는 하나 보다 나은 결과를 위해서 다음과 같은 몇 가지 사항이 반영될 필요가 있다:

첫째, 스케일업 정책이 너무 투자 쪽으로 쏠리는 경향은 바람직하지 않다. 성장 궤도에 오른 벤처 기업에는 규제 완화와 공정 경쟁의 생태계 조성이 더 중요할 수 있다. 초기 창업 단계에서는 없던 규제가 사업 확장 단계에서 불거질 수 있기 때문이다.

둘째, 중소벤처 기업부는 예비 유니콘을 선발해 R&D·보증·융자 등을 지원하는 프로젝트를 추진하고 있다. 민관이 힘을 합쳐 유니콘 기업을 만들자는 것이다. 과거 유사 사업이 단순 R&D 자금 지원 사업으로 전락했다는 전철을 밟지 않으려면 스케일업 지원 체계를 갖춘 해외 사례를 참고해 관련 부처 내에 전담 부서를 설립하는 것을 검토해 볼 필요가 있다.

셋째, 영국은 세계 최초로 스케일업 육성 전담 기관인 'Scale Up Institute'를 설립하고 영국의 스케일업 현황과 스케일업 지원 프로그램의 운영 현황, 정책 제안, 전망 등을 담은 보고서를 발간하거나 스케일업의 주요 기업 정보를 제공하는 기능을 전담하고 있다. 우리나라도 이와 같은 스케일업 육성 전담 미션을 수행할 수 있는 기구의 설치가 필요하다.

마지막으로, 스케일업은 스타트업에서 출발하여 성장하는 조직 개발 과정의 일환이라는 측면을 주목할 필요가 있다. 스타트업이라는 현상을 보는 관점은 아이디어, 자금, 창업 팀의 3가지 요소의 효율적 결합을 통한 결과를 예측하고 개선하는 단기적 과정으로 본다면 스케일업은 스타트업에서 출발하여 지속 가능한 기업을 이루어가는 조직 개발의 여정이라고 할 수 있다. 따라서 이러한 여정 가운데 기업이 당면하는 제반 애로점과 문제 해결을 위한 접근 방법에 대한 체계적인 연구 및 조사가 필요하며 이와 관련된 데이터의 축적은 스케일업을 지향하고 있는 기업들의 성장을 위한 장벽을 극복하는 데 도움을 줄 수 있을 것이다.

스케일업 스토리(2)

어린이 신체구조에 맞춘 친환경 자전거 'Frog Bikes'

식탁에서 국제 무대에 이르기까지, Shelley와 Jerry Lawson은 고품질 어린이용 자전거에 대한 무한한 검색을 통해 어린이와 지구를 제품 디자인의 중심에 두는 빠르게 성장하는 비즈니스로 전환했다.

열렬한 사이클리스트인 Lawsons는 거의 8년 전에 자신의 아이들을 위한 양질의 경량 자전거를 찾는 것이 놀라울 정도로 어렵다는 것을 알게 되었을 때 Frog Bikes를 시작했다. 그들은 시장의 격차를 발견하고 어린이의 독특한 신체적 구조를 염두에 두고 특별히 설계된 자전거를 만들기 시작했다. 브루넬 대학(Brunel University)의 스포츠 과학자들과 협력하여 자전거 프레임에 대한 어린이 전용 기하학적 구조를 만들기 위한 기본적인 연구를 의뢰했다.

Shelley Lawson은 어린이용 자전거 디자인에 대한 생각을 수정하면서 다음과 같이 설명했다: "우리 연구팀은 고정식 자전거와 같이 특별히 설계된 장비로 시작하여 치수를 변경하고 수백 명의 어린이와 함께 테스트하여 다리 안쪽과 팔 치수를 기반으로 어린이를 위한 완벽한 설정을 찾았습니다. 우리는 라이더의 안쪽 다리 측정으로 자전거를 측정하는데, 이는 업계의 새로운 접근 방식이었습니다. 우리가 시작하기 전에 어린이용 자전거는 연령이나 바퀴 크기에 따라 판매되었으며, 그렇다고 해서 각 어린이에게 적합하다는 보장은 할 수 없었습니다."

그 결과 편안하고 효율적인 다양한 자전거가 탄생했으며, 알루미늄 프레임은 가볍고 출발과 정지가 더 쉬웠다. 접근하기 쉬운 브레이크 레버, 짧은 크랭크 및 긴 안장과 같은 기능을 갖춘 자전거는 모든 능력의 어린이에게 성장의 여지를 제공하고 편안함을 더했다.

Lawson의 식탁에서 겸손하게 시작한 이래로 Frog Bikes는 버크셔 주 애스콧에 본사를, 웨일스에 공장을 두고 있다. 현재 이 회사는 80명의 직원을 두고 있으며 유럽 전역, 미국, 홍콩, 호주 전역에 걸친 56개 지역에 1500개의 독립 자전거 매장을 통해 제품을 판매하고 있다. 실제로 2018년에 Frog Bikes는 국제 무역 부문 Queen's Award를 수상했다.

"4년 전, 우리는 자전거 제조를 극동이 아닌 웨일즈에 있는 자체 공장으로 이전했습니다. 이로 인해 리드 타임이 단축되고 품질에 대한 통제력이 향상되었으며 R&D가 제조와 함께 효율적으로 작업 할 수 있기 때문에 자전거가 계속 개발되었습니다. 또한 영국에서 자전거를 제조하고 일자리를 창출할 수 있다는 것이 항상 중요했습니다."

회사의 성과에 대한 또 다른 지표는 일련의 세간의 이목을 끄는 파트너십이었다. Shelley는 "2014년에 Team Sky가 우리에게 접근하여 다양한 어린이용 자전거를 만들어 달라고 요청했는데, 이는 우리 자전거의 품질에 대한 진정한 영광이자 품질을 입증하는 것이었습니다. 최근에는 상징적인 투르 드 프랑스(Tour de France™)와 협력하여 로고가 새겨진 다양한 밝은 노란색 자전거를 디자인했습니다."

이것으로 충분하지 않다면 회사는 환경 친화적인 재료 사용을 선도하는 것을 목표로 한다. 예를 들어, 그들 자전거의 절반에는 이미 폐기물의 부산물인 50%의 곡물 껍질로 만들어진 페달이 있다. 이들의 목표는 이를 전체 제품군에 적용하고, 다른 혁신적인 친환경 소재를 탐색하고, 탄소 배출량을 줄이고, 공급망을 보다 순환적으로 만드는 것이다.

2018년부터 정부 자금 지원 비즈니스 자문 서비스 기관인 Thames Valley Berkshire Business Growth Hub는 Frog Bike의 설립자가 성공을 더욱 발전시키고 운영을 확장할 수 있도록 조언을 제공하고 있다. Shelley는 "Growth Hub의 스케일업 Berkshire 프로그램을 처음 시작했을 때 우리는 무엇을 기대해야 할지 몰랐기 때문에 약간 회의적이었습니다. 그러나 그들의 어드바이저는 말보다 더 많이 경청했고 몇 가지 적극적이고 가치 있는 제안을 신속하게 우리에게 했습니다. 이 프로그램을 통해 시간을 절약하고 가치를 더했으며 문을 열 수 있었습니다. 우리는 Berkshire Growth Hub와 스케일업 버크셔 프로그램(ScaleUp Berkshire Programe)의 서비스에 깊은 인상을 받았습니다. 예를 들어, 그들은 우리가 비상임 이사를 모집하는 데 도움을 주고, EU 탈퇴 준비에 대해 조언하고, 틈새 부품 제조업체를 찾는 데 많은 도움이 되었습니다. 우리의 어드바이저는 광범위한 연락 네트워크를 가지고 있으며 특히 정부 부처에서 어떤 지원을 받을 수 있는지에 대한 최신 정보를 제공하는 데 능숙하였습니다. 그들의 지원이 없었다면 이루기 더 어려웠을 일들이 있습니다. 그들은 확실히 우리를 적절한 사람들에게 더 빨리 데려다 줄 수 있었고 개인적인 소개가 항상 더 효과적이라는 것을 알게 되었습니다."라고 하였다.

Berkshire Growth Hub의 도움과 함께 Frog Bikes는 연구와 혁신을 계속하기 위해 Innovate UK로부터 자금을 확보했다. "Innovate UK의 자금 지원과 인맥을 통해 보다 광범위하고 지속적인 연구를 수행할 수 있게 되었습니다. 그것은 변혁적이었습니다."라고 Shelley는 설명한다.

열정, 사람, 올바른 지원은 전 세계적인 도전에도 불구하고 Frog Bikes가 성공할 수 있도록 확실히 힘을 실어 주었다. Covid-19 팬데믹은 사람들이 더 건강해지고 더 많은 야외 활동을 하도록 자극했으며, 그 결과 사이클링에 대한 관심이 더 증가하는 것으로 나타났다.

2020년은 자전거 업계에 우호적인 한 해였다. 수요가 급증했고 이 기간 동안 새로운 직원을 채용하기도 했지만 지난 몇 달 동안 회사 전반에 걸쳐 글로벌 공급망도 도전 과제가 된다는 것을 목격했다.

"팬데믹은 또한 새로운 방식으로 일하는 것이 가능하다는 것을 보여 주었고 우리는 이를 받아들였습니다. 사무실 팀이 주로 재택근무를 하기 때문에 직원의 신체적, 정신적 건강을 유지하기 위해 온라인 세션과 이니셔티브를 도입했습니다. 예를 들어, 우리는 Fitbit와 같은 무선 통신 지원 웨어러블 테크놀로지 장치 또는 러닝 클럽 멤버십과 같은 팀을 위한 건강한 생활 수당을 막 시작했습니다. 우리는 사람들이 사이클링을 즐기기를 바랍니다 – 사이클링은 운동하고, 사교 활동을 할 수 있는 좋은 방법이며, 환경 친화적입니다. 나는 아직도 밖에 나가 우리 자전거를 타는 아이들을 볼 때 너무 흥분됩니다. 우리가 이룬 것에 자부심을 느끼지만, 우리는 항상 더 잘하고 싶습니다. 우리가 배운 가장 큰 것은 구조와 프로세스를 개조하는 것이 훨씬 더 어렵기 때문에 처음부터 구조와 프로세스를 제자리에 두는 것이 중요하다는 것입니다. 또한 어떤 일이 일어나든 유연하고 적응할 준비가 되어 있어야 합니다."

※ 자료원:www.scaleupinstitute.org.uk/stories

제2부

스케일업 접근 방법론

3장. 내용 이론

I. 개요

국가나 기관별로 스케일업의 정의, 조건 그리고 명칭이 다르긴 하나 일반적으로 스케일업은 고성장을 대변하는 용어로 사용하고 있다. 즉 '직원이 10명 이상이면서 매출 또는 고용이 3년 연속 평균 20% 이상 성장하는 기업'을 의미한다. 이런 특성은 OECD가 고성장 기업(High-Growth Enterprises)의 특징으로 2007년에 처음 소개하였으며, 2014년 영국의 Sherry Coutu가 같은 개념을 'Scale ups'로 이름 붙이면서 대중화되었다.

이처럼 성장하는 기업은 일자리 창출과 부의 창출에 크게 기여하기 때문에 성장의 결정 요인이 무엇인가를 밝히는 것은 경제 정책을 시행하는 데 도움이 될 수 있다. 2002년에서 2008년 사이에 영국의 모든 중소기업 가운데 6%만이 전체 신규 일자리의 절반을 담당했다(Anyadike-Danes, Bonner, Hart, & Mason, 2009). 미국의 경우 고성장 기업은 전체 미국 기업의 1%에 불과하지만 매년 전체 신규 일자리의 약 10%를 창출하였다(Stangler, 2010). 이처럼 고성장 기업은 많은 새로운 일자리를 창출하기 때문에 지난 몇 년 동안 많은 국가의 정부 및 정책 입안자뿐만 아니라 스케일업 기업 육성을 위한 목적으로 설립된 기관에게는 매우 중요한 관심의 대상이 될 수밖에 없었다.

본 장에서는 스케일업을 위한 접근 방법의 일환으로써 스케일업 기업이나 가젤 기업과 같이 고성장을 이룬 기업들의 성장에 기여하는 요인들의 내용(contents)이 무엇인가를 소개하고자 한다. 이러한 노력은 일자리 및 부의 창출과 관련된 기업 지원 기관이나 정책 수립 기관 그리고 실제 기업을 운영하고 있는 경영진 모두에게 시사하는 바가 클 것이다.

Ⅱ. 고성장 기업의 결정 요인

고성장의 결정 요인이 무엇인가를 밝히고자 할 때 당면하는 몇 가지 어려움이 있다. 먼저 고성장 기업을 사전에 발굴하기는 어렵다. 즉 성장이 시작되기도 전에 높은 성장 잠재력을 가진 기업을 식별하는 것은 어렵다. 또한 스타트업 단계에서 미래의 성과를 예측하는 것도 어렵다. 왜냐하면 성장의 패턴은 비선형적이기 때문이다(Garnsey, Stam, & Hefferman, 2006). 두 번째 어려움은 고성장 기업을 실증적으로 추적하고 샘플링하는 것 또한 쉬운 일이 아니다. 그 이유는 많은 고성장 기업들은 그들이 성장한 뒤에도 때로는 무리한 확장으로 인해 폐쇄되기도 하기 때문이다(Delmar, McKelvie, & Wennberg, 2013). 끝으로 고성장 기업을 연구함에 있어서 또 다른 어려움은 중소기업의 성과를 추적할 수 있게 하는 공개적으로 이용 가능한 데이터가 부족하고(Dwyer & Kotey, 2016), 고성장 기업 연구에 사용되는 정의 및 측정치의 불일치로부터 나타나기도 한다.

이러한 문제들을 극복하기 위해 Heidemann(2018)은 방법론적인 엄격함과 편파되지 않은 탐색 절차를 위해 PRISMA 기준(Preferred Reporting Items for Systematic reviews and Meta-Analysis Statement)(Liberati, Altman, Tetzlaff, Mulrow, Gøtzsche, Ioannidis, & Moher, 2005)에 의해 고성장 기업의 성장 결정 요인을 밝히고자 하였다. 즉 메타 분석을 위한 보고 기준에 근거하여 54개의 정량적 및 정성적 연구를 검토를 통해 급성장하고 있는 기업과 그렇지 못한 기업과의 차이점을 밝힘으로써 고성장 기업의 성장 결정 요인을 밝히고자 하였다.

따라서 본 장에서는 Heidemann(2018)의 메타 분석적 연구를 기초로 하여 고성장 기업의 결정 요인을 [그림 3-1]과 같이 크게 3가지 범주-설립자 특성, 내부 환경 그리고 외부 환경-로 나누고 각 범주별 세부 내용들을 살펴보고자 한다.

[그림 3-1] 고성장의 결정 요인

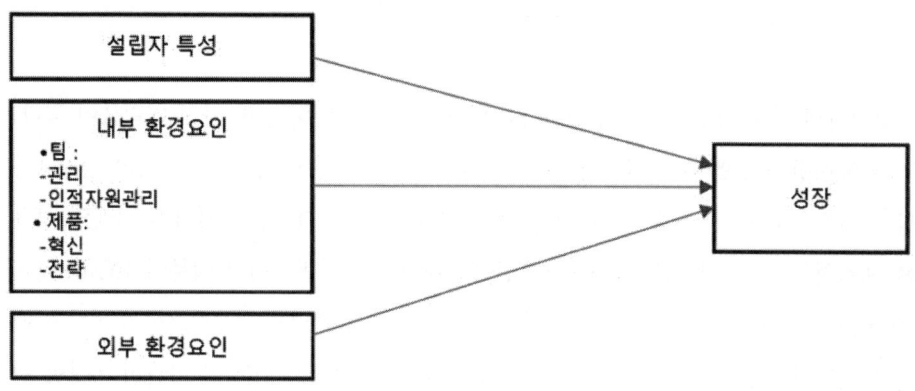

※ 자료원: Heidemann(2018)

1. 설립자 특성

모든 것은 창업자로부터 시작되기 때문에 창업자의 특성은 가장 중요하다. 창업자는 문제를 제기하고 시장에서 기회를 인식하고 사업을 시작할 동기를 가지고 있기 때문에 사업의 핵심이라 할 수 있다. 그러나 모든 기업가가 성공하는 것은 아니다. 그들은 능력, 경험, 네트워크 등이 다르다. 따라서 비즈니스를 고성장 기업으로 전환할 가능성이 더 큰 설립자의 특성을 살펴보면 다음과 같다.

1.1 제품/시장/기술에 대한 친숙성

고성장 기업이 될 확률을 높이는 요인 가운데 하나는 기업이 설립자와 밀접하게 관련된 제품/시장/기술을 보유하고 있다는 것이다. 여기서 관련성이란 제품/시장/기술에 대한 친숙함과 친화력으로 귀결된다. 이것은 특정 산업 또는 특정 제품에서 얻은 경험으로 인해 획득될 수 있다. 즉 관련된 제품/시장/기술에 대한 오랜 경험을 보유하는 것은 대학 학위보다 성공에 더 중요한 동인이 될 수 있다(Hinton & Hamilton, 2013). 연구에 따르면 동일하거나 밀접하게 관련된 산업에서 이전 경험이 있는 창업자는 고성장 기업

가운데 76%를 차지하고 있는 것으로 나타났고 저성장 기업들 가운데서는 24%만 발견되었다(Barringer, Jones, & Neubaum, 2005). 이러한 사실을 토대로 볼 때 분명히 관련 산업에서의 경험은 창업자에게 중요한 지식을 제공한다고 볼 수 있다. 그뿐만 아니라 기업이 새로움에 대한 부담을 극복하고 성장 지향적인 비즈니스를 구축하는 데 도움이 될 수 있는 다양한 네트워크에 접근할 수 있는 이점을 제공한다고 볼 수 있다.

1.2 팀 창업

고성장 기업과 저성장 기업은 창업 팀의 규모가 체계적으로 다른 것으로 보인다. 고성장 기업이 되고자 한다면 스타트업 팀에 보다 많은 구성원이 참여하는 것이 적은 수의 구성원보다 더 낫다. 그 이유는 다양한 관점이 있을 때 더 나은 의사 결정이 가능하였기 때문이다(Roman, Cancino, & Gallizo, 2017). 한편 고성장 기업은 '상호 보완적인 공동 설립자들(joint complementary founders)'이 참여하는 특징이 있다(Hinton & Hamilton, 2013). 보완적인 기술을 갖춘 설립자는 재무 및 관리 전문 지식을 제공하여 다른 창립 멤버의 기술적 역량을 뒷받침하므로 핵심 지원 직원을 즉시 고용할 필요가 없다. 이처럼 고성장 기업은 이러한 집단의 구성원으로 설립될 가능성이 더 크며 그것은 역량 면에서 서로 보완할 수 있기 때문이다.

1.3 교육 수준

고학력 수준은 생존과 고성장 모두의 기회를 증가시키는 요인이 될 수 있다. 특히 대학 교육은 기술 지향적인 사업체를 설립하는 데 필요한 기술을 습득하거나 창업에 도움이 되는 유용하고 적합한 소셜 네트워크 구축에 중요한 것으로 확인되었다(Li, Goetz, Partridge, & Fleming, 2016). 따라서 보다 높은 수준의 교육을 받은 사람들은 고성장 기업이 될 가능성을 더 많이 체험한다고 볼 수 있다. 또한 Goedhuys와 Sleuwaegen(2010)은 자신들의 연구 조사를 통해 교육 수준이 높은 기업가(대학원 또는 대학원 후 학위)가 교육 수준이 낮은 기업가에 비해 고용 성장 수준을 2% 높인다는 사실을 발견하였다. 이처럼 창업 시 고등 교육과 성공 가능성의 긍정적인 관계는 논리적으로 들릴 수 있다. 그 이유는 고등 교육을 통해 보다 많은 관련 지식을 습득하기 때문이다. 그러나 한편으로는 관련성 있는 산업에서의 오랜 산업 경험이 대학 학위보다 성장과 더 관련이 있다는 주장도 있다(Hinton & Hamilton, 2013).

1.4 관리 경험

관리 경험은 고성장 기업이 될 확률을 높일 수 있다. 즉 기업이 처음으로 직면하는 문제는 이전에 문제를 경험한 관리자에 의해 해결될 수 있다. 그러나 경험이 풍부한 관리자의 이점은 일정 시간이 지나면 감소할 수 있으며, 중간 정도의 경험을 가진 관리자(6년에서 10년 사이)가 10년 이상의 경험을 가진 관리자보다 고성장 기업과 더 많이 연관될 수 있다(Mthimkhulu & Aziakpono, 2016). 이것은 관리 경험의 이점이 거꾸로 된 U자형의 포물선과 비교할 수 있다고 가정하기 때문에 흥미롭다. 따라서 '경험이 많을수록 좋다'라고 하는 주장과는 논쟁의 여지가 있는 것 같다. 한편 고성장과 연관된 또 다른 유형의 관리 경험이 있는데 그것은 대규모 사업에 대한 사전 경험이다. 그러한 경험을 통해 대규모 프로젝트를 관리하는 기술이 습득된다고 할 수 있다(Román, Cancino, & Gallizo, 2017).

1.5 전문 경영인 도입

앞에서 언급한 성장 요인들과 마찬가지로 이 요인도 경험에 관한 것이지만 다른 사람의 경험에 중점을 둔 것이다. 빠르게 성장하는 기업에 대한 공통적인 설명의 하나는 기업은 창업자의 관리 능력을 빠르게 초과하므로 창업자는 전문 경영인으로 대체되거나 보완되어야 한다는 것이다. 그 이유는 설립자가 관리하는 고성장 기업뿐만 아니라 전문 경영인이 관리하는 고성장 기업도 성공할 수 있기 때문이다. Willard, Krueger 그리고 Feeser(1992)의 연구에 따르면 설립자가 관리하는 고성장 기업은 일반적으로 더 작고 더 낮은 속도로 성장하지만 수익성은 더 높은 것으로 나타났다. 즉 성과가 낮아지거나 통제력을 잃지 않으면서 급속한 성장으로 인해 야기되는 복잡한 문제에도 비교적 잘 적응하고 있는 것으로 나타난 것이다. 그러나 Lee(2014)의 유사한 연구에서는 관리 능력이나 기술이 고성장 기업의 진정한 장벽이라는 것을 발견했다. 즉 급속한 성장을 겪고 있는 기업은 새로운 상황에 적응하는 데 어려움을 겪는다는 것이다. 이러한 사실을 기초로 해서 본다면 설립자인 경영자가 자신의 관리 능력이 한계에 이르렀음을 깨달았을 때는 전문 경영인을 데려오는 것이 좋은 대안이 될 수 있음을 보여 주는 것이라고 하겠다.

1.6 내적 동기(Intrinsic motivation)

고성장 기업의 설립자는 창업 동기로서 사업 기회나 긍정적인 아이디어를 더 자주 언급하는 반면, 고성장 기업이 아닌 설립자는 실업, 해고에 대한 두려움 및 내부적인 동인에 대해 언급하는 경우가 더 많다. 이를 창업자의 창업동기와 연관 지어 설명해 본다면 설립자가 소위 말하는 '풀(pull)' 요인(예: 긍정적인 아이디어 또는 사업 기회)에 의해 동기부여 된 경우가 '푸시(push)' 요인(예: 현재 직업에 대한 불만이나 해고 직면 상태)에 의해 동기부여 된 경우보다 고성장 기업이 될 가능성이 더 높다는 사실이다. 이는 바로 창업은 내적 동기에 의해 시작되는 것이 중요함을 시사하는 것이다. 여기에 '기업가적 스토리(entrepreneurial story)'라는 아이디어를 추가할 수 있다(Barringer, Jones, & Neubaum, 2005). 즉 기업가 중 일부는 자신들의 사업을 시작하기 위해 상당한 희생을 하기도 하고 또는 기업가가 되기 위한 길을 가는 과정에서 독특한 삶의 경험을 할 수도 있다. 이러한 '기업가적 스토리(entrepreneurial story)'는 기업가들로 하여금 그들의 사업을 급속한 성장의 궤도로 몰아가도록 자극한다. 이러한 '기업가적 스토리'를 갖고 있다는 것은 기업가가 사업을 시작하려는 내적 동기가 있다는 것이다. 그들은 자신의 사업 계획이나 관찰된 사업 기회를 진정으로 믿으며 이를 위해 기꺼이 희생한다. 따라서 '기업가적 스토리(entrepreneurial story)'가 있으면 고성장 기업이 될 확률이 높아진다.

2. 내부 환경

내부 환경 요소는 팀 특성과 제품/서비스 특성이라는 두 가지 하위 주제로 나누어진다. 고성장 기업이 될 확률은 회사에서 일하는 사람들과 회사가 판매하는 제품/서비스 유형의 특성에 따라 증가할 수 있다. 따라서 팀의 특성 및 제품/서비스 특성에 대해 살펴보고자 한다.

2.1 팀 특성

팀 특성은 세부적으로 관리 팀과 인적 자원 관리의 두 가지 구성 요소로 나누어 설명할 수 있다.

(1) 관리 팀
관리팀은 회사가 가고자 하는 방향과 이를 실현할 방법에 초점을 둔다. 따라서 고성장 기업이 될 확률을 높이는 관리 팀과 관련된 조건들을 살펴보면 다음과 같다.

① 세부적인 장기 계획 수립

고성장 기업의 관리적 특성은 세부적인 장기 계획 수립이다. Upton, Teal과 Felan(2001)은 대부분의 고성장 기업은 비전과 달성 계획을 서면으로 표현하고 있으며 3년(또는 더 긴 계획) 계획을 가진 공식적인 사업 계획을 준비한다. 또한 연구의 표본으로 선정된 고성장 기업은 이러한 사업 계획을 개발하는 데 이사회를 포함시킨다는 사실을 발견하였다. 이는 효과적인 계획을 위해서는 직원들과의 커뮤니케이션도 중요하다. Rue와 Ibrahim(1996)의 연구에 참여한 고성장 기업의 대다수(82%)는 전체 직원과 함께 세부적인 장기 계획의 목표 대비 실제 회사 성과에 대한 정보를 공유하고 있었다. 따라서 세부적인 장기 계획은 이사회와 함께 작성하고 모든 직원과 공유하는 것이 고성장 기업이 될 가능성에 긍정적인 영향을 미친다고 할 수 있다.

② 벤처 캐피털(VC)을 통한 자금 조달

고성장 기업은 벤처 캐피털(VC) 자금 조달을 더 자주 검색하고 획득하며(Niosi, 2002), 다른 회사보다 VC의 수혜자가 될 가능성이 더 높다(Mohr, Garnsey, & Theyel, 2013). 또한 VC 지원 기업의 R&D 비용 지출 증가가 VC 지원을 받지 않는 기업의 R&D 비용 지출 증가보다 더 크며(Kelly & Kim, 2016), VC 투자는 기존 연구 및 기술 노하우를 기반으로 한 신속한 제품 개발을 통해 사업화 과정을 촉진시킨다. 따라서 벤처 캐피털에 대한 접근 및 획득은 고성장 기업이 될 확률을 높인다고 할 수 있다.

③ 그룹 관리 스타일

고성장 기업의 관리 스타일에는 뚜렷한 특징이 있었다. 고성장 기업은 주로 '그룹 관리 스타일'과 관련이 있었다. 그룹 관리 스타일은 의사 결정 과정에 그룹이 참여하는 것이 특징이다. 주요 업무와 관련하여 Littunen과 Tohmo(2003)의 연구에 참여한 고성장 기업 중 59%는 기업가에게만 의존하지 않고 직원 그룹에 의해 관리되었다. 참여한 고성장 기업의 또 다른 22%는 '네트워크 구축 전략'을 사용하였다. 즉 기업가는 고객은 물론 비즈니스 담당자 또는 전문가와의 토론을 통해 회사를 관리하는 방법에 대한 아이디어를 얻었다. 이러한 '네트워크 구축 전략'은 또 다른 가능성이지만 이는 직원들이 소외감을 느낄 위험이 있다. 따라서 '그룹 관리 스타일'은 가장 선호되는 관리 스타일로서 대부분의 고성장 기업을 특징짓는 요소이기도 하다.

④ 성장에 대한 몰입

고성장 기업은 성장에 대한 몰입(commitment)이라는 측면에서 저성장 기업과 다르다. 몰입의 결핍은 동기 부여 문제와 같은 외부 및 내부 요인 모두로부터 기인될 수 있다. 기업의 성장에 대한 몰입의 강도는 기업의 직원들이 성장을 이루도록 동기를 부여할 수 있다. 직원들에게 동기를 부여하는 과정은 경영진의 책임이다. 성장에 대한 몰입을 높이는 것은 성장 지향적인 비전의 구현을 통해 고성장 기업이 될 확률을 높인다. 성장에 대한 몰입의 중요성은 Román, Cancino와 Gallizo(2017)의 연구에서도 나타나고 있다. 그들이 조사한 고성장 기업 모두가 회사 핵심 부분으로서 성장에 대한 몰입을 표명한 반면, 중간 성장을 보인 회사의 2/3는 이것을 고려하지 않았다. 따라서 성장 지향적인 비전의 형태로 성장에 대한 몰입을 강조하는 정도는 회사가 고성장 기업으로 성장하는 데 도움이 될 것이다.

⑤ 의사 결정의 일관성

성장 관리의 또 다른 측면은 기존 의사 결정과 일치하는 시스템과 문화를 구축하는 것이다. 고성장 기업은 빠른 성장을 관리할 수 있는 시스템을 구축할 수 있어야 하지만 그렇다고 해서 설립자가 배양한 친성장 문화와 충돌하지는 않는다. 성장을 보장하는 핵심 전략 중 하나는 비즈니스 내부의 구조를 정의하는 것이다(Hinton & Hamilton, 2013). 예를 들면 단지 6명의 인원을 가지고 있을 때는 관리하기 쉬우나 더 크면 조직 구조가 있어야 한다. 이러한 조직 구조의 확대 및 문화를 구축함에 있어서 설립자가 배양한 친성장 문화 및 회사에 어울리는 조직 구조 및 문화를 만들고 정의하는 것은 매우 중요하다. 특히 회사가 성장을 목표로 하거나 실제로 성장하고 있을 때는 더욱 중요하다.

(2) 인적 자원 관리(Human Resource Management)

인적 자원 관리와 관련하여 발견된 두 가지 주요 구성 요소가 있는데 그것은 바로 '직원 교육 훈련'과 '직원 보상'이다.

① 직원 교육 훈련

직원 교육 훈련 또는 직무 교육은 성장을 추구하는 과정에서 자주 언급되는 요소이다. 즉 고성장 기업은 직원 개발에서 저성장 기업과 다르다(Barringer, Jones, & Neubaum, 2005). 고성장 기업은 목표 달성을 돕거나 직원이 승진할 수 있도록 지원하는 교육 프로그램의 역할을 중요하게 고려하고 있으며, 기업의 성장 지향적인 전략을 유지하기 위해 직원의 능력과 노력에 크게 의존한다. 또한 고성장 기업에는 잘 훈련된 인력이 다른 기업보다 더 많이 있었다(Arrighetti & Lasagni, 2013). 따라서 최고의 기업은 항상 최고의 인력을 고용해야 할 뿐만 아니라 사내 교육 훈련 프로그램을 통해 그들의 성과를 향상시키는 것이 필요하다.

② 성과에 대한 보상

직원으로부터 높은 수준의 성과를 이끌어 내고, 우수한 직원을 유치 및 유지하고, 위험한 업무를 기꺼이 직원들에게 맡길 수 있는 것은 직원에게 보상을 제공함으로써 얻을 수 있는 혜택의 예들이다. 이처럼 성과가 좋은 직원에 대한 보상은 회사에 매우 유익할 수 있다. 이러한 직원 보상은 일반 회사들보다 고성장 기업들에서 더 자주 발생한다

(Walker, 2010). 즉 고성장 기업은 직원들에게 재정적 인센티브와 스톡옵션을 보상으로 제공했다.

또한 고성장 기업들의 설립자 및 대표들은 직원들이 계속해서 우수한 성과를 낼 것이라는 기대감을 갖고서 우수한 성과에 대한 보상을 제공하였으며 다양한 형태의 성과에 대해 보상을 사용하였다(Ng & Hamilton, 2016). 예를 들면 직원들이 출원한 특허가 승인되었을 때 보상을 하거나 새로운 아이디어를 제안했을 때는 그것을 인정하는 비공식적인 보상을 사용하기도 하였다. 이러한 결과들은 직원의 우수한 성과에 대한 보상이 고성장 기업으로 발전하기 위한 중요한 요소임을 의미하는 것이다.

2.2 제품/서비스 특성

제품/서비스 특성은 '제품/서비스', '전략', '혁신'의 세 가지 구성 요소로 구분된다. 회사는 일반적으로 특정 제품이나 서비스를 기반으로 사업을 시작하기 때문에 이 세 가지 구성 요소는 비즈니스의 핵심이다. 따라서 이 세 가지 구성 요소의 유형 및 방법에 따라 차별화된 비즈니스가 이루어지며 독특하고 가치 있는 제품/서비스를 제공하는 경우 이를 통해 고성장으로 이어질 수 있다.

(1) 제품/서비스
제품/서비스와 관련된 요소는 고객, 시장, 판매, 경쟁자 및 생산 프로세스에 관한 것이다. 고성장 기업이 될 확률을 높이는 제품/서비스의 조건을 살펴보면 다음과 같다.

① 안정적인 제품/시장에 대한 집중
Feeser와 Willard(1990)는 고성장 기업이 저성장 기업보다 더 안정적으로 제품/시장에 집중하고 있음을 발견했다. 즉 고성장 기업의 17% 미만이 초기 제품/시장에 대한 집중을 변경한 반면 저성장 기업의 경우에는 55%가 변경하였다. 한편 고성장 기업의 약 34%는 초기 제품/시장에 대한 집중에 있어서 전혀 변화가 없다고 보고한 반면, 저성장 기업의 경우는 6% 미만이 그러한 안정성을 보고했다. 즉 고성장 기업은 초기의

제품/시장에 대한 집중을 고수하는 경향이 있지만, 저성장 기업은 이를 변경하는 경향이 있었다. 또한 고성장 기업은 서비스가 부족한 새로운 시장에서 기회를 찾거나 제품/서비스 이상을 제공하는 '토털 고객 솔루션'을 제공하고 있었다(Chandler, Brobert, & Allison, 2014). 따라서 성장을 목표로 하는 기업은 기회 인식에 중점을 두었던 초기 제품/시장에 대한 집중에 가깝도록 유지하는 것이 좋다.

② 국외 판매/글로벌 운영

고성장 기업은 수익의 상당 부분을 해외 판매에서 얻는 경향이 있다(Mohr, Garnsey, & Theyel, 2014). 저성장 기업의 경우는 균등하게 분할되어 수익의 절반은 해외 판매에서 절반은 국내 판매를 통한 수익을 창출하고 있었으나 고성장 기업의 경우는 국내 시장 수익의 7배나 많은 수익을 해외 판매를 통해 창출하고 있었다(Feeser & Willard, 1990). 또한 글로벌 시장에서 특히 전문화된 제품과 고객을 보유한 기술 기반 기업은 고성장을 이루는 경향이 있었으며 이러한 글로벌 운영을 통한 효과는 비기술 기반 기업에서도 마찬가지로 나타났다(Coeurduroy & Murray, 2008).

③ 유연한 생산 프로세스

유연한 생산 프로세스를 통해 기업은 변화가 필요하거나 기회가 관찰되었을 때 빠르게 적응할 수 있다. 가장 성공적인 기업은 시장 개발 전략을 보완하는 유연한 생산 프로세스를 가지고 있었다(Littunen & Tohmo, 2003). 또한 고성장 기업들은 기술 또는 고객 요구의 변화에 대응하는 방법에 있어서 기회 지향적이고 유연했기 때문에 성장을 보장받을 수 있었으며, 그러한 고성장 기업 상태를 유지하기 위해서도 생산 프로세스의 개선을 필요로 하였다(Gabrielsson, Dahlstrand & Politis, 2014). 그 이유는 생산 프로세스를 보다 효율적이고 효과적으로 만드는 리드 타임 단축, 비용 절감, 재고 비용 절감, 재고 시스템과 같은 이점들은 규모의 경제를 창출하고 더 나아가서는 시장 확장 및 성장을 위한 기회를 만들기 때문이다(Chinta & Kloppenborg, 2010 ; Li, Tan & Hida, 2011).

④ 고객에 대한 지식

고객 지식은 고객의 요구와 바람에 대해 민감한 감각을 유지하는 것을 말한다. 고객과의 긴밀한 관계를 통해 얻은 고객 지식은 직접적인 미래 전략이다. 왜냐하면 고객의 요구와 바람은 충족되어야 하기 때문이다. 따라서 고성장 기업들은 소수의 중요한 고객을 선택하고 해당 고객과 더 긴밀한 관계를 발전시킨 다음 고객에게 더 많은 가치를 제공하기 위한 제품을 더 잘 설계할 수 있었다. 이처럼 회사가 서비스하고자 하는 고객에 대한 깊은 이해는 고성장 기업이 될 확률을 높인다(Mascarenhas, Kumaraswamy, Day, & Baveja, 2002).

⑤ 최소의 경쟁

Hinton과 Hamilton(2013)은 연구에 참여했던 고성장 기업들 중 한 기업만이 3개 이상의 경쟁자가 있음을 발견했다. 즉 고성장 기업들은 경쟁이 낮은 시장에서 자기만의 고유한 위치를 점하고 있었다. 고성장 기업들은 서비스가 부족한 시장을 식별할 수 있는 탁월한 능력을 갖추고 있었으며 그러한 시장으로부터의 혜택을 누릴 수 있었으며 매우 기회지향적인 것으로 나타났다. O'Regan, Ghobadian 그리고 Gallear(2006)의 연구에 참여했던 고성장 기업들 가운데 71.8%가 자신들을 '탐사자(prospectors)'로 특징지었다. 이 탐사자들은 시장의 요구를 충족시키기 위한 여건과 혁신을 통해 지속적으로 새로운 기회를 찾고 있었다.

또한 기업가적 경영(entrepreneurial management)과 성장 사이에 정적인 관계가 있는 것으로 확인되었다(Harms와 Ehrmann, 2009). 기업가적 경영(entrepreneurial management)은 기업가 정신의 핵심 속성으로서 기회 추구를 강조한다. 따라서 고성장 기업들은 경쟁이 낮고 독특한 가치가 창출되는 방식으로 시장에서 회사를 포지셔닝할 수 있었다.

(2) 전략(Strategy)

제품/서비스 특성에 관한 다음 구성 요소는 '전략'이다. 전략은 차별성과 경쟁 우위의 기본 구성 요소이며, 전략 수립은 기업이 경쟁 우위를 구축하고 유지하기 위해 다양한 활동을 통해 참여하는 조직 수준의 프로세스이다.

① 협력

기업의 성장과 관련하여 가장 많이 언급되는 요소는 '협력(cooperation)'이다. 협력에는 인수 및 합병, 대학과의 관계, 동맹 등이 포함될 수 있다. 대체적으로 인수 및 합병을 수행한 기업이 고성장 기업이 될 확률이 더 높았다(Arrighetti & Lasagni, 2013). Satterthwaite와 Hamilton(2017)의 연구에서는 동일한 산업에서 고성장 기업이 고성장 기업이 아닌 기업보다 거의 5배나 많은 기관을 통해 운영된다는 것을 발견했다. 고성장 기업당 이러한 많은 수의 기관에는 지점 또는 프랜차이즈가 포함된 것이다. 이것은 바로 성장의 결과로 보인다.

기업이 고성장을 달성함에 있어서 기업 간 협력을 통해서 이익을 얻을 수 있다. Mohr, Garnsey 그리고 Theyel(2013)은 보완적 자원의 통합을 통해 양 당사자가 혜택을 받을 수 있는 다중 동맹의 중요성을 강조하였다. 즉 자신의 산업에서 소규모 회사와의 기술 지향적 및 시장 지향적 동맹은 성장을 촉진하는 것으로 나타났다. 또한 고성장 기업들은 조직 간 관계에 적극적이었으며 파트너로부터 필요한 자원을 함께 선택하였는데 이는 기업이 성장 궤도를 가속화하는 데 나타나는 일반적인 현상인 것으로 나타났다.

마지막으로 혁신을 위해서는 대학 및 공공 연구 기관과의 협력도 중요하다. 즉 제3자와의 협력을 통해 확보된 여러 가지 외부 자원을 사용하는 것은 회사 성장에 매우 중요하다(Savarese, Orsi, & Belussi, 2016). 요약하면, 협력은 고성장을 달성하는 데 중요한 역할을 할 수 있다. 그 이유는 위험, 비용 또는 자원을 다른 사람들과 공유할 수 있기 때문이다.

② 선점 시장 전략과 조기 추종자 전략

Upton, Teal과 Felan(2001)의 연구에 의하면 연구에 참여하였던 고성장 기업들 가운데 '선점 시장(first-to-market' strategy)' 전략을 따랐던 기업은 44%가 넘었고, 37%는 '조기 추종자 전략(early follower strategy)'을 추구했다. 따라서 고성장 기업들의 약 81%는 신제품을 출시할 때 신속한 시장 타이밍 전략을 추구한 것으로 나타났다. 또한 Hinton과 Hamilton(2013)의 연구에 참여한 고성장 기업들은 새로운 아이디어에 의한 최초의 시장을 추구한 것은 아니었지만 '조기 추종자' 전략에 더 가까운 창의적인 판촉 활동을 하거나 서비스의 초점을 변경함으로써 상당한 차별화를 제공하였다.

③ 고품질 제품/서비스

고성장 기업들은 고품질 전략을 추구하는 경향이 있다. 따라서 대다수의 고성장 기업들은 고객에게 우수한 제품/서비스를 제공함으로써 빠른 성장을 이뤘다. 또한 고성장 기업들은 더 나은 가격보다는 더 나은 품질을 제공한다는 평판을 받는 것을 선호한다. 품질이 향상되면 무언가 독특한 것이 추가되었다는 확신을 주기 때문이다. 이처럼 고유한 가치를 추가하는 것은 고성장을 위해서 매우 중요하다. 즉 고유한 가치 창출에 성공하면 고객은 가치 제안이 프리미엄 가치가 있다고 인식하기 때문에 기꺼이 가격을 수용한다(Hinton & Hamilton, 2013).

또한 고성장 기업들은 보다 높은 가격에 제품을 판매하며, 고품질 제품을 통해 성장의 가속화로 나타난다(Román 등, 2017). 이처럼 품질에 중점을 두고 고유한 가치를 추가하는 것은 차별화 전략과 밀접하게 관련되어 있으며, 이를 통해 기업은 평균 이상의 수익을 올릴 수 있다. 따라서 차별화 전략을 구현하면 고성장 기업이 될 가능성이 높아진다고 할 수 있다.

(3) 혁신(Innovation)

제품/서비스 특성의 최종 요소는 '혁신'이다. Joseph Schumpeter는 1930년에 혁신을 처음으로 정의했다. 혁신에는 수많은 의미가 있다. 예를 들어, 혁신은 새로운 제품의 도입 또는 기존 제품의 수정, 새로운 시장의 발견 또는 원자재를 통한 새로운 공급원의 개발이 될 수 있다. 혁신이란 무엇인가에 대해서는 Crossan과 Apaydin(2010)의 혁신에 대한 정의가 가장 완전한 것으로 여겨진다. 즉 혁신은 "경제 및 사회적 영역에서 부가가치가 있는 새로움의 생산 또는 채택, 동화 및 활용 ; 제품, 서비스 및 시장의 갱신 및 확대; 새로운 생산 방법의 개발; 그리고 새로운 관리 시스템의 구축이다. 이것은 과정이기도 하고 결과이기도 하다." 따라서 이러한 혁신과 관련된 고성장 기업의 특징들은 다음과 같다.

① 유통 혁신

유통 혁신은 기존 유통 시스템의 구조와 역동성, 취약한 부분을 이해하고 그것을 혁신으로 개발하는 것이다. 이를 위해 기업은 특정 공급업체와 고객에게 집중하여 관계를 강화하고 경쟁업체의 모방을 방지해야 한다(Niosi, 2002). 그런 후에 새로 생성된 유통 모델은 시장 진입을 위해 국제적으로 활용된다. 유통 혁신의 장점은 인프라를 통한 거래비용 절감, 물량 확보를 위한 지리적 확장, 배송 지연의 방지이다. 유통 혁신 전략을 사용하는 기업은 이러한 혁신의 혜택을 누림으로써 고성장으로 연결될 수 있다.

② 신제품 및 개선된 제품 도입

마지막 혁신 관련 요소는 새로운 제품 혹은 크게 개선된 제품의 도입이다. 고성장 기업이 될 가능성은 기업이 신제품 또는 크게 개선된 제품을 성공적으로 도입할 때 훨씬 더 높다. 한편 '기업가적 지향성(entrepreneurial orientation)'은 혁신에 참여하는 성향에 영향을 미칠 수 있다. 즉 기업가적 지향성 수준이 높은 회사는 더 많이 혁신하는 경향이 있으므로 신제품을 통한 매출에서 더 높은 점유율을 달성할 수 있다. 이러한 기업가적 지향성은 성장과 정적인 관계가 있는 것으로 나타났다(Harms & Ehrmann, 2009).

③ 신기술의 사용

성장을 위한 첫 번째 '혁신 관련' 요인은 신기술의 사용이다. Román 등(2017)의 연구에 참여한 고성장 기업들의 2/3가 생산 작업에 신기술을 사용하는 반면, 다른 회사는 신기술 사용과 관련이 없다는 것을 발견했다. 신기술을 사용하면 생산성과 품질이 향상될 수 있다. 항상 새로운 기술이 등장하고 있으므로 고객에게 가치를 제공하려면 혁신을 통해 해당 신기술에서 뒤떨어지지 않아야 한다.

④ 생산 프로세스의 개선

고성장 기업들의 대부분은 제품, 프로세스 또는 서비스 혁신에 크게 초점을 맞춘다(Bamiatzi & Kirchmaier, 2014). 즉 이들은 연간 수익의 상당 부분을 생산 프로세스를 지속적으로 개선하고 신제품 개발 아이디어를 구현하는 데 사용한다. 새로운 제품은 새로운 프로세스에 대한 요구를 낳고 새로운 프로세스는 새로운 제품에 대한 전망을 제공하기 때문에 프로세스와 제품 개발은 상호 지원적이다. 대학 기관과 같은 외부 기관과의 협력 활동도 중요하지만 생산 프로세스 개선을 목표로 하는 개발 활동이 성장을 달성하고 유지하기 위해 더 중요하다(Gabrielsson, Dahlstrand, & Politis, 2014).

⑤ 내부 연구 개발에 대한 투자

성장과 관련하여 자주 언급되는 또 다른 요소는 R&D에 대한 투자이다. 일반적으로 R&D에 투자하는 기업이 고성장 기업이 되는 경향이 더 크다(Segarra & Teruel, 2014). 이러한 R&D 투자는 특히 치열한 경쟁 환경에서 효과적이며 고성장 기업이 될 확률을 높이기 위해서도 R&D 투자는 중요하다(Goedhuys & Sleuwaegen, 2016). 그럼에도 불구하고 R&D 투자에는 위험이 따르며 R&D 투자의 결과를 예측하기 어렵고 경제적 수익으로 나타나기에는 오랜 시간이 걸리기도 한다.

⑥ 외부 자원의 활용

'개방성(openness)'이 기업 성장과 관련된 혁신의 가장 중요한 변수라고 할 수 있다(Savarese et al., 2016). 개방성은 여러 외부 자원(전시회 참가; 데이터베이스 활용; 대학 및 공공 연구 기관; 공급업체; 컨설턴트 및 부문별 기업 협회 등)의 사용을 의미한다. 서로 다른 유형의 지식을 이렇게 조합하면 혁신을 촉진하고 폐쇄성을 피할 수 있다. 여러 사례에서 고성장 기업들은 R&D 프로세스에서의 협력을 위해 파트너와 외부 네트워크를 초대하였고 그 결과 혁신 역량을 강화하고 성장을 유지할 수 있었다(Ng와 Hamilton, 2016). 이처럼 혁신 프로세스와 관련된 외부 네트워크의 사용은 모방하기 쉽지 않은 경쟁 우위를 제공한다.

3. 외부 환경(External environment)

성장을 유발할 수 있는 요인 가운데 마지막 요소는 외부 환경이다. 그러나 외부 환경은 설립자나 기업에 크게 영향을 미치지 않는 요인일 수 있다. 실제로 많은 연구에서도 산업, 정부, 위치와 같은 외부 요인이 고성장의 가능성에 영향을 미치지 않는 것으로 나타났다(Lee, 2014 ; Mason, Brown, Hart, & Anyadike-Danes, 2015). 그럼에도 불구하고 고성장 기업이 될 가능성을 높이는 외부 환경 조건이 있다(Giner, Santa-María, & Fuster, 2017). 그것은 바로 대규모 도시 지역 및 기술 단지에 인접한 회사의 물리적 위치와 관련이 있다.

3.1 대도시 지역 내의 위치

대도시 지역에 기업이 위치할 경우 고성장 기업이 될 확률에 긍정적인 영향을 미친다는 주장들이 있다. 그 이유는 대규모 도시 지역은 고급 서비스, 고도로 숙련된 근로자, 지식, 재정적 자원, 위험 자본 회사, 높은 수준의 공공 기반 시설 및 서비스에 대한 접근을 용이하게 하기 때문이다(Fujita & Thisse, 2002; Rosenthal & Strange, 2004; Espitia-Escuer, García-Cebrián, & Muñoz-Porcar, 2015).

3.2 기술 단지 내 위치

고성장 기업이 될 가능성을 높이는 또 다른 물리적 위치는 기술 단지 내 설립이다(Giner 등, 2017). 기술 단지는 기업, 공공 및 민간 연구 센터, 교육 기관에서 생성된 지식 흐름에 보다 쉽게 액세스하게 함으로써 경쟁 우위를 지원할 수 있다.

4. 성장(Growth)

성장은 위에서 언급한 모든 요소의 결과로서 나타나는 것이다. 세 가지 구성 요소(설립자 특성, 내부 환경 및 외부 환경)는 다시 하위 범주로 나누어지며 기업의 성장을 달성하기 위해 모두가 다른 역할을 하지만 서로 관련이 있다. 기업의 여건에 따라 한 요인이 다른 요인보다 더 관련성이 있거나 중요할 수도 있다. 그러나 중요한 것은 모든 요소가 회사 성장으로 이어져야 한다는 사실이다. 따라서 성장은 위에서 언급한 모든 요소의

'결과'로 볼 수 있다. [그림 3-1]은 세 가지 범주(설립자 특성, 내부 환경 및 외부 환경)와 성장과의 관계를 시각적으로 표현하였다. 고성장 기업이 될 확률을 첫 번째는 설립자 특성이 있다. 두 번째는 내부 환경으로서 제품/서비스의 특성과 이를 회사 내 사람들이 어떻게 관리해야 하는지를 나타낸다. 세 번째는, 외부 환경이 고성장 기업으로의 성장에 영향을 줄 수 있다. 예를 들어 대도시에 위치한 기업이, 농촌에 위치한 기업보다 고성장 기업이 될 확률이 더 높다. 이 세 가지 범주는 연구 문헌에서 언급된 조건과 일치할 때 기업의 성장이 이루어질 가능성이 더 높다.

III. 요약 및 시사점

고성장 기업이 일자리 창출과 경제적 부에 크게 기여한다는 사실이 밝혀짐에 따라 본 장에서는 고성장 기업 육성을 위한 스케일업의 접근 방법의 하나로서 기업 성장에 영향을 주는 요인들의 내용이 무엇인가 알아보았다. 이를 위해서 고성장으로 이어지게 하는 요인들에 대한 연구 결과들을 검토하였다. 그 결과 고성장을 결정하는 요인들을 설립자 특성, 내부 환경, 외부 환경의 세 가지 범주로 구분했다.

고성장 기업이 될 확률을 높이는 설립자 특성으로는 6가지의 특성이 확인되었다. 고등 교육, 팀 설립, 관리 경험, 제품/시장/기술에 대한 친화성, 내재적 동기 부여, 전문성이다. 내부 환경은 팀 특성과 제품/서비스 특성이라는 두 가지 하위 테마로 나누어진다. 고성장 기업의 팀 특성은 관리팀 자체 및 인적 자원 관리의 측면과 관련이 있다. 회사의 이러한 인적 측면의 성장 결정 요인은 성장에 대한 헌신, 의사 결정의 일관성, 세부적인 장기 계획, 그룹 관리 스타일, 직원 교육 및 성과가 좋은 직원에 대한 보상이다. 고성장 기업의 제품/서비스 특성으로는 제품/서비스뿐만 아니라 전략 및 혁신과도 관련이 있다. 회사가 판매하는 제품/서비스와 관련하여 연구 문헌에서 나타난 성장 요인은 고객 지식, 유연한 생산 프로세스, 안정적인 제품/시장 집중, 최소한의 경쟁, 글로벌 운영, 선점 시장 또는 조기 추종자 전략, 고품질의 제품/서비스, 협력, 신기술 사용, 생산 공정 개선, 내부 R&D 투자 및 외부 자원의 활용이다. 세 번째 범주는 회사의 외부 환경이며 더욱 구체적으로 회사의 물리적 위치와 관련이 있다. 물리적 위치와 관련하여 성장에 영향을 주는 두 가지 요소가 있는데 그것은 대도시 지역의 위치와 기술 단지 내의 위치이다.

이처럼 지금까지 검토된 성장에 긍정적인 영향을 미치는 요인을 정리하면 29가지로 정리될 수 있다. 그러나 이러한 결과들은 고성장 기업에 영향을 주는 단편적인 요인에 관한 연구 결과를 종합한 것이기 때문에 각 요인들이 고성장 기업에 얼마나 기여하는지, 다시 말해서 각 요인들의 상대적 기여도가 얼마나 되는가에 대한 구조적 관계에 관한 설명을 하기에는 부족한 점이 있다.

그럼에도 불구하고 이러한 결과들은 다양한 국가와 다양한 산업을 대상으로 오랜 기간(1990년에서 2017년)에 걸쳐서 수행된 연구들로부터 나온 결과이므로 여기서 확인된 성장 결정 요인은 기업 및 정책 입안자에게 유용할 수 있다. 첫째, 고성장 기업의 목표를 달성하고자 하는 기업의 경우 [부록]에 제시된 것과 같이 성장 결정 요인에 대한 체크 리스트를 통해 기업의 현재 상태를 평가함으로써 고성장 기업을 향한 여정에서 누락되고 있는 부분을 찾을 수 있다. 둘째, 고성장 기업들은 경제적 부와 일자리 창출에 크게 기여한다는 사실을 인지하고 성장의 결정 요인이 무엇인가를 확인할 수 있으므로 정책 입안자는 고성장 기업을 촉진시킬 수 있는 정책을 개발할 수 있다.

[부록] 고성장 결정 요인 체크 리스트

고성장 기업의 결정 요인은 창업자 특성, 내부 환경 그리고 외부 환경의 3가지로 분류된다. 아래 진술문'의 예시를 참고하여 각 항목에 해당하는 귀사의 현재 상태를 체크해 본다. 각 진술문에 대한 정답은 없다. 해당 진술이 귀사와 관련이 있는 정도만 표시하면 된다.

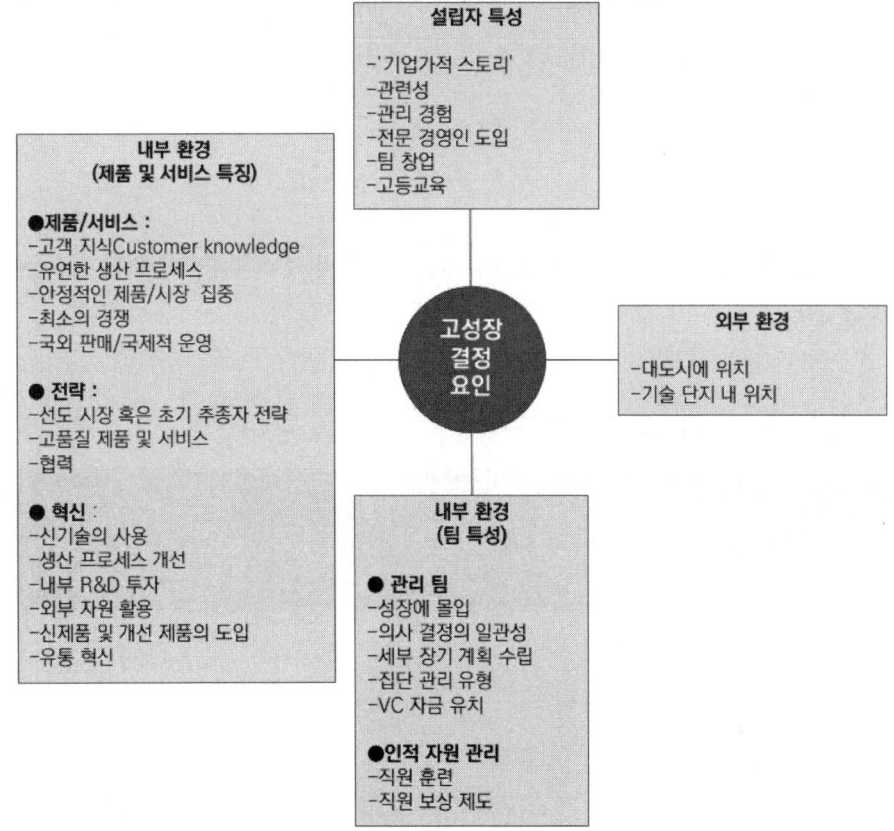

[예시]

아래의 예는 기업에 적용할 수 있는 진술문의 한 예로서, 회사가 너무 빨리 또는 크게 성장하기 때문에 특정 시점에 전문 경영인을 필요로 하는 정도를 나타내는 진술문이다.

진술문	매우 그렇다(2)	그렇다(1)	중립(0)	그렇지 않다(-1)	매우 그렇지 않다(-2)
창업자의 경영 능력이 한계에 이르렀으므로 회사가 계속 성장하기 위해서는 전문 경영자를 고용할 필요가 있다.	V				

위와 같은 방법으로 아래의 설립자 특성, 내부 환경 및 외부 환경과 관련된 진술문에 답하면 된다.

☐ 설립자 특성과 관련된 진술문

설립자 특징 (Founder characteristics)	매우 그렇다(2)	그렇다(1)	중립(0)	그렇지 않다(-1)	매우 그렇지 않다(-2)
나는 사업적 기회를 보았기 때문에 회사를 시작했다.					
회사를 시작하는 데 많은 노력(시간과 돈)을 기울였다.					
나는 다양한 영감을 주는 사람들과 접촉하다 보니 기업가가 되었다.					

설립자 특징 (Founder characteristics)	매우 그렇다(2)	그렇다(1)	중립(0)	그렇지 않다(-1)	매우 그렇지 않다(-2)
산업에 대한 나의 경험은 현재 회사의 중심 제품/시장/기술과 밀접한 관련이 있다.					
회사와 관련된 제품/시장/기술은 나의 관심사와 일치한다.					
나는 이전 직장에서 관리 경험을 쌓았다.					
나는 대규모 비즈니스에서 경험을 얻었다					
회사는 나의 관리 능력을 빠르게 초과하므로 전문 경영인을 고용했다.					
회사는 최소 2명 이상으로 구성된 팀에 의해 설립되었다.					
회사 설립자는 '고학력'이다.					

☐ 회사 내부 환경 관련 진술문(팀 특성 및 제품/서비스 특성)

팀 특성 (관리팀 및 인적 자원 관리)	매우 그렇다(2)	그렇다(1)	중립(0)	그렇지 않다(-1)	매우 그렇지 않다(-2)
회사의 비전은 성장 지향적이다.					
회사가 강조하는 핵심은 성장에 대한 강한 의지이다.					
회사의 성장 과정에서 설립자가 배양한 문화는 유지되고 있다.					

팀 특성 (관리팀 및 인적 자원 관리)	매우 그렇다(2)	그렇다(1)	중립(0)	그렇지 않다(-1)	매우 그렇지 않다(-2)
회사는 잘 정의된 기능으로 나뉘어져 있다.					
회사의 비전과 계획은 문서화되어 표현되어 있다.					
우리 회사는 3년 이상의 장기 계획을 가지고 있으며 공식적인 세부 사업을 계획하고 있다.					
이사회는 이러한 사업 계획 개발에 참여했다.					
회사의 현재 성과는 모든 직원과 정기적으로 공유되고 있다.					
의사 결정 과정에는 기업 대표 혼자만이 아니라 직원들의 참여를 통해 이루어진다.					
사업 운영을 위한 아이디어를 얻기 위해서는 관련된 이해계자들과도 접촉한다.					
직원들은 '직무 교육(사내 교육 프로그램)'을 받고 있다.					
우리 회사의 인력은 경쟁업체에 비해 잘 훈련되어 있다.					
우리 회사는 직원들의 성과에 대한 보상으로 금전적인 인센티브를 제공하거나 또는 스톡옵션으로 보상한다.					

제품/서비스 특성(1) (제품/서비스, 전략, 혁신)	매우 그렇다(2)	그렇다(1)	중립(0)	그렇지 않다(-1)	매우 그렇지 않다(-2)
우리는 고객의 요구와 욕구에 대한 예리한 감각을 유지하고 있다.					
우리는 정기적인 대화 및 조사를 통해 고객과 만나고 있다.					
우리 회사의 미래 전략은 고객과의 관계를 기초로 해서 결정된다.					
우리의 생산 프로세스는 변화하는 고객 요구 사항이나 기술 개선을 빠르고 원활하게 채택할 수 있다.					
우리 회사는 회사가 시작되었을 때와 동일한 제품 및 시장에 초점을 두고 있다.					
우리는 고객에게 단순한 제품 및 서비스 제공 이상의 '토털 고객 솔루션'을 제공한다.					
우리와 관련된 주요 경쟁사는 3개 이하이다.					
우리 회사의 총매출 가운데 해외 판매가 상당한 비율을 차지한다.					
우리 회사는 글로벌 지향성을 표방하고 있으며 광범위한 시장에서 경쟁업체들과 경쟁한다.					
우리는 신제품을 출시할 때 신속한 시장 타이밍 전략('선점 시장' 또는 '얼리 팔로워' 전략)을 채택한다.					

제품/서비스 특성(1) (제품/서비스, 전략, 혁신)	매우 그렇다(2)	그렇다(1)	중립(0)	그렇지 않다(-1)	매우 그렇지 않다(-2)
우리의 명성은 고품질의 제품 및 서비스를 기반으로 한다.					
우리의 고객은 우리가 제공하는 독특한 가치에 대해 기꺼이 더 많은 비용을 지불한다.					
당사의 제품 전략은 '차별화 전략'을 특징으로 하고 있다.					
우리 회사는 인수 및 합병 활동을 경험한 적이 있다.					
우리는 대학 또는 공공 연구 기관과 긴밀한 관계를 맺고 있다.					
우리는 자원(보완 자원)을 위해 다른 회사와 협력하고 있다.					

제품/서비스 특성(2) (제품/서비스, 전략, 혁신)	매우 그렇다(2)	그렇다(1)	중립(0)	그렇지 않다(-1)	매우 그렇지 않다(-2)
우리의 생산 프로세스는 새로운 기술을 사용함으로써 경쟁 우위를 누리고 있다.					
우리는 고객에게 최선의 도움을 주기 위한 최신 기술을 알고 있다.					
우리는 생산 프로세스를 지속적으로 개선하기 위해 연간 수익의 상당 부분을 투자한다.					
우리는 제품, 프로세스 및 서비스 혁신에 집중하고 있다.					

제품/서비스 특성(2) (제품/서비스, 전략, 혁신)	매우 그렇다(2)	그렇다(1)	중립(0)	그렇지 않다(-1)	매우 그렇지 않다(-2)
우리 회사는 R&D 활동에 집중적으로 투자한다.					
우리는 R&D 활동에 협력할 외부 네트워크의 파트너 및 기타 이해 관계자를 초대한다.					
우리는 여러 외부 활동 및 기관들(전시회 참가, 데이터베이스, 대학 및 기타 공공 연구 기관, 공급업체 등)과의 관계를 통해 여러 가지 혜택을 누리고 있다.					
우리는 정기적으로 새로운(또는 크게 개선된) 제품을 세상에 선보인다.					
우리 제품은 다른 회사에서 제공하는 제품과 체계적으로 다르다.					

☐ **외부 환경 관련 진술**

외부 환경 (External environment)	매우 그렇다(2)	그렇다(1)	중립(0)	그렇지 않다(-1)	매우 그렇지 않다(-2)
우리 회사는 큰 도시 지역(인구 50,000명 이상)에 위치하고 있다.					
우리 회사는 관련 기술과 연관성 있는 하이테크 기술 단지에 위치하고 있다.					

☐ 누락된 성장 요인 정리하기

위에서 제시한 설립자 특성, 내부 환경 및 외부 환경과 관련된 진술문에 체크한 결과 귀사에서 부족하다고 체크한[(동의하지 않는다(-1) 혹은 매우 동의하지 않는다(-2)] 문항들을 발췌하여 그 내용을 아래에 정리하십시오.

구분	귀사가 누락하고 있는 성장 요인
설립자 요인	
내부 환경 요인	
외부 환경 요인	

스케일업 스토리(3)

온·오프라인과 프랜차이즈를 활용한 청소년 악기 교육 'The Strings Club'

2012년, 전문 바이올리니스트이자 음악 교사인 에이미 커닝햄(Amy Cunningham)은 런던 북부의 캠든(Camden)에서 초등학생들을 위한 휴가 캠프를 열기로 결정했다. 여섯 명의 아이들이 왔다. 하지만 마지막에 부모는 '다음은 언제입니까?'라고 물었다. 전구가 켜지는 순간이었다. 그 이후로 그녀의 사업인 The Strings Club은 7개 지역의 Ofsted에 등록된 홀리데이 캠프에서 거의 500,000명의 어린이를 맞이하여 10,000 시간 이상의 보육 및 음악 교육을 제공했다. 버밍엄에 본사를 둔 Strings Club은 기타, 바이올린, 우쿨렐레를 위한 온라인 레슨을 운영하고 초등학교에 음악 지원을 제공하여 수상 경력에 빛나는 맞춤형 프로그램을 제공하기 위해 미국 최고의 현악 교사와 협력하고 있다.

Covid 전염병이 닥쳤을 때 The Strings Club의 성패가 결정될 수 있었다. 부활절 휴가를 위해 예약된 휴일 캠프는 폐기되어야 했다. "우리는 아이들이 음악을 하도록 영감을 주는 우리의 정신을 이어가고 싶었다"라고 그녀는 말하지만, 그것은 비즈니스를 빠르게 변화시키는 것을 의미했다.

일주일 만에 Cunningham은 처음부터 온라인 수업을 개발했다. 이전에 하루에 최대 40명의 어린이를 돌보았던 휴가 캠프는 일주일 내내 머물기 위해 15명의 어린이로 제한되어야 했다. "그것은 우리의 비즈니스 모델을 완전히 바꿔 놓았습니다."라고 Cunningham은 말한다. "가장 어려웠던 일 중 하나는 우리가 Covid 환경에서 안전하게 운영할 수 있는 지식과 경험이 있다는 것을 확신시키는 것이었지만 저는 대답을 거부하지 않습니다. 우리는 900시간 이상의 보살핌을 제공하고 300명의 아이들과 함께 일하면서 매우 성공적인 여름을 보냈습니다." 그리고 이제 Strings Club은 휴가 캠프 후에도 계속하기를 원하는 많은 어린이들에게 일대일 온라인 수업을 제공할 수 있다.

그녀의 기업가 정신은 의심의 여지가 없지만 커닝햄이 1월에 웨스트 미들랜즈 크리에이티브 스케일업 프로그램에 적시에 참석한 것은 그녀의 성장 마인드에 영감을 불어넣었다. 그녀는 "버밍엄에서 더 넓은 기업가 생태계를 만날 수 있어서 좋았고, 특히 크리에이티브를 위한 프로그램에 참여하게 되어 정말 기뻤다"며 "성장 마인드셋에 대한 아이디어가 저와 함께 머물렀습니다. 각각의 새로운 아이디어에 지나치게 흥분하는 것은 너무 쉽습니다. 스케일 업 프로그램은 스트링스 클럽이 스케일업하는 데 필요한 것에 집중할 수 있도록 도와주었습니다."고 했다.

이러한 성장은 프랜차이즈를 통해 이루어질 것이며, Cunningham은 이를 비즈니스의 자연스러운 방향이라고 생각한다. "이는 위험도가 낮고 비용이 적게 드는 비즈니스 기회를 나타내며 매우 체계적인 접근 방식입니다"라고 그녀는 말한다.

그녀는 "내가 휴가 캠프에서 일한다고 말하면 사람들은 웃지만 보육 시장은 영국에서만 연간 5억 파운드의 가치가 있으며 고품질 보육은 프랜차이즈 시장에서 가장 빠르게 성장하는 분야 중 하나"라며 "우리는 보육과 음악 교육에서 최고를 결합하고 있다"고 말했다. 프랜차이즈는 전체 교육 및 지원, 독점 영역, 전용 웹사이트, 수천 파운드 상당의 장비 및 도구에 액세스할 수 있다. 현재 The Strings Club은 사람들이 자기 자신의 프랜차이즈를 스타트업할 수 있도록 최대 2,500 파운드의 보조금을 제공하고 있다.

"사람들은 추가 수입을 찾고 있으며 우리는 그들이 Strings Club을 통해 적절한 수입을 올릴 수 있다는 것을 보여줄 수 있습니다. 그리고 반드시 뮤지션만을 찾고 있는 것은 아닙니다"라고 말하며, "우리는 음악에 대한 열정을 가진 비즈니스 마인드를 가진 사람들을 찾고 있다"고 말했다. 그녀는 또한 Strings Club의 팬인 부모들이 새로운 지역으로 이사할 때 예비 프랜차이즈가 되고 있다는 사실을 알게 되었다.

따라서 2020년은 비즈니스의 미래에 대한 Cunningham의 자신감을 높여준 해였다. 그녀는 "Strings Club의 미래가 정말 기대됩니다. 올해 제가 배운 것은 일을 단순화하고 성장 마인드셋을 갖는 것입니다. 나는 사람들을 위해 일자리를 창출하고 있었지만 더 많은 사람들이 더 어려운 상황에 처해 있기 때문에 지금은 더욱 열정적입니다. Strings Club은 수만 명의 어린이들에게 평생 음악 제작에 대한 사랑을 키울 뿐만 아니라 그들에게 기회와 수입을 창출할 수 있습니다."라고 말했다.

※ 자료원: www.scaleupinstitute.org.uk/stories

4장. 과정 이론

Ⅰ. 개요

과학 및 기술 기반 사업화의 중요성을 감안할 때, 기업이 얼마나 성장하고 있는가를 나타내는 주요 지표에 대한 이해는 정책 입안자와 투자자들뿐만 아니라 기존 기업 및 스타트업들에게는 매우 중요한 관심사라고 할 수 있다.

이와 관련하여 어떤 유형의 기업이 실제로 '고성장'을 이루는지에 대해 OECD는 매우 구체적이고 명확한 지침을 제공하고 있으며 많은 문헌에서 하나의 표준으로 채택되고 있다. OECD(2007)의 기업 인구 통계 매뉴얼은 고성장 기업을, '3년 동안 연간 평균 성장률이 20%를 초과하고 관찰 기간이 시작될 때 직원이 10명 이상인 모든 기업'으로 정의하고 있다.

이러한 정의는 국가 차원에서 새롭게 등장하고 있는 과학 및 기술 기반 기업의 총체적 행동을 조사하는 거시 경제적 차원의 하나의 지표로서 의미는 있다. 그러나 실제로는 다른 여러 변수에 의존하는 '2차' 측정이며 기업의 진행 상황을 알려 주는 과정에 대한 설명으로는 한계가 있다. 뿐만 아니라 기업의 성장을 평가하기 위한 강력한 기준인 고객 수의 증가에 대한 측정이 반영되어 있지 않다.

본 장에서는 기업의 성장 과정에 대한 구조화된 접근 방법을 통해 기업의 성장 단계별로 필요한 스케일업 전략과 실천 방안을 소개하고자 한다. 즉 기업 성장의 초기 단계에서부터 성장 단계에 이르기까지 고객 수용 현상을 기초로 현재 기업이 처한 상황에서 고성장을 위한 스케일업을 위한 전략 방향과 필요한 활동을 소개하고자 한다. 이를 위해 신제품 및 신기술의 확산 과정에 대해 고객 수용을 기반으로 설명하고자 하는 확산 이론을 소개한다. 그다음으로는 왜 대부분의 하이테크 제품이 대량 채택 단계에 이르지 못하고 정체되고 소멸되는지를 설명하고자 하는 캐즘(chasm) 현상을 소개하고 캐즘을 극복하기 접근 방법론을 소개한다.

II. 확산 이론(Diffusion Theory)

1942년 Schumpeter가 창조적 파괴의 필요성에 대해 언급하면서 새로운 아이디어가 어떻게 사업화되는가를 이해하기 위해서 확산이론의 사용 가능성에 대해 처음으로 언급한 바 있다. 그 후 Rogers(1962)와 Bass(1969)는 각각 혁신 확산 이론(innovation diffusion theory)과 Bass Model을 통해 신제품에 대한 수요의 성장 과정을 기술 혁신에 대한 수용자의 관점에서 제안하였다.

1. Rogers의 혁신 확산 이론(Innovation Diffusion Theory)

혁신의 확산이란 새로운 아이디어, 관행 및 제품이나 서비스가 시간이 지남에 따라 사회적 시스템의 구성원들 간의 특정 채널을 통해 전달되는 과정이며 혁신을 채택한다는 것은 혁신을 이용하는 과정이다. 이러한 혁신을 수용하고자 하는 정도라고 할 수 있는 혁신의 채택률(rate of adoption)에 영향을 미치는 요인 가운데 하나는 인지된 혁신의 특성이다. 인지된 혁신의 특성이 무엇인가에 따라 혁신 채택에 영향을 주는데 Rogers는 이를 다섯 가지로 제시했다. 즉 ① 기존 제품이나 서비스보다 더 좋은 가치와 혜택을 제공한다고 지각하는 혁신의 상대적 이점(relative advantage), ② 기존의 가치관이나 경험 및 필요에 부합하는 것으로 인식하는 적합성(compatibility), ③ 채택 이전에 경험해 볼 수 있는 시험 가능성(trialability), ④ 혁신 채택의 결과를 확인해 볼 수 있는 관찰 가능성(observability) 및 ⑤ 혁신을 이해하거나 사용하기 어렵다고 느껴지는 정도인 복잡성(complexity)에 따라 혁신이 확산되는 정도가 다르다고 제안하였다.

혁신의 채택에 영향을 줄 수 있는 또 다른 요인으로서 Rogers는 소비자의 심리적 특성인 혁신 성향(innovativeness)을 제시했다. 혁신 성향이란 '새로운 아이디어를 상대적으로 빨리 채택하는 정도'로서 이는 혁신을 채택하기까지 소요된 상대적 시간을 기준으로 평가한다. 이러한 혁신 성향을 기준으로 사회 구성원들을 범주화하면 다섯 집단으로 나눌 수 있다고 제안하였다. 따라서 새로운 아이디어에 대한 시장 채택은 고객 수에 기반한 확산 방정식으로 설명될 수 있다고 제안하고 이러한 고객 수의 비율은 아래 [그림 4-1]과 같은 정상 분포로 표현될 수 있다고 제안하였다.

[그림 4-1] 혁신 확산의 5단계와 그에 따른 소비자의 구분

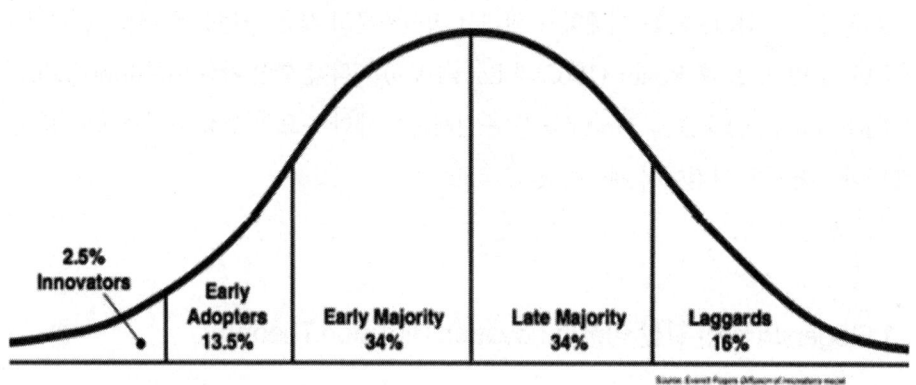

※ 자료원: Rogers(1962)

혁신 수용자 유형별 특성은 다음과 같다. 우선 전체 시장에서 2.5% 정도의 규모에 해당하는 혁신자(innovator)들은 모험적이고 혁신 수용적인 성향이 강하기 때문에 신제품이나 혁신을 수용하는 데 따르는 위험을 기꺼이 감수하려는 경향을 보이는 집단이다. 조기 수용자(early adopter) 집단은 전체 시장의 13.5% 정도 규모로 의견 선도자 역할을 하는 집단이다. 한편, 후기 다수자(late majority)는 혁신과 신제품 수용에 대한 의심이 많아서 조기 다수자 등 다수가 채택한 후에 구입하는 경향이 있다. 끝으로 최후 수용자(laggard) 집단은 변화를 거부하고 혁신 저항성이 강한 집단으로 신제품이나 혁신이 시장에서 완전히 수용되어야만 해당 제품을 구매하는 집단이다.

이러한 Rogers 분류는 혁신 수용 시점을 기준으로 수용자의 유형을 5가지로 구분함

으로써 시간의 흐름에 따른 표적 고객 집단을 파악할 수 있다는 장점이 있으며 기술 마케터의 마케팅 활동을 위한 기초를 제공하고 있다. 그러나 Rogers가 분류한 혁신의 비율이 시간이 지남에 따라 항상 일정하게 유지된다는 가정은 입증하기 어렵다.

2. Bass Model

Rogers의 혁신 확산 이론과 더불어 신제품이나 아이디어의 확산 연구에 많이 인용되는 것이 1969년에 Bass가 발표한 Bass model이다. Bass model은 특정 새로운 제품을 현재 구매한 소비자들과 나중에 구매할 수도 있는 잠재 구매자들 간의 상호 작용이 어떻게 발생하고, 그러한 상호 작용이 잠재 구매자들의 구매 결정에 어떻게 영향을 미치는지를 설명한다.

Bass model은 기본적으로 특정 제품의 구매자를 혁신자(innovator)와 모방자(imitator)로 구분할 수 있다고 가정하고, 소비자의 구매 시기는 소비자의 혁신성(innovativenss)과 다른 구매자를 흉내 내고자 하는 모방의 정도에 따라 달라진다고 전제하고 [그림4-2]와 같이 공식화하였다.

[그림 4-2] Bass의 기본 모델

$$dx/dt = \left(p + q \cdot \frac{x(t)}{N(t)}\right) \cdot (N(t) - x(t))$$

dx/dt: 판매율
x(t): 판매량
N(t): 시장 규모
p: 혁신 계수(coefficient of innovation)
q: 모방 계수(coefficient of imitation)

※ 자료원: Bass(1969)

여기서 p는 혁신 계수를 의미하지만, 때로는 외부 영향, 광고 효과를 나타내기도 한다. q는 모방 계수를 뜻하지만, 때로는 내부 영향 또는 입소문 효과(word-of-mouth effect)를 나타내기도 한다. t가 연 단위로 측정될 때, p의 평균값은 0.03, q의 평균값은 0.38 정도 되는 것으로 분석됐다. 이 모델에 따르면 대부분의 제품 확산은 아래와 같은 S 커브를 그리는 것으로 나타났다. 즉 신기술 또는 제품의 확산은 S자형의 성장 패턴으로 이어지는 채택 시기를 모델링하였다.

[그림 4-3]의 왼쪽은 이에 해당하는 누적 채택 함수를 나타낸 것이다. 한편 혁신 계수와 모방 계수가 만나 함께 만드는 채택률의 그래프는 [그림 4-3]의 오른쪽 그래프와 같으며 [그림 4-4]는 이를 좀 더 세밀하게 나타낸 것이다.

[그림 4-3] Bass model의 S곡선

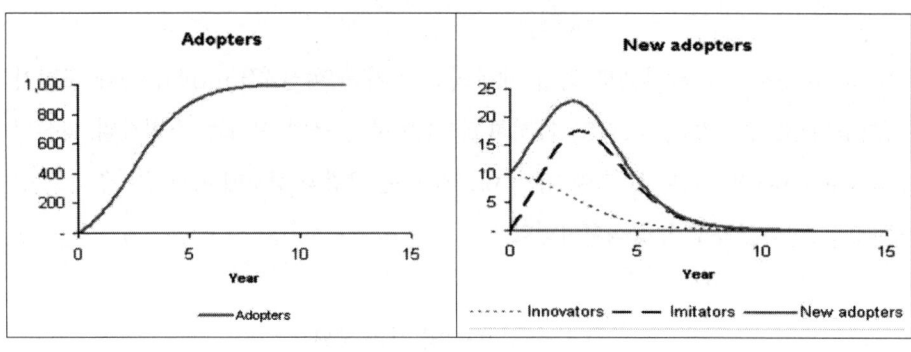

※ 자료원: Bass(1969)

[그림 4-4] 시간에 따른 혁신자(Innovator)와 모방자(Imitator)의 분포

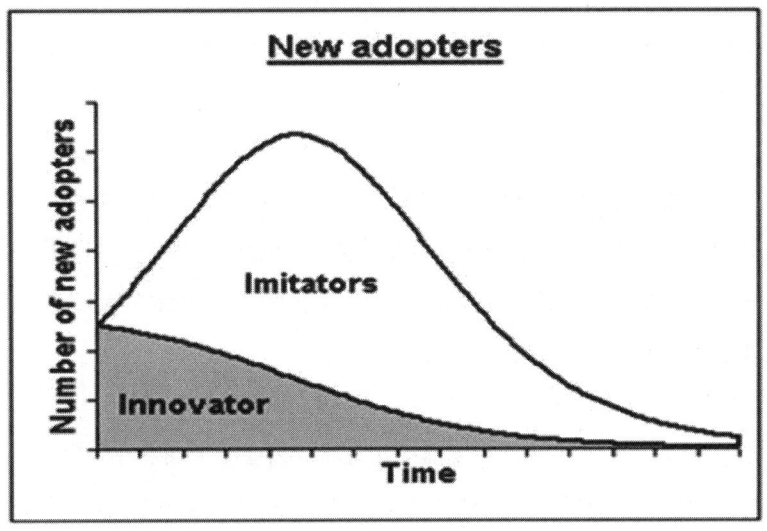

※ 자료원: Bass(1969)

Bass 모델이 발표된 이후로, 많은 연구는 다양한 산업 분야의 경험적 데이터를 기반으로 이 모델의 실질적인 적용을 통해 모델의 개선, 확장 및 응용하고자 하는 노력을 하였다. Mahajam, Muller와 Wind(2000)는 이러한 많은 연구의 다양한 데이터 세트를 검토하고 분류하려고 시도한 결과 특히 관심을 끄는 몇 가지 특이한 사항이 발견되었다. 즉 대부분의 연구가 초기 성장 단계에는 거의 관심이 없었고 도약 단계 이후 시장 성장과 관련된 연구들이 대부분이었다. 또한 시장 데이터로부터 나타난 특이한 사실은 중요한 스케일링 이전의 특정 시점에서 고객의 증가가 멈추는 현상이 나타났는데 이는 캐즘에 대한 Moore(1991)의 가정을 부분적으로 반영하는 것이었다.

지금까지 소개한 혁신 확산 이론은 신기술과 신제품의 채택에 관한 연구의 이론적 틀을 제공한 점에서 가치가 있지만, 한계점 또한 존재하고 있다.

첫째, 혁신의 확산에 관한 연구들이 성공적인 확산에만 주목하고 실패한 혁신에 대해서는 간과한 점이 있다는 사실이며 아울러 잠재적 혁신 채택자가 혁신의 채택을 거부하

거나 중단하는 이유 등에 대해서는 소홀히 다루어 왔다는 점이다. 즉 혁신 채택에 영향을 미치는 주요 요인들을 제시하고 있으나 혁신 채택 요인들 간의 구조적 관계에 대한 설명을 제시하고 있지 않아서 혁신 채택의 인과적 과정을 보여주지 못하는 한계를 지니고 있다.

둘째, 시장 성장과 관련된 확산 이론 대부분은 성장의 초기 단계에 있는 기업에 대해서는 거의 관심을 두지 않고 이미 성장 단계에 있는 기업의 고객 수용 현상을 기술하고 있다. 따라서 사업화 단계별로 현재 기업이 처한 상황에서 고성장을 위한 스케일업의 전략 방향과 활동을 설정하기 어렵다.

셋째, 확산 이론은 사업화 초기 단계에서의 고객 증가율을 과대평가하거나 고객 수의 초기 성장을 지나치게 낙관적으로 보고 있다는 것이다. 그 예로써 Rogers의 정규 분포 상의 고객 유형에 따른 수용 비율은 시간이 지남에 따라 일정하게 유지된다는 가정에 기초하고 있으나 이에 대한 명확한 증거는 없으며 단지 기술 마케터들의 고객 지향 마케팅 활동의 지침으로써 사용될 뿐이다.

넷째, 기업의 사업화 여정이 누적 고객 성장이 정체되는 캐즘(chasm)에 의해 중단된다고 한다면 그러한 캐즘을 극복하는 방안이 무엇인가를 밝히기 위한 체계적 검토가 필요하다. 한 예로, Bass Model을 적용한 사례에서 나타난 고객 수용의 정도는 기업이 제공하는 기술 및 서비스의 성숙도에 따라 영향을 받는 것으로 나타났다. 이처럼 기업 내적인 요인뿐만 아니라 외부 환경적 요인을 종합적으로 고려함으로써 캐즘의 원인과 극복 방법을 제시할 방안이 필요하다.

III. 캐즘 이론(Chasm Theory)

1. Moore의 캐즘 이론

Geoffrey Moore(1991)는 미국 벤처업계 성장 과정을 설명한 자신의 저서《Crossing the Chasm》에서 왜 대부분의 하이테크 제품이 대량 채택 단계에 이르지 못하고 정체되고 소멸되는지를 설명하였다. 그의 설명은 기술이 성숙함에 따라 사회의 다양한 부문에서 혁신이 어떻게 채택되는지를 예측하는 '기술 수용 주기(Technology Adoption Life Cycle)'에 근거하고 있다.

1.1 기술 수용 주기(The Technology Adoption Life Cycle)

이 개념은 농부들이 언제 새로운 농업 기술(예: 비료 및 잡종 종자 옥수수)을 채택했는지에 관한 연구를 발표한 아이오와 주립 대학의 George Beal과 Joe Bohlen(1957)에 의해 시작되었다. 6년 후, 오하이오 주립 대학의 커뮤니케이션 교수인 Everett Rogers(1962)는 Beal과 Bohlen의 연구를 확장하여 농업 이외의 다른 산업으로 이 개념을 확대 적용함으로써 혁신의 확산이라는 이론으로 발전시켰다.

기존의 기술 수용 주기는 기술이 성숙함에 따라 5가지 범주의 고객에 대한 판매가 한 범주에서 다른 범주로 원활하게 전환된다고 가정한다. 그러나 Moore(1991)는 이러한 가정을 부정하였다. 그는 수용의 각 단계에 있는 사람들 사이의 심리학적 차이가 각 범주 사이의 격차를 만든다고 주장한다. 따라서 Moore는 그러한 갭을 반영하는 '수정 기술 수용 주기'를 아래 [그림 4-5]와 같이 제안하였다.

[그림 4-5] 수정 기술 수용 주기

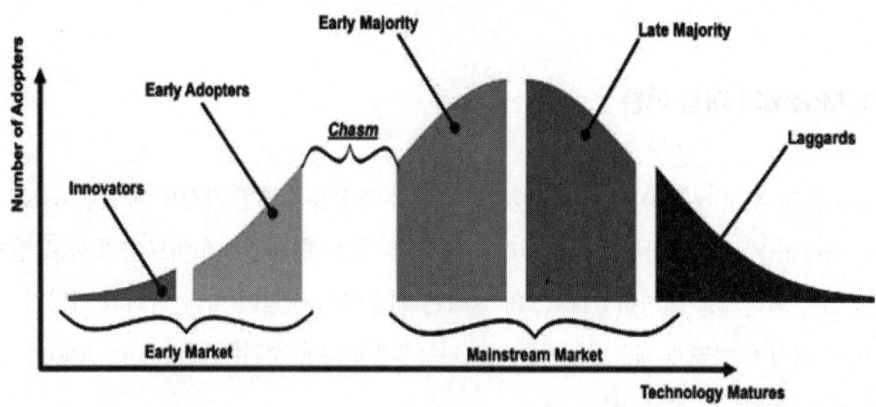

※ 자료원: Moore(1991)

　이 이론에 의하면 기업이 새로 내놓은 제품이 초기 시장에서 주류 시장으로 진입하는 과정에서 수요 정체 및 후퇴 현상을 겪는다는 것이다. 즉 앞에서 소개한 Rogers의 분류에 따라 소비자층을 혁신자(innovator)·초기채택자(early adopter)·전기 다수 수용자(early majority)·후기 다수 수용자(late majority)·최후수용자(laggard)로 나누었을 때 혁신자와 초기 채택자는 신제품 자체를 선호해 출시 초기에 제품을 구입한다. 그러나 첨단제품의 초기 수요자와 그 이후 주류 시장의 수요자들은 서로 다른 시점에서 서로 다른 이유로 제품을 구매하는 것이 보통이다. 이 경우 기술이나 제품이 아무리 혁신적이고 훌륭하다 하더라도 실용적이지 못하면 시장에서 성공하기가 어렵다. 제품을 출시한 초기에는 혁신성을 중시하는 소수의 소비자가 생기지만, 이후에는 실용성을 중시하는 소비자가 중심이 되는 주류 시장으로 옮아가야 하는데, 첨단 기업은 때때로 이 초기 시장과 주류 시장 사이에서 매출이 급격히 감소하거나 정체 현상을 겪게 된다. 이렇듯 초기 시장에서 주류 시장으로 넘어가는 과도기에 일시적으로 수요가 정체되거나 후퇴하는 단절 현상을 가리켜 캐즘이라고 한다.

1.2 캐즘(The Chasm)

Moore(1991)의 수정된 기술 수용 주기에서 지금까지 가장 큰 갭은 조기 채택자와 전기 다수자 사이에 있다. 그는 이 갭을 '캐즘(chasm)'이라고 불렀다. Moore에 의하면 초기 채택자는 기술 수준에서 신기술을 평가하여 전략적 이점을 제공할 수 있는지 판단하는 반면, 전기 다수자는 평판과 표준화를 기반으로 신기술을 평가한다고 설명하였다. 가치가 다르기 때문에 전기 다수자는 제품 구매 여부를 결정할 때 초기 채택자의 의견을 고려하지 않는다. 이러한 현상은 마케터의 입장에서 본다면 진퇴양난에 놓이게 만든다. 왜냐하면 전기 다수자는 해당 업계에서 좋은 평판을 쌓을 때까지 제품을 구매하지 않지만, 제품을 구매하고 사용하기 전까지는 제품이 좋은 평판을 쌓을 수 없기 때문이다. 여기서 Moore(1991)는 '초기 시장(early market)'을 혁신가와 초기 채택자로 구성된 시장의 일부로 정의하고 '주류 시장(mainstream market)'은 캐즘 반대편에 있는 시장의 나머지 부분으로 정의한다.

이처럼 초기 수용자에서 전기 다수 수용자로 이동하는 과정 속에 '캐즘(Chasm)'이 존재하는데 이는 혁신적인 신제품이 초기 시장에서 메인 시장으로 넘어가는 시기에 발생하는 수요 급감 현상을 말한다. 따라서 캐즘을 잘 넘어가면 새 제품이 전기 다수 수용자에게 도달하는 것이고, 캐즘을 극복하지 못하는 제품은 확산되지 못하고 소멸한다는 것이다. 이러한 캐즘을 일명 '16%(혁신자와 초기 채택자의 합산 비율)의 장벽'이라고 부른다.

1.3 캐즘 극복 방법

Moore(1991)는 신기술의 도입 과정에서 캐즘에 빠르게 도달할 수 있다고 경고한다. 초기 채택자와 3~5개의 중요한 판매 계약만으로도 초기 시장을 확보할 수 있다. 그 후에는 주류 시장에 진입해야 한다. 그렇지 않으면 판매가 정체되고 제품이 캐즘에서 살아남지 못하게 된다. 시장의 범주별로 크기를 보면 혁신가는 시장의 약 2%를 차지하고 초기 채택자는 약 16.7%를 차지한다고 주장한다. 따라서 초기 시장은 전체의 약 18.7%를 차지한다고 본다.

그렇다면 어떻게 캐즘을 건너갈 수 있을까? 캐즘을 극복하려면 무엇보다 [그림 4-6] 과 같이 주류 시장에 교두보를 확보하는 게 급선무라고 할 수 있다. 왜냐하면 주류 시장의 고객들은 자신에게 친숙한 기업들을 비교 대상으로 고려할 뿐 초기 시장 고객들을 참조 집단으로 인식하지는 않기 때문이다. 따라서 초기 시장 성공 사례는 아무리 많아도 주류 시장에서 실적이 없으면 고객을 설득할 수 없다. 즉 초기 시장을 성공적으로 공략하였다 하더라도 주류 시장의 고객들이 초기 시장을 참조 대상으로 보지 않기 때문에 주류 시장에서 성공하기 위해서는 초기 시장과 완전히 다른 접근 방법이 필요하다.

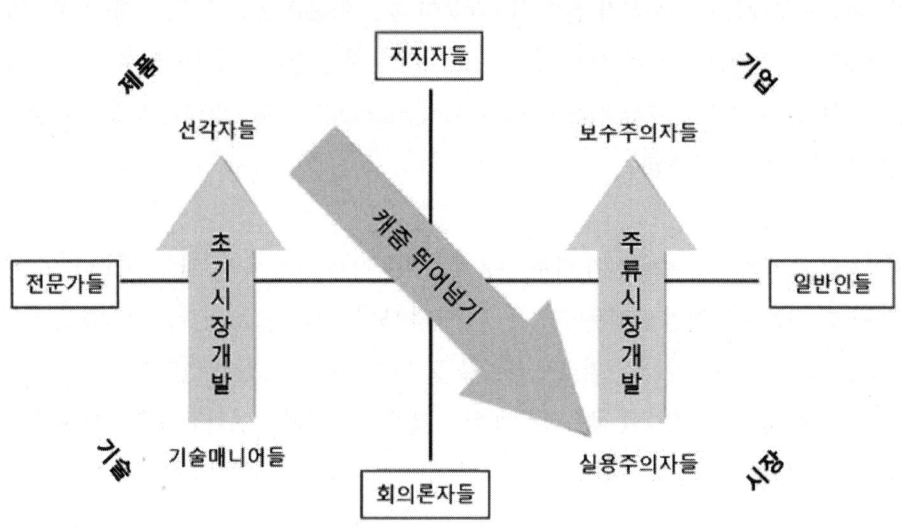

[그림 4-6] 경쟁 포지셔닝 나침판

※ 자료원: Moore(1991) 자료 재정리

따라서 벤처 기업들은 자금이나 인력이 충분하지 않기 때문에 주류 시장 전체를 공략하기보다는 세부 시장을 정하고 이를 공략하는 방법을 택해야 한다. 이처럼 캐즘을 건너기 위한 Moore의 전략은 매우 특정한 틈새시장에서 시장 리더가 되는데 노력을 집중하고 그런 다음에 시장 전체를 지배할 때까지 또 다른 틈새시장으로 확장하는 것이다.

Moore에 따르면 이것이 작동하는 이유는 마케팅에 증폭 효과가 있기 때문이다. 그는 모든 마케팅이 궁극적으로 입소문에 달려 있다고 주장한다. 입소문은 작은 틈새시장을 통해 빠르게 퍼진다. 소수의 고객이 제품에 깊은 인상을 받았다면 모두가 그 제품에 대해 듣게 될 것이다(반면 큰 시장에서는 그들의 목소리가 군중 속에서 사라질 것이다). 이를 통해 제품에 대한 명성을 쌓고 전기 다수 고객을 유인하는 것을 가능하게 하는 것이다. 입소문이 가장 효과적인 마케팅 방법의 하나인 이유는 입소문은 가공되지 않은 정보를 효과적인 커뮤니케이션으로 바꾸는 경험이라는 것이다. 메시지가 한 사람에게서 다른 사람에게 직접 전달될 때 메시지는 본질적으로 개인에게 맞춤화되어 영향력이 증가하고 오해가 줄어든다는 사실이다.

Moore는 이러한 논리를 기초로 하여 캐즘 극복을 위한 전략을 네 단계로 나누어 설명하였다.

① 단계 1. 틈새시장 선택

Moore에 의하면 캐즘을 처음 건널 때는, 합리적인 분석을 기반으로 틈새시장을 선택할 수 있는 기존 시장 데이터가 충분하지 않으므로 직관을 기반으로 선택해야 한다고 말한다. 그는 또한 '전기 자동차 시장'과 같은 추상적인 실체보다 사람의 행동을 직관적으로 예측하는 것이 더 쉽다고 본다. 따라서 그는 가상의 고객이 당사의 제품으로부터 어떤 이점을 얻을 수 있는지 보여 주는 가상의 고객 프로필 및 구매 시나리오를 만들 것을 권장한다. 그런 다음 그러한 전형적인 고객 중에서 가장 유망한 고객을 선택하여 틈새시장을 선택할 수 있다.

② 단계 2. 완전 완비 제품(whole product) 준비

유망한 고객을 선택하여 틈새시장이 확정되고 나면 그 세분 시장 고객의 구체적 니즈를 파악하고 이를 완벽하게 만족시킬 완전 완비 제품(whole product)을 기획하고 개발해야 한다. 캐즘에 빠진 기업이 주류 시장의 특정 표적 시장 고객을 만족시켜 캐즘을 극복하고자 한다면 그 표적 시장의 고객이 원하는 부가 제품과 잠재 제품을 반드시 갖추도록 해야 한다. 따라서 완전 완비 제품(whole product)이란 이용자들의 사용을 유인할 수 있을 정도의 서비스, 평판, 가격 등 모든 유·무형의 가치들이 조합된 제품으로서 표적

시장 고객이 가지고 있는 모든 문제에 대한 완전한 해답이 되는 제품을 의미한다. 이러한 완전 완비 제품(whole product)의 구성 요소는 [그림 4-7]과 같다.

[그림 4-7] 완전 완비 제품의 구성

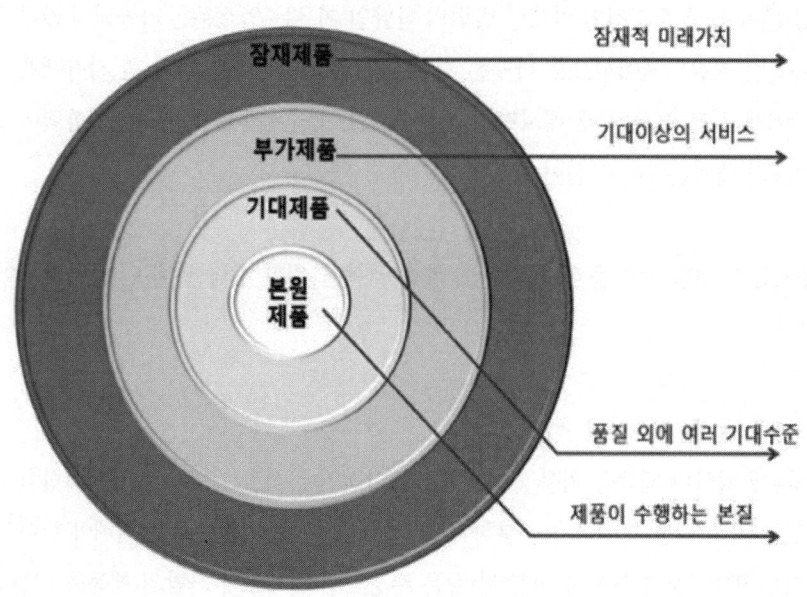

※ 자료원: Moore(1991)

- 본원적 제품(generic product): 소비자가 구매하는 상품이 수행하는 본질적인 기능만을 갖춘 제품(예: 일반적인 기능의 인터넷 브라우저)
- 기대 제품(expected product): 본질적인 기능의 품질 수준 이외의 여러 가지 기대를 갖춘 제품(예: 유닉스와 매킨토시 같은 클라이언트 플랫폼에 대한 호환성 확보)
- 부가 제품(augmented product): 반드시 있어야 할 것으로 소비자가 기대하지는 않지만 마케터가 추가로 제공하는 유/무형의 제품과 서비스(예: 추가적인 기능을 제공하는 제3자의 플러그인을 갖춘 상품)
- 잠재 제품(potential product): 제품의 잠재적 미래 가치 즉 확장성을 갖춘 제품(예: 인터넷상에서 다운로드를 통해 제품을 구매할 수 있게 하는 프로그램)

③ 단계 3. 틈새시장의 시장 리더로 포지셔닝

Moore(1991)는 '포지셔닝(positioning)'이라는 단어를 사용하여 잠재 고객이 제품 또는 회사를 보는 방식과 경쟁 제품 또는 회사와 관련하여 시장 환경에서 위치를 지정하는 개념으로 설명한다. 경쟁사를 명확하게 식별하고 포지셔닝을 정의하면 고객이 원하는 위치에 제품을 포지셔닝할 수 있도록 마케팅 활동에 집중하는 데 도움이 된다.

또한 Moore(1991)는 전기 다수 고객에 대한 시장 리더십의 가장 확실한 증거는 시장 점유율이라고 말한다. 따라서 시장 점유율이 높지 않다는 것은 다른 회사와의 제휴를 통해 완전 완비 제품을 제공할 필요가 있다는 것을 나타내는 증거이기도 하다.

④ 단계 4. 유통 전략

최초의 유통 경로는 직접 판매 방식을 사용하고 이를 피드백의 경로로 사용하는 것이 바람직하다. 직접 판매 방식부터 출발해야 하는 이유는 판매 과정에 소요되는 비용이나 판매 규모 때문이 아니라 안정된 시장 위치를 확보하는 데 소요되는 시간이 중요한 성공 요인이기 때문이며 시장에서 확고한 포지션을 잡고 고객층을 확산하는 것이 중요하기 때문이다. 일단 회사의 존재와 리더십을 시장에서 인식하게 되면 가장 효율적인 유통 경로로 전환할 수 있다. 이를 위해 Moore(1991)가 추천하는 유통 전략의 세부 내용은 다음과 같다:

첫째. 엔지니어를 대상으로 할 경우는 2단계 접근 방식을 사용하는 것이 가장 좋다. 먼저 제품 사양을 온라인에 게시한 다음 영업 직원을 보내서 데모를 수행토록 하고 관심을 표명하면 테스트까지 쉽게 할 수 있다. 이는 엔지니어는 판촉 마케팅에 잘 반응하지 않고 일반적으로 기업 구매에 직접적인 권한은 없으나 제품을 시연할 때 구매 부서와 연결될 수 있게 해 주기 때문이다.

둘째, 선임 직원을 경영자 세미나나 콘퍼런스에 보내 기업의 경영진들과 연결함으로써 컨설턴트와 같은 관계를 발전시킬 수 있도록 권장한다. Moore는 이것을 '관계 마케팅'이라고 부른다. 아울러 제품에 대한 기본 정보를 제공하는 온라인 시스템을 통해 부서 관리자와 관계를 구축하도록 하고 그런 다음 온라인상의 영업 담당자와 연결한다. 고객 관계를 디지털 방식으로 관리하는 것이 더 효율적일 수 있다.

셋째, 대상 고객이 소기업 소유자나 운영자인 경우 부가 가치 리셀러(value-added reseller)를 통해 제품을 배포할 것을 권장한다. 부가 가치 리셀러는 최종 사용자에게 재판매할 맞춤형 제품 또는 서비스를 추가하여 타사 제품의 가치를 향상시키는 회사이다. 부가 가치 리셀러는 특히 IT(정보 기술) 산업에서 중요한 역할을 하며 핵심 제품 외에 추가 하드웨어, 설치 서비스, 컨설팅, 문제 해결 또는 기타 관련 제품이나 서비스를 제공한다. 이처럼 부가가치 리셀러는 지역 서비스 및 지원을 제공할 수 있을 뿐만 아니라 고객이 제품을 설정하도록 돕고 제품 사용 방법을 교육할 수 있다. 소기업 소유주들은 이러한 방법들을 유용하다고 생각하는 경향이 있다.

넷째, 최종 사용자에게 판매하는 경우 지원을 간소화하기 위해 FAQ, 커뮤니티 그리고 도움말 포럼 등 완전히 자동화된 온라인 셀프 서비스를 통해 지원할 것을 권장한다. 이는 최종 사용자가 일반적으로 소량 구매하므로 각 고객을 개인적으로 처리하는 데 시간을 할애할 여유가 없기 때문에 필요하다.

⑤ 단계 5. 가격 전략
가격 결정은 경영진간의 의견의 일치를 보기가 매우 어려운 것 중 하나이다. 그 이유는 너무 많은 관점이 복잡하게 얽혀 있기 때문이다.

· 고객 지향적 가격 결정
초기 시장 형성에서 주도적 역할을 하는 진보적 성향의 선각자들은 가치 중심적 가격 결정을 내리며, 보수주의자들은 비용 중심적 가격 결정을 내리고, 실용주의자들은 경쟁 중심적 가격 결정을 내리는 경향이 있다. 고객의 입장에서 볼 때 중요한 것은 경쟁 대비 시장 선도력이다. 따라서 단순한 시장 경쟁에 의해서 형성되는 가격에 프리미엄을 붙여 이윤을 보다 높게 잡는 것이 가격 정책 전략이 될 수 있다.

· 공급자 지향적 가격 결정

자재 비용, 판매 비용, 간접 비용, 자본 비용, 수익률을 비롯해 그 밖의 수많은 요인에 이르기까지 내부적인 문제와 관련이 있는 가격 결정 방식이다. 가격 선을 설정하면 직접 판매, 소매 또는 부가 가치 리셀러 등 어떤 경로가 적합한지 결정될 수 있다. 캐즘 기간에는 주류 시장 확보를 위한 유통 경로 같은 외적 요소에 집중해야 하는 시기이기 때문에 이러한 가격 전략을 활용하기에는 바람직하지 않다.

· 유통 지향적 가격 결정

초기 시장에 성공한 후 캐즘에 직면한 기업들은 일반적으로 제품 가격을 너무 높게 매기는 경향이 있다. 이는 가격에 대해 민감한 실용주의자들에게 문제가 된다. 그렇다고 가격을 너무 낮게 책정하면 유통 경로에서 충분한 이윤을 보전해 줄 수 없기 때문에 캐즘을 건널 수 없게 된다. 시장 선도자의 가격 선에서 가격을 결정하는 것이 좋다. 그래야 시장 선도력에 대한 자사의 제안을 강화할 수 있다. 아울러 유통 경로에 높은 이익을 남겨줄 수 있는 가격으로 정한다. 이 이윤은 주류 시장에서 자리를 잡은 이후 유통 경로 사이의 경쟁이 심화됨에 따라 단계적으로 축소될 것이다.

2. 3원 캐즘 모델(Triple Chasms Model)

Phadke와 Vyakarnam(2017)은 지금까지 소개된 확산 이론들(diffusion theory)이 가지고 있는 문제점들을 제기하고 기업의 성장 과정에 대한 새로운 구조화된 접근 방식을 제시함으로써 기업의 성장 단계별로 필요한 스케일업을 위한 전략과 실천 방안을 제시하였다.

Phadke와 Vyakarnam(2017)은 1995년부터 2015년까지 20여 년간 유럽, 북미 및 아시아의 다양한 기술, 다양한 시장 공간 및 약 3,000여 개 기업의 성장 과정을 정량적 및 정성적 데이터를 통해 수집 및 분석한 결과를 토대로 3원 캐즘 모델(Triple Chasm Model)을 제안하였다. 이들은 Moore의 캐즘 이론과 같이 기술 수용 주기에서 캐즘으로 인한 현상을 가정한 측면에서 공통점이 있으나 캐즘 현상에 대한 Moore의 가정과는 달리 캐즘은 기업의 성장 과정에서 세 가지 시점에서 나타날 수 있다고 가정한다.

2.1 3원 캐즘 모델의 구성 요소

(1) 3가지 캐즘(The Three Chasms)

Phadke와 Vyakarnam(2017)은 Bass Model의 접근 방법과 유사한 모델링 방법을 적용하여 기업의 성장 단계별 고객 수를 측정하였다. 세부적으로 X축은 기업이 성숙한 단계까지 도달하는 데 소요되는 전체 시간(t_{max}) 대비 현재 시간(t)의 비율이며(t/t_{max}), Y축은 성숙 단계에서 획득한 최대 누적 고객의 수(C_{max}) 대비 특정 시점에서의 누적 고객 수(C)의 비율(C/C_{max})을 나타내고 있다. 양축 모두의 정규화한 값의 범위는 각각 0에서 1.0까지였다.

그 결과 미디어 및 엔터테인먼트, 소프트웨어, 시스템 및 전산 도구 그리고 통신 시장에서 활동하고 있는 기업들이 성장함에 따른 고객성장 수치에서 세 가지 중요한 불연속성이 나타났다. 이를 엔지니어링 및 의료를 포함한 다른 시장 공간에서 활동하고 있는 기업들의 데이터 연구로 확장했을 때도 기업이 성장함에 따른 고객 성장은 [그림 4-8]과 같이 세 가지 지점에서 정체되는 것으로 나타나는 동일한 패턴을 보였다.

고객성장의 이 세 가지 불연속성(푸른색 부분)은 기업 성장 과정에서 나타나는 세 가지 뚜렷한 시점과 관련이 있는 것으로 보인다: 첫째는, 아이디어 개념에서부터 프로토타입으로의 전환, 둘째는, 지속 가능한 비즈니스 모델을 가진 제품 및 서비스의 생성, 셋째는, 초기 성공을 통해 상당한 수의 고객 구축으로 변환되는 시점이다.

[그림 4-8] 글로벌 고객 성장 자료

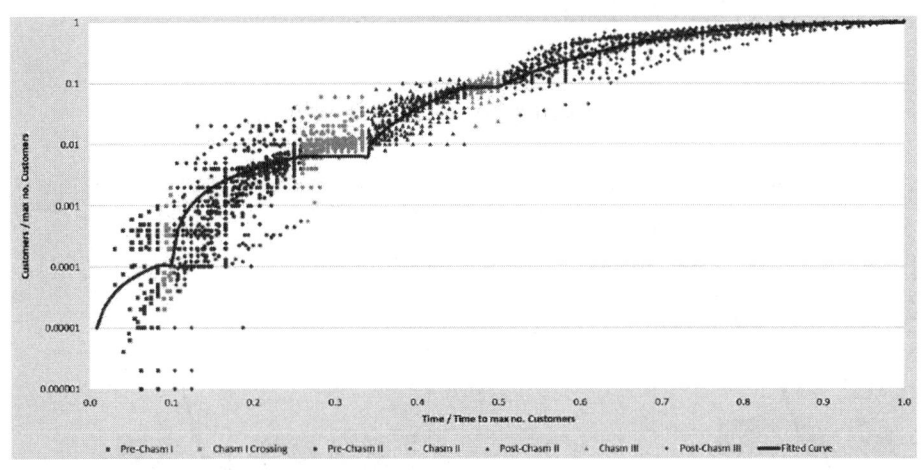

※ 자료원: www.triplechasm.com

기업의 사업화 여정에서 누적 고객 성장이 정체되는 세 가지 불연속성은 캐즘(chasms)에 해당되며 Phadke와 Vyakarnam(2017)의 3원 캐즘 모델(triple chasm model)의 기초가 되었다. 이처럼 과학 및 기술 기반 혁신의 사업화는 기본적으로 사업화 여정을 따라 세 가지 불연속성이 있는 확산 프로세스라고 할 수 있다. 이러한 불연속은 고객 성장이 정체되는 여정의 지점에 해당하며 기업의 성장률은 불연속성에 의해서 크게 변한다.

t/tmax와 C/Cmax 축에 플로팅된 누적 고객 성장의 정도를 Log 척도와 Linear 척도로 전환한 결과는 아래 [그림 4-9]와 같으며, 이를 기초로 기업이 사업화 여정에서 건너야 하는 3가지 캐즘에 대해 다음과 같이 정의하였다:

· 캐즘(Chasm) Ⅰ: 제품 또는 서비스 개념으로부터 워킹 프로토타입(working prototype)으로 전환되어야 하는 지점으로서 기업의 20%가 실패하는 곳이다.
· 캐즘(Chasm) Ⅱ: 초기 제품 또는 서비스를 기반으로 지속 가능한 비즈니스 모델을 갖춘 완전한 기능의 제품 또는 서비스로 전환되어야 하는 지점으로서 기업의 90%가 실패하는 곳이다.

· 캐즘(Chasm) Ⅲ: 기업이 크게 확장됨에 따라 초기 고객에서 주류 고객군으로 전환되어야 하는 지점으로서 기업의 40%가 실패하는 곳이다.

[그림 4-9] 캐즘에 따른 누적 고객 성장 곡선

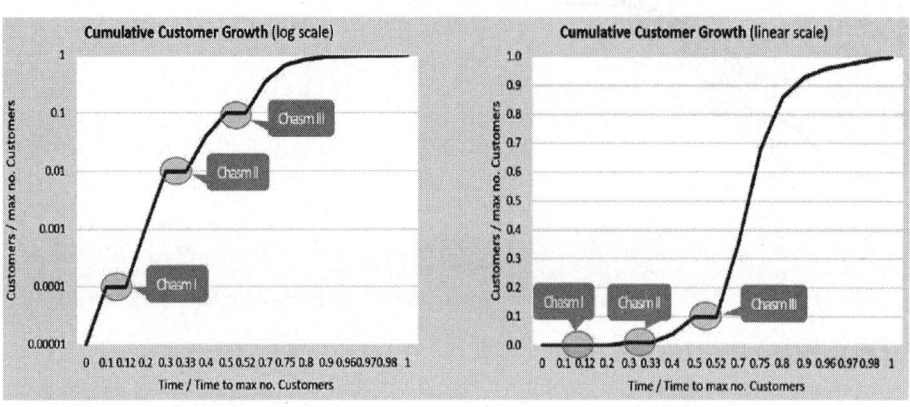

※ 자료원: www.triplechasm.com

[그림 4-9]에서 보는 바대로 기업 성장의 초기 단계는 대부분의 인식보다 훨씬 더 오래 걸리며 확산 이론의 기술 수용 주기에서 보고된 기존의 가정보다 더 오래 걸리며, 제품의 사업화 여정 중간에서의 누적 고객 침투율은 최대 고객 수의 약 10%에 불과하다.

기업의 성장 과정에서 이러한 3가지 캐즘이 존재한다면 현재 성장 과정에 있는 기업의 상대적 위치를 파악하기 위한 방법은 무엇이며 또 특정 지점에 위치하고 있는 기업의 스케일업을 위해 필요한 자원은 무엇인가? 이러한 의문에 대한 해답을 구하기 위해서는 해당 기업의 사업화를 위한 성숙도 개념의 도입이 필요하다.

(2) 성숙도 수준(Maturity Level)

성숙도란 기업의 기술 준비 수준(mTRL: Modified Technology Readiness Level)이 반영된 사업화를 위한 준비 정도(CRL: Commercialization Readiness Level)를 의미한다. Phadke와 Vyakarnam(2017)은 3가지 캐즘과 관련된 제품의 위치를 기반으로 제품의 성숙도를 보다 명확하게 정의하고자 하였다. 즉 기업의 성장 과정에 있어서 스케일업을 위한 기업의 상대적 위치가 어디에 있는지, 그리고 필요한 자원이 무엇인가를 알려 주는 준거의 역할로 사용하였다.

이러한 성숙도를 측정하기 위한 도구로서 Phadke와 Vyakarnam(2017)은 1995년 NASA에서 우주 탐험을 위한 기술 개발 용도로 사용된 〈표 4-1〉과 같은 기술 준비도 수준(TRL)의 내용을 반영하여 고객과 연결된 제품 및 서비스의 사업화를 위한 준비 수준(CRL)을 측정함으로써 성숙도를 측정하는 지표로 사용하였다.

〈표 4-1〉 NASA의 기술 준비도 수준(TRL)

TRL[1]	기술 준비 수준(Technology Readiness Level)의 정의
1	기초 이론 정립 단계
2	기술 개념 및/또는 응용 프로그램 공식화 단계
3	분석적 및 실험적 중요 기능 및 또는 특성 개념의 증명 단계
4	실험실 환경에서 부품 및/또는 실험 모형 검증 단계
5	관련 환경에서 구성 요소 및/또는 실험 모형 검증 단계
6	운영 환경에서 시스템/하위 시스템 모델 또는 프로토타입 시연 단계
캐즘 I	
7	운영 환경에서 시스템 프로토타입 데모 단계
8	테스트 및 시연을 통해 실제 시스템이 완성되고 '비행 자격'을 얻는 단계
9	성공적인 임무 수행을 통해 입증된 실제 시스템 비행 단계

※ 자료원: www.triplechasm.com

〈표 4-2〉와 같은 성숙도 평가는 기업의 사업화 여정을 정확히 파악하기 위한 시작점과 종료점 및 사업화 과정에서 해결해야 할 방안을 찾는 데 중요한 역할을 한다.

---

1) TRL: NASA에서 개발한 기술 준비 수준(TRL: Technology Readiness Level)

<표 4-2> 사업화 준비 수준에 대한 성숙도 평가

CRL[2]	사업화 준비 수준(Commercialization Readiness Level)의 정의
0	우리는 미래에 응용할 수 있는 기초 과학 및 기술 구성 요소에 대한 연구를 하고 있다.
1	우리는 우리의 과학과 기술이 어떻게 미래의 제품이나 서비스로 이어질 수 있을지 생각하는 과정을 시작했다.
2	우리는 새로운 제품이나 서비스를 창출할 수 있는 특정 기회 공간을 확인하였다.
3	확인된 기회 공간을 위한 제품 또는 서비스 개념을 만들었다
캐즘 Ⅰ	
4	혁신 고객(proto-customers)과 함께 완성된 프로토타입 또는 데모를 성공적으로 테스트하였다.
5	혁신 고객(proto-customers)의 피드백을 반영하여 프로토타입을 작동하는 제품 또는 서비스로 전환했으며 조기 수용 고객(charter customers)과 함께 초기 수익을 창출하고 있다.
6	기능, 패키징 및 가격에 대한 명확한 설명으로 조기 수용 고객(charter customers)과 함께 배포할 준비가 된 제품 또는 서비스를 보유하고 있으며 다양한 비즈니스 모델 및 시장 출시 채널을 탐색하고 있다.
캐즘 Ⅱ	
7	우리는 조기 수용 고객(charter customers)과 함께 우리의 제품 또는 서비스를 수용하고 있음을 보여주었고 잠재적인 시장 채널에 대한 아이디어로 지속 가능한 비즈니스 모델을 개발하였다.
8	조기 수용 고객(charter customers)에서 주류 고객(mainstream customers)으로 이동하는 방법을 파악했으며 지속가능한 비즈니스 모델을 지원하기 위해 마케팅 채널을 정의하였다.
9	기능, 패키징, 가격 책정, 비즈니스 모델 및 출시 채널이 고정된 주류 고객(mainstream customers)과 함께 본격적인 배포를 할 준비가 되었다.
캐즘 Ⅲ	
10	지속 가능한 비즈니스 모델과 명확한 유통 전략을 기반으로 주류 고객(mainstream customers)과 함께 본격적인 배포를 진행하고 있다.

※ 자료원: Phadke & Vyakarnam(2017)

---

2) CRL: NASA의 기술 준비 수준(TRL)이 적용된 사업화 준비 수준(CRL: Commercialzation Readiness Level)

성숙도 평가는 사업화 준비 정도에 대한 다양한 수준을 보여 주고 있으나 특별히 다음과 같은 세 가지 전환의 중요성을 보여 주고 있다:

· 캐즘 I에서 사업화 준비 수준 값 3에서 4로의 전환은 첫 번째 프로토타입 생성에 해당한다.
· 캐즘 II의 사업화 준비 수준 값 6에서 7로의 전환은 최초의 사업화 가능한 제품 생성에 해당한다.
· 캐즘 III에서 사업화 준비 수준 값 9에서 10으로의 전환은 시장 채널에 대한 명확성에 해당한다.

한편 기술 준비도 수준(TRL)과 사업화를 위한 준비 수준(CRL)과 TRL을 비교한 결과는 아래 〈표 4-3〉에 나와 있다. 이 비교를 통해 알 수 있는 것은 캐즘 II가 해결되기 전 기술 준비도 수준(TRL)은 최고 수준인 약 8 또는 9에 있다는 것을 그래픽으로 보여 주고 있으며 이러한 수준의 TRL 값은 사업화 상태 및 잠재력을 나타내는 지표로서 충분하지 않음을 확인할 수 있다. 이러한 모든 비교에서 CRL(및 TRL)의 값은 일반적으로 회사가 아닌 단일 제품을 참조한다는 점에 주목할 필요가 있다. 따라서 회사에서 여러 제품을 운영하는 경우 각 제품에 대한 수준을 '집계'하여 여러 제품에 대한 회사 수준을 구축할 필요가 있다.

〈표 4-3〉 사업화 준비 수준과 기술 준비 수준(TRL)의 비교

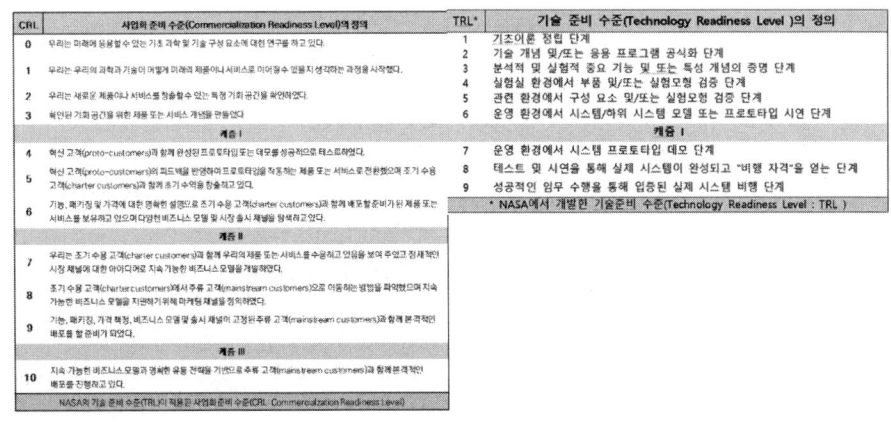

※ 자료원: www.triplechasm.com

(3) 성장의 촉진 요인(Drivers of Growth): 12가지 벡터

3원 캐즘 모델의 세 번째 중요한 요소는 사업화의 여정에 영향을 미치는 12가지 성장 촉진요인이다. 기업이 어디에서 실패하는지를 알았을 경우 이 상황에서 기업은 무엇을 할 수 있을까? Phadke와 Vyakarnam(2017)는 기업이 3개의 캐즘을 성공적으로 넘을 수 있는 기회를 높이려면 〈표 4-4〉와 같이 12가지 벡터(meso-economic vectors) 중에서 우선순위를 지정하여 적시에 비즈니스의 부족한 면에 집중하는 것이 중요하다고 보았다. 여기서 벡터는 일반적으로 크기와 방향이 있는 힘 또는 더 일반적으로는 한 가지 이상의 요소가 있는 양으로 정의된다.

〈표 4-4〉에서 4개의 외부 벡터(External Vector)는 환경을 형성하는 것으로 정의된다. 6개의 내부 벡터((Internal Vector)는 사업화 과정을 형성하는 데 사용할 수 있는 기업과 개인의 통제 아래 있는 촉진 요인을 말한다. 두 개의 복합 벡터(Composite Vector)는 일반적으로 리더와 관리자가 내리는 판단인 내부 및 외부 벡터 간의 균형을 반영하는 촉진 요인을 말한다.

〈표 4-4〉 3개의 벡터 유형과 12개의 하위 벡터

Vector Type	Vectors	Sub-vectors
External	Market Spaces	Defining Market Spaces
		Market Spaces-Centric Value Chain
		Characterizing Market Spaces
		Estimating T-Max
	Proposition Framing	Proposition Framing
		Competition
		Regulation
		Differentiation
		Partners & Suppliers

Vector Type	Vectors	Sub-vectors
External	Customer Definition	Customer Typologies
		Consumers
		Affinity and Knowledge-Centric Users
		Governments
		Businesses
		C-Max & Marketing Sizing
	Distribution, Marketing & Sales	Generic Challenges
		Overall Priorities
		The m7Ps Model
		Channels to Market
Composite	Commercial Strategy	Approach to Strategy
		Vector-based Approach
		Priority vs Maturity
	Business Model Development	Business Models Deconstructed
		Potential Revenue Sources
		Metrics
Internal	Tec. Development & Deployment	Base vs Application Technologies
		Technology Platforms
		Application & Tools
		Products & Services
		Managing Technology Deployment
	Product Define & Synthesis	Approaches to Product Development
		Voice of the Customer Approaches
		Technology Mapping Approaches
		Approaches based on Synthesis
		Proposition Decomposition

Vector Type	Vectors	Sub-vectors
Internal	Manufacturing & Deployment	Components
		Supply Chains
		Processes
		Deployment
		Intergrated Operations
	IP Management	Overall Priorities
		Registered Rights
		Open Rights
	Talent, Leadership & Culture	Talents
		Teams
		Organizational Structure
		Leadership
		Culture
	Funding & Investment	Sources of Funding
		Funding vs Maturity
		Customer Funding
		Firm Valuation

※ 자료원: Phadke & Vyakarnam(2017)

① 외부 벡터(External Vectors)

· 시장 공간(Market Spaces):
공통의 목표, 구조, 프로세스 및 역동성을 지닌 기업에 의해 채워진 활동 영역을 말하며, 시장 공간을 중심으로 한 가치 사슬은 이러한 공간에서 참여자 간의 관계를 이해할 필요가 있는 부분이다.

· 제안 프레임, 경쟁 및 규정(Proposition Framing, Competition & Regulation):
제품 또는 서비스 제안이 가치 사슬상에서 어떻게 구조화되는지를 이해할 필요가 있는 부분이다. 그런 다음 파트너, 공급 업체, 경쟁 업체 및 규제 제약을 식별할 필요가 있다.

· 고객 정의(Customer Definition):

고객 유형에 따라 그 특성이 다르다. 즉 고객으로서의 정부, 비즈니스 고객, 소비자 및 친화 중심의 집단으로 구분하며 이들은 서로 다른 방식으로 행동한다는 것을 이해할 필요가 있다.

· 유통, 마케팅 및 판매(Distribution Marketing & Sales):

채널, 접근 방식 및 방법을 포함하여 제품 및 서비스가 고객에게 도달하는 메커니즘을 말한다. 즉 기업이 가치 제안을 시장에 출시하기 위한 중요한 문제를 이해하고 올바른 전략적 판단을 내릴 수 있도록 하는 것이다.

② 내부 벡터(Internal Vectors)

· 기술 개발 및 전개(Technology Dev & Contingent Deployment):

기술 회사는 기술의 상대적 성숙도를 이해하고 기술을 상업적으로 배포하기 위한 최상의 전략적 접근 방식을 이해할 필요가 있다. 따라서 기술이 설명되는 방식을 다루고 기술을 패키지화하여 시장에 출시할 수 있는 다양한 방법을 이해할 필요가 있다.

· 지식 재산 관리(IP Management):

특허뿐만 아니라 브랜드와 노하우를 포함한 지적 가치에 대한 더 넓은 이해가 필요한 부분이다. 즉 등록된 것, 미등록된 것 그리고 공개된 권한의 다양한 IP 소스를 식별하고 성숙도에 따라 그 중요성이 어떻게 변하는지 파악할 필요가 있다

· 제품 및 서비스 통합(Product & Service Synthesis):

고객에게 액세스할 수 있는 제품 및 서비스로 통합하는 방법을 말한다. 이는 최종 사용자가 사용할 수 있는 정확한 기능을 자세히 이해하는 데 중요하다.

· 제조 및 전개(Manufacturing & Deployment):

제품의 제조 및 기술 전개의 방식은 제품의 성공 여부를 결정할 수 있는 주요 내부 벡터이다. 따라서 지속적인 서비스 제공이 가치 제안의 일부인 경우 제품 및 서비스의 제조, 조립 및 제공 방법에 대한 광범위한 이해가 필요하다.

· 인재, 리더십 및 문화(Talent, Leadership & Culture):

인재, 팀 및 리더십을 포함하여 사업화 프로세스에 영향을 미치는 광범위한 인적 변수를 의미한다. 구조화된 접근 방식을 통해 회사 성숙도에 따라 인적 자원에 대한 요

구 사항이 어떻게 변하는지 그리고 스케일업 프로세스에 대한 기여도를 최적화하는 방법을 이해할 필요가 있는 부분이다.
- 자금 조달 및 투자 유치(Funding & Investment):
다양한 형태의 펀딩을 말한다. 기업이 성장함에 따라 다양한 자금 출처가 어떻게 변하는지 이해할 필요가 있다. 특히 스케일업을 지원하는 데 있어 재무 자본의 핵심 원천으로서 자금 조달은 더욱 중요하다.

③ 복합 벡터(Composite Vectors)
- 사업화 전략(Commercialization Strategy):
기업의 외부 환경을 설명하는 외부 벡터와 회사가 설계하고 실행하는 특정 개입을 정의하는 내부 벡터 간의 전략적 균형을 의미한다.
- 비즈니스 모델(Business Model):
회사가 특정 제품 또는 서비스로 수익을 창출하는 방법을 의미한다. 기업은 일반적으로 구현할 모델을 선택하기 전에 여러 비즈니스 모델을 실험할 수 있다.

2.2 스케일업을 위한 접근 방법

3원 캐즘 모델을 기반으로 하여 스케일업을 추진할 경우 기업이 제공하는 제품이 다중 제품일 경우와 단일 제품일 경우에 따라 제품 포트폴리오에 대한 시장과 초점 고객이 달라지므로 다소 복잡한 스케일업 프로세스가 필요하다. 그러나 두 경우 모두 핵심적인 내용에 대한 분석은 다음과 같은 단계를 기반으로 이루어지기 때문에 여기서는 스케일업의 접근 방법 가운데 공통적인 부분을 일부 소개하고자 한다. 스케일업을 위한 접근 방법의 일반적 단계는 다음과 같다:

- 현재 성숙도 측정과 사업화 여정의 다음 캐즘(Chasm)을 확인
- 현재 벡터의 세부 상황을 확인
- 넘어야 할 다음 캐즘과 목표로 하는 성숙도
- 목표로 하는 성숙도 수준에 필요한 벡터의 내용 확인

· 현재와 목표 간의 갭(gap)을 해소하기 위한 실행 계획 수립

(1) 성숙도 측정

스케일업 문제를 이해하는 첫 번째 단계는 제품 또는 서비스의 성숙도를 이해하는 것이다. 이것은 정확한 과학은 아니지만, 앞에서 소개한 〈표 4-2〉의 사업화 준비 수준에 대한 성숙도 평가한다. 비즈니스의 유형, 즉 기술기업 혹은 비기술 기업에 따라 다른 측정 도구를 사용함으로써 아래 의문에 대한 답을 구할 수 있다:

· 세 개의 캐즘과 관련하여 비즈니스의 상대적 위치는 어디에 있는가?
· 기업의 가치 제안에서 기술이 역할을 하는 경우 기업의 수정된 기술 준비 수준이 어느 정도인가?
· 가치 제안에서 기술이 직접적인 역할을 하지 않는 경우 기업의 사업화 준비 수준이 어느 정도인가?

mTRL/CRL 값의 상대적 성숙도를 측정하여 3가지 캐즘과 관련하여 기업의 제품 혹은 서비스 성숙도의 상대적 위치를 명확히 한다. 성숙도 추정은 스케일업을 이해하고 관리하는 데 중요하다. 왜냐하면 다양한 성장 벡터의 관련성에 직접적인 영향을 미치기 때문이다.

(2) 성장의 촉진 요인 분석: 12가지 벡터 분석

종합적인 전략적 수준에서 스케일업 과제를 평가할 때 12가지 벡터의 상대적 중요성을 이해하는 것이 중요하다. 모든 벡터의 영향은 정성적 판단을 사용하여 평가할 수 있으며, 일부 벡터의 경우에는 추가적인 정량적 기준에 의해 보완될 수 있다[그림 4-10].

[그림 4-10] 12개의 벡터들의 적용 방법

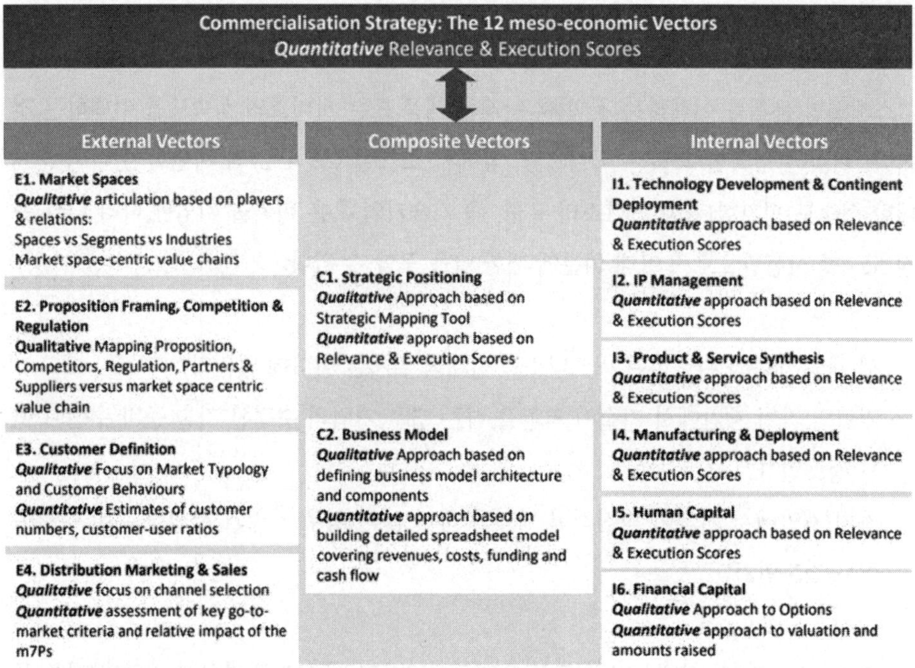

Commercialisation Strategy: The 12 meso-economic Vectors
Quantitative Relevance & Execution Scores

External Vectors

E1. Market Spaces
Qualitative articulation based on players & relations:
Spaces vs Segments vs Industries
Market space-centric value chains

E2. Proposition Framing, Competition & Regulation
Qualitative Mapping Proposition, Competitors, Regulation, Partners & Suppliers versus market space centric value chain

E3. Customer Definition
Qualitative Focus on Market Typology and Customer Behaviours
Quantitative Estimates of customer numbers, customer-user ratios

E4. Distribution Marketing & Sales
Qualitative focus on channel selection
Quantitative assessment of key go-to-market criteria and relative impact of the m7Ps

Composite Vectors

C1. Strategic Positioning
Qualitative Approach based on Strategic Mapping Tool
Quantitative approach based on Relevance & Execution Scores

C2. Business Model
Qualitative Approach based on defining business model architecture and components
Quantitative approach based on building detailed spreadsheet model covering revenues, costs, funding and cash flow

Internal Vectors

I1. Technology Development & Contingent Deployment
Quantitative approach based on Relevance & Execution Scores

I2. IP Management
Quantitative approach based on Relevance & Execution Scores

I3. Product & Service Synthesis
Quantitative approach based on Relevance & Execution Scores

I4. Manufacturing & Deployment
Quantitative approach based on Relevance & Execution Scores

I5. Human Capital
Quantitative approach based on Relevance & Execution Scores

I6. Financial Capital
Qualitative Approach to Options
Quantitative approach to valuation and amounts raised

※ 자료원: Phadke & Vyakarnam(2017)

① 사업화 여정에 따른 벡터 관련성

서로 다른 벡터들의 상대적 중요성은 [그림 4-11]과 같이 사업화 과정에 따른 성숙도에 따라 달라진다. 주목해야 할 사실은 모든 벡터가 기업에게 항상 중요한 것은 아니라는 것이다. 3가지 캐즘과 관련하여 12개 벡터의 주요 패턴은 다음과 같다:

· 캐즘 Ⅰ에서의, 2가지 주요 벡터는 제안 공식화와 기술 개발 및 전개이며 제품 통합 및 IP 관리도 관련성이 있다.
· 캐즘 Ⅱ에서는, 12가지 벡터 모두가 중요하다. 이는 바로 기업의 사업화 과정에서 대부분의 기업에게 가장 어려운 부분이라는 것을 의미한다.
· 캐즘 Ⅲ에서의, 중요한 주요 벡터는 시장 공간, 고객 정의, 유통과 마케팅 및 판매, 사업화 전략, 비즈니스 모델, 제조 및 전개, 인재와 리더십 및 문화이다.

[그림 4-11] 사업화 여정에 따라 관련된 벡터

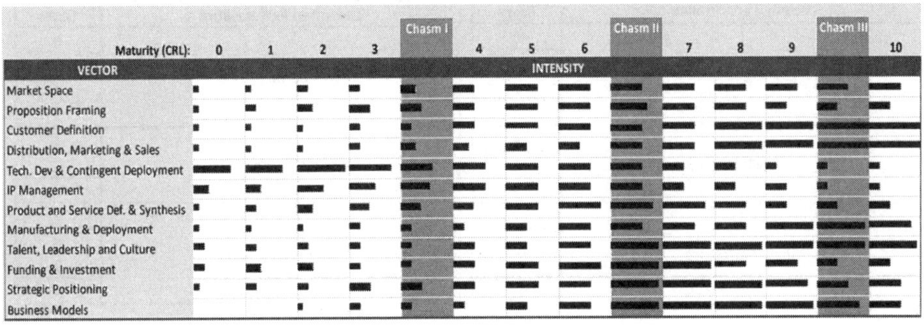

※ 자료원: Phadke & Vyakarnam(2017)

(3) 벡터 영향의 측정

벡터 기반 영향 평가는 특정 벡터에 대한 정확한 값을 제공하기 위한 것이 아니라 사업화의 속도와 궤적에 영향을 미치는 다양한 힘의 상대적 영향을 평가하기 위한 기초를 제공하기 위한 것이다.

전반적인 접근 방식은 다음과 같다:
· 세부 요구 사항에 기초하여 적절한 벡터 및 구성 요소 집합을 선택함
· 개별 벡터에 대해 각 벡터를 구성하는 하위 벡터 및 구성 요소를 사용함
· 각 벡터 또는 구성 요소에 대해 아래의 〈표 4-5〉와 같은 척도를 기반으로 각 벡터(또는 구성 요소)에 점수를 부여함

① 채점 방법
· 이것은 개인 또는 팀이 공동으로 할당한 주관적인 점수라는 점에 유의하는 것이 중요하며 멘토나 컨설턴트가 이를 확증할 수 있음.
· 여러 응답자가 할당한 점수 간의 주요 차이점은 선택한 접근 방식, 전략 또는 전술에 대한 토론의 계기가 되어야 함.
· 점수는 성숙도에 따라 매우 크게 달라지며, 벡터 또는 구성 요소의 상대적 중요성은 기업이 캐즘 Ⅰ, Ⅱ 및 Ⅲ를 지나감에 따라 달라짐.
· 점수는 시장에 따라 다를 수 있음.

<표 4-5> 벡터 영향 계산 방법

Relative Importance	Score
Low Importance	0
	1
	2
	3
Average Importance	4
	5
	6
High Importance	7
	8
	9
	10

Execution Performance	Score
Low Performance	0
	1
	2
	3
Average Performance	4
	5
	6
High Performance	7
	8
	9
	10

② 벡터 성과의 집계

상대적 중요 성과 실행 점수를 집계하면 회사의 현재 상태에 대한 강력한 지표를 제공할 수 있다. 아래 표시된 예는 기술 기반의 단일 제품 회사로서 캐즘 Ⅰ 주변에서 12개 벡터의 상대적 중요성과 관련된 내용을 보여 주고 있다.

접근 방법은 다음과 같은 단계를 기반으로 한다:
· 선택한 성숙도 수준에서 기업에 대한 12가지 벡터 각각의 상대적 중요성을 평가함
· 사업화 여정에 따라 관련된 벡터들의 일반적인 상대적 가중치를 지침으로 사용하지만 평가에는 평가 대상 기업에 적합한 지식, 경험 및 전문 지식도 반영되어야 함
· 각 벡터에 대한 회사의 실행 능력을 평가함
· 각 벡터의 가중 성과 점수를 계산함(단순히 관련성 가중치 × 실행 점수)
· [그림 4-12]와 같이 극좌표를 사용하여 벡터의 전략적 중요도 분포를 탐색함

극좌표를 사용하는 이 접근 방식은 개별 벡터와 그들의 구성 요소에도 적용할 수 있으므로 이 분석을 보다 세부적인 수준에도 적용할 수 있다. [그림 4-12]는 단일 제품 회사에 대한 캐즘 Ⅰ의 일반적인 전략적 평가를 보여주며, 12개 벡터의 상대적 중요성을 이해하기 위해 점수를 적용하는 방법을 보여 주고 있다.

[그림 4-12] 벡터 기반 접근 방법의 예

Vector	Relevance (0-10)	Execution (0-10)	Intensity (0-100)
E1. Market Spaces	7	5	35
E2. Proposition Framing	9	7	63
E3. Customer Definition	4	4	16
E4. Distribution, Marketing & Sales	1	2	2
I1. Tech. Development & Contingent Deployment	10	9	90
I2. IP Management	4	1	4
I3. Product & Service Definition & Synthesis	6	5	30
I4. Manufacturing & deployment	1	1	1
I5. Talent, Leadership & Culture	5	5	25
I6. Funding & Investment	1	1	1
C1. Strategic Positioning	1	1	1
C2. Business Models	2	1	2

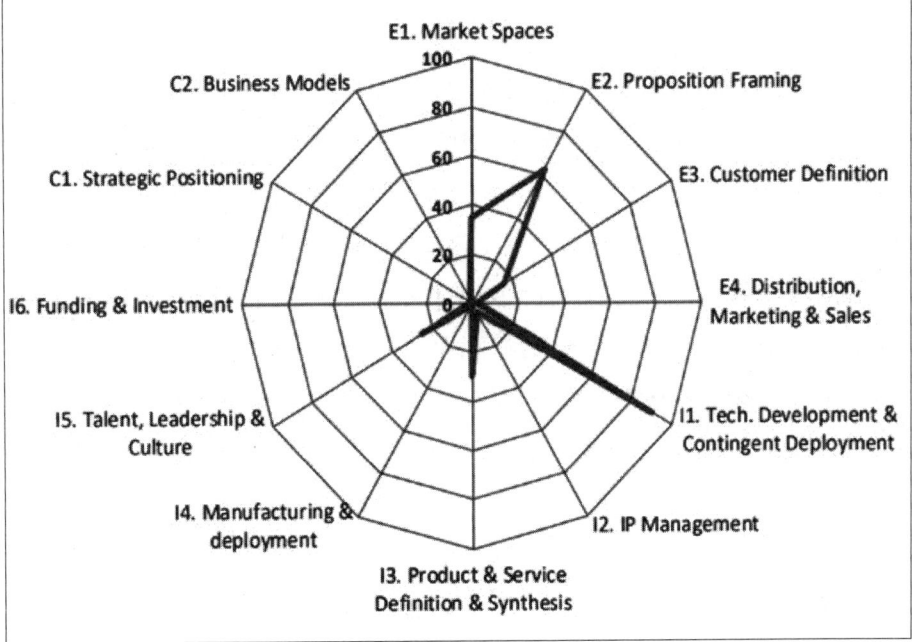

※ 자료원: Phadke & Vyakarnam(2017)

2.3 스케일업 여정과 3가지 캐즘별 우선순위의 변화

(1) 캐즘 Ⅰ

사업화 여정의 첫 번째 장애물이다. 혁신을 촉진하고 새로운 콘셉트의 아이디어를 생성하는 문제를 과소평가해서는 안 된다. 혁신적인 아이디어가 부족한 경우는 거의 없다. 문제는 새로운 아이디어의 생성과 프로토타입의 테스트를 비교적 빠르고 저렴하게 수행할 수 있는 경우라 할지라도 아이디어를 실행 가능한 것으로 바꾸는 것이 중요하다. 이 단계에서는 잠재 고객을 이해하고 제품의 개요를 정의하는 것이 중요할 수 있다. 반면에 이 단계에서는 자금 및 투자에 대한 요구 사항이 사업화 여정의 다음 단계에 비해 상대적으로 적다.

(2) 캐즘 Ⅱ

사업화 과정에서 가장 복잡한 부분이다. 즉 이 캐즘의 존재에 대한 이해가 불충분하며, 사업적 위험이 가장 높은 영역에 해당한다. 이 단계에서는 대부분의 투자자가 기업에 대한 자금을 지원하는 것을 꺼리는 시점이다. 사업화 여정에서 이 시점에서의 모든 벡터들은 중요한 것으로 나타난다. 거의 모든 경우의 제품 또는 서비스의 변경이 반복되는 경우에는 올바른 비즈니스 모델의 개발이 필요하다. 제품 또는 서비스가 안정적인 경우에도 비즈니스 모델을 여러 번 반복해야 하며 일반적으로 여러 차례의 시장 테스트가 필요하다. 캐즘 Ⅱ를 통과한 후 캐즘 Ⅲ에서의 과제는 주로 확장에 관한 것이다. 성공은 목표의 명확성, 올바른 우선순위에 대한 이해 및 집중, 적절한 수준 및 자원의 전개에 따라 달라진다.

(3) 캐즘 Ⅲ

타깃 고객과 사용자에 대한 정확한 정의를 필요로 한다. 인적 자원의 재능, 리더십 및 기업 문화는 이제 성공을 위해 중요하다. [그림 4-13]은 이러한 우선순위가 3개의 캐즘에 따라 어떻게 변화하는지 보여 주고 있다. 따라서 기업은 이 사업화 여정에서 현재 어느 위치에 있는지 그리고 어떤 캐즘이 다음의 도전 과제인지를 명확히 해야 할 필요가 있다.

[그림 4-13] 캐즘별 백터의 변화

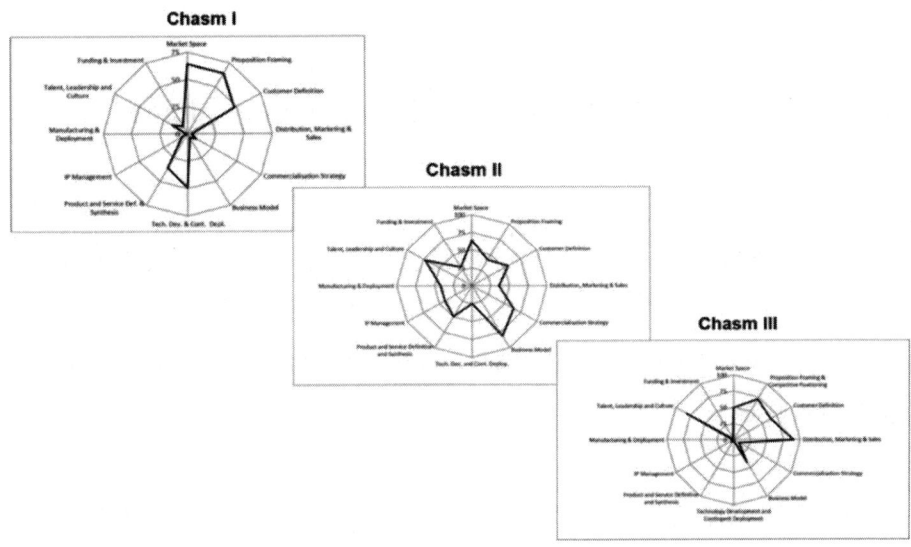

※ 자료원: Phadke & Vyakarnam(2017)

스케일업 스토리(4)

언덕 농장을 웰빙 농장으로 만든 'The Wellbeing Farm'

영국 런던의 국민보건서비스국(NHS)에서 14년 동안 선임 관리자로 일한 Celia Gaze는 랭커셔(Lancashire) 시골에 있는 파트너의 가족 소유 30 에이커 규모의 언덕 농장을 모임 장소로 바꾸기 시작했다. "그렇지 않았다면 또 다른 헛간 개조가 되었을 것입니다"라고 그녀는 말한다.

그녀의 원래 계획은 2013년에 문을 열었을 때 웰빙 농장을 기업의 접대 장소로 만드는 것이었다. 전문직 종사자의 탈진증후군에 대한 자신의 경험을 통해 그녀의 메시지는 웰빙과 스트레스에 초점을 맞췄지만 시장 반응은 고무적이지 않았다. "솔직히 말해서, 나는 시대를 조금 앞서갔습니다"고 그녀는 웃었다. "쉽지 않은 여정이었습니다. 나는 이것을 설정하기 위해 생각할 수 있는 모든 전투를 겪었습니다. 지방 당국이 더 많은 지원을 할 수 있었습니다. 은행에서 거절을 많이 당했습니다"라고 말했다.

그녀는 결혼식에 초점을 맞췄다. 인력 수준과 음식 및 음료에 대한 사전 계획과 높은 수준의 선불금은 더 나은 비즈니스 모델을 제공했다. 그리고 창의력이 흘러 나왔다. 결혼식 장소는 나비넥타이를 착용한 라마, 알파카, 당나귀로 마무리되었다. 그녀는 창립자이자 전무 이사지만 그녀의 직책에는 놀라움을 안겨 주는 책임자 및 헤드 스테이블 봉사자의 역할도 포함되었다.

그러나 사업이 가속화되면서 코로나 팬데믹이 닥쳤다. Gaze는 행사장을 그대로 방치하기보다는 모든 직원을 계속 유지시켰다. "우선, 우리는 계속해서 동물들을 돌봐야 했지만 그것은 또한 우리가 계속해서 문의를 받았다는 것을 의미했습니다. 커플들은 여전히 결혼하기를 원했습니다."

모든 것이 차단되어 있는 가운데서도 그녀는 영국의 B Corporation 운동에 대해 읽었다. 그것은 그녀의 퍼즐에 빠진 조각을 제공했다. "당신은 사람들이 더 나은 사회를 만들 수 있도록 돕기 위해 국민보건서비스(NHS)에 가입했기 때문에 단지 이익만이 결코 나의 주요 동기가 아니었다는 것을 의미했습니다." 그녀는 랭커스터 대학의 학생을 고용하여 웰빙 농장에 대한 B Corp 인증을 위해 그녀와 함께 일했다. 그러나 그 과정은 까다로웠다. "그들은 급여 기록, 직원의 건강 기록, 농업 기록, 동물 관리 기록, 생물 다양성, 전기 모니터링 등 모든 것을 원합니다. 일이 많았지만 바빴습니다." 거의 동시에 그녀는 더 큰 프레임워크를 제공하고 접근 방식을 통합하는 데 도움이 되는 중소기업 고성장을 위한 스케일업 프로그램인 Two Zero Resurgence 프로그램에 참여했다. Two Zero의 팀은 매우 지원적이었다고 그녀는 말한다. "더 넓게 생각하게 만드는 프로그램이고 같은 생각을 가진 사람들과 어울리는 분위기에 있는 것이 정말 도움이 됩니다."

예를 들어, 그녀는 학생을 고용하여 그녀와 함께 작업하여 장소의 시스템과 프로세스의 모든 세부 사항을 매핑하고 기록했다. "나는 모든 것을 내 머리에서 꺼내 직원들을 위한 웹사이트로 가져와야 했습니다. 약 8개월에 걸쳐서 모든 것을 문서화하고 300개의 프로세스를 정리하였으며 이제는 성공적인 이벤트를 운영하는 방법에 대한 모든 것을 알고 있습니다. 그 이후로, 나는 사업에 더 전념할 수 있었다. 그리고 그것은 비즈니스 성장의 가장 큰 요인 중 하나였습니다." 그 결과 2021년, 웰빙 농장(The Wellbeing Farm)은 B Corp 인증을 획득한 영국 최초의 호스피탈리티 기업 중 하나가 되었다.

그녀는 이것이 웰빙 농장이 글로벌 성장 커뮤니티에 합류했음을 의미한다고 믿는다. "B-Corp 기업들은 그들의 목적을 명확히 밝히고 지구, 직원 및 지역 사회를 돌보고 있으며, 모두 기하급수적인 성장을 경험하고 있습니다"라고 그녀는 말한다. "이것은 사회를 변화시키는 기업의 힘에 관한 것입니다."

웰빙 농장의 B Corp 인증은 커플이 장소를 선택할 때 긍정적인 차별화 요소이며 잠재적인 직원으로부터 가장 많이 받는 질문이라고 그녀는 말한다. "우리는 채용 문제를 겪고 있지 않습니다."라고 그녀는 말한다. "젊은이들은 목적이 있는 기업에서 일하고 싶어

하기 때문입니다."

팬데믹 이후 트렌드가 바뀌었다. 웨딩 사업은 더 이상 금요일과 토요일에 국한되지 않았다. "주중과 소규모 결혼식에서 큰 성장이 있었습니다. 사람들은 더 독특하고 기억에 남는 이벤트를 원합니다. 고객은 더 먼 곳에서 오고 있으며 문의의 최소 20%는 지속 가능성 자격 인정서 때문에 오고 있습니다."

기업 접대 장소로서의 웰빙 농장의 원래 개념은 이제 수익 창출이라는 현실로 나타나고 있습니다. "기업에 재택근무를 하는 사람들이 늘어남에 따라 가끔씩 모일 수 있는 중심점이 필요하며, 이를 위해 윤리적인 친환경 장소를 사용하는 것을 좋아합니다." 웰빙 농장의 성공은 지역 경제에 파급되고 있다. 매년 약 100건의 결혼식을 주최하며, 각 결혼식은 70명에서 120명의 사람들을 이 지역의 펍, 레스토랑, 호텔로 데려옴으로써 지역 전체에 혜택을 제공하고 있다.

※ 자료원: www.scaleupinstitute.org.uk/stories

5장. 진단적 접근

Ⅰ. 개요

성장 잠재력이 높은 기업은 진단을 통해 비즈니스의 강점과 약점을 진단하고 맞춤형 성장 계획을 수립할 수 있다. 이러한 목적을 위해 사용하는 진단 도구는 매우 다양하지만 스케일업을 위한 맞춤형 진단 도구를 선택하기는 쉽지 않다.

이와 관련하여 덴마크의 성장 하우스(Growth House)에서는 성장 바퀴(Growth Wheel) 모델을 사용하여 초기 비즈니스를 진단하고 성장 계획을 개발하는 데 정기적으로 사용하고 있다(OECD, 2013). 성장 바퀴의 주요 아이디어는 성장을 달성하기 위한 특정 활동을 '할 계획'이 아니라 '할 것'에 대한 것이다. 성장 바퀴는 성장에 대한 주요 과제, 즉 비즈니스 개념, 조직, 고객 관계 및 운영을 나타내는 것으로 추정되는 네 가지 영역에 중점을 둔다.

이러한 4가지 항목 각각에 대한 추가 질문을 통해 하위 주제로 세분화된다. 즉 ① 비즈니스 개념(사업 아이디어, 제품 포트폴리오, 비즈니스 모델, 고객 포트폴리오 및 시장 위치), ② 비즈니스 조직(소유권 및 관리 구조, 직원 조직, 내부 비즈니스 프로세스, 공식 파트너십, 법률문제), ③ 고객 관계(판매, 상업 네트워크, 마케팅, 브랜딩, 커뮤니케이션 및 홍보), ④ 운영(회계, 사업 자금 조달, 생산 관리, IT 시스템, 시설).

본 장에서는 스케일업을 위한 목적으로 설립된 덴마크의 성장 하우스에서 활용하는 비즈니스 진단 도구인 성장 바퀴의 프레임워크와 활용 방법에 대해 알아보고자 한다. 이러한 진단적 방법을 통해 기업의 스케일업을 위한 강약점을 파악하고 성장을 위한 통찰을 얻을 수 있을 것이다.

또 하나 소개할 모델은 독일의 Simmons Herman(1996)이 주장한 히든 챔피언(hidden champions) 모델이다. 독일어로 Mittelstand라고 불리는 고도로 전문화된 이 기업들은 독일 국가 경제의 중추를 구성하고 있다. 지난 10년 동안 1307개의 독일 히든 챔피언이 100만 개의 새 일자리를 창출했다. 직원의 대다수는 이제 독일 밖에 있으며 기업들은 이제 진정한 글로벌 기업이다. 작지만 강한 기업 히든 챔피언의 개념은 전 세계적으로 주목을 받고 있다.

이러한 히든 챔피언의 개념을 기초로 우리나라는 중소벤처 기업부와 산업통상자원부 및 지자체를 중심으로 한국형 히든 챔피언을 육성하기 위해 글로벌 강소 기업 지원 사업을 추진하고 있다. 따라서 본 장에서는 히든 챔피언이 되기 위한 글로벌 강소 기업 육성 사업의 일환으로 기업 선정을 위해 평가하는 역량 진단의 내용을 소개하고자 한다. 이는 성장 바퀴 모델처럼 진단 후 성장을 위한 세부 프로세스를 소개하지는 않지만 진단 결과를 통해 현재 기업의 성장을 위해 무엇이 부족하고 필요한가를 알 수 있다는 면에서 의의가 있다.

II. Growth Wheel(성장 바퀴) 모델

1. 기업의 당면 과제

모든 회사에는 동일한 당면 과제가 있다. 그것은 산업, 생애 주기 또는 회사 규모가 무엇이든 상관없다. 회사를 구축하고 성장시키는 데는 다음과 같은 네 가지 기본 과제가 있다.

성장 바퀴는 모든 산업과 삶의 단계에서 모든 비즈니스가 공통적으로 4가지 지속적인 과제를 가지고 있다는 관찰을 바탕으로 설계되었다. 즉 매력적인 비즈니스 개념을 만들고, 이를 바탕으로 강력한 조직을 구축하고, 지속적인 고객 관계를 개발하고, 수익성 있는 운영을 유지해야 하는 과제이다. Growth Wheel Toolkit는 기업가를 위한 실제 문제를 처리하는 사용하기 쉬운 도구로 구성되어 있다. 즉 비즈니스에 대한 모든 것이 하나의 단일 툴킷으로 단순화시키고 있다.

[그림 5-1] 기업의 당면 과제

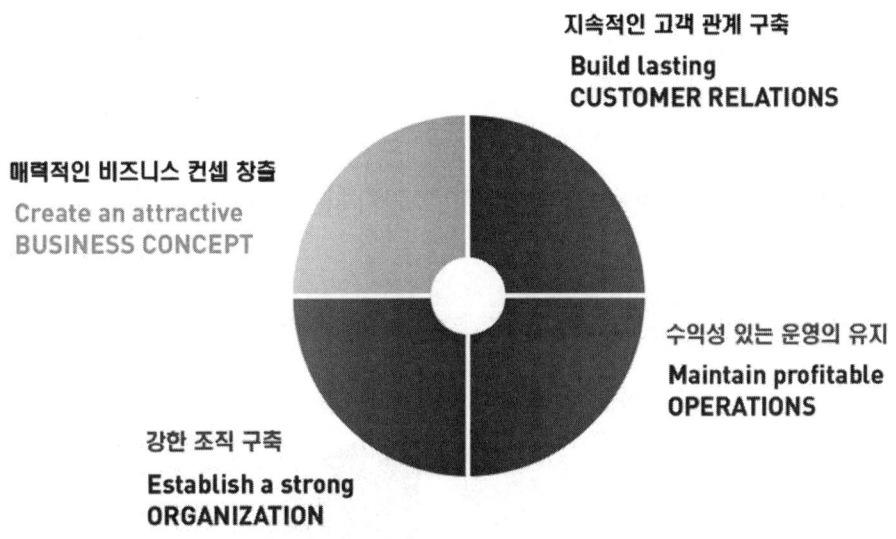

※ 자료원: www.GrowthWheel.com

성장 바퀴는 시각적 도구를 통해 기업가에게 더 나은 경험을 제공한다. 도전 과제를 더 쉽게 이해하고 창의성을 고취시키며 결론을 외부인에게 쉽게 전달할 수 있다. 성장 바퀴를 통해 제시되는 그래픽 디자인은 제품 디자인, 채용 또는 자금 조달과 같은 다양한 주제에 걸쳐 사용되어 모든 것이 단순하고 다루기 쉬워 보인다. 뿐만 아니라 모든 비즈니스 결정을 시각적으로 더 빠르게 이해할 수 있게 하며, 더 많은 영감을 통해 더 나은 커뮤니케이션이 이루어지도록 한다.

2. 스타트업과 성장에 대한 성장 바퀴(Growth Wheel)의 관점

성장 바퀴의 360° 프레임워크에서는 4가지 지속적인 비즈니스 과제를 20개의 초점 영역으로 나눈다. 신생 기업이나 성장 기업이 제대로 성장하지 못하거나 성장하지 못하는 이유는 하나 또는 여러 집중 영역에서 더 많은 작업이 필요하기 때문이다.

한 번에 모든 것을 하려고 하거나 모든 것에 대한 계획을 세우는 것보다 성장 바퀴의 핵심 메시지는 가장 중요한 단일 영역을 찾아 먼저 집중하는 것이다. 4가지 기본 과제에 해당하는 20개 중점 세부 영역은 [그림 5-2]에 나타나 있으며 이러한 각 영역에 대한 세부적인 내용은 아래와 같다:

[그림 5-2] 성장 바퀴(Growth Wheel)의 4 가지 기본 과제와 중점 세부 영역

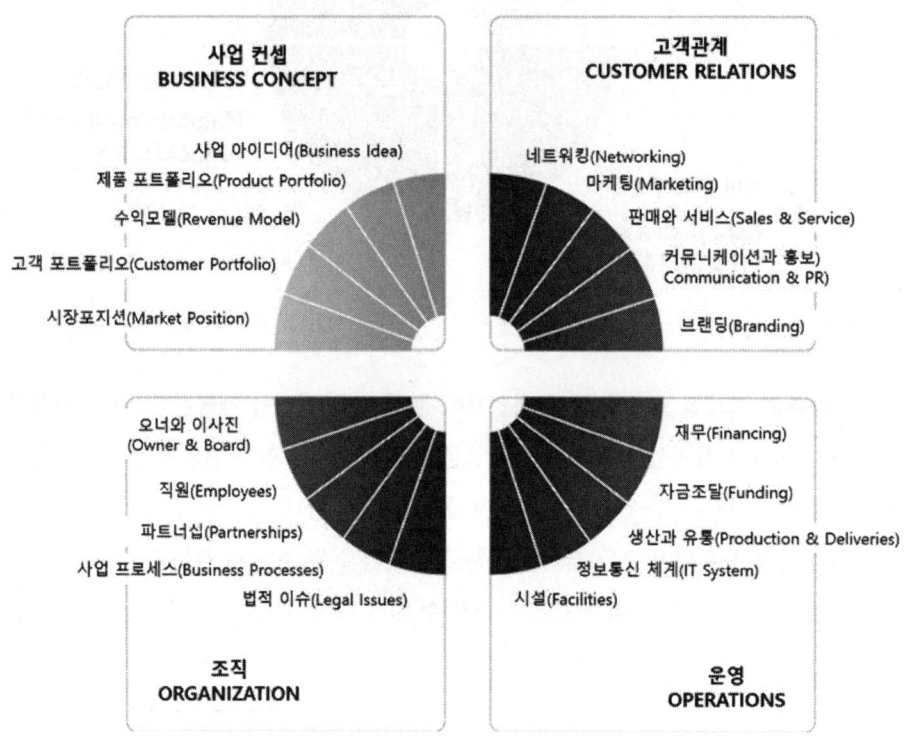

※ 자료원: www.GrowthWheel.com

2.1 사업 콘셉트(Business Concept)

올바른 비즈니스 아이디어를 얻고 올바른 제품 포트폴리오를 설계한다. 적절한 수익

모델을 사용하여 적절한 고객에게 판매하고 강력한 시장 지위를 유지하면서 판매한다.

① 사업 아이디어(Business Idea):
이 초점 영역은 회사의 사명, 회사가 될 수 있는 것에 대한 비전, 회사가 어떻게 되었는지에 대한 이야기, 회사가 어디로 가고 있는지에 대한 포부를 다룬다.

② 제품 포트폴리오(Product Portfolio):
이 초점 영역은 구색에 포함해야 하는 제품 조합, 제품 디자인 및 가치 제안, 그리고 미래 제품 개발에 대한 결정을 하는 데 도움을 준다.

③ 수익 모델(Revenue Model):
이 영역에서는 수익원 선택, 가격대 결정, 제품에 대한 다양한 가격 계획 및 할인 설정, 향후 가격 인상에 대한 정책 수립을 다룬다.

④ 고객 포트폴리오(Customer Portfolio):
이 초점 영역은 서비스를 제공할 고객 세그먼트 선택, 주요 고객의 우선순위 지정, 리드 생성, 제품의 맞춤화, 다양한 세그먼트와 통신 및 고객 페르소나 관찰하기에 관한 것이다.

⑤ 시장 위치화(Market Position):
이 초점 영역은 시장 참여자와의 관계, 시장 정보 수집, 회사의 경쟁력 향상 및 새로운 시장 동향 탐색에 중점을 둔다.

2.2 고객 관계(Customer Relations)

마케팅을 수행하고 효과적인 판매 프로세스를 구성하는 올바른 방법을 선택한다. 커뮤니케이션 및 PR을 처리하여 미디어 및 고객의 의제에 참여합니다. 조직과 제품의 강력한 브랜딩을 형성하는 가치를 실천한다.

① 네트워킹(Networking):

이 초점 영역은 네트워킹 활동 계획, 네트워크 매핑, 네트워크 도입, 관계 유지 작업을 포함하여 네트워크를 알고 확장하는 방법을 다룬다.

② 마케팅(Marketing):

이 초점 영역은 마케팅 활동 선택, 엘리베이터 피치 작업, 고객 참여 방법 결정, 핵심 마케팅 메시지 표현에 도움이 된다.

③ 판매 및 서비스(Sales & Service):

이 초점 영역은 판매 주기 강화, 판매 활동 계획, 고객 파이프라인 작업, 리드 고객 및 잠재 고객으로부터 받을 수 있는 이의에 대비하고 회사의 서비스 제안을 정의하는 것이다.

④ 커뮤니케이션 및 홍보:

이 포커스 영역은 미디어 기회 활용, 보도 자료 작성, 미디어 스토리 및 소셜 미디어 커뮤니케이션 참여, 온라인 출판 계획을 다룬다.

⑤ 브랜딩(Branding):

이 초점 영역은 상표를 보호하는 동시에 브랜드 역할 모델을 식별하고 취득할 인증을 결정하여 브랜드를 정의하고 브랜드에 대한 진정성을 창출함으로써 고객 충성도를 높이는 데 도움이 된다.

2.3 조직(Organization)

적절한 오너와 이사진을 찾고 적절한 직원을 모집 및 개발한다. 공급업체 및 계약업체와의 파트너십을 통해 작업을 아웃소싱하고 핵심 비즈니스 프로세스를 매핑한다. 함께 일할 수 있는 법적 틀을 마련한다.

① 소유권 및 이사회(Ownership & Board):

이 영역은 소유권 분배 결정, 이사회 구성원 선출, 소유주 또는 관리자 간의 사회적 계약 체결, 회사 매각의 장단점 검토를 포함하여 최상위 조직 강화에 관한 것이다.

② 직원(Employees):

이 영역은 직무 기술서 작성, 직원 교육 수행, 직원 비용/이익 계산, 조직도 정의, 미래 직원 프로필 설명을 포함하여 직원 모집 및 관리에 도움이 된다.

③ 파트너십(Partnerships):

이 초점 영역은 공급업체 및 파트너 선택, 이들과 체결할 제휴 유형 및 조건 결정을 포함하여 비즈니스 파트너십 선택 및 계획을 다룬다.

④ 비즈니스 프로세스(Business Processes):

이 초점 영역은 비즈니스 프로세스 매핑, 비즈니스 절차 정의, 비즈니스 프로세스 및 아웃소싱, 워크플로 설계, 위임 및 협업 작업 계획, 생산성 향상을 위한 문화 조성을 다룬다.

⑤ 법적 이슈(Legal Issues):

이 초점 영역은 필요한 법적 문서를 정의하고, 회사의 법적 구조를 선택하고, 계약을 재협상하고, 회사의 지적 재산권은 물론 법률 및 규정을 준수하는지 확인하는 것이다.

2.4 운영(Operations)

올바른 재정 관행이 확립되어 있는지 확인하고 수익성 있는 투자를 위한 충분한 자금이 있는지 확인한다. 올바른 생산 및 프로젝트 관리 시스템을 설정하여 납품을 보장하고 비즈니스를 수행하기 위한 올바른 IT 시스템 및 시설을 설정한다.

① 재정(Financials):

이 초점 영역은 현금 관리, 판매 예측 준비, 비용 구조 검토, 회사의 수익성 분석 및 수익성 개선 방법을 다룬다.

② 자금 조달(Funding):

이 초점 영역은 다양한 금융 옵션 중에서 결정하고, 대출 기관에 대한 정보 준비 및 협상, 대체 투자 기회 탐색, 비즈니스의 현재 및 미래 위험성 검토를 돕는다.

③ 생산 및 납품(Production & Deliveries):

이 초점 영역은 프로젝트 관리, 생산 또는 워크플로 문제 해결, 폐기물 관리 및 감소를 통한 자원 최적화, 생산 및 배송의 물류 시스템 관리를 돕는다.

④ IT 시스템(IT Systems):

이 초점 영역은 올바른 소프트웨어 응용 프로그램 및 서비스 선택, IT 프로젝트 계획, 높은 IT 보안 확인, 비즈니스 프로세스의 IT 최적화 작업, IT 혁신에 대한 올바른 접근 방식 결정을 돕는다.

⑤ 시설(Facilities):

이 집중 영역은 비즈니스 시설에 적합한 위치 선택, 시설 설계 및 관리 방법, 생산 능력 변경, 개인을 위한 지식 라이브러리 구축 및 유지 관리에 중점을 둔다.

3. 방법론

성장 바퀴 Tool은 기업 현황에 대한 스크리닝, 일대일 컨설팅 및 그룹 교육 모두에 사용할 수 있다. 어떤 용도로 사용하더라도 진단을 기반으로 한 성장을 위한 실행 방법은 다음과 같은 단계를 통해 가능하다.

(1) 단계 1: 초점을 맞추고 중요한 일을 먼저 처리하기

먼저 성장 바퀴 360° 스크리닝은 전체에 대한 개요를 보여 준다. 성장 바퀴 360° 스크리닝 도구는 신속하게 개요를 작성하고 내려야 할 결정을 찾는 데 도움이 된다. 기업가와 컨설턴트가 비즈니스의 현재 과제와 기회를 매핑할 수 있는 도구이다. 그 결과 상황에 대한 공통된 이미지와 우선순위가 필요한 사항에 대한 이해를 공유한다.

[그림 5-3] 성장 바퀴(Growth Wheel) 360° 스크리닝

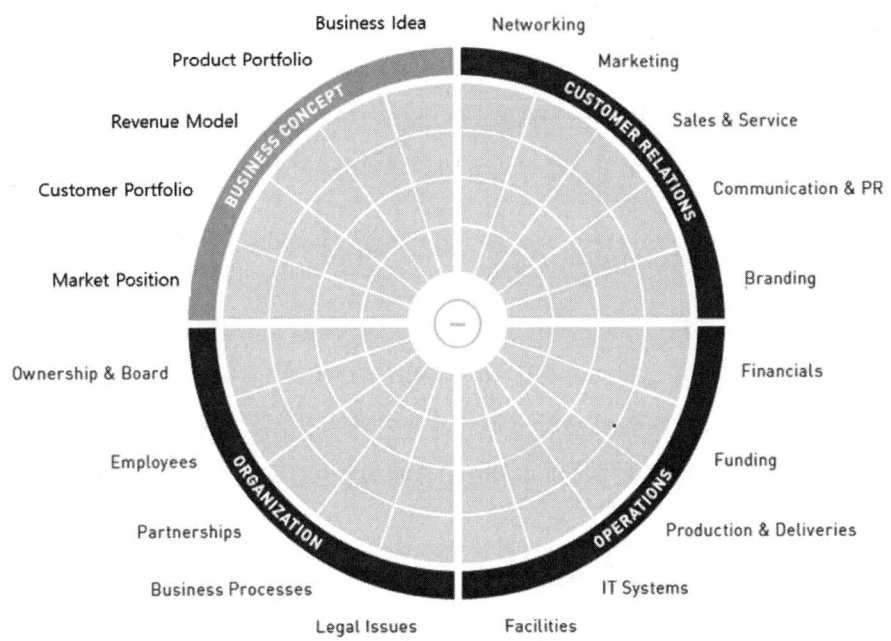

※ 자료원: www.GrowthWheel.com

· 성장 바퀴(Growth Wheel) 360도 스크리닝하는 방법

성장 바퀴 360도 스크리닝은 귀사의 비즈니스에 대한 360도 관점을 보여 준다. 이렇게 하면 집중할 항목을 결정할 때 빠뜨리지 않는 것이 없는지 지 확인하는 데 도움이 된다. 360° 스크리닝은 자문과 기업가가 이미 생각하는 방식을 지원하는 세 가지 방식으로 올바른 주제에 집중하는 데 도움이 될 수 있다. 다양한 영역의 진행 상황을

평가하기 위한 심사, 기회를 매핑하기 위한 심사 또는 기술 평가를 위한 심사를 수행할 수 있다.

3가지 유형의 스크리닝이 있다. 아래에서 유형을 선택하고 간단한 프로세스를 통해 올바른 초점을 둔다.

#1: 회사의 상태 평가하기(Progress)
귀사의 사업은 어떻게 되어가고 있는가?

· 20개의 중점 영역을 살펴보고 현재 귀하의 비즈니스가 얼마나 잘 수행되고 있다고 생각하는지 평가한다.
· 각 초점 영역 내에서 비즈니스 상태를 25%, 50%, 75% 또는 100%로 점수를 매긴다.
· 작업하고 싶은 초점 영역 1~3개 주위에 원을 추가함으로써 스크리닝을 마친다.

#2: 회사의 기회 평가하기(Opportunity)
어디에서 가능성을 볼 수 있는가?

· 20개의 중점 분야를 살펴보고 지금 귀하의 비즈니스에 보이는 기회를 평가한다.
· 25%, 75% 또는 100%로 각 초점 영역 내에서 기회의 점수를 부여한다.
· 작업하고 싶은 초점 영역 1~3개 주위에 원을 추가함으로써 스크리닝을 마친다.

#3: 회사의 스킬 평가하기(Skils)
무엇을 학습할 필요가 있는가?

· 20개의 중점 영역을 살펴보고 자신, 팀 또는 비즈니스의 역량을 평가한다.
· 각 집중 영역 내에서 25%, 50%, 75% 또는 100%로 스킬 점수를 매긴다.
· 작업하고 싶은 초점 영역 1~3개 주위에 원을 추가함으로써 스크리닝을 마친다.

(2) 단계 2: 의제 설정 및 성장 경로 찾기

성장 바퀴 프레임워크는 지도와 같다. 한눈에 귀사가 어디에 있고 어디로 갈 수 있는지 알려준다. 성장 바퀴 프레임워크는 구성원 간의 대화를 위한 기준을 부여하는 데 도움이 된다. 이는 성장 바퀴의 각 중점 영역 내에서 의제에 올려야 하는 문제에 대한 간단한 그래픽 체크리스트라고 할 수 있다〈표 5-1〉.

〈표 5-1〉 의제 설정을 위한 체크 리스트

개발 영역	결정 테마	재무적 효과의 정도			결정에 대한 설명
		예	아니오	중간	
사업 콘셉트	수익성 있는 새로운 제품군				
	제품 개발				
	수익성 있는 새로운 고객 세그먼트				
	새로운 매력적인 시장				
	더 나은 비즈니스 모델				
	새로운 가격 및 판매 조건				
	경쟁사와의 협력				
조직	새로운 오너들				
	오너/디렉터의 새로운 역할				
	조직 변화				
	새로운 이사회 구성원				
	직원의 해고				
	비즈니스 프로세스의 최적화				
	신규 공급업체/신용기간				
	대체 유통 채널				

개발 영역	결정 테마	재무적 효과의 정도			결정에 대한 설명
		예	아니오	중간	
고객 관계	빠르고 저렴한 마케팅 노력				
	새로운 판매 시스템 및 방법				
	판매를 향상시키는 언론 보도				
	고객과의 새로운 파트너십 계약				
	무익한 고객을 놓아주기				
운영	업데이트된 판매 예산				
	자금 조달 및 자본 주입				
	비용 절감				
	새로운 시설				
	시설의 전대 및 판매				
	재고 감소/아웃렛				

(3) 단계 3: 행동으로 이어지는 결정 내리기

성장 바퀴 워크시트는 더 빠른 결정을 내리는 데 도움이 된다. 여기에는 질문이 포함되어 있으며 결정을 내리기 위한 대안이 설명되어 있다. 회의실의 화이트보드와 같지만 기업가가 결정과 다음 단계에 집중할 수 있도록 미리 준비되어 있다.

① 비즈니스 콘셉트(Business Concept):

(예) 제품 포트폴리오 의사 결정 시트

의도	· 고객에게 제공할 제품을 결정하는 것은 비즈니스의 주요 문제 중 하나이다. · 더 넓은 범위의 제품을 확보함으로써 우리는 새로운 고객을 유치하고 이미 가지고 있는 고객에게 더 많은 매출을 올릴 수 있다.

프로세스	· 회사의 모든 핵심 제품과 서비스를 나열하는 것으로 시작한다. · 또한 물리적 제품에 서비스를 제공하거나 서비스에 물리적 제품을 제공하는 것도 고려한다. · 기존 제품과 신규 제품 및 서비스를 모두 나열하여 계속한다. · 다음으로, 핵심 제품을 개선할 수 있는 추가 제품 및 서비스를 제공할 수 있는 가능성을 살펴본다. · 회사에서 제공하는 가장 크거나 가장 확장된 주력 제품을 설명하는 것으로 마무리한다.
다음 단계	· 신제품이 이미 시장에 나와 있는지 알아본다. · 기존 고객에게 연락하여 신제품 아이디어에 대한 피드백을 받는다. · 새로운 제품과 서비스를 만들기 위한 실행 계획을 세운다.

② 조직(Organization):

(예) 직원 채용

의도	· 새로운 직원을 고용하는 것은 강력한 조직을 구축하는 데 중요한 부분임. · 사용 가능한 직책에 필요한 프로필을 고려하면 해당 직업에 적합한 사람을 찾을 가능성이 더 높아진다.
프로세스	· 먼저 직함과 신입 사원이 누구를 지칭할지 적어 둔다. · 교육, 전문적 및 개인적 기술, 지식, 사고방식 등의 측면에서 다음 직원을 어떻게 상상하는지 말로 계속한다. · 또한 그 사람이 지금까지 어떤 종류의 경력을 쌓을 수 있었는지 상상해본다. · 회사 내에서 이 사람의 미래 경력 경로를 계획하는 것으로 마무리한다.
다음 단계	· 신입 사원의 임무와 책임을 더 깊이 고려한다. · 프로필을 사용하여 채용 공고를 작성한다. · 광고를 영감으로 사용하여 면접 질문이 있는 초안을 작성한다.

③ 고객 관계(Customer Relations):

(예) 판매와 서비스 의사 결정

의도	· 판매 프로세스를 여러 단계로 나눌 수 있으며 때로는 가장 약한 작업만큼 강력하다. · 판매의 모든 하위 프로세스를 체계적으로 거치면서 판매 체인을 강화 할 수 있는 새로운 방법을 찾을 수 있다.

프로세스	· 판매 체인의 12가지 다른 부분에 대한 개요를 살펴보는 것으로 시작 · 그런 다음 귀하의 회사가 오늘 각 부분에서 얼마나 잘하고 있다고 생각하는지 확인한다. · 계속해서 회사에서 판매의 각 하위 프로세스를 책임져야 하는 사람을 결정한다. 판매망의 일부 링크는 아웃소싱될 수 있다. · 링크별 판매망 연결을 강화하기 위해 하위 프로세스를 개선하는 방법에 대한 제안을 완료한다.
다음 단계	· 판매 노력을 강화하기 위한 제안을 수행하기 위한 실행 계획을 만듦. · 하위 프로세스 내에서 작업을 위임한다. · 판매 프로세스의 일부를 단축하는 방법을 찾는다.

④ 운영(Operations):
(예) 투자 유치를 위한 리스크 분석

의도	· 회사가 노출될 수 있는 위험에 대한 현실적인 평가를 제시하면 외부 자금 조달 가능성이 더 높아진다. · 이 정보를 투자자와 공유함으로써 그들이 회사 경영에 대해 안심할 수 있도록 한다.
프로세스	· 나열된 위험 중 회사에서 노출된 위험에 체크 표시를 하는 것으로 시작한다. · 계속해서 각 위험이 발생할 가능성을 파악하고 1에서 3까지 점수를 매긴다. · 그런 다음 1, 3 또는 10의 점수를 결정하여 발생한 경우 각 위험의 결과를 나타낸다. 점수에 따라 위험을 표에 배치한다.
다음 단계	· 위험을 유발할 수 있는 요인을 파악한다. · 회사의 위험을 감소시킬 수 있는 예방 조치를 수행하기 위한 실행 계획을 수립한다. · 투자자와의 차기 회의에서 위험 분석을 제시한다.

(4) 단계 4 : 조치를 취하고 진행 상황 추적하기

30-60-90일 실행 계획표를 만들어 이미 내린 결정과 취해야 할 조치를 추적한다. 〈표 5-2〉와 같이 30일, 60일, 90일의 기간이 설정된 구조화된 실행 계획표를 만들고 누가 무엇을 해야 하는지에 대한 개요를 작성한 다음 세부 활동의 과정과 결과를 추적한다.

〈표 5-2〉 실행 계획표 작성하기

범주	활동	30일				60-90일		이후		
		1주	2주	3주	4주	2개월	3개월	2분기	3분기	4분기

[부록 1] 성장 바퀴 진단표

업체명		부서/직책	
응답자 성명		전화	

기업 성장 진단

성장 바퀴(Growth Wheel) 모델은 모든 회사에는 동일한 당면 과제가 있다고 가정합니다. 산업의 유형, 생애 주기 또는 회사 규모와 관계없이 모든 회사가 구축하고 성장시켜야 할 4가지 당면 과제는 사업 콘셉트, 고객 관계, 조직, 그리고 운영입니다. 아래의 진단 설문은 4가지 기본 과제의 세부 내용에 대한 질문입니다. 모든 질문마다 귀사의 상황을 고려하셔서 체크해 주십시오.

1. 다음의 질문에 대해 귀하의 의견을 체크하여(√) 주시기 바랍니다.

구분		평가 항목	전혀 아니다	아니다	보통 이다	그렇다	매우 그렇다
사업 콘셉트	1	우리 회사의 사명(mission)은 구체적이면서도 명확하며 앞으로 나가야 할 방향(vision)에 대해서도 잘 정리되어 있다.	①	②	③	④	⑤
	2	우리 회사가 제공하는 제품 및 서비스는 고객의 니즈를 기반으로 하여 다양한 제품 및 서비스 포트폴리오가 설계되었다.	①	②	③	④	⑤
	3	우리의 고객이 누구인지를 잘 알고 있으며 그러한 고객을 위해 모든 노력을 집중하고 있다.	①	②	③	④	⑤
	4	사업을 통해 얻을 수 있는 수입의 원천이 무엇인지를 잘 알고 있으며 아울러 가장 적합한 수익모델을 가지고 있다.	①	②	③	④	⑤
	5	시장에 대한 정보 탐색과 정보 수집을 기반으로 시장에서 우리 제품에 대한 포지셔닝(positioning)을 설정하고 있다.	①	②	③	④	⑤
고객 관계	6	고객과 접할 수 있는 다양한 네트워크를 가지고 있으며 그를 통해 고객과의 관계를 유지하고 있다.	①	②	③	④	⑤
	7	우리의 제품 및 서비스를 알리기 위해 고객 참여 행사 및 메시지를 통한 다양한 마케팅 활동을 하고 있다.	①	②	③	④	⑤
	8	회사의 판매 프로세스는 판매 준비에서부터 판매 유지까지 모든 프로세스가 체계적으로 설계되어 있다.	①	②	③	④	⑤
	9	우리의 사업에 대해 고객들이 주의를 기울일 수 있는 다양한 온·오프라인 매체를 사용하고 있다.	①	②	③	④	⑤
	10	우리의 비즈니스에 대한 고객 애호도를 높이기 위해 강력하면서도 진정성 있는 브랜드를 구축하기 위한 노력을 하고 있다.	①	②	③	④	⑤
조직	11	회사의 오너와 경영진 그리고 이사회 구성 등 회사의 최고 수준에서의 역학 관계가 잘 설정되어 있다.	①	②	③	④	⑤
	12	직원 선발, 훈련 및 임금 등 효율적인 인적 자원 관리를 위한 제반 규정과 조직 설계가 잘 구축되어 있다.	①	②	③	④	⑤
	13	회사 성장에 필요한 공급자 및 사업 파트너를 적절하게 선택하고 있으며 계약 조건에 따라 효율적으로 운영하고 있다.	①	②	③	④	⑤
	14	업무 절차 및 작업 흐름을 효율적으로 설계함으로써 생산성을 높이고 보다 많은 가치를 창출하고 있다.	①	②	③	④	⑤
	15	회사의 법적 구조, 계약, 갈등 및 지식 재산권 등을 다루는 제반 법적 서류들이 잘 준비되어 있다.	①	②	③	④	⑤

구분		평가 항목	전혀 아니다	아니다	보통이다	그렇다	매우 그렇다
운영	16	판매 예측, 비용 구조, 수익성 등 현금의 흐름을 효율적으로 관리하고 통제하고 있다.	①	②	③	④	⑤
	17	사업을 위해 자금이 필요한 경우 자금 조달 조건들의 차이를 엄밀하게 비교 검토함으로써 최선의 방법을 찾는다.	①	②	③	④	⑤
	18	생산적인 작업 흐름과 물류 시스템의 관리를 통해 생산 공정을 최적화하고 관리한다.	①	②	③	④	⑤
	19	비즈니스 운영을 자동화하고 최적화할 수 있는 소프트웨어나 운영 체계를 통해 IT가 제공하는 가능성을 최대한 활용한다.	①	②	③	④	⑤
	20	일을 하는 데 필요한 인프라 및 작업장 설계에 있어서 최상의 시설과 여건을 제공한다.	①	②	③	④	⑤

2. 위의 진단 결과를 아래 양식에 따라 정리해 보십시오.

평가 \ 부문	부문별 평가 결과				
	사업 콘셉트	고객 관계	조직	운영	총계
	평균 점	평균 점	평균 점	평균 점	평균 점
긍정적 문항 (4, 5점)					
부정적 문항 (1, 2점)					
Comment					

제2부. 스케일업 접근 방법론

III. 히든 챔피언 모델(Hidden Champions Model)

정부에서 추진하고 있는 글로벌 강소기업 지정 사업은 혁신성과 성장 잠재력을 갖춘 수출 중소기업을 발굴해 수출 선도 기업과 지역 주도 대표 기업으로 육성하는 사업으로서 중소벤처 기업부, 산업통상자원부 및 지자체가 협력하여 추진하는 프로젝트다. 이러한 프로젝트의 발현은 Simon(1996)이 독일의 중소기업을 중심으로 제시한 히든 챔피언으로부터 시사받은 것이다. 프로젝트의 목적을 위해 정부 및 지자체의 기업 육성의 단계는 지역 스타 기업 → 글로벌 강소기업 → 월드클래스 → 히든 챔피언으로 이루어지고 있다.

따라서 본 단원에서는 히든 챔피언이 되기 위한 글로벌 강소기업 육성 사업의 일환으로 기업 선정을 위해 평가하는 역량의 내용을 소개하고자 한다. 이를 위해 먼저 히든 챔피언의 개념과 특성을 소개하고자 한다. 이러한 이해를 바탕으로 우리나라에서 추진하고 있는 글로벌 강소기업 발굴 및 육성의 궁극적인 목표와 배경을 이해하는 데 도움이 될 수 있을 것이다.

1. 히든 챔피언의 개념

상대적으로 작은 나라인 독일이 수출에 강한 이유는 무엇일까? 이에 대한 답은, 거의 알려지지 않은 중간 규모의 세계 시장 리더인 '히든 챔피언'에 있다.

독일어로 Mittelstand라고 불리는 고도로 전문화된 이 등급의 가족 소유 기업은 국가 경제의 중추를 구성하고 있다. 독일은 세계 경제에서 4위를 차지했지만, Fortune 500대 기업 중에는 28개 기업만 있다. 영국과 프랑스는 각각 더 많다. 그러나 시장에서 거의 알려지지 않은 리더의 경우 독일에는 1,307개의 '히든 챔피언(hidden champions)'이 있으며, 이는 두 국가를 합친 것보다 9배나 많은 숫자이다.

이 중간 규모 제조업체는 휴대폰용 접착제, 관상어용 식품, 세계에서 가장 비싼 헤드폰 세트를 만든다. 무엇이 기업을 그렇게 성공적으로 만들까? 그들은 수출 방향, 조직 구조 및 소유권이 다양하지만 고도로 전문화된 특성으로 인해 많은 분석가들은 모두 틈새 전략을 따르고 있다고 말한다.

히든 챔피언이란?

히든 챔피언의 개념에 대해 Simon(1996)은 다음과 같이 정의하고 있다:
· 세계 시장에서 상위 3위 안에 속하거나 대륙에서 1위
· 매출액이 50억 달러 미만
· 일반 대중에게는 잘 알려지지 않음

예를 들면, Delo는 전자 제품용 특수 접착제를 만든다. 전 세계 모든 스마트카드의 80%와 iPhone을 포함한 모든 휴대폰의 50% 이상이 Delo가 만든 접착제로 고정되어 있다. 테트라는 세계 시장점유율 60%를 차지하는 관상어용 식품 분야의 세계적인 선두 기업이다. 산업 서비스 회사인 Belfor는 물, 화재 및 폭풍 피해 제거 분야의 세계적 리더이다. 전 세계에서 이러한 서비스를 제공하는 유일한 회사들이다.

히든 챔피언 개념은 전 세계적으로 점점 주목받고 있다. 지난 10년 동안 1307개의 독일 히든 챔피언이 100만 개의 새 일자리를 창출했다. 직원의 대다수는 이제 독일 밖에 있으며 기업들은 이제 진정한 글로벌 기업이다. 세계화는 히든 챔피언의 지속적인 성장을 위한 가장 중요한 동력이다. 독일의 히든 챔피언은 더 큰 세계 시장에도 불구하고 세계 시장 점유율을 높이고 엄청난 혁신의 물결을 일으키고 있다.

2. 히든 챔피언의 특징

히든 챔피언의 성공 요인은 무엇인가? 그들로부터 무엇을 배울 수 있는가? 대기업과

다른 점은 무엇인가? 많은 중소기업이 배울 수 있는 그들의 공통된 특징 7가지를 살펴보면 아래와 같다.

2.1 매우 야심 찬 목표(Extremely ambitious targets)

히든 챔피언의 목표는 성장과 시장 리더십을 목표로 한다.

히든 챔피언은 시장 리더십과 성장에 대해 매우 야심찬 목표를 설정한다. 예를 들어, Chemetall의 목표는 세계적인 기술 및 시장 리더십이다. Chemetall은 세슘 및 리튬과 같은 특수 금속 분야의 글로벌 리더이다. 해부학 교구 분야의 세계적 리더인 3B Scientific은 "우리는 세계 1위가 되고 싶고 그 자리를 유지하기를 원한다"라고 말한다.

히든 챔피언은 최근 10년 동안 연간 10%의 성장률을 달성했으며, 이는 10년 전보다 2.5배 더 커진 것을 의미한다. 거의 200명의 억만장자가 수익 면에서 이 그룹에서 나왔다. 게다가 시장 점유율도 높아졌다.

10년 전 세계 시장 점유율은 30%였지만 현재는 33%이다. 더욱 인상적인 것은 자신의 시장 점유율을 가장 강한 경쟁자의 시장 점유율로 나눈 것으로 정의되는 경쟁 강도의 지표인 상대적 시장 점유율의 발전이다. 상대적 시장 점유율은 10년 전 1.56으로 가장 강력한 경쟁자보다 평균 56% 더 높았다. 오늘날 그것은 2보다 높다. 즉, 전 세계에서 가장 강력한 경쟁자보다 두 배 이상 크다. 그 원인은 매우 간단하다. 바로 혁신이다.

2.2 집중과 깊이(Focus and depth)

히든 챔피언은 시장을 좁게 정의하고 가치 사슬에 깊이 관여한다.

"우리는 항상 고객이 한 명이었고 앞으로도 고객은 단 한 명일 것이다. 바로 제약 산업이기 때문이다. 우리는 한 가지 일만 하지만 제대로 합니다." 이 인용문은 제약 산업을 위한 포장 시스템의 세계적 리더인 Uhlmann의 말이다. Flexi는 다음과 같이 말한다. "우리는 한 가지만 할 것이지만 누구보다 잘합니다." Flexi는 개를 위한 개폐식 목줄을 만들고 세계 시장의 70%를 점유하고 있다. 이것이 바로 집중이다! 집중만이 월드 클래스로 이어진다.

그러나 집중은 더 깊어진다. Winterhalter는 상업용 식기 세척 시스템 제조업체이다. 약 10년 전에 그들은 시장을 분석했고 병원, 구내식당 등과 같은 대부분의 하위 시장에서 시장 점유율이 3~5%에 불과하다는 사실을 발견했다. 그들은 많은 사람들 중 하나였다. 그런 다음 그들은 전략을 재구성하고 호텔 및 레스토랑용 식기 세척 시스템에만 집중했다. 같은 맥락에서 그들은 수질 조절기를 추가하여 가치 사슬을 심화시켰다. 물의 품질은 궁극적인 식기 세척 결과에 큰 영향을 미치기 때문이다.

그들은 자체 브랜드로 세제를 판매하기 시작했고 연중무휴 24시간 서비스를 제공한다. 이 집중은 그들이 하는 모든 일에 영향을 미쳤다. 그들은 회사 이름을 Winterhalter Gastronom으로 변경했다. 그들은 고광택 유리를 위한 특별한 식기 세척기를 가지고 있다. 그들은 언어를 구사하고 고객의 문제를 이해하는 호텔 및 레스토랑 배경을 가진 영업 사원을 모집한다. 그들은 맥도날드, 버거킹, 힐튼 등이 Winterhalter를 사용한다는 사실에서 오늘날 분명히 1위이다.

[그림 5-4] 집중화 전략 사례: Winterhalter

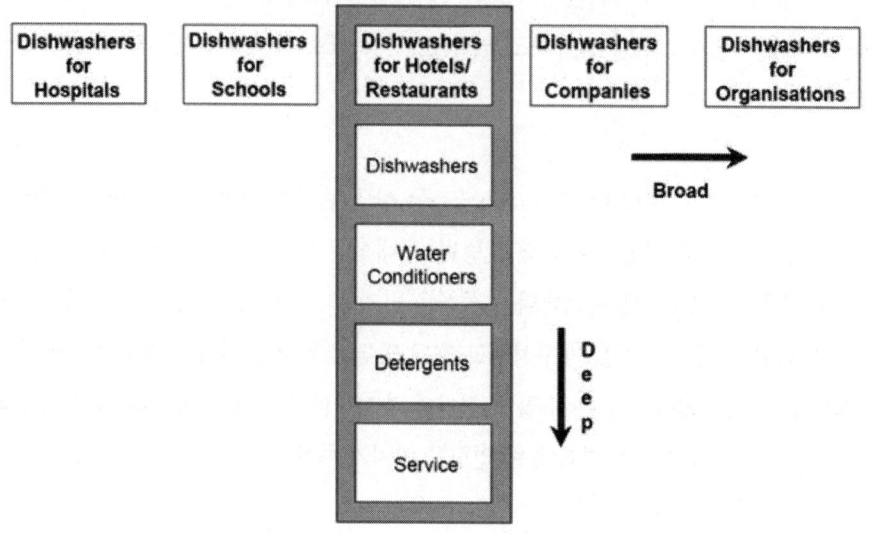

※ 자료원: Simon(1996)

집중과 밀접하게 연결된 것은 깊은 가치 사슬이다. 지난 20년 동안 현대 유행어 중 하나는 '아웃소싱'이었다. 많은 기업들이 생산의 많은 부분을 타인에게 위임한 것을 자랑스럽게 생각하지만, 히든 챔피언은 핵심 역량과 관련된 아웃소싱에 대한 강한 반(反) 아웃소싱 태도를 가지고 있다.

그 예가 바로 Wanzl이다. 쇼핑 카트 및 공항 수하물 카트 분야의 세계적 리더인 Wanzl은 다음과 같이 말한다. "우리는 우리가 정의한 품질 표준에 따라 모든 부품을 직접 생산한다." 전 세계 공항의 카트는 Wanzl에서 제작한다. 분명히 공항 당국은 Wanzl의 높은 가격을 기꺼이 지불할 것이다. 단순한 제품처럼 보이지만 품질은 특별하다. 이 뛰어난 성능의 근원은 Wanzl이 모든 것을 자체적으로 제작하여 총체적인 품질 관리를 유지한다는 사실에 있다.

진정으로 고유한 최종 제품을 달성하기 위해 히든 챔피언은 종종 가치 사슬에서 2 ~ 3단계 더 깊이 들어가 프로세스, 기술 및 구성 요소를 생성한 다음 최종 제품의 우수성과 고유성을 이끌어낸다. 독창성과 우월성은 내부적으로만 만들어질 수 있다. 우리가 시장에서 할 수 있는 것을 다른 모든 사람들도 할 수 있다면 그것은 우월성으로 가는 길이 아니다. 이러한 통찰은 아웃소싱의 철학에 강력히 반하는 것이다.

그러나 비핵심 역량의 경우 히든 챔피언은 대기업보다 더 많은 것을 아웃소싱한다. 일반적으로 자체 세금 또는 법률 부서가 없다. "그것은 우리의 핵심 역량이 아니라 우리가 할 수 있는 것보다 이 비핵심 분야에서 우리를 위해 더 잘 일할 수 있는 변호사, 세무사 등의 핵심 역량이다."라고 그들은 말한다. 간단히 말해서 핵심 역량의 아웃소싱 방지, 비핵심 역량의 강력한 아웃소싱이 그들의 전략을 나타낸다.

2.3 글로벌화(Globalization)

집중은 시장을 작게 만들고 글로벌화는 시장을 크게 만든다.

히든 챔피언은 시장 정의를 전략의 일부로 본다. 시장을 좁게 정의할 때 그들은 고객의 요구와 기술을 모두 관찰한다. 그들은 그들의 시장을 넓기보다는 오히려 깊게 정의하고 고도로 집중되어 있다. 이러한 종류의 집중은 시장을 작게 만든다. 그러면 그들은 어떻게 시장을 크게 만들 수 있을까? 그들은 제품에 대한 전문성과 노하우를 글로벌 판매 및 마케팅과 결합하여 각 시장을 엄청나게 확장한다. 그렇게 하면 성장 한계가 거의 없다. 글로벌화는 이제 막 시작되었다. 1900년대 초에 거의 0이었던 1인당 세계 수출은 1980년대까지 많은 진전을 보지 못했다. 그러나 그 이후로 '폭발'이 발생했다. 그리고 그것은 여기에 있다. 세상 밖으로 나가면 무한한 성장이 있다.

[그림 5-5] 히든 챔피언의 전략

※ 자료원: Simon(1996) 자료 재정리

히든 챔피언은 전 세계 모든 주요 시장에 자체 자회사를 보유하고 있으며 중개자, 에이전트, 수입업체 등에 고객 관계를 위임하는 대신 고객에게 직접 판매한다.

고압 정수기 분야의 세계적 리더인 Kaercher는 1970년대에 본격적으로 글로벌화를 시작했으며 그 이후로 매년 1, 2, 때로는 3개국을 시장에 추가했다. 현재 전 세계에 75개의 자체 자회사가 있다. 이 프로세스로 인해 히든 챔피언이 대서양을 횡단해서 유라시아 기업으로 변모하는 것을 볼 수 있다.

10년 전 German Hidden Champions 수익의 75%는 유럽과 미국에서 발생했다. 오늘날 75%는 유럽, 동유럽 및 아시아에서 오고 있다. 최근 몇 년간 미국과 유럽의 경기 침체와 아시아의 동시 성장으로 인해 이러한 변화는 예상보다 훨씬 빠르게 일어나고 있다.

2.4 혁신(Innovation)

히든 챔피언의 혁신과 R&D 활동 효과는 대기업보다 5배 이상 높다.

모방만으로는 세계 시장의 선두 주자가 될 수 없고 오로지 혁신에 의해서만 가능하다. 혁신은 연구 개발에 대한 지출에서 시작된다. 히든 챔피언의 R&D 지출은 일반 기업보다 두 배 높다. 더 중요한 것은 결과물이다. 히든 챔피언은 특허 집약적인 대기업보다 직원당 특허가 5배 더 많다. 그리고 히든 챔피언의 특허당 비용은 대기업 비용의 1/5에 불과하다.

혁신의 원동력은 무엇인가? 시장, 기술 또는 둘 다? 히든 챔피언의 65%는 이 두 세력이 잘 통합되고 균형을 이루고 있다고 말하지만 대기업의 19%만이 그렇게 말한다. 혁신의 과제는 기술과 고객의 요구를 통합하는 것이다.

Enercon은 매우 혁신적인 회사 중 하나이다. 그들은 풍력 발전 분야에서 전 세계 모든 특허의 30% 이상을 보유하고 있다. 그리고 그들은 바람의 힘을 활용하기 위해 소위 Flettner-rotor를 사용하는 'E-ship'과 같은 뛰어난 아이디어를 가지고 있다. Flettner-rotor의 효율성은 기존의 돛보다 10~14배 더 높다. 대기업은 문제 해결에 막대한 예산을 투입하는 반면, 히든 챔피언은 새로운 솔루션을 찾기 위해 헌신하는 사람이 거의 없다. 이것이 특허당 비용이 훨씬 낮은 이유이다.

2.5 고객과의 친밀감 및 경쟁 우위(Closeness to customer and competitive advantages)

히든 챔피언의 가장 큰 강점은 고객과의 친밀함이다.

히든 챔피언의 가장 큰 강점은 기술력이 아니라 고객과의 친밀감이다. 이는 중소기업의 자연스러운 이점이다. 직원의 평균 25~50%가 정기적으로 고객과 연락하는 반면, 대기업은 5 ~ 10%만이 정기적으로 고객과 접촉한다. 특히 우수 고객과의 친밀도가 두드러진다.

Grohmann Engineering은 마이크로 전자 제품 조립용 시스템을 만든다. Mr.

Grohmann은 "내 시장은 세계 30대 고객입니다."라고 말한다. 그의 고객 중에는 Intel, Motorola, Bosch 등이 있다. Grohmann에 따르면 이러한 고객은 결코 만족하지 않는다. "그들은 가장 까다롭고 항상 우리를 더 높은 성과로 이끌고 있습니다." 성과를 높이는 원동력인 상위 고객은 히든 챔피언 고객 관계의 전형적인 측면이라 할 수 있다.

히든 챔피언의 전략은 가격 중심이 아니라 가치 중심이다. 그들은 일반적으로 시장 평균보다 10~15%의 가격 프리미엄을 부과하는데, 이는 가치/품질이 여전히 대부분의 시장에서 가장 중요한 요소임을 보여 준다. 가격은 회사가 차별화된 가치를 제공하지 않는 경우에만 핵심 요소가 된다.

2.6 충성심과 자격을 갖춘 직원(Loyalty & highly-qualified employee)

히든 챔피언은 '사장보다 더 많은 일'을 하고 높은 성과를 내는 문화를 가지고 있다.

히든 챔피언은 사장보다 더 많은 일을 하고, 높은 자격을 갖춘 직원과 낮은 이직률을 가지고 있다. 인력 중 대졸자의 비율은 10년 전 8.5%에서 현재 19.1%로 두 배 이상 증가했다. 오늘날 글로벌 경쟁력은 점점 더 자격에 관한 것이기 때문에 최고의 인재를 고용, 교육 및 훈련하는 것뿐만 아니라 유지하는 것이 점점 더 중요해지고 있다. 히든 챔피언의 이직률은 매우 낮다. 독일의 평균 이직률은 7.3%나 회사가 평균적으로 매년 직원의 거의 3분의 1을 잃고 노하우도 함께 잃는 미국의 경우에 비해 연간 2.7%에 불과하다.

2.7 강력한 리더십(Strong leadership)

리더십은 원칙적으로는 권위적이지만 세부 사항에서는 유연하다.

마지막 및 일곱 번째 교훈은 히든 챔피언의 리더에 관한 것이다. 그들은 이러한 특이한 성공의 궁극적인 뿌리이다. 이 지도자들의 특징은 무엇일까? 무엇보다도 개인의 정체성과 목적이다. 리더십은 양면적이다. 원칙과 가치에 관해서는 권위주의적 리더십을 발견한다. 원칙에 대한 논의는 없지만, 업무 수행의 세부 사항에 대한 강력한 참여와 유연성이 있다. 히든 챔피언은 최고 위치에 더 많은 여성이 있고 CEO와 관련하여 매우 높은 연속성을 가지고 있다. 이들의 평균 재직 기간은 20년으로 대기업의 6.1%와 비교된다.

지금까지 설명한 일곱 가지 핵심 교훈은 다음의 [그림 5-9]와 같은 세 개의 원으로 요약할 수 있다. 핵심(Core)은 야심 찬 목표를 가진 강력한 리더십이다. 내면(Internal)의 강점은 깊이, 고성과의 직원, 지속적인 혁신이다. 바깥쪽(External) 원은 좁은 시장에 대한 집중, 고객과의 근접성, 명확한 경쟁 우위, 글로벌 지향성 등으로 구성된다.

[그림 5-6] 히든 챔피언의 3가지 영역

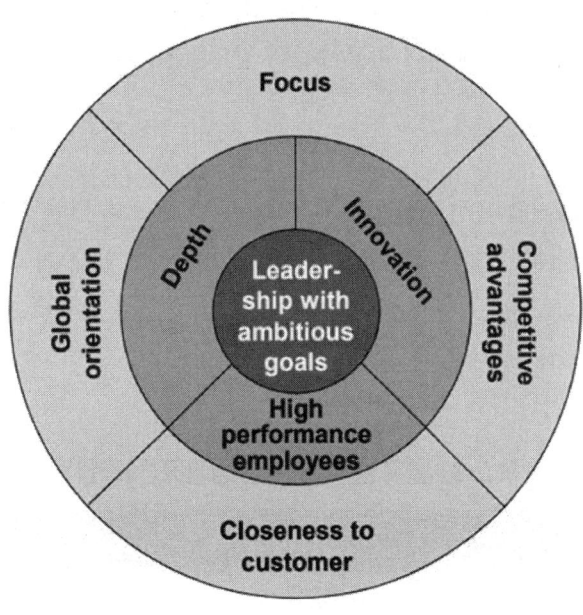

※ 자료원: Simon(1996)

21세기의 히든 챔피언들은 그 어느 때보다 더 단호하고 성공적으로 각자의 길을 가고 있다. 그들은 대부분의 일을 경영 전문가의 가르침이나 현대 유행하고 있는 경영 방식 그리고 대기업과 다르게 한다. 이들은 21세기 전략 및 리더십의 진정한 역할 모델이다. Hermann Simon의 Hidden Champions는 강력한 성장과 수출 기술을 구축하고자 하는 모든 조직을 위한 훌륭한 참고 자료라고 할 수 있다.

3. 한국형 히든 챔피언의 육성

한국형 히든 챔피언 기업 육성을 위하여 산업통상자원부와 중소벤처 기업부에서 추진하고 있는 히든 챔피언 육성 사업은 글로벌 성장 단계(월드클래스 300 프로젝트 및 글로벌 전문기업) 사업과 글로벌 도약 단계(글로벌 강소기업) 사업으로 구성되어 있다.

이 가운데서 중소벤처 기업부(2018)의 글로벌 강소기업 운영 지침에 의하면 글로벌 강소기업 육성 사업은 혁신성과 성장잠재력을 겸비한 우수 중소기업을 발굴하여, 해외 마케팅, R&D지원 등을 통해 국내 최고 수준의 월드클래스 후보 기업으로 육성하는 프로그램이다.

한편 글로벌 강소기업 육성 대상으로 지정하기 위한 '글로벌 역량 진단 평가 지표'는 〈표 5-4〉와 같으며 제조업과 서비스업에 따라 다소의 차이가 있다. 각 항목별 세부 평가 기준과 배점은 [부록 2]와 같으므로 이를 기준으로 기업 스스로가 한국 히든 챔피언이 되기 위해 필요한 사항이 무엇인가를 진단해 볼 수 있다.

〈표 5-3〉 글로벌 역량 진단 평가표(제조업)

부문	평가 지표	점수
Ⅰ. 수출 기반 단계	1-1 가격 및 품질 경쟁력	
	1-2 제품 생산 기반	
	1-3 기술 차별화	
	1-4 핵심 기술 개발	

부문	평가 지표	점수
II. 수출 기획 단계	2-1 시장 조사 활동	
	2-2 시장 조사 활용	
	2-3 수출 전략 체계성	
	2-4 수출 전략 실행 가능성	
III. 판매 실행 단계	3-1 전담 조직 보유 수준	
	3-2 전담 인력 전문성	
	3-3 고객 소통 활동	
	3-4 수출 네트워크	
IV. 지속 성장 단계	4-1 신제품 개발	
	4-2 지식 재산권 보유 수준	
	4-3 인프라 확대	
	4-4 지속 성장 경영	
V. 수출 공통 역량	5-1 매출액 증가율	
	5-2 부채 비율	
	5-3 CEO 수출 의지	
	5-4 수출 성공 가능성	
	5-5 수출 비율	
	5-6 수출 실적 성장률	

[부록 2] 글로벌 강소기업 글로벌 역량 진단 평가표

글로벌 강소기업 글로벌 역량 진단 평가표(제조업)
본 진단의 목적은 귀사의 글로벌 역량 강화를 위한 기초 자료를 수집하는 것입니다. 귀사의 현재 모습에 대한 정확한 진단을 통해 미래를 위한 체계적 전략 수립이 가능합니다. 각 문항별 정답은 없습니다. 지시된 작성 방법에 따라 귀사의 현재 상태를 있는 그대로 체크해 주십시오. 감사합니다.

업체명			사업자 번호			
대표자			대표자 연락처	핸드폰: e-Mail:		
설립일자			상장 여부	□ 비상장 □ 코스닥 □ 코스피		
본사	(주소)			☎ (Fax)		
공장	1. (주소) 2. (주소)			☎ (Fax) ☎ (Fax)		
업종	□ 제조업 □ (지식)서비스업		주력 제품			
기업 현황	매출액('18년) (백만 원)		직접 수출액('18년) (백만 불)	영업 이익('18년)) (백만 원)	R&D투자액('18년) (백만 원)	
	매출 성장률 (최근 5년)	%	수출 비중 ('18년)	%	R&D투자 비율 (최근 3년)	%
인력 기준	상시 종업원 수('18)	(명)		연구 개발 인력 수('18)	(명)	
	연구 인력 비중('18)	%				
기업 현황 (연결 기준)	상시 종업원 수('18)	매출액('18)	수출액('18)	영업 이익('18)	R&D 투자액('18)	
	(명)	(백만 원)	(백만 원)	(백만 원)	(백만 원)	
	주요 계열사	3개 이내로 작성				
주요 고객사						

	평가 항목	배점	세부 평가 기준	평가 결과
I. 수 출 기 반 단 계	핵심 제품 경쟁력			
	1-1 가격 및 품질 경쟁력 [수출(예정) 핵심 제품의 원가 절감 전략 및 가격 경쟁력의 확보를 위한 수준]	5	Q 아래 내용 중 귀사에 해당하는 내용이 있으면 있는 대로 체크하십시오. - 제품별 원가를 관리하고 있음 ( ) - 원가 절감 방안이 마련되어 있음 ( ) - 원가 변동 요인을 고려한 제품별 원가 절감 전략을 수립하고 있음 ( ) - 품질 관리 활동을 하고 있음 ( ) - 전사적 차원에서 품질 관리 DB분석과 피드백 활동을 통해 지속적, 체계적 품질 경영 활동을 실시하고 있음 ( ) * 해당 개수만큼 1점 부여	
	1-2 제품 생산 기반 [수출 제품을 안정적으로 생산할 수 있는 역량 수준]	5	Q 아래 내용 중 귀사에 해당하는 내용이 있으면 있는 대로 체크하십시오. - 원자재 공급업체가 다양하며 체계적 관리가 이루어지고 있음 ( ) - 생산 가동률 목표의 설정, 목표 관리 및 가동률 개선을 위해 노력하고 있음 ( ) - 불량률 관리가 이루어지고 이에 대한 개선 노력이 있음 ( ) - 생산 시설에 대한 주기적인 점검이 시행하고 있음 ( ) - 생산 근로자에 대한 체계적 관리(교육, 복지 혜택 등)가 이루어지고 있음 ( ) * 해당 개수만큼 1점 부여	
	핵심 기술 경쟁력			
	1-3 기술 차별화 [기업이 보유한 핵심 기술의 차별성]	5	Q 아래 내용 중 귀사에 해당하는 내용이 있으면 있는 대로 체크하십시오. - 수출에 필요한 ISO, GMP 등 인증을 보유하고 있음 ( ) - 보유 기술 관련 지식재산권이 출원되어 있음 ( ) - 보유 기술 관련 지식재산권이 등록되어 있음 ( ) - 보유 기술이 언론 등에 보도된 적이 있음 ( ) - 기술의 유출 방지를 위해 회사 보안 시스템(입출입 통제 시스템, PC 보안 시스템 등)을 갖추고 있음 ( ) * 해당 개수만큼 1점 부여	
	1-4 핵심 기술 개발 [기업이 핵심기술을 자체적으로 개발할 수 있는 역량 수준]	5	Q 귀사에 필요한 핵심 기술의 개발과 관련하여 해당하는 것 하나만 체크해 주십시오. ① 차별화된 핵심 기술 없음 (0점) ② 외부로부터 기술을 도입 (1점) ③ 대학, 연구 기관에 위탁하여 기술 개발 (2점) ④ 대학, 연구 기관과 공동으로 기술 개발 (3점) ⑤ 자체 인프라를 통해 기술 개발 (4점) ⑥ 보유 기술로 기술 이전 실적 보유 (5점)	
			소계:	/20점

평가 항목			배점	세부 평가 기준	평가 결과
II. 수출 기획 단계	해외 진출 관련 조사 분석	2-1 시장 조사 활동 [해외 시장(고객) 발굴을 위한 정보 수집 내용 및 활동]	5	Q 아래 내용 중 귀사에 해당하는 내용이 있으면 있는 대로 체크하십시오. - 경쟁사 및 시장 규모를 파악하고 있음 ( ) - 시장 및 소비자 동향과 관련된 조사한 내용이 있음 ( ) - 해당 수출국의 정부 정책 및 이슈 관련 조사 내용 보유 ( ) - 외부 전문가에게 자문을 받은 적이 있음 ( ) - 시장 조사를 위해 박람회, 전시회 등에 참여한 적이 있음 ( ) * 해당 개수만큼 1점 부여	
		2-2 시장 조사 활용 [조사된 내용의 효과적 활용과 관련된 수준]	5	Q 아래 내용 중 귀사에 해당하는 내용이 있으면 있는 대로 체크하십시오. - 시장 조사를 통해 대상 고객군이 명확히 설정되어 있음 ( ) - 수출 전략 보고서에 시장 조사 내용이 포함되어 있음 ( ) - 수출국의 해당산업 최신 정보를 확보하고 있음 ( ) - 수출 대상국에 따른 국제무역협약(FTA, NAFTA, GATT등) 준수를 위한 대응 전략 수립 ( ) - 기술, 제품 관련 지식 재산 침해 여부를 파악한 적이 있음 ( ) * 해당 개수만큼 1점 부여	
	수출 전략 수립	2-3 수출 전략 체계성 [체계적 수출 전략의 전사적 목표 수립 및 관리 수준]	5	Q 귀사의 수출 전략과 관련하여 해당하는 것 하나만 체크해 주십시오. ① 수출 전략이 없음 (0점) ② 수출 전략이 있으나 체계적이지 않음 (1점) ③ 구체적 수출액 목표 등이 수출 전략에 포함되어 있음 (2점) ④ 연도별 목표와 실행 과제가 수립되어 있음 (3점) ⑤ 수출 전략의 연도별 목표/과제를 위한 관리 지표(KPI)가 설정됨 (4점) ⑥ 관리 지표 모니터링을 위한 전사적 시스템을 보유 (5점)	
		2-4 수출 전략 실행 가능성 [수출 전략 수립의 (SMART* 관점) 실행가능성 수준]	5	Q 귀사의 수출 전략과 관련하여 해당하는 내용이 있으면 있는 대로 체크하십시오. - 수출 전략의 세부 실행 계획이 구체적으로 제시되어 있음 ( ) - 수출 전략의 전략 목표가 시장 조사 결과, 과거 추세 등 내외부 환경 분석 결과가 반영되어 있음 ( ) - 수출 전략 목표를 경영진(책임자)이 구체적으로 설명할 수 있으며, 목표 수준이 현실적으로 타당한 수준임 ( ) - 수출 전략 수립과 관련하여 예산 및 인력이 적절하게 편성되어 있음 ( ) - 수출 전략이 단기적인 것부터 장기적 목표까지 모두 수립되어 있음 ( ) * Specific, Measurable, Achievable, Realistic, Time-bounded * 해당 개수만큼 1점 부여	
				소계:	/ 20점

	평가 항목	배점	세부 평가 기준	평가 결과
III. 판매 실행 단계 — 전담 조직 구성	**3-1 전담 조직 보유 수준** [판매 전략 수립을 위한 전담 조직 보유 및 책임과 권한(R&R)의 명확성]	5	Q 귀사의 수출 전담 조직과 관련하여 해당하는 것 하나만 체크해 주십시오. ① 경영진이 전담하여 관리하고 있음 (1점) ② 경영진 외 수출 담당 인력이 있으나 타 업무와 병행 (2점) ③ 수출 담당 인력이 있으며 수출업무만 전담하고 있음 (3점) ④ 수출 담당 업무를 위한 전담 조직이 구성되어 있음 (4점) ⑤ 수출 담당 전담 조직(전담 인력 2인 이상)이 구성되어 있으며, 수출 업무별로 전담 업무 및 전인력이 세분화되고 체계적으로 구성되어 있음 (5점)	
	3-2 전담 인력 전문성 [전담 인력 수행 능력의 전문성]	5	Q 전담 인력과 관련하여 귀사에 해당하는 것이 있으면 있는 대로 체크하십시오. - 경영주가 수출 관련 교육을 이수한 적이 있음 ( ) - 경영주 외 수출 담당 전담 인력이 수출 관련 교육을 이수함 ( ) - 전담 인력(경영주 포함)이 수출 관련 전공자이거나 자격증을 보유하고 있음 ( ) - 전담 인력 중 수출 업무 경험이 5년 이상인 자가 있음 ( ) - 전담 조직이 구성되어 있으며, 전담 조직 내 수출업무 평균 경험이 3년 이상 혹은 관련 자격증을 보유한 자가 50% 이상 ( ) * 해당 개수만큼 1점 부여	
수출 전략 수립	**3-3 고객 소통 활동** [수출(판매)을 위한 고객 소통 및 마케팅 활동 수준]	5	Q 아래 내용 중 귀사에 해당하는 내용이 있으면 있는 대로 체크하십시오. - 제품 및 기업 소개를 위한 행사(제품 전시회, 상품 설명회 등)에 참여한 적이 있음 ( ) - 고객 만족도 조사를 실시하고 분석한 실적이 있음 ( ) - 고객과 직접적으로 소통할 수 있는 채널(온라인, 모바일, 오프라인 등)을 2가지 이상 확보하고 있음 ( ) - 온라인 활동(홈페이지 구축, SNS 활동 등)을 통한 프로모션 실시한 실적이 있음 ( ) - 고객 정보를 DB화하여 지속적인 관계 유지를 위한 활동(신상품 소개, 할인 정보, 기업 소개 등)을 하고 있음 ( ) * 해당 개수만큼 1점 부여	
	3-4 수출 네트워크 [수출 활동을 위한 외부 네트워크 활용 수준]	5	Q 아래 내용 중 귀사에 해당하는 내용이 있으면 있는 대로 체크하십시오. - 유사 업종의 경영진들과 의사소통이 가능한 모임에 정기적으로 참석 ( ) - 기업 및 제품 홍보를 위한 외부 업체와의 네트워크가 형성 ( ) - 수출국에 수출 업무를 협업할 수 있는 네트워크를 보유 ( ) - 판매 사후 관리를 위한 전문 외부 기관(A/S관련)과의 네트워크 보유 ( ) - 판매 촉진 전략 수립을 위한 전문 컨설팅 기관과의 네트워크 보유 ( ) * 해당 개수만큼 1점 부여	
			소계:	/ 20점

평가 항목		배점	세부 평가 기준	평가 결과
Ⅳ. 지속 성장 단계	기업 혁신 기반			
			4-1 신제품 개발 [신제품 개발을 위한 기업의 의지 수준]	5	Q. 귀사의 신제품 개발과 관련하여 지난 1년간의 실적에 해당하는 것 하나만 체크해 주십시오. ① 신제품 개발 계획이 없음 (0점) ② 신제품 개발 업무를 담당하는 인력이 있음 (1점) ③ 신제품 개발 업무를 담당하는 조직이 있음 (2점) ④ 신제품의 시제품 제작을 착수함 (3점) ⑤ 신제품의 상품화를 위해 양산준비를 진행하고 있음 (4점) ⑥ 신제품을 시장에 출시하여 매출이 발생하였음 (5점) * 지원일 기준 1년 이내 실적을 기준으로 판단	
		4-2 지식 재산권 보유 수준 [제품, 기술, 서비스와 관련된 지적재산권 출원/등록 현황]	5	Q 귀사가 보유한 지식 재산권과 관련하여 아래 내용 중 해당하는 것 하나만 체크해 주십시오. ① 0건 (0점) ② 0건 초과 1점 이하 (1점) ③ 1점 초과 3점 이하 (2점) ④ 3점 초과 5점 이하 (3점) ⑤ 5점 초과 8건 이하 (4점) ⑥ 8점 초과 (5점) - 지식 재산권은 특허, 프로그램, 실용 신안, 상표권, 디자인 등을 전부 포함함 - 국내외 및 출원 등록에 대한 가중치: 국내 출원(0.5), 해외 출원(0.8), 국내 등록(1.0), 해외 등록(1.5)	
	판매 확대 기반	4-3 인프라 확대 [수출을 위한 인프라 구축 및 확대 활동]	5	Q. 아래 내용 중 귀사에 해당하는 내용이 있으면 있는 대로 체크하십시오. - 대기업/공공 기관과의 거래를 통한 사업 네트워크가 형성됨 ( ) - 본사 이외의 영업 거점이 구축되어 있음 ( ) - ERP 시스템이 구축되어 있음 ( ) - 온라인 판매를 위한 인프라(온라인 몰 등)가 구축됨 ( ) - 산학 협력 네트워크가 구축되어 있음 ( ) * 해당 개수만큼 1점 부여	
		4-4 지속 성장 경영 [기업의 지속적 성장을 위해 실행하는 경영활동]	5	Q. 아래 내용 중 귀사에 해당하는 내용이 있으면 있는 대로 체크하십시오. - 기존 고객의 재구매를 위한 전략이 존재함(마일리지, DB, 프로모션 등) ( ) - 기업의 사회 공헌 활동(CSR)을 실시함 ( ) - 일하기 좋은 기업 문화 인증 및 수상 실적이 있음(가족 친화기업, 고용 창출 우수 기업, 여성 친화적 기업 등) ( ) - 매출액 대비 복지 후생 비용의 비중이 5% 이상임 ( ) - 직원 이직률이 10% 미만임 ( ) * 해당 개수만큼 1점 부여	
			소계:	/ 20점

	평가 항목	배점	세부 평가 기준	평가 결과
V. 공통역량 / 재무건전성	5-1 매출액 증가율 [전년 대비 매출액 증가에 따른 기업의 성장성 측정]	3	Q. 전년 대비 귀사의 매출액 증가율과 관련하여 아래에 해당하는 것 하나만 체크해 주십시오. ① 0% 이하 (0점) ② 0% 초과 2% 이하 (0.5점) ③ 2% 초과 5% 이하 (1.0점) ④ 5% 초과 7% 이하 (1.5점) ⑤ 7% 초과 10% 이하 (2.0점) ⑥ 10% 초과 (3.0점) * 창업기(창업 5년 이내) 기업 중 재무제표가 없는 경우에 한하여 2점 부여	
	5-2 부채 비율 [기업의 안정성 측정]	3	Q 귀사의 부채 비율과 관련하여 아래에 해당하는 것 하나만 체크해 주십시오. ① 200% 이상 (0점) ② 200% 미만 175% 이상 (0.5점) ③ 175% 미만 150% 이상 (1.0점) ④ 150% 미만 125% 이상 (1.5점) ⑤ 125% 미만 100% 이상 (2.0점) ⑥ 100% 미만 (3.0점) * 부채 비율 = (유동 부채+고정 부채)/자기 자본*100 * 창업기(창업 5년 이내) 기업 중 재무제표가 없는 경우에 한하여 2점 부여	
경영자	5-3 CEO 수출의지 [경영진의 수출 준비 및 확대 의지(최근 2년 이내)]	4	Q 경영진의 활동과 관련하여 해당하는 내용이 있으면 있는 대로 체크하십시오. - 경영진이 외부 기관의 수출 교육을 받거나 수출 상담회에 참여한 적이 있음 ( ) - 경영진이 해외 전시회에 참여한 경험이 있음 ( ) - 경영진이 무역 사절단에 참여한 경험이 있음 ( ) - 경영진이 수출 전문가의 전문 상담을 받거나 수출 관련 컨설팅을 받은 경험이 있음 ( ) * 해당 개수만큼 1점을 부여하되, 최대 4점을 넘지 않음	
수출성공가능성	5-4 제품 수출 성공 가능성 [제품의 수출 성공 가능성]	4	Q. 아래 내용 중 귀사에 해당하는 내용이 있으면 있는 대로 체크하십시오. - 수출제품의 양산 단계 ( ) - 국내 판매 실적·경험 ( ) - 안정적 공급·서비스 유지능력 보유 ( ) - 해당 제품·서비스 시장의 성장성 ( ) - 수출 대상국 맞춤형 제품·서비스 제공 ( ) * 해당 개수만큼 1점을 부여하되, 최대 4점을 넘지 않음	

평가 항목		배점	세부 평가 기준	평가 결과
V. 공통 역량	수출 실적			
	5-5 수출 실적 비율 [매출액 대비 수출 실적의 비율 (최근 2년 평균)]	3	Q. 매출액 대비 수출 실적과 관련하여 귀사의 최근 2년 평균 실적을 아래 중에서 하나만 체크해 주십시오. ① 5% 미만 (0점) ② 5% 이상 10% 미만 (1.0점) ③ 10% 이상 20% 미만 (1.5점) ④ 20% 이상 30% 미만 (2.0점) ⑤ 30% 이상 (3.0점) * 수출 실적 = 직수출 실적 다만 2년 전 수출 실적이 없는 경우 직전 연도 수출 실적을 기준으로 함	
	5-6 수출 실적 성장률 [수출 실적의 전년 대비 성장률]	3	Q. 귀사의 전년 대비 수출 실적의 성장률과 관련하여 아래 내용 중에서 하나만 체크해 주십시오. ① -5% 이하 (0점) ② -5% 초과 0% 미하 (1.0점) ③ 0% 초과 5% 이하 (1.5점) ④ 5% 초과 10% 이하 (2.0점) ⑤ 10% 이상 (3.0점) * 2년 간 이상 수출 실적이 없는 경우 1.5점 부여	
			소계:	/ 20점

부문별 평가 결과표

평가	I. 수출 기반 단계	II. 수출 기획 단계	III. 판매 실행 단계	IV. 지속 성장 단계	V. 수출 공통 역량	총계
						/100점
Positive						평가 확인자:
Negative						
Comment						(인)

스케일업 스토리(5)

대나무를 활용한 티슈 및 종이 제품 생산업체 'Cheeky Panda'

2016년, 줄리 첸(Julie Chen)은 집 안의 남는 침실에서 다양한 대나무 기반 제품을 생산하기 시작했다. 대나무의 지속 가능성에 대한 인식을 제고하는 것만큼이나 중요했다. 그러나 곧 그녀와 그녀의 남편 Chris Forbes는 그것이 파괴적인 글로벌 브랜드가 될 가능성이 있음을 깨달았다.

대나무는 많은 티슈 제품 및 종이 카테고리에서 지속 가능한 대안이 될 수 있다. 나무보다 30배 더 빨리 자랄 수 있고, 35% 더 많은 탄소를 흡수하며, 30% 더 많은 산소를 생산할 수 있다. 그리고 올바른 조건에서는 화학 물질이나 비료 또는 살충제가 필요하지 않다. 또한 제조 공정에서도 더 적은 물을 필요로 한다.

화장지는 Cheeky Panda의 가장 큰 판매 라인이지만 화장지뿐만 아니라 고급 티슈 및 주방 타월을 포함하는 가정용 티슈의 네 가지 제품 범주가 있다. 아기 물티슈 및 기저귀, 미용 제품, 접대 및 케이터링을 위한 다양한 제품과 같은 이 모든 제품은 지속 가능한 산림 관리 인증(FSC)에 적합함으로 Cheeky Panda는 2019년에 B-Corporation으로 인증되었다.

매출은 2017년 100,000 파운드에서 유럽, 미국, 중국 및 중동의 25개 시장에 판매되는 20개 이상의 제품 포트폴리오를 갖춘 1200만 파운드 이상의 비즈니스로 기하급수적으로 성장했다. Julie Chen은 수익이 5,000만 파운드 이상으로 빠르게 성장할 수 있다고 확신하면서, "Cheeky Panda가 누구나 아는 이름이 되었으면 합니다."라고 말했다.

Covid 전염병이 시작될 때 화장지의 부족 상태는 예상치 못한 부스트를 제공했다.

몇 년 동안 슈퍼마켓 체인의 문을 두드린 후 갑자기 긴급한 재고 요청을 받았다. 그리고 Cheeky Panda는 수요를 충족시킬 수 있었다. Chen은 "이를 통해 우리는 회복 탄력성을 높였고 중소기업으로서 미래에 좋은 서비스 수준을 제공할 수 있다는 확신을 갖게 되었습니다. 우리가 앞으로 성장할 수 있는 강력한 기반을 구축했습니다." 그리고 공황 구매가 끝나고 나서도 수요가 계속 증가했다. 플래닛 오가닉(Planet Organic)과 같은 유기농 전문가와 독립 건강식품 매장, 부츠(Boots) 및 웨이트로즈(Waitrose)와 함께 중요한 재고 보유자들이다.

아마존도 마찬가지이며 온라인은 해외 판매에 힘을 실어 주었다. 미국, 독일 및 프랑스에서는 아마존 판매가 강력하게 성장하고 있었고 미국에서는 2021년 매출이 10배 성장했다.

다른 시장에서는 Cheeky Panda가 국제 유통업체와 협력하여 현지 시장에 판매한다. "국제 무역부는 특히 국제 무역 박람회에서 회사의 존재에 부분적으로 자금을 지원하는 데 상당한 도움을 주었습니다"라고 그녀는 말했다. 대나무는 중국에서 재배되고 대부분의 Cheeky Panda 제품은 중국에서 제조되지만 Cheeky Panda는 현재 글로벌 브랜드로서 상하이의 프리미엄 슈퍼마켓에 판매되고 있다.

처음에 Julie와 Chris는 사업 개발에서 송장 처리에 이르기까지 모든 것을 했다. "우리는 젊고 재능 있는 졸업생을 고용하기 시작했습니다. 그들은 매우 똑똑하고 매우 빨리 배웠기 때문에 소규모 팀임에도 불구하고 우리는 문을 열고 새로운 소매점에 진출했습니다. 그러나 Chris도 저도 일용 소비재 시장에 대한 지식 없었습니다. 시행착오가 많았기 때문에 전문가가 필요하다는 것을 깨달았습니다."

그리고 집중하는 것이 당면 과제였다. 다양한 카테고리와 시장에서 기회가 너무 많기 때문에 주의가 산만해지기가 매우 쉬웠다. 그것은 그녀가 Goldman Sachs 10,000 Small Businesses UK 프로그램에 참석하여 얻은 교훈 중 하나이다. "이 과정을 진행하고 다른 사람들과 이야기를 나누면서 비즈니스에서 다른 사람들을 돌볼 수 있도록 먼저

나 자신을 돌봐야 한다는 것과 더 빠르게 스케일업할 수 있도록 적절한 자원을 확보하는 것이 중요하다는 것을 이해하게 되었습니다."

비즈니스 성장에 결정적인 역할을 한 또 다른 단계는 강력한 리더십 팀을 구성하는 것인데, 이 과정은 회사의 첫 번째 비상임 이사인 Giles Brook의 임명으로 시작되었다. 그 이후로 Cheeky Panda는 이사회를 구성하고 운영 및 기업가적 배경과 소비자 브랜드 확장 경험을 갖춘 고위 경영진을 영입했다. 예를 들어, 최고 운영 책임자(COO) 데이비드 카터(David Carter)는 바디샵(Body Shop), 버버리(Burberry), 월드 오브 북스(World of Books)에서 운송 및 물류 분야에서 경험을 쌓았다. 비상임 이사 Simon Duffy는 Bulldog 남성 화장품 브랜드의 창립자였다.

Cheeky Panda는 성장 자금을 위한 크라우드 펀딩 분야의 일관된 사용자였다. 2017년 4월 이후 이 브랜드는 Seedrs 플랫폼을 사용하여 4,000명의 투자자로부터 700만 파운드 이상의 투자를 받았다. "이는 막대한 마케팅 및 브랜드 구축 이점을 제공할 뿐만 아니라 자금 조달을 위한 시간 효율적인 방법입니다"라고 Chen은 말하였다. "그리고 일부 사람들이 생각하는 것과는 달리 크라우드 펀딩은 현명한 돈을 가져옵니다. 플랫폼에는 아이디어를 공유하고 연결하는 것을 기쁘게 생각하는 현명한 투자자가 많이 있습니다." 그녀는 주식 금융과 더불어 회사가 무역 대출과 송장 금융을 통해 은행의 지원을 잘 받았으며 이는 그들이 사업을 확장하는 데에도 도움이 되었다.

"끝으로 대부분의 제품이 중국산이지만 2023년에는 영국에서 일부 물티슈를 생산하기 시작할 예정입니다. 전환을 위해 펄프를 테스트하고 영국으로 가져오는 데 많은 작업이 필요했지만 우리는 거기에 도달하고 있습니다."라고 Chen은 말하였다.

※ 자료원: www.scaleupinstitute.org.uk/stories

6장. 생태계적 접근

I. 개요: 생태계적 접근의 배경

지역 경제 발전을 촉진하기 위해 신뢰할 수 있고 반복 가능한 전략을 찾는 것은 경제 개발 분야만큼이나 오래전부터 추진되었다. 이러한 전략에는 직접적인 투자 장려, 비즈니스 유치 및 유지 그리고 지역 기반의 부문별 클러스터 전략 개발 등이 포함되어 있다. 이와 더불어 보다 최근에는 지역에 새로운 동력을 불어넣고, 산업 구조 변화 등에 긍정적 영향을 미친다는 점에서 기업가 정신의 역할이 중요하다는 인식이 고조되어 왔다. 이러한 기업가 정신은 표면적으로는 경제 개발 전략으로서 정부 및 공공 기관에서 주도하는 수많은 스타트업 촉진 프로그램의 도입 배경과 일맥상통하는 것처럼 보인다.

그러나 스타트업 운동에 대한 엄청난 투자와 가시적으로 보이는 수많은 활동에도 불구하고 스타트업의 장려가 경제 성장 지표와 연결된다는 증거는 많지 않으며 오히려 스타트업 장려에 대한 투자 수익률이 낮다는 지적도 있다(Davies, 2014; Feige, 2014). 게다가 스타트업 활동이 기업의 생존과는 부적 상관, 국가 경쟁력과는 부적 상관 그리고 중견기업으로의 근접성과도 부적 상관을 갖는 것으로 해석할 수 있는 실증적 증거도 있다(Hathaway & Litan, 2014; World Economic Forum, 2015).

이에 Daniel Isenberg 교수는 2010년에 미국 뱁슨 대학 내 "뱁슨 기업가 정신 생태계 플랫폼(Babson Entrepreneurship Ecosystem Platform: BEEP)"을 통해 기업가 정신에 의한 중요한 경제 발전 변수가 신규 기업이 얼마나 많이 시작되었는가에 따라 달라지는지 아니면 새로운 성장을 시작하는 기업에 따라 달라지는가를 탐색하기 위해 지역 경제 개발 프로젝트를 시작하고 운영하였다.

이를 위해 BEEP는 다양한 범주의 행위자들이 새로운 성장을 인식하고 지원하고자 하는 동기를 부여하기 위한 개념과 방법론을 개발하였다. BEEP의 운영 방식은 어느 정도 규모가 있는 지역 기업의 새로운 성장을 달성하는 동시에 지역 경제 주체들의 성장 주도적인 활동 참여를 통해 지역 경제에 미치는 영향을 입증하는 것이었다. 요약하자면 BEEP의 기본 전제는 지역 경제 성장은 빠르게 성장하는 많은 토착 기업에게 긍정적인 자극을 주고 성장을 체계화, 확장 및 유지하기 위한 목표에 부합하는 '생태계(ecosystem)'가 필요하다는 것이다.

결론적으로 Isenberg(2011)는, 벤처 기업의 '생존'이 아닌 '성장'을 정책의 성과 지표로 삼아야 하며, 단지 소수의 고성장 기업들만으로도 기업가 정신에 따른 사회적·경제적 효익의 대부분을 창출할 수 있다고 강조한다. 5년간 100명 규모 기업으로 성장한 기업이 같은 기간에 2명 규모에 머무른 50개의 기업보다 기업가, 주주, 종사자, 정부 모두의 관점에서 더 유익하다는 설명을 통해 단순히 기업 수와 같은 양적인 성장보다는 질적 성장에 초점을 맞출 것을 다시 한번 강조하고 있다. 아울러 창업과 성장을 출산과 양육에 비유하면서, 양육이 잘되는 환경에서 출산율이 오르듯, 기업도 성장이 잘 되는 환경이어야 창업도 활성화된다는 점을 강조한다.

여기서 주목할 만한 사실은 스케일업의 대상에 관한 것이다. 즉 스케일업은 잠재력을 가진 고성장 기업으로 성장시키는 행위(동사)와, 고성장하는 기업(명사) 두 가지 모두를 의미하는 용어로 사용해 왔다. 따라서 Isenberg는 생태계 구축에 해당하는 기업을 스타트업뿐만 아니라 기존 기업까지 포함하는 개념으로 확대 사용하는 경향이 있다. 즉 기업 규모에 관계없이 일정 기간 지속적으로 현저하게 성장하는 기업을 스케일업으로 지칭하는 시각이 깔려있다.

본 장에서는 Isenberg와 Onyemah(2016)의 연구를 기반으로 BEEP의 핵심개념을 소개하고, 스케일업 생태계의 영역과 구성 요소, 스케일업 툴킷(Scale Up Toolkit), 스케일업 생태계 육성 사례 그리고 스케일업 생태계 구축의 원칙을 소개한다.

II. 뱁슨 기업가 정신 생태계 플랫폼(BEEP: Babson Entrepreneurship Ecosystem Platform)

BEEP는 전 세계 지도자들의 기업가 정신을 육성하는 정책, 구조, 프로그램 및 문화 조성을 위한 프로젝트로 2009년 Daniel Isenberg 교수의 합류로 시작되었다. 동 프로그램은 단순히 기업 수를 늘리는 것이 아니라, 새로운 성장 궤도를 지원하는 환경(기업가 정신 생태계) 조성을 궁극적인 목표로 삼는다. 특히 지역 경제 개발 컨설팅 서비스 및 교육 프로그램을 제공하여 경제 성장을 촉진하는 데 집중하며 협력 파트너로서 정부 기관, 재단, 민간 기업, 대학 등 다양한 이해관계자들과 프로젝트를 진행한다. 이러한 활동을 하는 과정에서 BEEP가 추구하는 핵심 개념은 기업가 정신(Entrepreneurship), 스케일업(Scaleup), 기업가 정신 생태계(Entrepreneurship ecosystem), 이해관계자(Stakeholders), 실증 효과(Demonstration effects) 그리고 파급 효과(Spillovers)이다.

1. 기업가 정신(Entrepreneurship)

기업가 정신의 일반적 정의는 기업가 정신을 주로 기업 연령(젊은 기업), 자영업(기업 소유), 재정적 위험 감수 및 혁신(특히 새로운 프로세스 또는 제품 사용)과 같은 개념과 결합된 것으로 보는 경향이 있다. 반면 BEEP 관점에서는 나이, 소유권, 위험 감수 및 혁신이 어떤 경우에는 기업가 정신과 상관관계가 있을 수 있지만 이러한 요소는 본질적으로 내재된 정의는 아니라고 본다. 오히려 기업가 정신의 공통분모는 두 가지 필요충분 변수가 있는데 그 하나는 고객을 위한 특별한 경제적 가치를 창출하는 것과 또 하나는 가치 창출 과정을 주도하는 사람들이 그 가치를 의미 있게 여기는 것이다. 따라서 실질적인 의미에서 본다면 BEEP의 개입은 기업의 나이, 소유권 및 혁신에는 무관심하다는 것이다. 기업가 정신에 대한 이러한 정의가 '옳다'라는 주장은 아니나 단지 경제 개발이라는 목적을 위해서는 더 유용한 개념인 것으로 본다.

2. 스케일업(Scale up)

스케일업은 꾸준하고 크게 성장하는 기업을 의미한다. OECD는 기업이 3년 동안 평균 연간 매출 성장률이 20% 이상이고 관찰 기간이 시작될 때 10명 이상의 직원을 고용하는 경우 고성장 기업으로 정의한다. 그러나 BEEP는 고성장 기업에 대한 OECD 정의가 스케일업을 위한 하한선일 뿐이며 더 야심찬 성장률을 달성할 수 있다고 가정한다.

3. 기업가 정신 생태계(Entrepreneurship ecosystem)

2010년 이래로 기업가 정신 생태계라는 용어는 기업가 정신 및 경제 개발 논의의 필수적인 부분이 되어 왔다. 생태계라는 용어의 대중적인 사용은 기업가 정신을 의도적으로 육성하려는 리더, 회원 또는 헌장이 명시적으로 되어 있는 공식 기관(예: 인큐베이터, 멘토링 프로그램, 엔젤 투자자 네트워크)을 나타낼 때 사용한다. 그러나 BEEP 프로그램의 기본 가정은 의도나 형식이 필수적인 생태계 요소가 아니다. 즉 부의 창출과 비즈니스 성공을 중시하는 사회적 규범이 의도적이거나 공식적일 필요가 없다는 점에서 BEEP 프로그램의 생태계라는 용어는 생물학적 용어의 사용과 매우 유사하다. 기업가 정신 생태계 요소들의 공통분모는 보다 빠르게 성장하는 기업의 수를 늘리는 데 얼마나 필수적인가라는 것이며 생태계라는 용어의 본질적인 의미는 이러한 요소들이 생태계를 자급자족하도록 만드는 방식으로 상호 작용한다는 것이다. 그림 [6-1]은 6개의 포괄적인 영역으로 이루어진 기업가 정신 생태계의 구성 요소들을 보여주고 있다.

4. 이해관계자(Stakeholders)

지역에서 보다 빠르게 성장하는 기업에 대해 실질적 또는 잠재적 관심을 가지고 있는 영역별 행위자들이 있다[그림 6-1]. 예로써 성장의 직접적인 혜택을 받는 지역 은행(금융 영역), 성장하는 기업과 파트너 관계를 통해 혜택을 받는 대규모 지역 기업(시장 영역)의 경영진, 졸업생을 지역 일자리에 배치하거나 지역 기업으로부터 연구 자금을 지원받는 혜택을 받는 지역 대학의 행정 책임자(인적자본 영역) 그리고 성장 스토리를 출판함으로써 독자를 유치하고 유지하는 이익을 얻는 언론 기관 등이 있다.

5. 실증 효과(Demonstration effects)

BEEP 프로그램은, 지역 이해관계자가 반드시 지역 스케일업 생태계를 육성하려는 명확한 의도가 있다고 가정하지는 않지만, 지역의 스케일업을 통해 이해관계자들은 이점을 누릴 수 있다. 따라서 BEEP 프로그램은 스케일업이 이해관계자들의 이익에 부합한다는 것을 증명함으로써 그들의 시간, 노력 또는 물질적 자원의 투자를 증가시킬 것이라고 본다. 따라서 많은 BEEP 프로그램의 전술적 목표는 스케일업의 실증 효과를 보여 주는 것이다. 이해관계자가 더 많이 투자할수록 외부 개입이 덜 필요하기 때문에 실증 효과는 매우 중요하다. 따라서 BEEP의 대원칙은 생태계가 강화되었다는 것을 확인시켜 주는 성장 임곗값에 도달한 후에는 지역에 대한 관여를 줄이는 것이다.

6. 파급 효과(Spillovers)

실증 효과를 만드는 한 가지 목적은 이해관계자가 자발적으로 성장을 촉진하는 투자(금융 및 기타)를 함으로써 의도적인 조정이나 노력이 없어도 다른 외부인들이 지역 기업가 정신을 촉진하는 투자를 할 확률을 높이는 것이다. 따라서 이러한 BEEP 원칙은 이해관계자 및 기타 기업가에게 성장 이벤트를 알림으로써 스케일업 기업가 정신의 직간접적 파급 효과를 촉진시키는 것이다.

III. 스케일업 생태계의 영역과 구성 요소

1. 스케일업 생태계의 영역과 구성 요소

Isenberg와 Onyemah(2016)는 스케일업 생태계 영역을 정책(Policy), 금융(Finance), 문화(Culture), 지원(Supports), 인적 자원(Human Capital) 그리고 시장(Markets)의 6가지 영역으로 구분하여 제시하고 있다. 이를 세부적으로 보면 금융 자본, 초기 고객, 네트워크, 노동, 교육 기관, 사회 기반 시설, 지원 직업군, 비정부 기관, 성공 스토리, 사회 규범, 리더십, 정부 등 12개 항목으로 세분화된다). 이러한 스케일업 생태계의 구성 요소는 상호 인과성(Mutual Causality)을 가지며, 어느 영역이 다른 영역을 주도하거나 지배하는 것이 아닌 상호 연결된(Connected Interacting) 상태라고 할 수 있다.

1.1 정책(Policy) 영역의 구성 요소

· 정부(Government):
  정부의 스케일업 정책을 뒷받침하는 재정 및 예산, 투자 및 지원 기능, 법제 및 규제 프레임워크, 정책 연구 기관 등이 포함된다.

· 리더십(Leadership):
  스케일업 정책에 대한 정부의 철학과 의지를 뒷받침하는 것으로 스케일업에 대한 당위성과 중요성을 많은 대중에게 설득할 수 있도록 하는 전략적 리더십을 의미한다.

[그림 6-1] 스케일업 생태계의 부문별 구성 요소

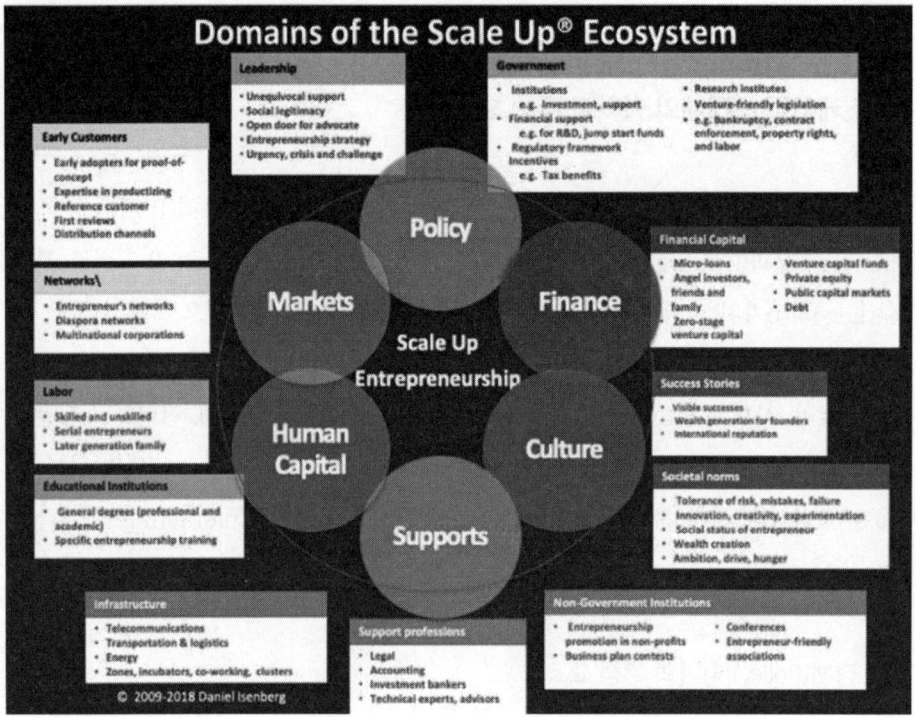

※ 자료원: Isenberg & Onyemah(2016)

1.2 금융(Finance) 영역의 구성 요소

· 금융 자본(Finantial Capital):
  스케일업 활동의 핵심 자원인 자금 조달의 원천을 의미하는 것으로 기업의 성장 단계 및 규모에 따라 엔젤 투자, 친구, 가족에서부터, 벤처 캐피털, 사모 펀드, 공공 자본 시장에 이르기까지 다양한 수단이 활용된다.

1.3 문화(Culture) 영역의 구성 요소

· 성공 스토리(Success Stories):
  스케일업 성공 사례를 통해 일반 기업에게 역할 모델을 부여하고, 성공 기업이 얻은 부와 명성을 적극적으로 홍보함으로써 스케일업에 대한 동기를 부여한다.

· 사회 규범(Societal Norms):
스케일업 활동에 대한 대중과 사회의 일반적인 인식을 개선하고, 사회적 지위를 인정받을 수 있는 환경 조성을 의미한다.

1.4 지원(Supports) 영역의 구성 요소

· 사회 기반 시설(Infrastructure):
스케일업 활동의 기반이 되는 전기, 통신, 교통, 물류 등의 기본 인프라 시설과 함께, 스케일업의 문화를 조성하고, 협업 및 교류를 통한 시너지 효과를 기대할 수 있는 클러스터 형태의 집적 공간이 필요하다.

· 지원 전문직(Support Professions):
기업의 스케일업 활동에 필요한 전략 수립 및 실행을 지원하기 위한 외부전문가 그룹으로 법률, 회계, 투자자, 기술 전문가 등의 다양한 직업군이 존재한다.

· 비정부 기관(Non-Government Institutions):
정부 조직 외에도 스케일업 활동을 지원하는 다양한 행사, 지원 조직 및 협력 단체의 역할이 필요하다.

1.5 인적 자원(Human Capital) 영역의 구성 요소

· 노동(Labor):
스케일업은 기업의 급속한 확장과 성장을 의미하므로 창의적이며, 생산성이 높은 우수한 노동력이 필수적이다.

- 교육 기관(Educational Institutions):
  우수 인력 육성을 위한 일반 교육 제도와 기관의 역할뿐만 아니라, 스케일업 및 기업가 정신에 대한 체계적이고 전문화된 교육 및 훈련 프로그램이 필요하다.

1.6 시장(Markets) 영역의 구성 요소

- 초기 고객(Early Customers):
  기업의 판매 및 매출 성장에 필수적인 초기 고객을 확보하기 위한 전략, 특히 해당 제품이나 기술의 시장 잠재력을 파악하기 위한 테스트 베드로서의 역할

- 네트워크(Networks):
  기업가의 사회적 자본으로서 인적 네트워크, 글로벌 진출 위한 시장 네트워크

2. 스케일업 생태계의 이해 당사자와 목표

스케일업 생태계에는 아래와 같이 영역별 이해 당사자 또는 행위자가 존재한다.

- 정책 영역: 정책 입안자나 정치인 등의 대중 지도자, 직업 행정가 및 민간 리더층
- 금융 영역: 금융 기관(은행) 종사자뿐 아니라 개인, 사모펀드 투자자 등 비공식 투자자
- 문화 영역: 문화 아이콘, 미디어랩, 성공한 창업가, 종교 지도자 등 다양한 그룹의 영향력
- 지원 영역: 주로 민간 차원에서 지원 프로그램을 기획·운영하는 관련 조직 및 재단의 임원, 협회의 회장, 서비스 전문가
- 인재 영역: 학교 행정가, 다양한 경험을 가진 기업가, 멘토, 임원
- 시장 영역: 사회적 네트워크에 속하는 기업, 디아스포라 네트워크

이러한 이해 당사자(행위자)별로 서로 다른 목표(예: 금융 종사자: 향상된 투자 수익률 및 낮은 연체율)를 설정하고 행동하기 때문에, 하나의 목표를 강요하는 것이 아니라 행위자별로 각자의 목표를 달성할 수 있도록 유도하는 것이 중요하다[그림 6-2].

[그림 6-2] 기업가 정신 생태계의 행위자들

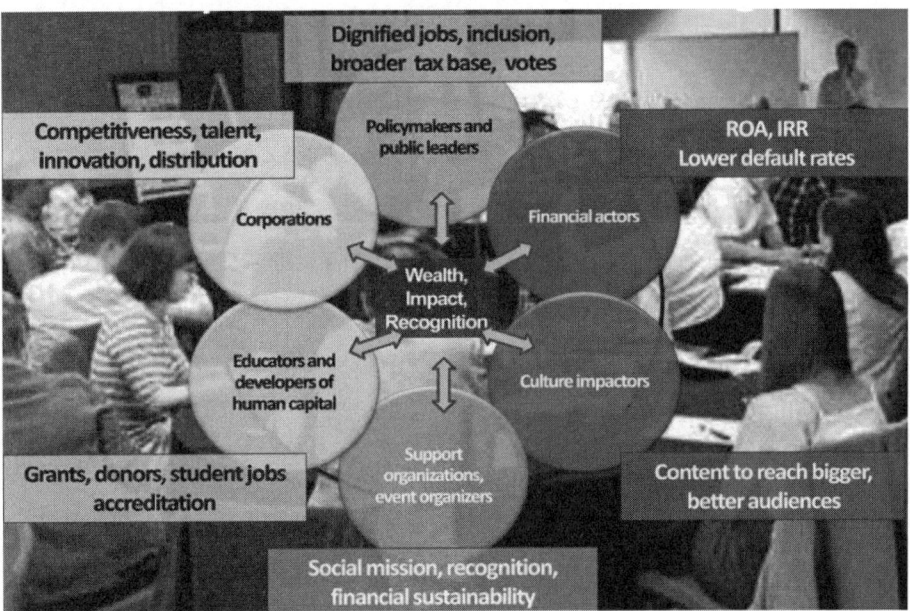

※ 자료원: Isenberg(2014)

IV. 스케일업 툴킷(Scale Up Toolkit)

스케일업 전략은 ① 빠른 성장률 증명, ② 성장 커뮤니케이션 교육, ③ 생태계 연계 촉진 및 피드백, ④ 역량 구축 및 종료로 구성된 4단계의 스케일업 툴킷을 활용함으로써 구현할 수 있다.

(1) 1단계: 빠른 성장률 증명(Demonstrating Quick Growth)

> 1단계에서는 기업의 빠른 성장을 돕기 위한 워크숍, 멘토링 등으로 이루어진 스케일러레이터(Scalerator®) 프로그램을 통하여 스케일업의 도전 과제를 수행하고, 이를 측정 가능한 실질적인 성과로 도출해 내는 데 목적이 있음.

· 개요:
1단계에서는 프로그램 참여 기업의 빠른 성장을 돕기 위한 워크숍, 도전과제 연습 및 훈련, 스케일업을 위한 활동 계획, 생태계의 이해관계자의 방문 및 협력 그리고 멘토링에 의한 프로그램을 운영한다. 특히 스케일업 도전 과제를 해결하는 과정에서 도출된 방안은 스케일업 전문가를 통해 지속적인 멘토링과 피드백을 받는 기회를 갖도록 한다.

· 스케일업 잠재 기업 선별 방법: SALSO:
Sales(매출), Ambition(야망), Leadership(리더십), Scalability(확장성), Ownership(소유권)의 5가지 항목에 의해 선별한다. 성장의 포부가 강하면서 팀을 조직화할 수 있고, 성장을 위한 비즈니스 모델이 존재하고, 의미 있는 주식 지분 획득이 가능한 경우가 스케일업에 적합하다. 반면, 기술, 창업자 연령, 기업 연령은 중요하지 않으며, 다양성과 역량을 강조한다.

· 프로그램 강조 사항: 스케일업을 위한 3C
- 고객(Customers): 거절한 고객에게 다가가기, 기존 고객 대상으로 제품 가격 올리기, 연쇄 판매(Up-selling), 교차 판매(Cross-selling), 새로운 고객 유치의 순으로 단계 별로 진행함.
- 역량(Capacity): 새로운 인재 채용하기, 개발, 퇴직 사이에서 균형점을 맞추는 것이 중요함
- 현금(Cash): 현금을 늘리기 위해 자본을 증가시키는 어려운 일보다는 부채를 확보하는 것이 훨씬 편하며, 효율성을 증대시키는 일보다는 매출 채권 또는 미수금을

회수하는 것이 훨씬 쉬움

· 1단계 프로그램 효과:
  - 빠른 성장률을 증명하는 효과는 해당 프로그램에 참여한 지역과 지역 내 기업의 수치화된 성과로 확인됨
  - 4개의 서로 다른 지역(마니살레스, 리우데자네이루, 클리블랜드, 밀워키)의 13개 집단 (Cohort)이 170여개 프로그램에 참여하였으며, 참여 기업들 중 80% 이상이 거의 즉각적인 성장 이벤트를 경험하고, 50% 이상이 성장률을 두 배 이상 증가시켰으며, 25% 이상이 새로운 자금 조달에 성공하였음.

(2) 2단계: 성장 커뮤니케이션 교육(Teaching Growth Communication)

> 성장 커뮤니케이션 교육(Teaching Growth Communication) 단계에서는 스케일업을 통해 성장을 이루어낸 기업들이 자신의 성장 스토리를 자랑스럽게 표현하고 확산할 수 있는 커뮤니케이션 방식에 대해 논의함.

· 개요:
  스케일업의 확산을 위해서는 스케일업 성공 사례에 대한 적극적인 커뮤니케이션이 필요하므로 이를 위한 당면 문제점 및 해결 방안 중심으로 교육함.

· 성장 커뮤니케이션을 위한 당면 문제:
  - 진정한 성장이 무엇인지에 대해 알지 못함.
  - 지역 기업의 진정한 성장을 커뮤니케이션하는 것이 지역 경제 성장의 핵심임을 알지 못함.
  - 진정한 성장에 대한 커뮤니케이션의 의욕을 꺾는 방해 요소.
  - 기업가들의 성장 스토리가 기업가들 자신에게 왜 도움이 되는지를 알지 못함.

· 2단계의 성장 커뮤니케이션 교육의 효과:
- 참여 기업의 성장 스토리와 성장의 기록 훈련을, 이해관계자에게는 성장 트위팅 및 축하하기 훈련을 실시함.
- 성장 스토리 말하기와 듣기, 성장에 대한 매체 리포트를 통해 스케일업에 대한 풍토를 조성함.

(3) 3단계: 생태계 이해관계자들의 참여 촉진 및 피드백
(Sparking Eco-system Engagement & Feedback)

> 생태계 참여 촉진 및 피드백(Sparking Ecosystem Engagement & Feedback) 단계에서는 스케일업 생태계의 다양한 참여 주체들의 서로 다른 이해관계와 목표를 조정하고, 지역 스케일업 확산을 위한 이해 당사자 간 효과적인 연계·협력 방안을 마련함.

· 개요:
지역 내 스케일업 확산을 위해 정책, 재정, 문화, 지원, 인적자본, 시장의 여섯 가지 생태계 영역 주요 참여자(이해 당사자)들이 적극적으로 생태계에 참여하도록 유도한다. 이를 위해 행위자(이해 당사자)별 서로 다른 목표를 존중하고, 행위자별로 생태계 내에서 각자의 목표를 달성할 수 있도록 유도한다.

(4) 4단계: 역량 구축 및 종료(Capacity Building & Exit)

> 역량 구축 및 종료(Capacity Building & Exit) 단계에서는 스케일업 활동이 지속 가능한 지역 경제 발전의 원동력이 되기 위한 지역의 스케일업 역량 내재화와 외부 전문가의 역할 종료를 위한 전략을 수립함.

· 개요:
지역 내 스케일업 생태계 구축이 완료되면, 스케일업의 지속 가능을 위한 역량

(Capacity) 구축 및 프로그램에 관여한 외부 전문가의 역할 종료(Exit)를 위한 전략을 수립한다. 또한 스케일업 프로그램을 도입한 지역에 대해 1년 내에 프로그램 참여 인력의 스케일업에 대한 영향력 행사 및 5년 내에 지역 스케일업의 자체 추진 역량 보유를 목표로 한다.

· 프로세스:
역량 구축 및 전문가의 역할 종료를 위해서, 참여 및 지지, 개념 입증, 스케일업을 위한 플랫폼 구축, 지역 역량 강화 그리고 현지로의 이동 및 외부 전문가의 역할 종료의 다섯 단계의 프로세스를 실행한다[그림 6-4].

· 4단계의 프로그램 효과:
콜롬비아 마니살레스-마스(Manizales-Más) 사례의 경우, 첫 영향력 행사까지 1년 정도가 소요되었으며, 참여 기업 전체의 가치는 5년 내 3,500만 달러 수준까지 증가하였다.

[그림 6-3] 스케일업 툴킷 4단계의 역량 구축과 종료를 위한 프로세스

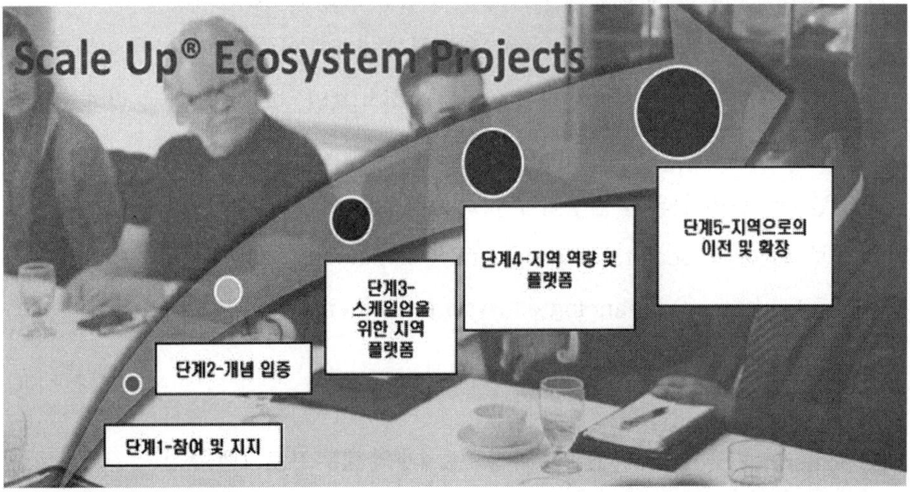

※ 자료원: Isenberg(2017)

V. 스케일업 생태계 구축 사례

1. 마니살레스-마스(Manizales-Más): 중소 도시의 기업 생태계 재생 프로젝트

1.1 추진 배경 및 내용

콜롬비아 마니잘레스(Manizales)는 칼다스 주의 주도로서 안데스 산맥 중부 산악 지역에 위치하고 있으며, 인구는 약 44만 명 규모의 중소 도시이다. 마니잘레스 지역은 주력 산업인 커피 산업의 침체와 경기 변동성 등으로 지역 인재가 보고타와 메데진 등 금융·제조업 중심 도시로 유출되면서 지역 기업에 대한 투자 감소 등 악순환의 고리에 빠짐에 따라 지역 기업 생태계 차원의 절박함과 위기의식이 고조되었다.

이러한 상황을 타개하기 위하여 지역 기업 리더들이 BEEP에 지역경제 재도약을 위한 자문을 요청한 결과, 마니살레스-마스(Manizales-Más) 프로그램이 탄생하였다. 그 결과 동 프로그램은 지역의 다양한 이해관계자와 BEEP의 협업을 통해 고용 창출 및 투자 유치 등 성과를 이루어 낸 대표적인 지역 경제 성장 프로젝트로 알려져 있다. 프로그램 초기에는 정부 및 민간 비즈니스 리더들, NGO에서 대학에 이르기까지 11개 이해관계자 그룹이 협력하여 기업가 정신에 영향을 미치는 사회적 요인을 개선하고자 노력하였다.

2010년부터 준비 논의가 진행되다가 2012년부터 핵심 프로그램이 시작되었으며, 핵심 프로그램은 ① Scalerator program, ② Leadership and Policy training, ③ Communications, ④ Financing ecosystem, ⑤ Mentoring program 등 5개 주요 프로그램으로 이루어져 있다.

(1) Scalerator program은 6개월 과정으로 4개의 세부 프로그램 구성

① Seven 1.5-day workshops:
교수진에 의한 광범위하고 실질적 사례, 판매 관리, 인적 자원, 리더십 그리고 재정 운영

에 초점을 두고 진행되며, 6개월간의 과정 동안 교육에 참여한 기업 관계자는 매출 성장을 위한 세부적인 계획을 세울 수 있음.

② Peer to Peer program:
교수진이 참여하지 않는 프로그램. 3개씩의 기업이 그룹을 이루어 진행되며 상호 지원해 주는 형태의 문화를 구축할 수 있도록 설계됨. 참석 기업의 1/3이 다른 기업들과 새로운 비즈니스 협력 관계를 형성한 의도하지 않은 결과도 도출되었음.

③ Mentoring sessions by Scalerator faculty:
Scalerator program 기간(6개월) 동안 기업마다 원격 형태로 1 ~ 2회 진행. 성장하고 있는 기업을 지원하고, 그 성장을 가속화하기 위해 지원함.

④ Ecosystem "plug-in" programs:
두 개의 유형으로 나뉘며, 첫 번째 유형은 지역 기업 생태계의 6부문(은행가, 지방 공무원, 중앙 공무원, 교육자, 대기업 임원, 성장 지원 조직) 이해관계자들이 Scalerator 프로그램을 방문하여 프로그램 참관, 참가자 면담, 경영자원 중개의 역할을 수행하는 것이며, 두 번째 유형은 Scalerator 프로그램 참여자들이 기업가 정신 생태계 플랫폼의 한 종류인 대기업 또는 은행 CEO 포럼 등 non-Scalerator 프로그램에 참여함.

(2) Leadership and policy training:
3일 동안 기업가 정신 생태계 및 성장에 대한 사례 연구, 강의, 연습으로 구성되며 기업가 생태계와 성장에 대한 강의, 사례로 구성됨.

(3) Communications:
마니살레스-마스(Manizales-Más)로부터 유발되는 파급 효과를(예를 들어, Scalerator program 참여 기업의 성장 이벤트 등) 다양한 미디어 등을 통해 많은 지역 기업가의 성장 열망을 증대시킴.

(4) Financing ecosystem:
투자자와 기업가적 벤처를 중개하는 것이 목표이며, 투자자와 기업가 모두에 대한 교육과 훈련을 병행.

(5) Mentoring program: Manizale-Mas

그간 마니살레스-마스(Manizales-Más)는 눈에 띄는 성과를 거두어 지역 기업 생태계 발전의 모범 사례로 거듭나게 되었다. 먼저 사회 발전 조사 기구(Social Progress Imperative)가 발간한 '콜롬비아 사회적 발전 지수(SPI)'83)에 따르면 수도인 보고타보다 더 높은 수준의 사회적 발전을 이룬 것으로 나타났다. 이러한 발전은 마니잘레스의 소득 증가, 불평등 감소 그리고 빈곤 퇴치와 높은 상관성을 지닌다.

1.2 마니살레스-마스 스케일업(Manizales-más Scale Up) 프로그램의 추진 성과

한편 2012년부터 2015년 사이에 Scalerator program 참여 기업들의 미시적 성과 평균 매출 성장률이 55% 증가하였으며 참여 기업의 80% 이상이 새로운 성장을 경험하였고, 703개 이상의 일자리 창출이 확인되었다. 또한 1,071건 이상의 새로운 사업 계약이 체결되었고 10개 이상의 기업이 수출을 개시하는 등 뚜렷한 기업적 성과도 확인되었다. 또한 8,000명이 넘는 사람들이 최소 한 번 이상 마니살레스-마스(Manizales-Más) 행사에 참여했다고 응답하였고 기업가 정신 관련 66개 과목의 교과 내용이 개선되었다고 보고되었다. 또한 동 프로그램을 통해 166개의 동영상 콘텐츠가 생성되어 미디어 확산(14,000명 시청)을 통한 파급 효과 및 실증 효과 전략(Spillover and Demonstration strategy)에 활용되었다.

침체되어 있던 중소 도시의 기업 생태계를 단기간에 효과적으로 성장시킨 '콜롬비아 마니살레스-마스(Manizales-Más) 프로젝트'는 사회적·기업적·지역적 측면에서 유의한 성과를 이끌어 내었고 이후 미국 밀워키 지역 등으로 확산되었다.

[그림 6-4] 마니살레스-마스(Manizales-Más) ScaleUp 성과 인포그래픽

※ 자료원: Economic Development Entrepreneurship Programs (BABSON, 2016)

2. Scale Up Milwaukee: 중소 도시의 기업 생태계 재생 프로젝트

2.1 추진 배경 및 내용

밀워키(Milwaukee)는 미국 위스콘신 주에 있으며 미시간 호 남서 연안에 위치한 항구 도시로서 인구는 약 60만 명이며, 주 최대의 상공업 도시로서 금속·자동차·건설기계·의류 및 맥주 산업으로 유명하다. 미국의 밀워키 지역은 콜롬비아의 마니잘레스에 비해 발전된 경제 상황 및 제조업의 유구한 역사를 가진 도시이며 새로운 성장을 촉진하는 산업 토대를 수립하고자 동 프로그램을 진행하였다.

지역 기업 역량 개발에 초점을 두고 기업가 생태계의 여섯 가지 주요 영역(문화, 정책, 리더십, 금융, 인적자본, 시장, 자원)에 영향을 미치기 위한 통합된 노력을 필요로 했으며, 모든 생태계 이해관계자들은 고성장 기업 및 이를 육성하는 데 집중하였다.

출발은 Greater Milwaukee Committee와 위스콘신 경제 개발 공사(Wisconsin Economic Corporation), 민간단체 그리고 개인 후원자들의 지원을 통해 이루어졌으며, 주요 의사 결정을 위한 집행 위원회를 구성하고 금융 관련 워크숍 개최, 밀워키 지역

주요 기업 및 임원들의 모임 플랫폼 구성, 비즈니스 박람회 등 다양한 형태로 성장을 위한 기업 생태계 구축에 기여하고 있다.

주요 프로그램은 ① SPARC, ② CEO Forum, ③ Meet the Master, ④ Members Meetings, ⑤ Scalerator로 구성된다. 프로그램별 현황은 다음과 같다.

(1) SPARC:

밀워키 기업들의 성장 촉진을 위한 프로그램이며, 위스콘신 흑인 상공회의소(AACCW)와 WWBIC(밀워키 비영리 단체)에 의해 설계되었으며 참가자는 재무, 마케팅, 법률 및 인력 교육을 받을 수 있다.

참가 신청 기업의 조건은 다음과 같다.
· 연매출 $100,000~$1,000,000
· 소속 조직을 성장시키고자 하는 야망과 소명 의식을 가질 것
· 모든 SPARC 프로그램 활동에 성실히 참가할 것
· 참가자 정보의 기밀 유지
· 3년 간 측정·평가 조사에 참여할 것을 동의할 것

(2) CEO Forum:

지역본부가 있는 대기업의 CEO 및 고위 간부들이 지역의 성장을 지원하기 위한 방안을 논의하기 위한 비공개 포럼이다. 동 포럼은 CEO들에게 Scale Up Milwaukee의 효과를 공유하고, 지역의 성장 기업들에게 유익한 파트너십을 구축하는 데 도움을 주었다.

(3) Meet the Master:

노련하고 경험 많은 기업가들이 그들의 기업 성장과정에 적용했던 전략 및 방안에 대한 실질적인 정보를 제공하였다. 소규모의 청중 대상 조찬 모임(오전 8시-9시)으로 진행되었다.

(4) Members Meetings:

지역 선도 기업 및 임원을 만날 수 있는 회원제 플랫폼이다. 회원에게는 분기별 모임과 더불어 기업 성장, 경영 자원 및 다양한 필요를 충족시킬 연결을 돕는 역할을 하였다.

(5) Scalerator:

Scale Up Milwaukee의 주력 프로그램으로 현재까지 합계 4기 과정을 이수한 57개 참여 기업의 합계 매출은 2억 3천만 달러 이상이었다. 교육 이수자들이 영위한 업종은 제조업과 서비스를 포함하는 다양한 분야로 구성되었으며, 이러한 다양성은 어떤 기업이든 적절한 경영 자원만 있으면 성공할 수 있다는 Scalerator 프로그램의 철학에 기반을 두었다.

6개월간 7개의 세션 프로그램이 진행되었으며, 기업가들이 그들의 사업을 성공으로 이끌 수 있는 실질적인 노하우를 교육하였다. Babson 대학의 기업가 정신 교수팀이 운영하였으며, '① 판매 및 마케팅 ② 조직 개발 ③ 기업가적 자금 조달'의 3개 분야를 집중적으로 교육하였다. 또한 동 프로그램은 투자자, 은행, 전문 사업 서비스(디자인, 법무, 세무, 특허 등) 업체, 대학 및 공공 기관 등 기업 성장을 지원 관계자도 교육에 참여하였다.

2.2 스케일업 밀워키(Scale Up Milwaukee) 프로그램의 추진 성과

동 프로그램을 이수한 기업들은 2017년 기준 평균 31%의 매출 성장과 600명 이상의 신규 일자리를 창출하였고, 2017년 한 해에만 8천 6백만 달러의 자금 조달 실적을 달성함으로써 지역 경제의 성장을 촉진하였다.

[그림 6-5] Scale Up Milwaukee 성과 인포그래픽

※ 자료원: Economic Development Entrepreneurship Programs(BABSON, 2016)

3. Milwaukee와 Manizales-Mas 프로젝트의 유사점 및 차이점

지역 기업의 생태계 구축을 통해 지역 경제를 활성화하는 스케일업 프로그램의 목적은 같았지만, 프로그램 운영 과정에서 Scale Up Milwaukee와 Manizales-Mas는 다음과 같은 유사점과 차이점을 가지고 있다:

3.1 유사점

· 두 가지 프로젝트 모두가 프로그램을 개발하고 실행할 소규모의 전담 프로젝트 팀을 가지고 있었다. 둘 다 주요 실행 파트너(각각 루커와 그레이터 밀워키 위원회)에게 행정적으로 보고하였으며 전문적인 지침을 위해 BEEP 직원에게 보고하였다.

· 프로그램에 참여하는 이해 당사자들은 광범위한 부문을 대표하는 지역 지도자들로 구성된 자문 위원회를 가지고 있었으며(Scale Up Milwaukee의 '운영 위원회'는 공식 권한이 없고 이해 관계자를 공식적으로 대표하지도 않음) 모두가 자원봉

사자들이었다.

- 태스크포스(Scale Up Milwaukee의 경우) 또는 위원회(Manizales Mas 학술 위원회의 경우)를 통해 더 큰 이해관계자 그룹을 참여시키는 구조를 가지고 있었다.

- 프로젝트 공식화, 자금 조달 및 실행의 모든 측면에 참여하는 한 명의 지역 리드 파트너가 있다. 이러한 파트너들은 지역적 명성과 영향력을 갖고 있다고 볼 수 있다.

- 상당한 규모의 커뮤니케이션 캠페인(Manizales-Mas는 프로젝트 전반에 걸쳐 전담 커뮤니케이션 책임자를 둔 반면 Scale Up Milwaukee는 시간제 커뮤니케이션 지원을 받음)을 갖고 있어 국가 및 글로벌 수준의 상당한 관심을 불러일으켰다.

- 두 프로젝트 모두가 교수진, 프로그램 내용 및 참가 집단 크기에 있어서 거의 동일한 수준의 Scalerator 프로그램을 가지고 있었다.

- 기업 성장의 확대, 신규 고객 확보, 일자리 창출, 수출 증대 및 신규 투자 측면에서 두 프로젝트 모두 유사한 결과를 달성했다.

3.2 차이점

두 프로젝트 간의 이러한 유사점에도 불구하고 몇 가지 차이점은 실질적인 측면에서 다음과 같은 차이점을 보인 것으로 나타났다:

- Scale Up Milwaukee 프로젝트에서는 대기업의 참여가 훨씬 더 많았는데 그것은 바로 특별히 만든 분기별 포럼 때문이었다. 이 포럼에서는 대기업 CEO들이 성장 지향적인 지역 기업가와 교류하는 방법을 포함하여 성장 및 혁신 전략에 대해 솔직하게 논의할 수 있었다. 이러한 차이는 단순히 Milwaukee 지역에 대규모 회사 본사가 더 광범위하게 존재하기 때문일 수도 있다.

· Manizales-Mas의 멘토링 프로그램이 Milwaukee에서는 똑같이 이루어지지 않았다. 그 이유로는 부분적으로는 자금 조달 우선순위 때문이었고 또 한편으로는 Milwaukee에 전문 서비스 회사 및 P2P 포럼의 형태로 존재하는 사실상의 멘토링 자원이 있기 때문이었다.

· Manizales-Mas의 리더들은 매년 3일간의 리더십 훈련에 참여했지만 Milwaukee에서는 이해 관계자를 위한 집중 훈련이 이루어지지 않았다. 그러나 비록 교육적인 측면이 부족하긴 했어도 실용적인 변을 강조하는 2-3시간의 세션이 이루어졌다.

· Manizales-Mas에서는 거의 모든 자금이 초기 3년 동안 지역 이해관계자들로부터 나왔고, 프로젝트가 성숙해짐에 따라 자금 지원자들도 합류했다. 그러나 Scale Up Milwaukee는 처음에 국가 보조금(American Express) 또는 주 기금(예: Wisconsin Economic Development Corporation)을 통해 자금을 지원받았으나 그 후에는 지역 재단 및 기부자의 재정 지원이 예산의 상당 부분을 차지하게 되었다.

· Scale Up Milwaukee는 프로젝트의 대상이 되는 새로운 성장 기업의 수를 명시적으로 채택하고 정기적으로 전달하였다. 이것은 5년 이내에 60개를 목표로 시작했으며, 이는 연간 인구 100,000명당 약 1개에 해당하는 것이었다. 프로젝트 팀은 나중에 이 목표를 6년 이내에 200개로 수정했으며 이는 명시적인 목표로 전달되었다. Manizales-Mas에서는 새로운 성장을 한 목표 기업의 수를 명시적으로 설정하지 않았지만, 기업의 성장을 측정하는 것에 대해 지속적으로 강조하였다.

VI. 스케일업 생태계 구축의 원칙

지역 발전을 지원하는 스케일업 생태계 육성을 위해 어떤 행동 처방이 일반화될 수 있는지에 대해 Isenberg와 Onyemah(2022)는 BEEP 프로그램을 통한 5년여 경험을 토대로 공통적으로 적용할 수 있는 스케일업 원칙을 제공하였다. 많은 지역의 프로젝트를 추진하였지만 두 개의 프로젝트인 Manizales-Mas 및 Scale Up Milwaukee의 경우를 보면, 두 지역의 환경은 상당한 이질성(문화, 역사, 경제, 민족, 지리적 등)을 가지고 있었지만, 프로젝트 설계의 상당 부분을 중복해서 재사용하였다. 즉 거버넌스 구조, 프로젝트 팀 조직, Scalerator 프로그램, 이해관계자 조정 및 파급 프로세스를 같은 방법으로 추진하였다. 그럼에도 불구하고 두 지역 모두의 프로젝트 성과는 매우 긍정적인 것으로 나타났다. 이러한 측면을 고려해 볼 때 향후 새로운 지역의 스케일업 생태계 육성을 위한 프로젝트를 설계할 때 공통적으로 적용할 수 있는 구체적인 원칙 몇 가지를 소개하면 다음과 같다:

① 적당히 밀집된 대도시 인구가 있는 지역을 선택한다.

Manizales는 50만 명에 가깝고 Milwaukee는 60만 명에 가깝다. 이것을 우연의 일치라고 할 수는 없지만, 기본적으로 프로젝트 결과에 대한 책임감을 가질 수 있는 다양한 영역의 능력 있는 리더가 포함되어야 한다는 것이다. 즉 결과에 동의하고 목표를 달성하기 위한 과정에서 서로 얼굴을 맞대고 만날 수 있어야 한다는 것이다. 그러나 지역 인구가 너무 적을 경우에는 인적, 재정 및 기타 자원 영역에서 필요한 다수가 없을 수 있다. 따라서 직관적으로 본다면 인구 경계는 대략 수십만에서 200만 명까지가 적절한 것으로 가정된다.

② 지정된 지역 내에서 6가지 기업가 정신 생태계 영역 각각에서 영향력 있는 리더(공식 또는 비공식 리더)를 선발하고 이들의 참여를 통해 목표에 대한 조정 및 약속을 확보할 수 있어야 한다.

Manizales-Mas 프로젝트나 그보다 더욱 확대된 규모의 Scale Up Milwaukee 프로젝트에서도 지역 비즈니스, 시민, 교육 및 공공 지도자들은 많은 지역 기업이 새로운 성장을 창출할 수 있도록 지원하고 헌신하였다.

③ 보다 빠르게 스케일업 궤적에 진입할 기업의 수와 기간에 대한 목표를 설정한다.

BEEP의 경험을 토대로 봤을 때 기업 성장이라는 관점에서 기업의 수와 기간에 대한 목표를 설정할 필요가 있다. 그 이유는 많은 기업이 빠른 성장을 이루는 데 필요한 이해관계자들의 관심과 활동을 집중시키는 실질적인 이점이 있기 때문이다.

④ 필요 자금 중 일부는 지역의 투자자들이 투자한 자금으로 구성한다.

Scale Up Milwaukee의 경우 초기 시드 자금의 절반 이상이 현지가 아닌 지역의 이해관계자(American Express)로부터 조달되어 Scale Up Milwaukee의 프로그래밍은 매우 빠르게 시작될 수 있었다. 그러나 개념 증명 단계에서 스케일업 프로그래밍으로 전환하는 단계에서는 대부분의 자금이 지역 및 주(state) 이해관계자로부터 나왔다. 이러한 과정이 활성화 및 조정 단계보다 더 어려웠지만, 지역 기금 마련 과정은 다양한 부문의 이해관계자들로 하여금 Scale up Milwaukee 프로젝트를 지원하고 우선시하여 그 목표를 개인적으로나 공개적으로 지원하도록 하는 활력을 불어넣었다.

⑤ 활성화 및 조정을 지속적으로 추진하고 확대한다.

Scale Up Milwaukee와 Manizales-Mas의 경험에 의하면 두 프로젝트 모두에서 이해 관계자 중 많은 수가 처음에는 이해관계자가 아니었다. 특히 Scale Up Milwaukee에서 그러하였다. 이러한 불완전한 초기 몰입을 약점이나 결점으로 보기보다는, 불완전한 몰입은 자연스러운 현상인 것으로 예상하고 계획을 수립해야 할 필요가 있다.

⑥ 기존 수익 기반이 있는 회사에 집중하여 '빠른 성공'을 보여 주어야 한다.

Scalerator 프로그램의 논리 중 하나는 상대적으로 빠른 실증 효과를 보여주는 것이며 이러한 신속성은 이해관계자의 몰입을 유도하는 데 매우 중요하다.

⑦ 궁극적으로 지역 이해관계자들이 지역 프로그램의 개발 및 실행 주체임을 처음부터 알려 준다.

BEEP의 전략적 목표 중 하나는 지역 기관을 강화하여 프로그램의 개발 및 실행을 인수할 수 있도록 하는 것이다. 이 원칙은 여러 가지 이유로 중요한데 그중 가장 분명한 것은 유한된 자원을 효과적으로 사용토록 하는 것이다. 또 다른 부수적인 이유는 BEEP 프로젝트의 성공이 그들 자신의 성공도 증가시킬 것이라는 신호를 지역 경제 개발 기관에 보내기 위함이다.

스케일업 스토리(6)

장애인을 위한 구인 구직 연결 기업 'Evenbreak'

다양성과 포용력에 대한 경험이 풍부한 Jane Hatton은 장애인이 일자리를 찾는 데 직면하는 무수한 어려움에 정통했다. 2011년 그녀 자신이 퇴행성 척추 질환으로 장애를 갖게 된 후 "나는 성인이 되어 장애인이 되는 83%의 장애인 중 한 명입니다."라고 했다.

그녀는 뒷방 침실에서 Evenbreak를 시작했다. 그 아이디어는 장애인 후보자와 장애인을 문제가 아닌 재능으로 보는 고용주를 위한 구인 게시판이었다. 단호하게 말하면 "장애인에 대한 모든 잘못된 메시지를 전달하기 때문에 자선 단체가 될 수는 없었습니다. 분명한 시장의 니즈를 충족시키는 사회적 기업이 되는 것이었습니다."

구인 게시판에는 약 50,000명의 장애인 지원자가 구인 게시판에 등록했으며 이 중 약 30,000명이 Evenbreak에 적극적으로 참여하고 있었고 전 세계의 작업이 게시된다.

초기 기업 지원은 Network Rail, John Lewis 및 Channel 4에서 이루어졌다. 현재 약 60개의 대규모 조직이 참여하고 있으며 점점 더 많은 공공 부문 기관이 참여하고 있다. Jane Hatton은 "정말 기쁜 것은 다양한 부문과 직업이 혼합되어 있다는 것입니다."라고 말한다. 실제 장애 경험이 있는 사람들이 제공하는 컨설팅 및 교육과 함께 온라인 모범 사례를 보여 주는 포털은 보다 포괄적이고 접근 가능한 기업이 되기 원하는 고용주에게 제공되었다.

그러나 2020년 초, Evenbreak의 메시지는 여전히 강제적 판매성이 있는 것으로 판정되었다. 이에 대해 "우리는 많은 설득을 해야 했습니다. 고용주에게 이것이 연민이 아닌 재능에 관한 것이라고 말하고 비즈니스 사례를 판매해야 했습니다."라고 Jane Hatton은 말했다.

코로나 팬데믹이 닥쳤을 때 Hatton은, 장애인은 고사하고 아무도 모집하지 않는 것으로 간주되는 것을 두려워했다. 그러나 2020년에는 평등과 포용, 재택근무 수용, 기술 부족에 대한 새롭고 적극적인 관심이 목격되면서 상황이 극적으로 바뀌었다. 2020년 가을부터 회사는 서비스, 교육 및 채용 프로세스 검토를 요청하기 위해 Evenbreak의 문을 두드리기 시작했다.

시대정신이 바뀌었다. 세상은 다양하고 우리는 그 혜택을 누려야 한다는 포용적이고 교차적인 일반적인 이해가 더 많이 있다. 비장애인들은 이제 장애인도 포함되어야 한다고 그녀는 말하고 있다. Evenbreak는 대유행의 해에 두 배로 늘었고 올해도 두 배로 늘어날 것이다. 잠재력은 엄청나다. 150만 명의 장애인이 일자리를 찾고 있으며 그중 56,000명을 Evenbreak가 가지고 있으며 300개 회사와만 협력하고 있다.

영국 도서관 주관의 성장을 위한 혁신 프로그램에 참여한 것은 시의적절했다. 가입 신청과 프로그램 시작 사이에 Evenbreak는 Nesta Rapid Recovery Challenge의 우승자 중 하나였다. 무엇보다도 각 혁신가가 스케일업 전략을 실행할 수 있도록 150,000파운드의 자금을 제공하고 혁신가의 스케일업 노력을 지원하기 위해 비재무적 지원도 제공했다.

Nesta 챌린지 우승을 통해 Evenbreak는 실제 장애 경험이 있는 전문가 팀을 찾을 수 있는 접근 가능한 온라인 플랫폼인 Careers Hive를 만들 수 있었다. 즉 이들은 장애가 있는 후보자에게 온라인 리소스와 지역 관련 조직뿐만 아니라 맞춤형 개인 및 그룹 경력 코칭 세션을 제공할 수 있었다. 이러한 서비스는 영국에서 유일하다.

Career Hive는 처음부터 새로 설치해야 했고 몇 주 안에 Nesta가 그 영향을 평가할 예정이었다. "Nesta 자금이 소진된 후에도 Hive가 지속 가능하도록 이를 성장시키고 다른 서비스를 제공해야 했습니다. 따라서 우리가 절대적으로 필요로 하는 시기에 전문 지식과 조언을 이용할 수 있었기 때문에 영국 도서관 프로그램의 시기가 이보다 더 좋을 수는 없었습니다. The Hive는 우리에게 다른 비즈니스 모델이므로 이 프로그램은 우리가 지원을 받고 있고 혼자가 아니라는 것을 알고 신뢰 구축에 좋을 뿐만 아니라 Hive의 미래를 위한 견고한 재무 모델을 개발하는 데도 도움이 되었습니다."라고 그녀는 말한다.

"내가 시작했을 때 사회적 기업에 대한 지원이 거의 없었습니다. 사회적 기업은 다릅니다. 사회적 기업가들 사이에는 문화가 있습니다. 우리는 취약하고 개방적이며 투명하며 서로 배우도록 도울 수 있어 기쁩니다. 우리는 경쟁하는 것이 아니라 협력하고 있으며 협력 학습에서 진정한 마법이 일어나는 곳입니다." 그녀는 또한 Un Ltd에서 운영하는 Thrive 프로그램과 School for Social Entrepreneurs에서 운영하는 Lloyds Bank 스케일업과 같은 프로그램에도 참여했다.

Evenbreak는 더 많은 장애 포용성을 원하는 고용주와 일자리를 찾는 장애인 후보자를 위한 원스톱 기업으로 스케일업하고 있다. 그러나 장애인 고용의 격차를 줄이는 것은 여정의 한 단계에 불과하다. "우리의 크고 무모한 대담한 목표는 일의 세계가 매우 접근 가능하고 포괄적이어서 Evenbreak와 같은 조직이 전혀 필요하지 않게 만드는 것입니다."라고 그녀는 말한다.

※ 자료원: www.scaleupinstitute.org.uk/stories

제3부

스타트업의 스케일업 포 가치증명 엔진의 프로세스

7장. 스타트업 라이프 사이클

Ⅰ. 개요

많은 스타트업이 실패한다. 그러나 다행히도 스타트업은 예측 가능한 패턴으로 전개되는 경향이 있다. 따라서 이 패턴에 대해 더 많이 알수록 더 잘 활용할 수 있으며 피할 수 없는 좌절을 겪을 때 상실감 대신 그러한 문제를 전체 맥락 속에서 이해할 수 있다.

성공적인 스타트업의 전형적인 여정은 무엇인가에 대해 많은 전문가들이 다양한 각도에서 이 문제에 대한 답을 구하고자 하였다. Steve Blank(2015)는 고객 개발 측면에서 탐색(Search) → 구축(Building) → 성장(growth)의 단계로 설명하였으며, Brian Balfour(2013)는 견인(Traction) → 전환(Transition) → 성장(Growth)의 세 단계를 거치면서 목표, 메트릭, 채널, 최적화, 팀 구조가 진화하고 변화하는 것으로 설명하였으며, Morgan Brown(2016)은 세부적인 실행 중심의 5단계 스타트업 라이프 사이클을 설명하고 있다. 즉 문제-해결책 적합 단계(Problem/Solution Fit), 최소 기능 제품 제작 단계(MVP:Minimum Viable Product), 제품-시장 적합 단계(Product/Market Fit), 확장 단계(Scale) 그리고 성숙 단계(Maturity)로 설명하고 있다. 끝으로 Howard Love(2016)는 스타트업의 J 곡선이라는 저서를 통해 스타트업 단계를 시작, 출시, 변화, 모델, 스케일업 및 수확의 6단계로 제시하고 있다. 이 가운데 본서에서는 성공적인 스타트업이 되기 위한 단계별 활동과 관련하여 가장 포괄적인 개념을 제시한 Howard(2016)의 이론을 소개하고자 한다.

II. 스타트업 성장 단계 모델

1. Howard의 스타트업 J 곡선

Howard(2016)는 스타트업의 J 곡선이라는 저서를 통해 스타트업 단계를 시작, 출시, 변화, 모델, 스케일업 및 수확의 6단계로 제시하고 각 단계별 우선적으로 초점을 두어야 할 사항과 세부 당면 과제를 제시하고 있다. 이러한 단계별 특징을 알고 올바른 방법으로 그러한 단계를 통과하는 것은 스타트업 성공에 매우 중요하다.

Howard의 스타트업 성장 단계 모델의 특징은 J 곡선의 모양이 다른 스타트업 모델과 차별화되는 점이다. 즉 J 곡선의 아래 부분은 회사가 시작된 후 발생하는 하락을 나타낸다. 처음에 사업 아이디어는 모든 사람의 상상력을 사로잡고 자금, 팀원 및 기타 형태의 지원을 얻는다. 그러다가 현실적으로 제품 개발 시간이 예상보다 오래 걸리고 고객이 초기 제안을 받아들이지 않고 비즈니스 모델이 제대로 작동하지 않아 결국 자금이 고갈되기 시작한다. 이러한 하락은 신생 기업이 무언가를 알아내거나 시도하다가 죽는 곳인 죽음의 계곡(Valley of Death)이라고 부르는 곳이다.

[그림 7-1] 스타트업 J 곡선 패턴

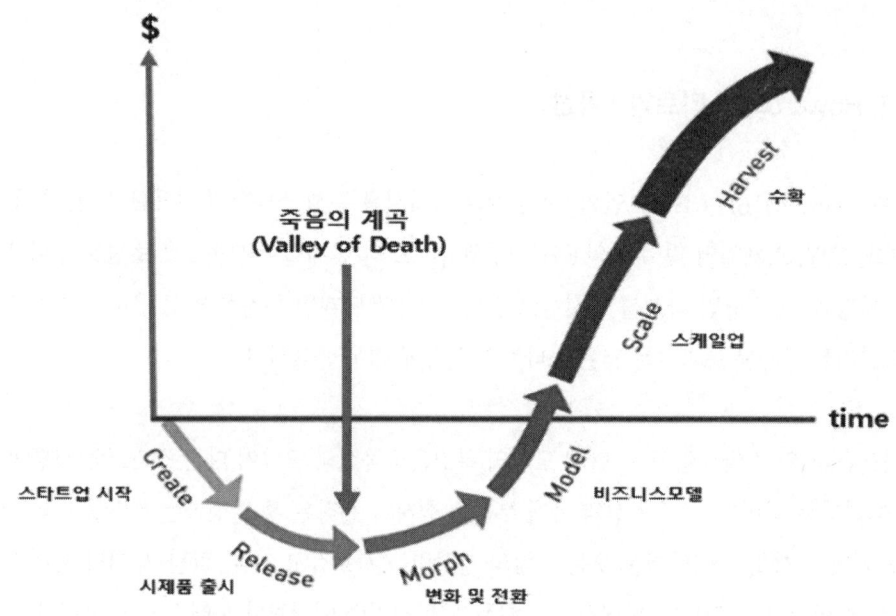

※ 자료원: Howard(2016)

따라서 스타트업은 이러한 죽음의 계곡에 빠지지 않고 도전적인 시기를 극복하기 위해서는 필요한 전략을 구사하고 가치 창출이 일어나는 J 곡선의 가파른 상승 경사에 도달할 수 있도록 해야 하는데, 이러한 목적을 위한 성장 단계와 단계별 특징은 다음과 같다.

1.1 스타트업 성장 단계별 특징

(1) 단계 1: 스타트업 시작(Create)

스타트업 시작 단계는 모든 것이 가능한 것처럼 보이는 때이다. 일반적으로 낙관주의가 지배적이겠지만 이것이 스타트업 현실을 방해하지 않도록 해야 한다. 이 단계에서 집중해야 할 세 가지 핵심 요소는 아이디어, 팀, 자금이다.

① 아이디어

경험이 없는 많은 기업가들은 아이디어가 전부라고 믿는 경향이 있다. 그러나 아이디어 자체는 스타트업 성공의 5%만 책임질 수 있다. 그 이유는 (1) 대부분의 초기 아이디어가 처음에 구상한 대로 작동하지 않고 (2) 엄청난 양의 검토와 수정 작업 없이는 어떤 스타트업도 성공할 수 없기 때문이다.

초기 아이디어를 보는 올바른 시각은 하나의 가설이라는 사실이다. 즉 작동하거나 작동하지 않을 수 있다. 그것이 효과가 없다면, 자신이 배운 것을 가지고 성공할 가능성이 더 높은 새로운 것을 만들어야 한다. 따라서 최초의 아이디어를 성배(聖杯)처럼 추구하지는 말아야 한다.

② 팀

창업자로서 혼자 할 것인지 아니면 한 명 이상의 공동 창업자를 데려올 것인지 고려해야 한다. 일반적으로 공동 창업자는 보완적인 기술, 지식 및 전문 지식을 제공할 수 있다는 장점이 있다. 힘든 시간이 있을 것이며 중요한 문제를 해결하는 데 도움을 줄 파트너가 있는 것이 좋다.

강인한 개인주의는 많은 기업가들이 수용하는 철학이지만 스타트업의 성공에 역효과를 줄 수 있다. 상호 보완적인 기술과 캐릭터 특성을 갖춘 가장 강력한 팀을 구성하는 것은 스타트업 성공에 매우 중요하다.

③ 자금

기업가가 생각하는 것과는 달리 이 초기 단계는 다양한 출처에서 자금을 모으기에 가장 좋은 시기 중 하나이다. 초기 흥분이 고조되어 있고 어려움이 아직 확인되지 않은 상태에서 자금을 모으는 것이 더 쉬울 수 있기 때문이다.

스타트업 초기 자본을 위한 방법으로는 크라우드 펀딩, 액셀러레이터 엔젤 투자 등을 통해 자금 조달을 할 수 있다.

(2) 단계 2: 출시(Release)

팀, 아이디어 및 자금이 마련되면 초기 제품이나 서비스를 시장에 출시할 때이다. 이 단계는 가설을 테스트하고 피드백을 수집하는 데 중요하다. 그러나 일부 기업가는 이 단계에서 실용적이고 심리적인 차단으로 인해 미루는 데 어려움을 겪는다.

실무적인 측면에서 겪는 어려움의 예는 다음과 같다:

- 최소 기능 제품 즉 MVP(Minimum Viable Product) 모델을 수용하지 않는 경우
- 출시를 단순화하기 위해 엄격한 제품 사양을 유지하지 못한 경우.
- 필요한 시간, 에너지 및 자원을 과소평가한 경우
- 완벽주의의 함정에 빠진 경우

다음은 심리적 측면에서 겪는 어려움의 예는 다음과 같다:

- 제품이 시장에 출시되었을 때 평가받는 것에 대한 두려움.
- 실패에 대한 두려움과 실패가 자신이나 스타트업에 어떤 영향을 미칠지에 대한 염려.
- 출시에 대한 절박감보다는 땜질하는 마음가짐을 갖는 것

이러한 어려움을 극복하기 위해서는 다음 6가지 팁을 해결하는 출시 프로세스를 수용하는 것이 중요하다:

- 자신의 아이디어를 검증하기 위한 최소 실행 가능한 제품(MVP)을 목표로 한다.
- 그것을 시장에 출시한다(자금을 절약하기 위해 큰 출시는 건너뛰도록.)
- 초기 고객 확보에 집중하여 초기 피드백을 수집한다.
- 가능한 한 많은 유용한 데이터를 수집하기 위해 피드백을 촉진한다.
- 고객이 가장 중요하게 생각하는 것에 귀를 기울이고 주의를 기울인다.
- 비용을 낮게 유지하고 미래를 위한 제품을 계속해서 반복한다.

여기서 중요한 사실은 이것은 많은 스타트업 창업자들이 믿는 성공 또는 중단 단계가 아니라는 것이다. 고객은 창업자의 제품을 환영하며 맞이하지 않을 가능성이 있다는 것이다. 따라서 피드백이 들어오기 시작할 때도 유연하고 열린 마음을 갖고 비판에 낙담하지 말아야 한다. 첫 번째 버전을 출시하지 않았다면 밝히지 않았을 정보를 이제 얻게 된 진정한 깨달음의 기회로 생각해야 한다.

(3) 단계 3: 변화와 전환(Morph)

초기 제품의 목표는 가설을 증명하는 것임을 기억해야 한다. 의미 있는 고객 견인을 통해 이를 검증하는 경우 고객 피드백을 기반으로 점진적 개선을 반복하고 싶을 것이다.

그러나 대부분의 신생 기업은 고객의 관심을 끌기 위해 원래 계획을 크게, 종종 과감하게 변경해야 한다. 따라서 멈춤과 시작으로 가득 찬 이 단계에서는 출시 단계에서 얻은 모든 피드백을 사용하여 제품을 다시 만들어야 한다.

변화와 수용은 제품, 시장, 전략 또는 세 가지 모두의 근본적인 변화를 의미한다. 반복적이고 점진적인 변경이 아니다. 효과적으로 변신하려면 상당한 변화가 필요하다.

훌륭한 제품을 빨리 얻기 위해서 다음 몇 가지 질문에 답해 본다:

· 우리의 제품은 어떤 효과가 있는가?
· 고객은 무엇에 대해 이야기하거나 글을 쓰고 있는가?
· 우리의 제품은 고객을 끌어들이고 있는가?
· 고객은 무엇을 더 보고 싶어 하는가?
· 제품의 어떤 측면이 실제 요구 사항을 해결하는 것으로 보이는가?

자신의 제품에 적합한 작업을 더 많이 수행하고 다른 모든 작업은 최소화하며 구성원들과 브레인스토밍을 통해 고객 피드백을 기반으로 한 과감한 변경을 시도한다. 그런 다음 새 가설을 만들고 새로운 출시를 위한 테스트를 한다. 그리고 성공적인 변화의 시험

대는 바로 고객 견인력이다.

(4) 단계 4: Business Model 최적화(Model)

성장하는 고객을 기반으로 제품을 변형한 후 다음 작업은 비즈니스 모델을 구축하고 수익을 창출하는 방법을 결정하는 것이다. 목표는 실질적인 시장 진입이나 성과 창출을 통해 시장에서의 기업의 위상을 높이거나 투자 자금을 조달하는 시기이기도 하다.

비즈니스가 어떻게 돈을 벌 것인지에 대한 원래의 아이디어가 반복이나 변형 후에 더 이상 적합하지 않을 수도 있음을 인식하는 것이 중요하다. 따라서 현재 존재하는 스타트업을 살펴보고 스스로 자문해 보아야 한다. 즉 수익을 창출하는 가장 좋은 방법은 무엇인가?

강력한 비즈니스 모델에는 일반적으로 다음과 같은 특성 중 일부 또는 전부가 포함되어 있다:

· 높은 마진 – 백분율 기준 또는 절대 금액 기준.
· 적은 마찰 – 고객이 제품을 구매하고 사용하기 쉽다.
· 네트워크 효과 – 더 많은 고객이 사용할수록 제품의 가치가 높아진다.
· 반복 가능성 – 새로운 고객에게 도달하면 초기 성공을 복제할 수 있다.
· 확장성 – 모델을 손상시키지 않고 자금을 투자하고 성장할 수 있다.

최적의 비즈니스 모델에 도달하는 프로세스는 올바른 제품에 도달하는 것과 동일하다. 가설로 시작하여 테스트하고 피드백을 듣고 데이터를 연구한 다음 점진적 개선을 반복하거나 새로운 가설로 전환한다. 그러나 특정 시점에서는 회사가 긍정적인 현금 흐름을 창출할 것이 분명한 지점에 도달해야 할 필요가 있으며, 긍정적인 현금 흐름은 모두 성장을 위해 투자할 수도 있다.

(5) 단계 5: 스케일업(Scale)

스케일업 단계는 사람, 프로세스, 자금과 함께 크게 성장하는 단계이며 투자자를 위해 상당한 가치가 창출되는 단계이기도 하다. 그러나 이것은 작고 편협한 사업 방식을 버리고 회사를 구축해야 한다는 점에서 일부 기업가에게는 까다로운 단계가 될 수 있다.

지금은 회사를 다음 단계로 끌어올리는 데 필요한 인력, 프로세스 및 자금을 모아야 할 때이며 세 가지 범주의 내용을 살펴보면 다음과 같다.

① 사람

비즈니스가 성장함에 따라 더 이상 자유분방한 제너럴리스트에 의존할 수 없다. 다양한 기능 영역에서 전문가를 찾을 때이다. 지금까지 엄청나게 가치가 있었던 직원이라 하더라도 빠르게 성장하는 회사의 요구에 적응하지 못하면 부담이 될 수 있다.

창업자 자신과 내부 구성원은 전문 분야를 결정한 다음 그 분야에만 집중해야 한다. 내부 사람들은 창업자가 회사를 위대하게 만든 요소를 파괴하고 있다고 불평할 수도 있다. 그러나 실제로는 다른 형태로 생존하고 번성하기 위해 노력하고 있는 과정의 일환이며 이는 모든 사람의 역할을 재정의하는 것을 의미하는 것이기도 하다. 아울러 현재 역할이 요구하는 것보다 더 많은 일을 할 수 있는 사람을 고용하는 것이 중요한데 그렇게 하면 비즈니스가 스케일업됨에 따라 추가 책임을 맡을 수 있다.

② 프로세스

기업이 성장함에 따라 모든 업무가 자연스럽게 진행되어야 하는 다양한 프로세스가 있을 것이다. 이 단계는 비즈니스가 구성원들이 과중한 업무로 인해 시달리게 하지 않으면서 건전한 속도로 스케일업을 용이하게 하는 시스템이 필요하기 때문에 중요하다.

동일한 문제에 대해 반복적인 소방 훈련을 경험할 때 프로세스를 구축해야 할 때라는 것을 알고 있다. 소방 훈련은 시간이 많이 걸리고 비용이 많이 들며 관련된 모든 사람에게 좌절감을 준다. 절차는 이러한 문제로부터 브랜드, 수익 및 사람들을 보호해 준다.

③ 자금

저비용으로 스케일업하기는 어렵다. 사업을 확장하는 데는 많은 자본이 필요하다. 해당 재능에 상응하는 급여를 제공하지 않고는 인재를 유치할 수 없으며, 해당 인재가 없으면 효과적으로 스케일업할 수 없다.

이상적으로는 판매를 기반으로 한 현금 흐름을 확보할 수 있다. 고객의 관심을 끌고 사람들이 자신의 제품을 좋아한다면 수익이 크게 증가할 가능성이 크며 그로 인한 자금은 기업을 스케일업하는 데 사용할 수 있다.

또 다른 옵션은 벤처 캐피털이다. 벤처 캐피털은 훌륭한 제품, 강력한 고객 견인력, 확고한 비즈니스 모델 및 성공에 대한 열망이 있는 회사에 자금을 투자하는 것을 좋아하며 다른 많은 방법으로도 기여할 수 있다.

④ 판매 및 마케팅

판매 및 마케팅은 일반적으로 스케일업 단계에서 성장의 핵심 엔진이다. 현재 위치에 도달하기 위해 효과가 있었던 모든 마케팅 전술을 사용하고 확장할 수 있는 것을 늘릴 필요가 있다. 단일 접근 방식으로 제한하지 말고 다양한 새 채널을 적극적으로 테스트하고 모든 채널의 효과를 추적할 필요가 있다. 이를 통해 회사의 제품과 회사가 세상에 이름을 날릴 수 있는 단계이기도 하다.

(6) 단계 6: 수확(Harvest)

수확 단계는 대부분의 면에서 가장 쉽고 즐거운 단계라고 할 수 있다. 이는 주로 강력한 비즈니스를 구축하여 창출한 기회를 활용하는 것이며 이전 5단계에서 뿌린 것을 거둘 때이다.

그러나 수확은 좋은 일이기도 하지만 복잡한 일이기도 하다. 이 시점에서 신생 기업은 성숙기에 도달하고 있으며 많은 도전적인 결정을 내려야 한다. 스타트업에 참가한 창업자, 투자자 등이 실질적인 수익 창출의 성과를 획득하는 단계로서 투자 회수(Exit) 단계가 여기에 해당한다. 수익은 배당, 기업 공개(IPO), 인수 합병(M&A), 스톡옵션 등 다양한 방식으로 이루어질 수 있다.

1.2 스타트업 여정의 가장 흔한 2가지 실수

스타트업을 단계적으로 추진함으로써 기업가는 일의 양을 관리 가능한 상태로 유지할 수 있고 관련 스트레스를 보다 효과적으로 제어할 수 있다. 그러나 잘못된 순서로 일을 하는 것은 스타트업을 방해하는 가장 확실한 방법 중 하나이다. 가장 흔한 두 가지 실수는 ① 제품을 파악하기 전에 비즈니스 모델에 집중하는 것과 ② 제품 또는 비즈니스 모델을 확정하기 전에 스케일업을 추진하는 것이다.

(1) 비즈니스 모델 이전에 고객 유치에 집중

사람들에게 사업 아이디어를 설명할 때 그들은 "그걸로 어떻게 돈을 벌 건가요?"와 같은 질문을 수없이 할 것이다. 그 질문을 완전히 무시하고 싶지는 않지만 초점을 두어야 할 실질적인 질문은 "나는 사람들이 정말로 원하는 것을 만들 수 있을까?" 그리고 "고객이 내 제품이나 서비스를 사용하도록 할 수 있을까?"라는 질문이다.

일반적으로 고객의 관심을 끌 수 있다면 돈을 버는 방법을 찾을 수 있다. 그러나 수익 모델에 너무 많은 초점을 맞추면 아이디어가 어떠해야 하는지에 대한 근시안적인 시각을 갖게 될 수 있다. 그리고 이것은 더 큰 고객 견인력을 제공할 수 있는 대체 경로를 탐색하는 것을 방지할 수도 있다.

(2) 스케일업하기 전 제품 또는 비즈니스 모델의 확립

출시 또는 변화 단계에 있는 회사가 야심찬 성장 계획을 실행하는 실수를 범하는 것은 흔한 일이다. 그들은 종종 단순히 마케팅을 확장함으로써 고객 수용을 유도할 수 있다고 믿는다. 그러나 결함이 있는 비즈니스 모델을 확장하면 문제의 크기가 커질 뿐이다. 이러한 실수를 피하려면 단계의 순서에 따라 스케일업하기 전에 비즈니스 모델을 확실히 정해야 한다.

2. Morgan Brown의 스타트업 5단계

스타트업의 성장에 대한 '규칙(rules)'을 이야기할 때는 많은 주의가 필요하다 (Morgan Brown, 2016). 그 이유는 프레임워크는 개념을 가르치는 데는 훌륭하지만 실질적인 스타트업 현장에서는 성장 단계별 구간이 엄격하게 구분되지 않을 수도 있고 개념들이 서로 중첩하여 사용될 수도 있기 때문이다. 그러나 스타트업의 라이프 사이클의 결과가 어떤 과정을 거쳐 어떤 결과로 나타날지는 모르지만 스타트업의 라이프 사이클이 다음과 같은 단계들로 구성된 프레임워크로 이루어진다는 사실을 인식할 필요가 있다[그림 7-2].

2.1 스타트업의 성장 단계

· 문제-솔루션 적합성(Problem/Solution Fit)
· 최소 기능 제품(MVP:Minimum Viable Product)
· 제품 – 시장 적합성(Product/Market Fit)
· 스케일업(Scale-up)
· 성숙(Maturity)

[그림 7-2] 스타트업 성장 라이프 사이클의 5단계

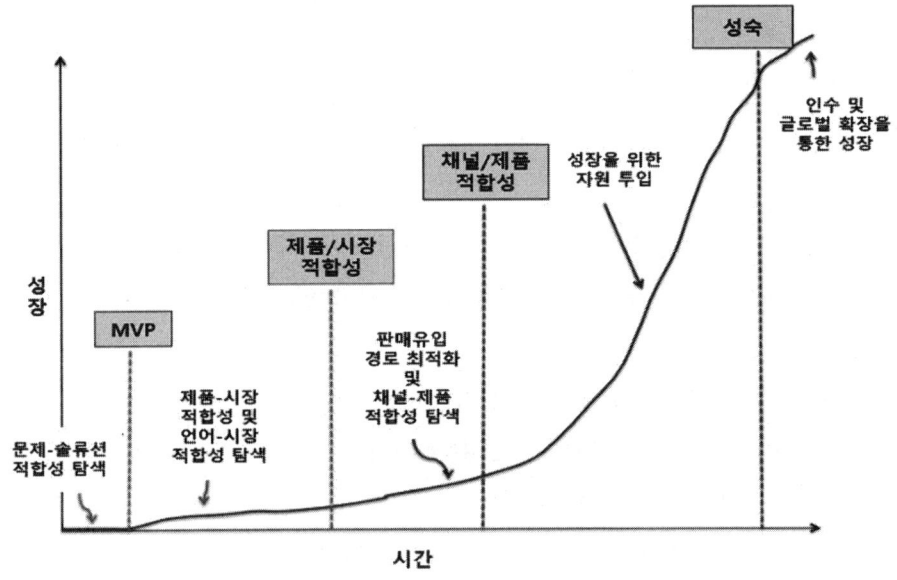

※ 자료원: Brown(2016)

(1) 단계1: 문제 - 솔루션 적합성 찾기(Problem-Solution Fit)

머리에서 떠나지 않는 제품에 대한 아이디어가 있다면 스스로에게 다음과 같은 2가지 질문을 해볼 필요가 있다. 즉 "나는 어떤 문제를 해결하고자 하는가?" 그리고 "제안된 솔루션이 문제를 효과적으로 해결할 수 있을까?" 첫 번째 질문에 대한 명확한 답이 있고 두 번째 질문에도 자신 있게 "예"라고 대답했다면 문제-해결책의 적합성을 검토할 만한 가설이 성립되므로 이제 아이디어에 대한 집중적인 테스트를 시작할 때이다.

방법:
① 린 스타트업 프레임워크를 연구하고 이를 발견 프로세스에 적용한다.
② 문제 - 해결책 적합도를 알아보기 위한 인터뷰를 실시한다.
　· 제품의 사용자가 누구인지에 대한 가설을 세운다.
　· 해당 프로필에 맞는 사람을 찾아 이야기를 나누다.
　· 그들이 문제를 어떻게 보고 현재 그것을 해결하기 위해 무엇을 하고 있는지 이해하

기 위해 많은 질문을 한다.
- 문제와 관련된 세부적인 불편한 점들을 자세히 살펴본다.

③ 가능하면 수요자 테스트를 실시한다.
- 방문 페이지 또는 크라우드 펀딩 캠페인을 사용하여 수요를 테스트한다.

④ 인터뷰 및 수요 테스트에서 발견된 내용을 사용하여 MVP를 위한 초기 청사진 준비를 시작한다.

⑤ 새로운 정보가 유입되면 제안된 문제와 솔루션을 반복해서 수정한다.

⑥ 문제-솔루션 적합도를 찾는 단계가 끝났을 때 알 수 있는 것:
- 고객이 누구인지
- 왜 고객이 우리의 제품을 필요로 하는지
- 우리의 솔루션이 문제를 효과적으로 해결하는지
- 우리의 솔루션이 타당성이 있는지
- 그리고 이를 뒷받침할 증거가 있다(유료 고객, 베타 가입 등). 증거가 없으면 문제 - 해결책 적합성을 달성했다고 주장할 수 없다.

(2) 단계 2: MVP 제작

이 단계의 목적은 가능한 최소의 시간과 자본을 투자해서 제품 가설을 테스트하여 실행 가능한 최소 기능 제품(MVP: Minimum Viable Product)을 만드는 것이다. 이러한 방식으로 위험을 최소화하면서 수요를 입증하고 고객 행동에 대해 학습한다. MVP를 공개한 후에는 사용자가 제품으로 유입되도록 하는 데 집중한다. 바로 여기에서 초기 스타트업 성장의 씨앗이 뿌려진다.

방법:

① MVP 제작에 대한 모범 사례는 린 스타트업 프레임워크를 참조한다.
(https://thenextweb.com/news/15-ways-test-minimum-viable-product).

② 명심해야 할 사실은 어떤 회사의 MVP는 구축하는 데 하루가 걸리고 또 다른 회사의 경우에는 6개월이 걸릴 수도 있다는 사실이다. MVP에는 다양한 유형이 있으므로 자신의 아이디어를 적절하게 테스트할 MVP가 어떤 유형인지를 결정해야 한다.

③ 최소한의 채널을 통한 검색을 수행하여 일부 초기 사용자가 제품을 사용하도록 함으로써 유지율을 측정할 수도 있다.

(3) 단계 3: 제품 - 시장 적합성 검증(Work For Product-Market Fit)

지금까지 제작된 MVP는 주목을 받고, 배우고, 반복하고, 유료 고객을 확보하고, 그 고객들이 다시 구매하고 정기적으로 제품을 계속 사용한다면 아마도 그들은 친구들에게 그것에 대해 이야기하고 있을 것이다. 이것들은 제품-시장 적합성이 높다는 명백한 징후이다. 유지율은 제품 - 시장 적합도를 측정하는 가장 좋은 방법이며, 유지율이 높을수록 꼭 필요한 제품이라고 할 수 있다.

방법:

Morgan은 제품 - 시장 적합성을 달성하는 과정에서 보다 더 세부적인 내용으로서 언어 - 시장 적합성(Language-market fit), 판매 유입경로 최적화(Funnel optimization), 채널 - 제품 적합성(Channel-product fit)을 제시하였다.

① 언어-시장 적합성 테스트(Test for Language/Market Fit)
언어-시장 적합성과 관련하여 핵심은 사용자가 제품을 구매할 수 있도록 제품의 기능에 대해 사용자와 이야기하는 방법을 파악하는 것이다. 여기에서는 메시지를 테스트하여 대상 고객과 공감하는지를 확인한다.

② 판매 유입 경로 최적화(Perform Funnel Optimization)
판매 유입 경로 최적화는 가장 많은 수의 리드를 고객으로 전환하기 위해 모든 유입 경로 단계를 개선하는 프로세스이다. 판매 유입 단계는 비즈니스마다 약간 다를 수 있으나 대부분의 판매 유입은 AIDA(인식, 관심, 욕망, 행동) 모델을 기반으로 한다.
유입 경로 최적화는 사용자 경험의 다양한 요소를 실험하여 혼동 지점을 줄이고 제거하는 것이다. 여기에는 랜딩 페이지, 클릭 유도 문안, 사용자 온보딩 프로세스 및 사용자가 제품 사용 방법을 배울 때 취하는 기타 주요 작업 테스트가 포함될 수 있으며 활성화, 전환 및 유지를 위해 최적화하려는 의도로 수행된다.

③ 채널 - 제품 적합성 추구(Seek Channel-Product Fit)

　채널 - 제품 적합성은 대상 고객에게 도달하기 위한 가장 높은 수익과 가장 효율적인 방법을 찾기 위해 채널 검색 프로세스를 사용하는 것에 관한 것이다. 검색 엔진(SEO), 페이스북 광고, 콘텐츠 마케팅, 제휴사, 파트너십, 이메일 마케팅, 앱 스토어 등 선택할 수 있는 유통 채널은 많이 있다. 또 새로운 것들도 많이 등장하고 있으며 기존 것들은 항상 변화하고 있다. "어디서부터 시작해야 할까?"와 "다음에 무엇을 해야 할까?"라는 질문은 일반적인 질문이다. 대체로 스타트업들이 범하는 흔한 실수는 채널 발견에 대한 접근 방식에 신중을 기하기보다는 여러 채널에 손을 대는 것이다.

(4) 단계 4: 스케일업(Scale)

　성장 단계에서는 성장을 위한 전략으로 전환할 때이다. 이 단계에서 효과적으로 실행하기 위한 핵심은 기본 채널에 대한 깊은 전문 지식을 갖춘 전문가를 고용하여 성장 팀을 확장하는 것이다. SEO가 유망한 성장 채널이라면 SEO 전문가를 데려오고, 기술 중심의 제품 확장에 연결하고 싶다면 관련 경험이 있는 제품 담당자를 데려오는 식이다.

　어느 시점에서 좋아하는 채널은 포화 지점에 도달하기 시작하므로 지속 가능한 성장을 위해서는 성장 엔진을 레이어 케이크와 같이 생각하는 것이 중요하다. 하나의 채널을 고정하고 싶지만 하나의 채널을 찾은 후에는 성장을 케이크의 한 계층과 같이 생각해야 하며, 성장을 더하려면 나가서 다른 채널을 구해야 하고, 궁극적으로 다양한 채널을 쌓아서 성장해야 한다.

방법:

① 채널 탐색 중에 가능성을 보인 상위 채널을 두 배로 늘린다.
② 각 채널에 대한 전문가를 고용하고 실행에 필요한 리소스를 제공한다. 이는 무엇보다도 설계 또는 엔지니어링 지원 또는 유료 구매를 위한 상당한 예산을 제공하는 것일 수 있다.
③ 무엇이 효과가 있는지 알게 되면 각 채널에 대한 성장 전략을 수립한다. 여기에서

회사의 성장을 주도하는 프로세스를 정의하고 문서화한다.

(5) 단계 5: 성숙(Maturity)

성장 속도는 회사가 성숙함에 따라 느려질 수 있지만 세계 최고의 기술 회사는 결코 성장을 멈추지 않는다. 그것은 성장 문화와 성장 DNA가 녹아 있기 때문이다.

Facebook과 같은 최고의 기업은 성장 팀에 계속 투자하지만 M&A, 국제화 및 현지화를 성장의 다음 개척지로 보기 시작한다. 예를 들어, LinkedIn은 사용자에게 제공하는 가치를 확장하고 시장을 확대하기 위한 방법으로 미국의 온라인 학습 제공업체인 Lynda.com을 인수했다.

방법:
① 해외 진출의 기회를 찾아본다. 지역화된 팀을 구성하여 새로운 각 지역의 복잡함과 문화적 뉘앙스에 제품 경험을 적용한다.
② 제품과 직·간접적으로 연결하는 획득 기회를 찾는다. 획득 목표를 통해 새롭고 매우 유사한 사용자 시장에 접근할 수 있거나 제품이 현재 사용자에게 제공하는 가치를 확장하는 데 도움이 될 수 있다.
③ 지속적인 실험을 통해 성장 팀에 계속 투자하고 새로운 성장 채널을 찾는다. 아직 제품을 채택하지 않은 가능한 대상 사용자를 찾고 그들이 채택하지 않은 이유를 밝히고 접근 방법을 찾는다.

III. 스타트업의 공통적인 도전 과제

지금까지 스타트업의 라이프 사이클에 대해 다소 상이한 2가지 접근 방법을 소개했다. 전문가의 관점에 따라 다소 차이가 있으나 스타트업은 본질적으로 다양하고 그 나름대로의 라이프 사이클이 있다. 그러나 바람직한 사실은 스타트업의 라이프 사이클에 대한 연구가 지난 몇 년 동안 잘 발전되고 있다는 사실이다. 활동의 순서와 단계는 전문가들의 관점에 따라 그리고 스타트업마다 다를 수 있지만, 여기에서는 모든 스타트업들의 라이프 사이클에서 공통적으로 당면하는 과제에 대해 살펴보고자 한다. 모든 스타트업들의 공통적인 주요 도전 과제는 다음과 같다.

① 재정적 문제(Financial challenges)

재무는 스타트업 프로세스의 필수적인 부분이다. 모든 스타트업은 여러 가지 이유로 다양한 단계에서 재정적 문제에 직면한다(Colombo & Piva, 2008; Tanha et al., 2011; Salamzadeh, 2015). 예를 들어, 창업자는 아이템을 준비하는 동안 가족 및 친구와 협상하여 아이디어에 투자하도록 설득한다. 창업자는 아이디어가 초기 단계이기 때문에 확장하기 위해 더 많은 돈이 필요할 수 있다. 이후 시드 단계에서 창업자는 엔젤 투자자를 찾아 합리적인 사업 계획으로 설득해야 하며, 생성 단계에서는 벤처 캐피탈을 활용하기 위한 지원 문서와 함께 계획을 준비해야 한다.

② 인적 자원(Human resources)

스타트업은 일반적으로 한 명의 설립자 또는 일부 공동 설립자로 시작한다. 시간이 지남에 따라 창업자는 프로토타입, MVP 등을 개발하기 위해 더 많은 전문가가 필요하다. 그런 다음 그는 사람들과 협상하고 팀을 만들고 최종적으로 직원을 고용해야 한다. 이 프로세스는 성공하기 위해 매우 중요하며 창업자가 해당 분야에 대한 지식이 부족하면 인적 자원 관리 문제로 인해 스타트업이 실패할 수 있다(Salamzadeh, 2015).

③ 지원 메커니즘(Support mechanisms)

스타트업의 라이프 사이클에서 중요한 역할을 하는 많은 지원 메커니즘이 있다. 이러한 지원 메커니즘에는 엔젤 투자자, 인큐베이터, 과학 및 기술 단지, 액셀러레이터, 중소기업 개발 센터, 벤처 캐피털 등이 포함된다. 이러한 지원 메커니즘에 대한 접근성이 부족할 경우 실패 위험은 높아진다(Salamzadeh, 2015).

④ 환경적 요소(Environmental elements)

마지막으로 중요한 것은 환경적 요소의 영향이다. 많은 스타트업은 기존 트렌드, 시장의 한계, 법적 문제 등과 같은 환경적 요소에 대한 관심 부족으로 인해 실패한다. 지원 환경이 스타트업의 성공을 촉진하지만 결과적으로 발생할 수 있는 해로운 환경은 실패의 원인이 된다(Boeker, 1988). 스타트업을 위한 환경은 기존 회사보다 훨씬 더 어렵고 중요하다(Bruton & Rubanik, 2002; Van Gelderen et. al., 2005).

스케일업 스토리(7)

모기지 고객 전문 인터넷 은행 'Atom Bank'

"핀테크는 finance에 관한 것보다 technology에 관한 것이 훨씬 더 중요합니다." 2014년 Durham에 본사를 둔 아톰 은행(Atom bank)을 공동 설립한 은행가인 Mark Mullen의 말이다. 디지털 챌린저 은행은 현재 400명 이상의 직원을 고용하고 있으며 영국 모기지 고객에게 총 28억 파운드, 영국 기업에 7억 파운드 이상을 대출했다.

"우리는 영국에 숙련된 은행가가 부족하다고 말하지 않습니다. 우리는 소프트웨어 엔지니어와 솔루션 설계자의 부족에 대해 이야기합니다. 그러나 핀테크 제안의 가치는 은행에 관한 것입니다. 기술은 은행을 더 좋고, 더 효율적이고, 역동적으로 만들 수 있지만, 근본적으로 사람들은 돈을 빌리고 저축하고 지불하고 받기를 원합니다."

이러한 맥락에서 그는 "옳은 일에 대해 이야기하고 올바른 결론에 도달한다"고 말하는 영국의 핀테크 리뷰인 Kalifa Review의 최근 출판을 환영한다. 특히 그는 핀테크가 런던에만 국한된 것이 아니라는 인식에 박수를 보낸다. "우리가 국가 핀테크 전략을 가지고 있다는 것은 매우 중요하며 전략에 중요한 런던 외곽과 남동부 지역이 있다는 것을 인식하는 것은 신선함을 느끼게 합니다."

도전적인 은행으로서 그는 정책과 규제가 가장 많은 걸림돌이 되겠지만 "우리는 5~6개의 기관이 엄청난 규모의 경제를 가진 산업에서 경쟁합니다. 그리고 장수와 성공에 대한 보상이 있어야 하겠지만 다른 산업의 기존 기업은 은행의 기존 기업보다 훨씬 더 경쟁에 취약합니다"라고 주장했다.

필수 기술

Mullen은 또한 기술이라는 아젠다에 집중하고 있다. "직원들이 매우 다르게 일할 수 있는 포스트 코로나 세계에서는 재능과 기술에 대한 경쟁이 더 치열해질 것입니다. 저는 숙련된 인재를 발굴하고 유지하는 방법에 대해 매우 확고한 관심을 기울이고 있습니다. 그리고 은행을 구축하는 데 필요한 것은 단지 기술뿐만이 아니라 파이낸스입니다. 우리는 훌륭한 위험 관리자와 인력 관리자, 소프트웨어 엔지니어 및 설계자가 필요합니다. 제가 가장 열정을 가지고 있는 것은 우리가 진정으로 디지털 경제를 주도할 수 있도록 중학교에서부터 시스템을 통해 기술 개발에 투자하는 방법입니다. 여기 북동부에는 영국 최고의 대학이 있으며 Durham 대학과 Newcastle 대학과 협력하고 있지만 기본에서는 학교 성취 수준이 뒤쳐져 있습니다. 그리고 그것은 지역 경제에 비용을 초래합니다. 우리가 가장 레벨 업해야 할 분야는 초등 및 중등학교 수준의 교육 및 교육 표준에 대한 투자입니다. 우리 팀에 참여, 도전, 흥분 및 보상을 제공하는 것은 나와 우리 팀의 몫이지만, 그 직장을 만들기 위한 인프라가 마련되어 있는지는 정부에 달려 있습니다."

성장 계획

지난 한 해 동안의 성장 계획은 간단하지 않았다. "지난 한 해는 많은 사람들에게 끔찍한 한 해였지만 팬데믹이 이 사업에 미친 영향은 완전히 예상치 못한 방식으로 대체로 긍정적이었습니다"라고 Mullen은 말한다.

2020년 한 해 동안 주택 시장과 모기지 시장이 셧다운되었으나 이제는 주택 구매 활동이 활발하다. Mullen은 "많은 사람들이 주택을 구입하는 것은 팬데믹의 예상치 못한 결과"라며 "그래서 우리는 모기지 사업이 문을 닫았다가 다시 시작하는 것을 보았다"고 말했다. 현재까지 아톰 은행(Atom bank)은 영국 모기지 고객에게 총 2억 파운드를 대출했으며 Mullen은 모기지 시장이 성장을 위한 거대한 범위를 제공한다고 말한다. 영국 기업에 대한 대출은 CBILS 및 복구 대출 제도와 같은 정부 지원 대출 제도에 참여하면서 7억 파운드 이상으로 증가했다.

자금 조달의 성장

은행을 시작하는 것은 비용이 많이 드는 사업이다. 현재까지 아톰 은행은 거의 5억 파운드를 모금했다. 2021년은 아톰이 손실을 충당하기 위한 자본 사용을 중단하는 해가 될 것이다. 그러나 매출은 강력하게 증가하고 있으며 Mullen은 매출 성장 속도가 계속될 것으로 예상하고 있다. 이 은행은 최근 회계 연도에 +110 베이시스 포인트의 순이자 마진(NIM), 즉 대출 대비 +1%를 달성했으며, 이는 지점이 없는 프라임 대출 은행에 적합한 징조이다. 이 은행은 최근 회계 연도에 +110 베이시스 포인트의 순이자 마진(NIM)을 달성했다. 즉, 대출에 +1% – 이는 지점이 없는 주요 대출 은행의 좋은 전조이다.

"우리의 초점은 자본의 관점에서 자립할 수 있는 지점에 도달하는 것입니다"라고 Mullen은 말한다. "그때부터 사업에 투입된 자본은 모두 성장에 관한 것입니다. 팀은 IPO를 목표로 하고 있습니다. IPO를 위한 적절한 시기를 선택하는 것은 과학이라기보다 예술에 가깝고, 그해가 지난 후에는 완벽한 선견지명을 주장하지 않을 것"이라며 "2022/23 회계 연도의 IPO가 목표다"라고 말했다.

영국은 은행을 스케일업하기에 가장 좋은 곳인가?

최근의 역사는 새로운 은행의 몇 가지 물결이 있었음을 보여 준다: 1980년대 건축 사회의 주식화는 새로운 은행을 창출했다. 1990년대 전화 뱅킹은 First Direct (Mullen이 CEO였다) 및 Smile과 같은 새로운 법인을 만들었다. 금융 위기의 여파로 Shawbrook 및 Oak North와 같은 새로운 은행이 등장했으며 Starling, Monzo 등과 함께 Atom 은행과 같은 온라인 은행이 그 뒤를 이었다. 그러나 그들 중 국제적으로는 말할 것도 없고 실질적이고 유기적으로 성장한 것은 거의 없다고 Mullen은 지적한다.

"우리는 새로운 은행의 창설을 촉진하는 가장 자유롭고 진보된 규제 환경을 가지고 있으며 현재보다 다양한 생태계를 가지고 있지만 은행의 지배력은 변하지 않았습니다."라고 말하면서 "은행의 디지털화가 그 자체로 더 많은 선택과 더 많은 활동을 창출할 것인지, 아니면 큰 사람들이 계속해서 작은 것을 먹을 또 다른 통합의 물결에 의해 사라질 것인지의 여부는 여전히 숙제로 남아 있습니다."라고 말한다.

※ 자료원: www.scaleupinstitute.org.uk/stories

8장. 스타트업의 스케일업 시기와 준비

I. 개요

Steve Blank(2013)에 의하면, 스타트업이란 반복 가능하면서 확장 가능한 비즈니스 모델을 탐색하기 위해 만들어진 조직이라면, 스케일업은 시장에 영향을 미치는 충분한 시장 점유율을 차지하기 위해 가치를 창출하고, 전달하며 수확을 거두기 위한 기반과 스킬 그리고 시스템을 구축하기 위해 만들어진 조직이라고 할 수 있다.

따라서 스타트업의 당면 과제는 반복 가능하면서 확장 가능한 비즈니스 모델을 탐색하는 것이라면, 스케일업의 당면 과제는 기존 기업과의 전략적 협력을 통한 기하급수적 성장 및 시장의 개발이라고 할 수 있다. 이러한 목표를 달성한 스케일업 기업이 시장에서의 리더십과 성장을 유지하는 경우 이러한 기업을 스케일러(Scaler)라고 한다.

[그림 8-1]과 같이 성장 단계에 있는 스타트업들이 스타트업 라이프 사이클의 각 단계마다 당면하는 과제들을 잘 해결함으로써 '제품을 성공적으로 출시하고 계속적으로 성장하고 있을 때 창업자는 자신의 스타트업을 어떻게 스케일업할 수 있을까?'에 대한 의문을 제기할 수 있다. 아울러 또 다른 질문은 '언제 스케일업을 할 것인가?'에 대한 것이다.

[그림 8-1] 스타트업에서 스케일업까지 단계별 도전 과제

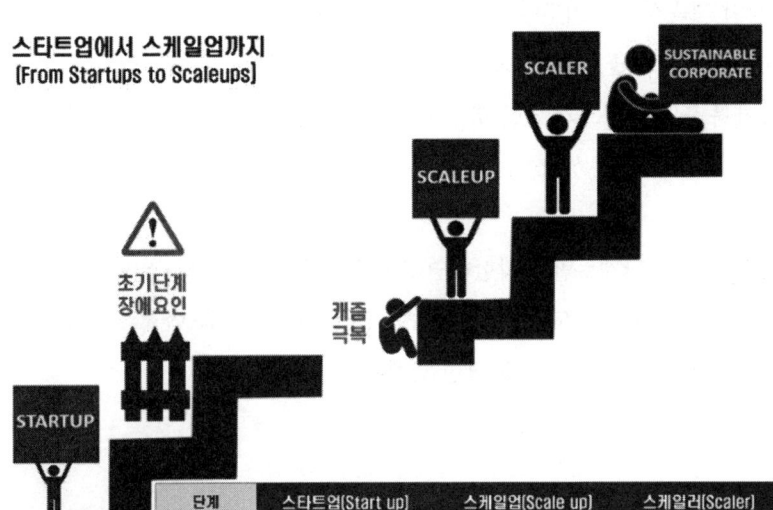

※ 자료원: Startup Europe Partnership(SEP) 자료 재정리

II. 스케일업(Scale up)의 개념

1. 스케일업이란?

기본적으로 비즈니스 모델의 타당성을 입증할 때까지는 스타트업이다. 그 후 검증된 비즈니스 모델을 기반으로 수익을 늘리고 있는 경우 스케일업이라고 할 수 있다. 따라서 스타트업이 지속적으로 잠재력을 탐색하고 있고 제품이나 서비스를 누구에게 가장 잘 보여 줄 수 있는지를 찾는 과정에 있다면 그러한 스타트업은 스케일업을 위한 스위트 스폿(sweet spot) 즉 최적의 위치에 있다고 할 수 있다. 구체적으로 말하면 제품과 시장의 적합성(Product-Market Fit)이 완성되었을 경우 MVP의 타당성과 신뢰할 수 있는 팀 그리고 훌륭한 시장 기회를 투자자에게 보여 줌으로써 자금 조달을 제안할 수 있다.

이는 곧 확장 가능한 비즈니스 모델을 가진 스타트업이 스케일업이 될 수 있음을 의미하지만 성장이 지속적으로 이루어지지 않는 경우 스케일업 기업이 될 수는 없다. 즉 전년 대비 20% 이상의 매출 성장을 보이는 스타트업이 될 수는 있지만, 여전히 확장 가능한 인프라, 제품 또는 서비스가 없을 경우 스케일업 기업이 될 수는 없다. 구체적으로 말하면 3년 동안 연간 20%씩 성장하는 기업을 스케일업 기업이라고 부른다.

스케일업을 하나의 단계로만 생각한다면 스케일업은 규모가 다른 일반 중소기업에서도 도달할 수 있는 단계일 수도 있다. 그렇다면 한 단계에서 다음 단계로 어떻게 이동할 수 있는가? 또한 이동한 후에는 주요 당면 과제는 무엇인가?

2. 스케일업 단계의 주요 과제

스케일업을 시작하는 순간 흔히 두 가지 문제가 제기된다. 첫째는, 지금까지 대부분의 작업이 수동으로 수행되었다는 사실과 둘째는, 모든 사람이 모든 작업을 수행했다는 사실이다.

스타트업 단계에서는 각 팀의 구성원에 대한 명확한 책임이 부여되지 않거나 충분히 보호되지도 않는다. 그러나 스케일업을 할 때는 리더십 시스템을 구축하고 절차를 자동화하는 데 능숙하거나 빨리 능숙해져야 한다. 스케일업 단계에서는 의사 결정의 복잡성도 변한다. 관련된 이해관계자가 점점 더 많아지고 회사가 감내할 수 있는 위험 수준이 감소한다. 어떤 단계에서든 계산된 결정을 내리는 것이 중요하지만 이 시점에서 그것은 성패를 좌우한다.

기업은 증가하는 복잡성을 처리하기 위해 IT 시스템과 물리적, 조직적 구조를 강화해야 한다. 따라서 회사가 계속 성장함에 따라 도전 과제는 리더십, 인프라 및 마케팅으로 이동한다. 스케일업은 세 영역 모두에서 올바른 시스템을 갖추고 있어야 한다. 빠르게 성장하는 회사는 현금 흐름과 관련된 어려움을 겪을 수도 있다. 빠른 성장에는 비용도 급격히 증가하기 때문이다. 그들은 신규 고용, 아웃소싱, IT 시스템 및 추가적인 물리적 공간에 자금을 조달할 확실한 계획이 필요하다.

적절하고 확장 가능한 인프라 없이는 품질 관리를 유지하고 어렵고 프로젝트를 제시간에 완료하는 것이 어려워질 수도 있다. 이처럼 프로세스를 스케일업하는 데 집중하지 않으면 구조적인 요인으로 인한 다양한 문제들이 발생함으로 인해 직원과 고객 모두에게 문제를 일으키고 좌절감을 안겨주는 현상이 나타나게 된다.

리더십에 대한 요구 사항도 빠르게 변한다. 만약 사업의 규모를 10배 늘리고 싶다면 간부급과 중간 관리자급의 역량이 10배가 되어야 한다. 조직계층에 단순히 더 많은 관리 계층을 추가하는 것은 과업을 완료하기 어렵게 할 수도 있다. 대부분의 회사는 이것을 잘하지 못한다.

적절한 인재를 찾고 보유하는 것은 경쟁력 유지 및 서비스 수준 유지와는 별개로 스케일업의 가장 시급한 문제 중 하나이다. 인재의 경우 단순히 몇 명의 인력을 추가로 고용하는 문제가 아니라 적절한 영역에서 적절한 인재이어야 하기 때문이다. 스타트업 단계에서 제품 개발, 유기적 성장, 마케팅 및 영업과 같은 주요 영역에 초점을 맞추었다면 이제는 인적 자원 관리, 급여 및 지원 분야의 인재도 필요하게 될 것이다.

Jim Collins(2001)의 베스트셀러인 《Good to Great》에서 언급된 것처럼 좋은 회사에서 위대한 회사로의 전환에 불을 붙인 경영자들은 버스를 어디로 몰고 갈지 먼저 생각하고 난 다음에 버스에 사람들을 태우지 않았다. 반대로 버스에다 적합한 사람들을 먼저 태우고(부적합한 사람들은 버스에서 내리게 하고) 난 다음에 버스를 어디로 몰고 갈지 생각했다. 좋은 회사를 위대한 회사로 도약시킨 리더들은 세 가지 단순한 진리를 이해했다. 첫째는 무엇보다 '누구'로 시작할 경우 변화하는 세계에 보다 쉽게 적응할 수 있다는 것이었다. 둘째, 적합한 사람들을 버스에 태운다면 사람들에게 어떻게 동기를 부여하고 사람들을 어떻게 관리할 것인가 하는 문제가 대부분 사라진다. 셋째, 부적합한 사람들을 데리고 있을 경우, 올바른 방향의 발견 여부는 문제가 되지 않는다. 올바른 방향을 설정한다 해도 잘못된 사람들과 함께라면 결코 훌륭한 회사가 될 수 없기 때문이다.

　스케일업 단계에서는 판매와 별개로 효과적인 마케팅 기능을 구축하는 것이 중요하다. 이를 통해 조직은 올바른(그리고 가장 수익성이 높은) 고객을 찾는 데 계속 집중할 수 있다. 마케팅은 또한 비즈니스 성장에 발맞추기 위해 적절한 인재를 끌어들이는 데도 필요하다.

　지금까지의 내용을 간략히 요약하면 스케일업은 경쟁력을 유지하기 위해 제품의 가격이 아니라 가치를 높여야 한다. 비즈니스를 수행하는 방식이 현명해야 하고 사람들이 일하기 좋아하는 곳을 만들고 경쟁 우위를 유지하기 위해 최신 기술을 구현해야 한다.

3. 성장과 스케일링의 차이점

　스타트업의 스케일업과 관련하여 한 가지 주목할 사실은 스타트업의 성장(Growing)과 스케일링(Scaling)의 개념의 차이에 대한 이해이다[그림 8-2].

(1) 스타트업 성장(Growing):
① 비용과 자원을 점진적으로 증가시켜 수익을 늘리는 것이다.
② 기본적으로 더 많이 투자하고 더 많이 지출하며 그에 비례하여 더 많은 수익을 얻는 선형적인 성장을 의미한다.
③ 결과적으로 사업을 성장시키고 더 많은 돈을 벌게 되지만 그러나 동시에 많은 비용을 지출하고 있다.
④ 어느 시점에서 고객 확보 비용이 수익성이 있는 프로젝트로 남아 있기 에는 너무 높아 보일 수도 있다.

(2) 스타트업 스케일링(Scaling):
① 기하급수적으로 성장하고 거의 동일한 투자로 최대 수익을 얻는 과정이다.

② 일반적으로 스타트업의 스케일링은 이미 성장 단계를 거쳐 상당한 추가 비용 없이 고객 수와 매출을 늘릴 준비가 되어 있다.

③ 예를 들어 매일 10명의 고객에게 서비스를 제공하는 상점이 있다. 하지만 스타트업의 비즈니스를 스케일업할 준비가 되어 있다면 큰 노력 없이 내일 1,000명의 고객을 처리할 수 있다. 그러나 준비가 되지 않았다면 1,000명의 고객을 다루는 것은 비즈니스에 부하가 걸릴게 할 것이므로 이러한 상점은 먼저 성장을 시켜야 한다.

[그림 8-2] 성장 Mode와 스케일링 Mode

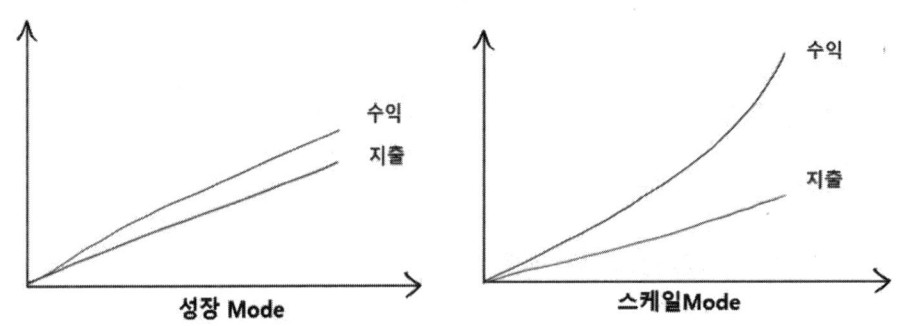

이처럼 회사의 성장(growing)과 스케일링(scaling) 사이에는 큰 차이가 있다. 그리고 스타트업 이후 스케일업을 추구하는 것은 성장이 아니라 기하급수적인 성장이다. 만약 스타트업 또는 중소기업이 해당 산업에 지속적인 영향을 미치고 싶다면 높은 간접비를 축적하지 않고 성장해야 한다. 더 많은 고객, 증가하는 직원 수, 더 큰 사무실은 모두 비즈니스가 성장하고 있다는 물리적 신호이다. 그러나 수익에 영향을 미치지 않으면 무슨 이점이 있겠는가? 많은 중소기업이 처음에 빠지는 일반적인 함정은 결국 더 많은 사업을 양도하고 더 많은 사람을 고용하고 간접비를 늘리지만 실제로는 창업할 때와 비교해서 수익이 같거나 더 적다는 것이다.

스케일링을 할 때는 고객과 수익은 기하급수적으로 추가되지만, 비용은 점진적으로 증가해야 한다. 따라서 스케일업은 모든 방향에서 안정적이고 선형적인 성장을 나타내지 않는다. 대신, 스케일업은 성장 지표에서 "하키 스틱(hockey stick)" 형태의 곡선을 보인다. 이는 많은 경우 동일한 비율로 비용을 증가시킬 필요 없이 기하급수적으로 수익을 추가하는 시스템을 통해 달성된다.

이처럼 단순한 성장과 스케일링의 개념은 다르다. 이러한 사실을 알았다면 어떻게 스케일업 모드로 들어갈 수 있을까? 회사 전체가 스케일업을 잘할 수 있도록 하려면 어떻게 해야 할까? 이를 위해서는 무엇보다도 Startup Genome Report(2011)에서 지적한 것처럼 스케일업 추진의 타이밍(timing)이 중요하며 아울러 스케일업을 위한 충분한 준비가 필요하다.

III. 스케일업의 시기

1. 스케일업 시기를 알려 주는 징후들

스케일업의 첫 번째이자 가장 필수적인 단계는 시작 준비가 된 시점을 정의하는 것이다. 2011년 Startup Genome Report에서 나타난 결과처럼 조사 대상자의 74%가 조기 스케일업으로 인해 실패했으며 적절하게 스케일업된 스타트업보다 20배 더 느리게 성장했다. 따라서 적절한 시기를 정의하는 것이 스타트업의 핵심 포인트가 될 수 있다.

비즈니스가 개발 및 성장의 중요한 지점에 도달했으며 다음 단계로 나아갈 준비가 되었음을 나타내는 많은 징후가 있다. 스타트업의 비즈니스와 해당 시장이 아래 대부분의 특성을 나타내고 있다면 비즈니스를 스케일업하기에 좋은 위치에 있다고 할 수 있다.

스타트업의 스케일업 시기와 관련하여 현장에서 스케일업 서비스를 제공하는 전문 컨실팅사들이 가장 많이 공통적으로 지적한 징후의 범주들을 보면, 팀, 이전 목표의 달성, 정적인 현금 흐름 그리고 IT 인프라를 지적하였고 기타 견고한 고객 기반과 최소의 리스크 분위기를 지적하였다〈표 8-1〉.

<표 8-1> 스케일업 시기를 알려 주는 징후들

컨설팅사	SLOBODA	CLEVEROAD	Integrio
세부 징후들	Good customer base	Good team	An accomplished settled team
	Reaching previous goals	You achieved previously set goals	Proven track record of hitting milestones
	Positive cash flow	Strong Cashflow	Strong financial position
	Working concept and reliable infrastructure	Good working IT syatems	Capable IT Infrastructure
	Minimized risks		

※ 자료원: 필자의 재구성

따라서 스케일업을 시작하기 전에 스케일업을 할 준비가 되어 있는지 확인할 필요가 있다. 다음은 스케일업 프로세스를 시작하기 전에 체크해야 할 5가지 중요한 사항에 대해 살펴보기로 한다(SLOBODA, 2023)

1.1 견고한 고객 기반(Good customer base)

많은 수의 고객과 견고한 시장 점유율은 제품 아이디어가 유효함을 증명하는 것이며 비즈니스에 시장 안정성을 제공하는 것이라 할 수 있다. 아울러 고객이 제공하는 또 다른 가치는 물론 수익이지만 매출이 많을수록 프로젝트가 더 쉽게 성장할 수 있다.

한 가지 유념할 사항은 고객 충성도가 높고 더 많이 구매할 가능성이 있다고 확신하는 경우 이러한 고객에게 서비스를 제공할 충분한 재고와 직원이 있을 때까지 스케일업을 시도하지 말아야 한다는 것이다. 그렇지 않으면 스케일업 자체가 실패할 뿐만 아니라 기존 고객 기반을 잃을 위험이 있다.

1.2 이전 목표의 달성(Reaching previous goals)

신생 기업은 일반적으로 미래의 이벤트, 수익, 기간, 비용 및 목표가 구축되는 기타 변수를 예측할 수 있는 개인적인 데이터가 충분하지 않다. 차용한 통계를 사용하여 기업가는 비즈니스의 미래를 예측하고 결과적으로 그에 따른 목표를 설정할 수 있다. 목표가 예상대로 이루어지지 않거나 계획대로 이루어질 수도 있다. 하지만 비즈니스의 성공으로 인해 이러한 목표를 초과할 수도 있다. 목표를 달성하거나 초과했다면 재평가가 필요하며 스케일업이 해결책이 될 수 있다.

이처럼 새롭고 방대한 전략을 세울 때 이전 계획의 결과를 확인하는 것은 매우 중요하다. 프로젝트가 이전 목표를 달성하지 못한 경우 회사 전체를 변화시키기 전에 문제점을 분석하는 것이 좋다. 스타트업을 스케일업할 준비를 할 때 불가능하거나 달성하기 너무 어려운 목표를 설정하는 것은 바람직하지 않다. 높은 목표를 설정하되 스케일업을 시작하기 전에 적절한 자원을 설정하는 것이 우선 과제임을 잊지 말아야 한다.

1.3 긍정적인 현금 흐름(Positive cash flow)

긍정적인 현금 흐름은 비즈니스를 지원하는 데 필요한 돈보다 더 많은 돈을 창출하고 있음을 나타낸다. 따라서 긍정적인 현금 흐름을 통해 비즈니스에 재투자할 추가 자금을 확보할 수 있다. 그러나 사업 이익과 현금 흐름을 혼동하지 말아야 한다. 회사의 이익은 사업 아이디어가 가치 있고 성공적인지 여부를 보여줄 수 있지만, 긍정적인 현금 흐름은 회사의 비즈니스를 매일 실행 가능하게 유지하는 데 도움이 되는 것이다.

스케일업을 추진할 때 긍정적인 현금 흐름은 비즈니스라는 유기체를 지원하는 혈액과 같으므로 이를 개선할 수 있는 방법을 살펴보면 다음과 같다(Chuck Kocher, 2019):

① 판매 주기 단축
판매 주기가 얼마나 되는지를 추적하는 것으로 시작할 수 있다. 즉 잠재 고객이 실제

로 고객이 되기까지 얼마나 걸리는가? 업종마다 판매 주기가 다를 수 있다. 그러나 판매 주기를 단축할 수 있는 방법을 찾을 필요가 있다. 즉 잠재 고객에서 고객으로 이동하는 데 걸리는 시간을 단축하기 위해 어떤 단계를 수행할 수 있는지에 대한 중요한 정보를 추적하는 것이 필요하다.

② 생산 및 재고 주기 단축

제품을 판매하려면 재고가 있어야 한다. 그러나 재고에 지출한 돈은 제품을 판매할 때까지 성장을 위해 사용할 수 없다. 제품을 더 빨리 생산하고 재고를 이동할수록 더 빨리 성장을 촉진할 수 있는 현금을 확보할 수 있다. 품질 저하 없이 생산 일정을 개선할 수 있는 방법을 찾을 필요가 있다. 거래량이 많으면 어느 정도 여유가 있을 수 있지만 재고에 묶여 있는 현금이 많으면 거기에 묶여 있는 돈은 도움이 되지 않는다.

③ 배송 주기 단축

고객에게 제품(또는 서비스)을 제공하는 데 불필요한 지연이 있는지를 살펴볼 필요가 있다. 판매는 돈을 받을 때까지 판매가 아니다. 주문 접수와 상품 또는 서비스 배송 사이의 지연 원인이 무엇인지를 살펴보고 신속한 주문 처리 방법을 찾을 필요가 있다. 가장 이상적인 방안은 프로세스를 자동화하는 방법을 찾는 것이다.

④ 청구 및 대금 지불 주기

송장을 보내는 것과 대금을 지불받는 것은 큰 차이가 있다. 지불이 느린 고객이 있다면 그 이유를 알아볼 필요가 있다. 주문이 제대로 처리되고 있는지, 고객이 지불할 준비가 되었을 때(예: 월말 또는 청구서를 지불할 때마다)에 맞추어 청구서가 도달하고 있는지, 신속한 지불을 할 경우 제공할 수 있는 인센티브가 있는지 등을 검토해 볼 필요가 있다.

1.4 사업 콘셉트 검증과 안정적인 인프라

스스로에게 다음과 같은 질문을 던져본다. '나는 사업 개념의 타당성에 대한 증명을 하였는가? 나는 제품이 팔릴 것이라는 것을 증명했는가? 스케일업할 수 있는 인프라가 마련되어 있는가?' 이러한 질문은 스케일업을 위한 판단 프레임워크로 중요하며 스케일업이 일어나기 전에 취약한 인프라나 시기상조 제품과 같은 쉬운 함정을 식별하는 데 도움이 된다.

사업 개념(Business concepts)의 타당성 검증이 중요하다. 물론 스타트업 초기부터 문제 - 솔루션 적합성, MVP, 제품 - 시장 적합성을 검증해 왔지만 다시 한번 제품이나 서비스가 원했던 품질 기준과 일치하고 있는지 목표 고객의 어려움 성공적으로 해결하고 있는지를 확인할 필요가 있다. 비록 소규모이지만 사업 개념의 타당성이 입증되면 더 큰 소비자를 기반으로 정확한 성장 예측을 위한 토대가 마련될 수 있다.

아울러 비즈니스 소프트웨어를 사용하는 사람이라면 IT 시스템이 고객의 증가와 관련된 부담을 감수할 수 있다는 사실을 익히 알고 있다. 스케일업은 더 많은 정보를 저장해야 함을 의미하므로 IT 시스템이 작은 작업만 수행하는 경우에는 스케일업을 추진할 때 심각한 문제에 직면할 수 있다. 그러나 심각한 작업을 쉽게 처리하고 많은 양의 정보를 저장할 수 있는 소프트웨어를 사용한다면 스케일업의 시도를 두려워할 필요가 없다.

스케일업에 실패하고 싶지 않다면 비즈니스는 시계처럼 작동해야 하며 다음과 같은 질문에 답할 수 있어야 한다:

· 사업 개념의 타당성이 입증되고 원했던 대로 작동하는가?
· 더 많은 판매와 이익을 얻기 위해 업그레이드가 필요한가?
· 회사의 내부 비즈니스 인프라와 프로세스는 어떤가?

위의 모든 사항이 양호한 상태라면 비즈니스를 성공적으로 스케일업할 가능성이 더 크다.

1.5. 최소화된 위험

지금까지 스타트업이 스케일업을 시도해도 되는 때를 알리는 몇 가지 체크해야 할 사항들을 살펴보았다. 그러나 사실 스케일업과 같은 새로운 것을 시도할 때는 어떤 일이 일어날지 모른다. 그러나 열정적으로 비즈니스에 집중하고 작게 시작하고 큰 꿈을 꾸고 미리 계획하되 기회가 왔다고 해서가 아니라 준비가 된 경우에만 스케일업을 시도해야 한다(Richard Branson, 2017). 다시 말하지만, 준비가 되었을 때만 스케일업을 시도해야 한다. 이익이 1/4 증가했거나 신뢰할 수 있는 팀이 있다는 이유로 그리고 몇 가지 초기 목표를 달성한 다음 불가능한 목표를 달성하기 위해 스케일업을 시도할 수는 없다는 점에 유의하는 것이 중요하다. 위험은 비즈니스에 내재되어 있으며 '확실한 것'은 없지만 스케일업하기 전에 위험을 최소화하는 것이 우선되어야 한다.

저명한 은행가인 Mark Hoppe(2019)의 다음과 같은 조언을 유념할 필요가 있다. "스케일업은 기업에 중요하지만 심각한 위험이 따르므로 이에 대한 계획이 필수적이다. 즉 스타트업을 스케일업할 때의 상위 5가지 위험은 다음과 같다. 즉 마이너스 현금 흐름, 너무 빠른 스케일링, 과한 업무량으로 인한 직원 탈진, 규정 준수 및 법적 의무 불이행 그리고 신규 고객 유치 실패. 따라서 스케일업을 추진하기 전에 이러한 모든 사항의 위험성이 최소화될 수 있는 분위기를 유지하는 것이 무엇보다 중요하다."

2. 조기 스케일업의 위험

스케일업의 시기와 관련하여 Startup Genome 보고서(2011)에 의하면, 약 3,200개의 스타트업을 대상으로 설문조사를 실시한 결과 74%의 스타트업이 너무 빠른 스케일업으로 인해 실패한 것으로 나타났다. 더군다나, 조기에 스케일업을 시도한 스타트업은 적절한 시기에 스케일업한 스타트업보다 20배 더 느리게 성장한 것으로 나타났다.

이러한 결과는 스케일업을 추진함에 있어서 적절한 시기를 정하는 것은 성공적인 스케일업을 위한 핵심 포인트가 될 수 있음을 의미하는 것이다. 즉 너무 일찍 또는 너무 빨리 스케일업함으로 인해 제품이 성장을 다룰 수 없다거나, 많은 직원을 고용하고 새로운 고객을 유치하지만 수요를 관리할 수 없다거나, 시장 적합성을 검증하지 않고 제품 개발에만 투자했을 경우 등은 스케일업을 위한 준비가 안 된 시점에서 스케일업을 성급하게 추진한 실패의 결과라고 할 수 있다.

조기 스케일업은 또 다른 차원의 비즈니스의 일부일 수 있다. 평소와 같이 조기 스케일업은 제품, 팀 또는 재무 및 비즈니스 부분 내부의 불일치로 인해 발생할 수 있다. 보다 구체적으로 하나씩 논의해 보면 다음과 같다.

2.1 제품

예를 들어, 제품 - 시장 적합성, 간단히 말해서 고객의 어떤 문제를 해결하고 싶은지 생각하기 전에 확장을 시작하면 비즈니스가 실패할 수 있다. 스타트업 개발 경험에 비추어 볼 때, 최소 실행 가능한 MVP 버전의 제품으로 시장을 검증하기도 전에 모든 기능을 갖춘 제품을 위해 투자하는 것은 바람직하지 않다. 이 단계에서 실제로 필요하지 않은 과도한 기능을 피하는 데 많은 비용을 절약할 수 있다.

2.2 팀

너무 많은 사람을 고용하거나 단지 관리팀만 고용하여 스타트업을 스케일업하지 말아야 한다. 스케일링은 항상 어려운 일이며 처음에는 주로 품질에 집중하고 비즈니스를 성공으로 이끌 수 있는 더 많은 작업자를 고용해야 한다는 점을 기억해야 할 필요가 있다. 스타트업을 스케일업하려면 1단계 계층 구조를 고용하는 것으로 충분하다. 나중에, 분명히 사업을 확장하고 더 많은 직원을 확장하고 고용하게 될 것이다.

2.3 비즈니스

젊고 유망한 창업자는 짧은 시간에 자신의 비즈니스가 더 성장하기를 열망한다. 스타트업이 흔히 범하는 실수로는 과도한 계획, 시간이 지나기 전에 이익을 극대화하려는 시도, 피드백 무시, 빠르게 변화하는 시장에 적응하지 않는 것 등이 있다. 따라서 처음에는 다소 단순한 계획을 세우고 제품에 대한 철저한 비즈니스 모델을 만드는 데 집중하는 것이 바람직하다.

Ⅳ. 스케일업을 위한 준비

스케일업을 위한 여건이 조성되었다면, 스케일업을 위해서 무엇을 준비해야 하는가. 이와 관련하여 같은 스타트업이라고 하더라도 기업 성장 단계나 비즈니스의 유형 그리고 산업 환경적인 측면에서 다소의 차이가 있으므로 스케일업을 지향하는 모든 기업에 적용할 수 있는 일반화된 준비 요건을 규정하기는 어렵다. 그러나 스타트업의 스케일업을 위한 컨설팅 서비스를 제공하는 5개의 유명 컨설팅사에서 스케일업을 위해 준비해야 하는 사항들을 제시한 내용들을 정리하면 아래 〈표 8-2〉와 같다.

〈표 8-2〉 컨설팅사별 스케일업 준비 사항

SLOBODA	Growth Institute	CLEVEROAD	Integrio	Inc.com
Automate What You Can	Commit to growth	Develop right strategy	Move to the next round of funding	Get the basics down
Invest in technologies	Work on your leadership skill	Invest in technology	Invest in technology	Automate Everything
Know your customers' expectations	Hire the right people	Outsource non-essentials	Deploy a new marketing strategy	Boost marketing

SLOBODA	Growth Institute	CLEVEROAD	Integrio	Inc.com
Use marketing techniques	Collaborate with many	Improve marketing	Launch an associated product and service	Outsource nonessentials
Hire the Right Team	Focus on processes and automate	Improve reputation	Reflect on Current Process	Keep an eye on social media
Outsource	Boost your marketing	Select the right staff	Consider Hiring experienced management	Excuse yourself
Take care of your PR and Social Media	Make yourself excusable	Make startup workable without you	Make the startup run without you	Hire the right people
Arrange the processes inside the company				
Make Your Business Workable Without You				
Secure Funding and Generate a Steady Revenue Stream				
Slow down and Set up the right expectations				

언급된 내용	Make the startup run without you	Improve marketing	Hire the Right Staff	Automation & Process	Invest in technologies	Outsource non-essentials	Prepare next Funding
언급된 횟수	5	5	5	5	3	3	2

※ 자료원: 저자의 재구성

스케일업을 위해 준비해야 하는 사항들 가운데 가장 많이 언급된 내용을 순서대로 살펴보면, '설립자가 없어도 일이 되게 하는 것', '적합한 인재를 고용하는 것', '마케팅의 개선', '프로세스의 자동화', 'IT기술의 투자', '아웃소싱', '차기 자금 조달' 순으로 지적하였다.

5개 컨설팅사에서 공통적으로 추천한 내용을 기초로 스타트업이 스케일업을 위해 준비해야 할 사항들을 세부적으로 정리하면 아래와 같다:

(1) 설립자가 없어도 원활하게 업무가 이루어지는 시스템 구축

스타트업의 초기에 기업을 운영하는 것은 쉽다. 처음에는 설립자가 관리자, 마케팅 담당자, 채용 담당자, 사무실 관리자가 되거나 팀에서 필요한 다양한 역할을 맡는 것이 일반적이다. 그러나 점차적으로 프로젝트가 성장하고 확장됨에 따라 작업 및 책임의 양도 크게 늘어난다. 계속해서 모든 것을 제어하고 싶겠지만 물리적으로 불가능하다. 따라서 스타트업 기업이 설립자가 없어도 작동할 수 있을 때 비로소 스케일업이 가능하다 (SLOBODA, 2023)

스타트업을 독립적으로 만들기 위한 Tips
· 프로젝트에서 진정한 목표가 무엇인지를 확인하라
· 일상 업무와 회사의 부서를 규제할 관리자를 고용하라
· 직원이 자신들의 관리자를 알 수 있도록 올바른 계층 구조를 구축하라
· 모든 사람이 비즈니스 내부의 프로세스를 이해할 수 있도록 작업의 기본 규칙을 만

들어라
- 회사에 CEO를 묶어 두게 하는 프로세스를 제거하라
- 때로는 몇 가지 실패가 발생하도록 놔두라

(2) 마케팅 기법의 향상(Improve marketing)

마케팅은 스케일업 단계에서 성장을 위한 핵심 엔진이다. 틈새시장, 산업 및 대상 고객에 따라 수십 가지 마케팅 전략, 접근 방식 및 판촉 채널이 있을 수 있다. 마케팅 기법의 유형은 광범위하지만 최근 주목받는 마케팅 트렌드는 다음과 같은 10가지 마케팅 기법이다. 그러나 어떤 방법을 사용하든 잠재 고객이 기업의 비즈니스를 좋아하고 신뢰하는 경우에만 효과적이라는 것을 기억할 필요가 있다. 마케팅 기법의 세부 사항은 4부 11장의 온라인 마케팅의 트렌드 부분에서 더 자세한 내용을 소개하기로 한다.

- 콘텐츠 마케팅
- 소셜 미디어 마케팅
- 검색 엔진 최적화(SEO)
- 이메일 마케팅 및 뉴스레터
- 인플루언서 마케팅
- 미디어 및 PR 획득
- 방문 페이지
- 광고
- 제휴 마케팅
- 행동 유도 문안(CTA)

(3) 적합한 직원의 선발(Select the right staff)

스타트업을 스케일업하는 것은 더 많은 사람을 고용하는 것을 의미한다. 아웃소싱 직원에 대한 것도 중요하지만 여기서는 사내 직원에 대한 부분을 언급한다. 이 단계에서 올바른 팀을 구성하는 데 도움이 되는 직원의 가장 필수적인 특성을 열거하면 다음과 같다.

- 필수적인 작업을 수행할 인재. 기업의 핵심 가치를 추구할 수 있는 필수 인력을 고용하는 것을 말하며 다른 부수적인 일을 하기 위한 목적이라면 아웃소싱 팀을 선택해야 한다.
- 기계가 할 수 없는 것을 할 수 있는 인력. 앞에서도 언급했듯이 비용과 인적 자원을 줄이려면 가능한 한 많은 프로세스를 자동화해야 한다. 그런 다음 기계가 수행할 수 없는 작업을 생각해 보고 그러한 작업을 위해서만 사람들을 고용해야 한다. 그렇지 않으면 인적 자원의 낭비를 초래할 수 있다.
- 다중 숙련자. 하나 이상의 기술을 가지고 있는 숙련자를 말한다. 스타트업 초기에는 한 사람이 여러 작업을 수행할 수 있는 인력이 필수적이기도 하다. 이러한 시나리오에 대비해서라도 다양한 분야에서 숙련된 사람들을 고용하는 것이 바람직하다. 그러나 유의해야 할 사실은 상황에 따라서는 모든 것을 아는 사람보다 특정 전문 지식을 가진 전문가를 고용하는 것이 더 나을 수도 있다는 사실이다.
- 혁신적인 사고를 하는 사람들. 경쟁이 치열한 세계에서 혁신적인 아이디어는 다른 이들과 차별화하는 역할을 한다. 다른 경험과 배경을 가진 새로운 사람들은 스타트업을 위한 신선한 공기를 불어넣어 준다. 따라서 기업의 비즈니스에 유용하고 수익성이 있을 수 있는 참신한 아이디어를 제공할 수 있는 창조적인 생각을 가진 자를 고용하고 아이디어를 자유롭게 공유할 수 있도록 해야 한다.

(4) 내부 프로세스의 정리

스케일업을 시작할 때 자원(resources)의 수가 너무 많은 것은 바람직하지 않다. 적지만 효과적인 리소스를 사용하는 것이 더 합리적이다. 스타트업의 스케일업 시 프로세스 설정에 대한 참고 사항은 다음과 같다:

① 문서화(Documenting)

소규모 스타트업일 때 문서화는 다소 불필요해 보인다. 그러나 스케일업을 시작하면 문제를 더 빨리 해결하고 경험과 지식을 팀과 공유하고 비즈니스의 안정성을 유지하는 데 도움이 되므로 문서화는 필수적이다.

② 간결성 유지(Keep It Simple)

비즈니스가 클수록 더 많은 문제가 발생한다. 스케일업을 시작하면 고객, 고용, 기술 및 새로운 프로세스와 같은 것에 집중해야 한다. 기술적인 문제나 팀의 오해와 같은 새로운 문제가 발생하지 않도록 필수 요소로만 작업하고 한 번에 너무 많은 변수를 추가하지 말아야 한다.

③ 구조화(Add Enough Structure)

팀이 작업을 빠르고 효율적으로 수행할 수 있도록 필요한 모든 프로세스와 계층을 배열하여 충분한 구조를 추가한다. 무슨 일이 일어나고 있는지 통제하기 위해 주변에 있지 않더라도, 모든 팀원은 자신의 관리자가 누구인지, 개인적으로 알아야 할 책임이 무엇인지, 발생한 문제에 대해 어떻게 해야 하는지를 알아야 한다.

(5) IT 시스템 및 인프라 구축

스타트업에서 스케일업으로 도약하기 위해 갖춰야 할 많은 요건 가운데 자동화 및 업무 프로세스의 문제는 IT 시스템 및 인프라를 통해 구현하는 것이다. 즉 아무리 좋은 조직 문화, 잘 팔리는 제품 그리고 좋은 제품을 보유하고 있다고 하더라도 시스템이 최신 상태가 아니어서 주문을 제대로 이행하지 못하거나 실수하게 되면 모두를 잃게 된다. 이처럼 모든 비즈니스에는 견고한 운영 시스템이 필요하지만, 스케일업의 경우는 높은 성장으로 인해 이러한 시스템에 대한 요구 사항이 빠르게 변화하기 때문에 문제가 간단하지 않다. 따라서 비즈니스 인프라는 변화에 적응해야 하지만 경직되지 않도록 유연하게 유지해야 할 필요가 있다.

그러나 IT는 많은 기업가들이 어려움을 겪는 분야이기도 하다. 재무나 인적 자원 관리에 비해서 IT는 훨씬 더 전문적이며 변화가 빠른 분야로서 잘못 결정할 경우, 큰 비용이 낭비되며 비즈니스의 잠재적 손실을 가져올 수 있는 영역이기도 하다.

또한 IT 시스템이 구축되었다 하더라도 운영과 관련된 문제도 고려해야 한다. 즉 사내 지원 기술자 팀을 고용할지 또는 아웃소싱에 의해 IT시스템을 관리할 것인지 여부를 결정하는 것이다. 많은 소기업의 경우 관리형 서비스 계약을 체결하는 후자가 더 나은 선택이 될 수 있다. 스케일업을 위한 프로세스의 유형과 각 유형별 필요로 하는 IT 기술은 4부 12장의 운영 시스템과 인프라 부분에서 더 자세한 내용을 소개하기로 한다.

(6) 아웃소싱

대기업의 경우는 사내 직원이 대부분이다. 자신들을 위한 디자이너, 개발자, 카피라이터, 변호사 등을 고용한다. 그러나 소규모 비즈니스 및 스타트업의 경우 모든 작업에 사내 직원을 고용할 필요가 없다. 이 시점에서는 아웃소싱 팀이 최선의 해결책이다. 특히 일회성 또는 비핵심적 작업의 경우 더욱 그러하다. 그러나 아웃소싱은 영구 프로젝트에도 이점이 있다(SLOBODA, 2023).

스타트업이 아웃소싱할 경우의 핵심 이점:

① 시간

사내 개발은 많은 준비가 필요하나(적절한 사무실을 찾고 고용하는 것과 같은) 프리랜서는 다소 신뢰성이 높지는 않지만 아웃소싱을 통해 적합한 팀을 선택하면 바로 일할 수 있다. 결국 이러한 접근 방식은 더 많은 시간을 절약하고 프로젝트를 더 빨리 수행하는 데 도움이 된다.

② 비용

아웃소싱은 비싸기도 하고 매우 저렴할 수도 있다. 비용은 일반적으로 회사의 위치에 따라 다를 수 있다. 그러나 가장 저렴한 위치를 선택함으로써 품질이 떨어지지 않도록 주의할 필요가 있다.

③ 노무 및 관리 비용

아웃소싱 팀과 협력하면 추가로 노무비나 사무실 임대료와 같은 비용을 지출할 필요가 없다.

④ 인재풀

사내 팀을 고용하면 지리적 위치가 제한된다. 그러나 업무를 아웃소싱할 때는 전 세계에서 직원을 선택할 수 있다. 따라서 잠재적 동료 풀이 크게 확장되어 프로젝트에 가장 적합한 사람을 선택할 수 있다.

(7) 차기 자금 조달 라운드의 준비

기업 성장 단계별 투자 유치 시리즈를 간단하게 정리해 보면 아래와 같이 이해할 수 있다. 결국 스타트업의 최종 목표는 IPO(기업 공개)를 해서 자체적으로 성장하거나 다른 대기업에 인수당하는 것이 되겠다. 최종 목적을 이루기 위한 스타트업들의 자금 조달 과정을 시드 펀딩부터 시작해서 차례대로 살펴보면 다음과 같다.

① 전기 시드(Pre-Seed)

스타트업을 준비했던 사람들이 자체적으로 자금을 동원하는 것으로서 자신의 돈 혹은 주위 사람(가족, 친구 등)의 돈을 자본금 형태의 투자금으로 조달한다. 초기 자본금은 주로 자신의 아이디어나 제품을 검증하기 위한 작업에 쓰인다.

② 시드(Seed)

1단계에서 아이디어를 검증했다면 2단계에서는 MVP나 베타 버전을 출시하기 위한 자금이 필요하다. 2단계는 주로 개인으로 활동하는 엔젤 투자자에게 투자를 받는다. 투자금은 1 ~ 3억 미만의 자금이 주로 이루어진다.

③ 프리 시리즈 A(Pre-Series A)

이미 검증된 제품을 가속화하기 위해 적절한 금액을 투자하는 단계로서 투자금이 3 ~ 5억 정도의 규모이다.

④ 1단계(Series A)

초기 시장 검증을 마치고 베타 오픈 시점에서 정식으로 오픈하기 단계 전이다. 투자금의 주 사용처는 본격적인 제품 및 서비스를 출시하는데 사용된다. 고객 피드백의 모니터링 및 마케팅 비용으로 쓰이며 투자의 기준은 서비스와 제품의 시장성과 매출 발생 유무가 된다. 투자금은 10억 이하이다.

⑤ 2단계(Series B)
고정 고객이 확보되어 대대적인 인력 확보나 적극적인 마케팅, 신규 비즈니스 개발 등 비즈니스의 스케일업이 필요한 단계이다. 즉 어느 정도 시장에서 인정받거나 고정적인 수익이 있어 서비스가 안정화 단계일 때 진행된다. 시리즈 B 투자를 통해 기대하는 것은 시장 점유율을 확대하는 것이다. 투자금은 100억 이하이다.

⑥ 3단계(Series C)
사업이 어느 정도 확장이 되면 시리즈 C 펀딩 자금을 확보하여 시장점유율을 본격적으로 높여가고 생산 스케일업도 가속화된다. 리스크가 많이 사라진 상태이기 때문에 헤지 펀드나 투자 은행 등이 참여한다. 투자금은 500억 이하의 규모다.

⑦ 메자닌 단계(Mezzanine)
메자닌이란 용어는 건물 1층과 2층 사이에 있는 라운지 공간을 의미하는 이탈리아어로서 스타트업의 기업 성장 곡선에서 일반적으로 시리즈 C단계에서 기업 공개(IPO) 주식 공모 직전을 말한다.

스타트업이 지금까지 전통적인 일련의 자금 조달 시리즈를 따랐다면, 스케일업을 위한 시점에서 다음 단계의 투자 라운드는 시리즈 B 이상의 단계를 모색해야 할 때이다. 명확하고 간결한 피치 데크 자료를 작성하여 준비하고 재무제표 및 기타 관련 문서를 순서대로 정리할 필요가 있다. 자신의 돈에 대한 수익을 원하는 투자자로부터 어려운 질문에 직면할 것으로 예상할 수 있으나 투자자가 듣고 싶은 말만 해서는 안 된다. 스케일업 계획, 현재 또는 미래의 수익성, 그리고 투자자가 투자 수익을 기대할 수 있는 시점에 대해 정직해야 한다.

투자 유치를 위한 Tips

판매되는 제품, 비용 효율적인 마케팅 및 이익 창출 능력이 있더라도 많은 기업이 추가 자금을 조달하는 데 여전히 어려움을 겪을 수 있다. 투자에 성공하려면 투자자의 요구 사항, 목표 및 동기를 이해하기 위해 시간을 투자해야 한다. 성공적인 스케일업 투자 유치를 위한 PWC 컨설팅사의 조언을 소개하고자 한다.

① 시작하기에 너무 이른 때는 없다

시간을 내어 비공식 채팅을 통해 잠재적인 투자자를 조사하고 알아보아야 한다. 당사의 비즈니스에 적합한 사람을 찾는 것 외에도 유용한 무료 조언을 얻을 수도 있다.

② 큰 그림을 이해하기

투자자의 투자 가능성을 높일 수 있는 보다 광범위한 경제 및 시장 이벤트를 인지하는 것이 중요하다.

③ 투자자 조직의 이해

수많은 벤처 캐피털은 각기 다른 초점과 다양한 목표를 가지고 있다. 조사를 통해 구매 및 투자 주기를 나타내는 추세를 발견할 수 있는지 확인해 볼 필요가 있다.

④ 사람들과 친해지기

10가지 항목 중 이것이 가장 중요하다. 우리 모두 알다시피, 사람은 사람을 구매하므로 각 조직 내의 사람들을 움직이게 하는 요소가 무엇인지를 비즈니스 차원이든 개인 차원이든 모두에서 파악할 필요가 있다.

⑤ 틀에서 벗어나 생각하기

투자자를 찾는 것은 단순히 돈 그 자체에 관한 것이 아니라 자금을 활용하여 비즈니스를 성장시키는 데 도움을 줄 수 있는 방법을 찾는 것이다.

⑥ 투자는 쌍방향이다

어떤 면에서 나에게 맞는 투자자를 찾는 것은 데이트와 비슷하다. 관계를 구축하고 비즈니스 성장을 위해 협력할 수 있는 파트너를 찾아야 한다.

⑦ 목표 조정

투자자들에 대해 많이 알게 되면 당사의 목표와 그들의 목표를 매핑하도록 한다. 그리고 가장 나쁜 것부터 가장 적합한 것 순으로 투자자의 우선순위를 지정하여 자금을 조달해야 할 상황에 처했을 때 누구에게 의지해야 하는지 정확히 알 수 있도록 한다.

⑧ 설득력 있는 제안 만들기

좋은 피치는 각 투자자에 맞게 조정되어야 하며 조직 및 개인의 목표와 가장 밀접하게 일치하는 관련 정보를 끌어내야 한다.

⑨ 프로세스 수용

대답이 '아니오'일지라도 각 피치에서 긍정적인 것을 가져오도록 노력한다. 정말 함께 일하고 싶은 투자자를 만나기 전까지 지속적인 업데이트를 통한 피치를 연마해야 한다.

⑩ 네트워킹을 절대 멈추지 말아야

기금을 모금한 지 얼마 되지 않은 경우라도 사람들의 마음을 가장 먼저 사로잡을 수 있는 더 넓은 기회가 있다는 사실을 인지할 필요가 있다.

올바른 투자 파트너를 찾는 것은 단거리 달리기가 아니라 마라톤에 가깝다는 것을 기억할 필요가 있다. 따라서 일찍 시작하고 위의 단계를 따른다면 자금 조달의 기회를 높일 뿐만 아니라 그 과정에서 미래의 성장 기회를 포착할 수 있는 훨씬 더 나은 위치에 놓이게 될 것이다.

V. 스케일업의 성과 지표

회사가 성장하고 있다는 것을 어떻게 알 수 있을까? 회사의 성장을 획득한 사용자 또는 발생된 총 수익의 관점에서 설명할 수 있는가? 아니면 페이지 뷰나 앱 다운로드와 같은 간단한 측정 항목을 기반으로 설명할 수 있는가? 스타트업의 건강 상태를 측정하려면 몇 가지 주요 지표를 주목하는 것이 중요하다.

주요 측정치는 비즈니스 상태를 이해하고 비즈니스가 올바른 방향으로 나아가고 있는지의 여부를 추적하는 데 도움이 되는 숫자들이다. 그렇다면 비즈니스의 상태를 측정하는 항목들은 어떤 것들이 있는가? 불필요한 이메일이나 엑셀 시트로 시간을 낭비하기보다는 원하는 결과를 얻기 위해 자금을 유치하고 적합한 인재를 고용하여 비즈니스를 한 단계 끌어올리는 데 집중해야 한다.

전략적 계획이나 비즈니스 성과 지표가 없다면 목표물에 대한 안내도 없이 힘으로만 가득 차 미사일과 같다. 일단 성과 지표가 설정하면 비즈니스를 기하급수적으로 성장시킬 수 있고 계획된 전략이 가지고 있는 잠재적인 문제를 해결할 수 있다.

다음은 비즈니스의 스케일업을 위해 시작할 수 있는 10가지 주요 지표들이다.

① 고객 유지율(Customer Retention)
고객 유지는 지정된 기간 고객의 관심을 유지할 수 있는 비즈니스의 능력을 보여주는 측정 항목이라 할 수 있다. 따라서 온라인 기반 비즈니스의 경우 높은 고객 유지율은 잠재 구매자가 웹사이트를 다시 방문하여 두 번 이상 구매하는 경향이 있음을 나타낸다.

고객 유지율을 계산하는 가장 일반적인 방법은 기간 종료 시 고객의 수(E)에서 같은 기간 추가된 신규 고객 수(N)를 제외한 후 기간 시작 시 고객의 수(S)로 나누는 것이다. 그 결과 얻을 숫자는 회사 제품의 유지율이 됨.

[그림 8-3] 고객 유지율 계산 공식

> **고객 유지율 계산 공식: $[(E - N) / S] \times 100 = ?$**
> - 기간 종료 시 고객 수(E)로 시작
> - 기간에 추가된 신규 고객 수(N) 빼기
> - 기간 시작 시 고객 수(S)로 결과 나누기
> - 곱하기 100.

② 전환율(Conversion Rate)

방문/다운로드, 앱 열기 등의 총사용자 수와 비교해 의도한 행동(등록/다운로드/구매 등)을 수행하는 사람들 수의 비율을 측정하는 것이다. 다시 말해서 고객 문의, 영업콜, 웹페이지 방문을 얼마나 잘 구매 고객으로 전환시키고 있는가를 측정하는 것이다. 이러한 전환율은 매우 의미 있는 측정치라고 할 수 있다. 그 이유는 좋은 비즈니스를 위해 필요한 조건이라 할 수 있는 훌륭한 웹사이트/앱, 좋은 품질의 트래픽, 효과적인 광고 및 좋은 UI를 모두 망라하고 있기 때문이다. 따라서 이러한 모든 조건이 갖추어져 있지 않으면 전환율은 낮아진다.

③ 성장률(Growth Rate)

거래 비즈니스인 경우에는 수익으로 측정되고, 계약 비즈니스인 경우에는 일일 평균 사용자/구매자 혹은 월간 평균 사용자/구매자 측면에서 측정될 수 있다. 여기에서 기존 고객 대비 신규 고객의 비율이 가장 중요하다. 신규 고객의 획득 비율이 결국 수익으로 이어지기 때문이다.

④ 총이익(Gross Margins)

스타트업은 자신이 속한 산업의 일반적인 총 마진이 어느 정도인지 알아야 자신이 어느 정도 쌓이고 있는지 파악할 수 있다. 매출 총이익은 기업이 관리, 영업 및 고객 팀이 비즈니스를 추진하는 데 얼마나 효과적인지, 비즈니스가 어느 단계에 있는지, 성장을 촉진시키기 위해 어떤 운영 수단을 사용하고 있는지 그리고 변곡점에 얼마나 가까이 있는지를 식별하는 데 도움이 된다.

⑤ 고객 획득 비용(Cost Per Acquisition)

고객 획득 비용은 새로운 고객을 유치하는 데 소요되는 비용을 측정하는 데 도움이 된다. 영업 프로세스와 영업 팀이 얼마나 효율적인지를 모니터링할 수 있는 좋은 방법이다. 이 지표는 잠재 고객을 확보하는 데 필요한 총 비용을 신규 고객 수로 나누어 계산할 수 있다.

[그림 8-4] 고객 획득 비용

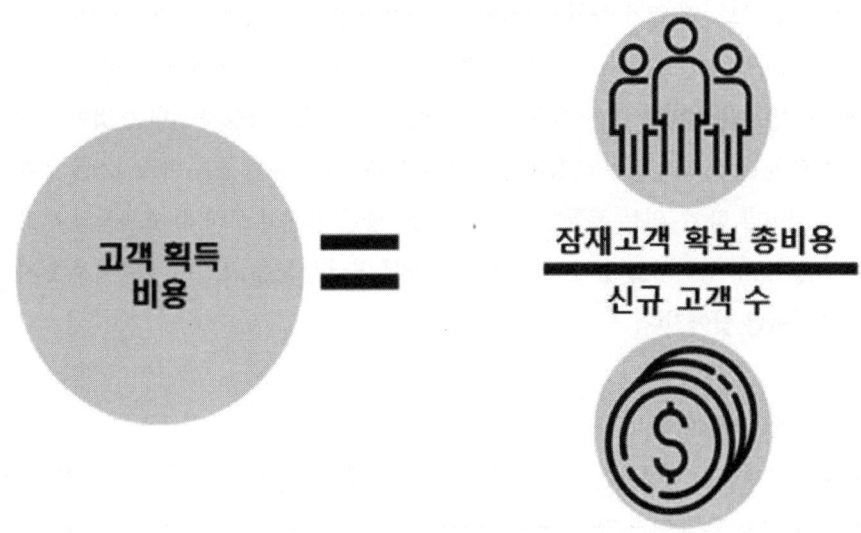

⑥ 수익 실행 비율(Revenue Run Rate)

비즈니스가 성장하기 시작하면(제품 개발, 고객 확보 및 계획 실행) 스타트업은 비즈니스가 어떻게 확장되고 있는지 측정하기 시작해야 한다. 수익 실행률은 시간이 지남에 따라 판매가 어떻게 발전하는지 측정한다. 비즈니스가 예측대로 잘 이루어지고 있는지를 식별하고 방향의 추세를 분석하고 가격 책정 전략의 잠재적인 문제를 해결하는 데 도움이 될 수 있다.

⑦ 고객당 손익 분기점(Break even per customer)

고객이 회사에 이익이 되기 시작하는 날이 며칠인지 보여 준다. 고객당 손익 분기점은 비즈니스를 확장할 때 비즈니스가 근본적으로 의미가 있는지 여부를 알려 준다.

⑧ 고객 생애 가치(LVC: Lifetime value of a customer)

LVC란 고객이 기업의 고객으로 유지하는 동안 기업에 가져다주는 수익이 얼마나 되는가를 계산해 보는 것을 말한다. 따라서 LVC는 비즈니스가 고객과의 전체 관계에서 파생될 모든 가치에 대한 예측이라고 할 수 있다. 동질 집단이 거래한 가치에 대한 반복 비율을 기반으로 한다. 이는 비즈니스가 성장함에 따라 가치를 높일 수 있는지 여부를 알려준다. 또한 LVC는 비즈니스 확장에 매우 필수적인 영업, 마케팅, 제품 개발 및 고객 지원에 대한 중요한 비즈니스 결정을 내리는 데 도움이 된다.

〈표 8-3〉 고객 생애 가치

고객 생애 가치= (평균 구매 금액 × 총 마진 × 구매 빈도 × 고객 수명) - 고객 획득 비용

⑨ 목표 및 핵심 결과(Objectives & Key Results)

[그림 8-5] 목표 및 핵심 결과

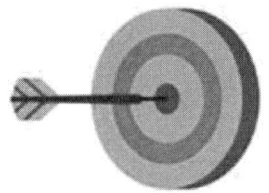

목표
어디로 가고 싶은가?

핵심 결과
어떻게 거기 갈 것인가?

OKR(목표 및 핵심 결과)은 기업이 광범위한 조직 목표와 결과를 설정, 커뮤니케이션 및 모니터링하도록 장려하기 위해 설계된 성과 관리 프레임워크이다. 프레임워크는 투명하고 측정 가능한 계층적 방식으로 비즈니스, 팀 및 개별 목표를 정렬하기 위한 것이다.

⑩ OKR의 이점

성공적으로 구현되면 OKR은 다음과 같은 이점을 제공할 수 있다.

· 부가적인 자원, 시간 및 유지 관리에 대한 필요성 감소.

· 우선순위, 기대치, 목표가 항상 직원들에게 투명해진다.

· 조직적, 개인적 초점, 동기 부여 및 생산성이 증가한다.

· 개별 직원은 장기적 목표 내에서 자신의 역할을 식별할 수 있다.

따라서 스타트업은 성장을 위해 OKR을 단기와 장기로 크게 나누어 관리할 필요가 있다. 단기적으로는 고객, 수익 및 거래의 월간 성장 비율[(월2-월1) / 월1 × 100]을 측정하는 방향으로 나아가야 하며 중장기적으로는 고객 반복, 추천, 강력한 실행 팀에 대한 관리에 중점을 두어야 할 필요가 있다.

스케일업 스토리(8)

정신 건강 상태를 알려주는 지능형 앱 '87%'

Andrew Bibby는 Peter Drucke의 "측정할 수 없다면 관리할 수 없다"는 말을 신봉하는 자이다. 87% 회사는 스케일업을 정신 건강에 적용하고 있다.

"사람들에게 신체 건강과 그것을 개선하는 방법에 대해 이야기하면 그들은 운동과 다이어트, 하루 10,000보 걷기 등 대체로 사람들은 신체적으로 더 건강해지는 방법을 알고 있습니다. 그러나 사람들에게 정신적으로 건강해지는 방법에 대해 물어 보면 질문하는 만큼 많은 답변을 얻을 수 있습니다. 저에게 정신 건강은 자기 인식에 관한 것입니다. 매일 몇 분 동안 자신을 되돌아보면 시간이 지남에 따라 정신 건강이 좋아질 것입니다. 정말 간단합니다."

87%의 핵심은 사용자의 정신 건강에 대한 상세하고 개인적이며 사적인 평가를 통해 사용자를 안내하는 지능형 앱이다. 이 데이터에서 사용자는 시간이 지남에 따라 추적할 수 있는 정신 건강 점수와 회복력과 자기 인식을 구축할 수 있는 개인화된 솔루션을 받는다. 이 앱에는 사용자가 정신 건강을 측정, 이해 및 개선할 수 있는 다양한 프로그램과 도구가 포함되어 있으며 주간 디지털 간행물과 일련의 팟캐스트를 통해 지원된다. 회사 이름 87%는 높은 수준의 정신 건강을 가지고 살고 있다고 보고하는 성인 13%를 제외한 나머지에서 유래했다. "우리는 87%를 대표합니다."라고 Bibby는 말한다.

87%의 비즈니스 모델은 조직에 앱을 라이선스하는 것이다. 개별 사용자가 자신의 개인 데이터를 소유하는 동안(다른 사람은 이를 볼 수 없음) 플랫폼의 진단 도구는 이 데이터를 집계하여 고용주에게 통찰력을 제공하여 직원의 정신 건강을 이해할 수 있도록 한다. "데이터를 통해 교육이나 투자가 필요한 모든 영역을 볼 수 있습니다."라고 Bibby는 말한다.

조직은 87%를 직원의 웰빙을 위해 제공하는 모든 것을 보유하고 해당 조직과 관련된 맞춤형 콘텐츠로 지원되는 출판 플랫폼으로 전환할 수 있다(예: 응급 서비스의 정신 웰빙 요구 사항은 경영 컨설팅 회사와 크게 다를 수 있음).

Bibby는 "건강과 안전에 관한 엄격한 규칙과 규정이 있지만 정신 건강 보호는 여전히 사후 고려 사항으로 간주되는 것 같다"고 말했다. "모든 조직은 특히 큰 변화의 시기에 직원의 정신적 웰빙을 직원 복리 후생이 아니라 절대적으로 필요한 것으로 보아야 합니다. 그것은 편익이 아니라 인권입니다."라고 말한다.

Covid-19의 발발은 특히 공공 부문과 국민보건서비스국(NHS)에서 정신 건강 지원에 대한 접근이 필요한 일선 근로자를 위한 조기 판매를 가속화했다. "우리는 5월에 한 고객을 위해 출시할 예정이었습니다"라고 Bibby는 회상한다. "팬데믹이 닥쳤을 때 그들은 플랫폼을 얼마나 빨리 가동할 수 있는지 물었습니다. 조직은 직원의 정신 건강이 많은 압박을 받고 도움이 필요하다는 것을 알 수 있었습니다."

그러나 더 넓은 시장은 아직 미성숙하다. 한편으로는 경쟁도 치열하다. 수많은 정신 건강 및 웰빙 제품과 서비스가 나와 있다. 하지만 전용 예산을 책정한 조직은 거의 없다. 어떤 조직들은 이 분야에 투자할 의향이 있다. "믿을 수 없을 정도로 미래 지향적인 기업들이 이 일을 하고 있다"고 Bibby는 말한다.

전 도박회사 Ladbrokes의 CEO인 Richard Glynn의 아이디어인 87%는 2018년 4월에 공식적으로 출시되었다. 디지털 에이전시 세계의 베테랑인 Bibby는 전년도에 Glynn과 힘을 합쳐 아이디어를 개발하고, 초기 제품을 구축하는 데 도움이 될 수 있는 잠재 고객을 식별하고, 첫 번째 엔젤 투자 라운드를 개최했다.

폴란드의 외부 개발 팀을 통해 이 제품은 2019년 초에 상용화되었다. 비록 작은 기반으로 출발하였지만 내년 매출은 최대 400%까지 증가할 것으로 예상된다. 87%는 린 운영으로 유지하고 있다. Covid-19 발병이 시작되자마자 Bibby는 돈을 절약하기 위해 사무실 계약을 취소했다. 이제 재택근무를 하면서 팀은 격주로 런던으로 이동하기 시작했다. Bibby는 "우리는 서로가 그리워지기 시작했고 같은 방에 있을 때 오는 아이디어 생성이 그리워지기 시작했기 때문에 사람들이 안전하다고 느끼고 얼굴을 맞대고 상호작용할 수 있는 멋진 큰 작업 공간을 임대했습니다"라고 말한다. 이 회사는 채용 중이며 채용 광고에 공지된 역할에 대한 수많은 지원서를 보았다.

현재까지 엔젤 투자자들은 사업의 성장을 지원해 왔다. 87%는 2020년 5월에 3차 라운드를 제기했다. "초기 투자자들이 모두 우리와 함께 있었기 때문에 우리는 운이 좋았습니다. 팬데믹 기간 동안 그들은 우리에게 좋은 길을 제시했습니다. 비즈니스를 더 빠르게 확장하기 위해 다음 단계는 기관 투자인 벤처 캐피털의 지원을 구하는 시리즈 A 라운드를 개최하는 것입니다. 우리는 더 많은 자본과 그 기관들이 가져올 수 있는 네트워크와 전문 지식이 필요합니다."라고 Bibby는 말한다.

※ 자료원: www.scaleupinstitute.org.uk/stories

9장. 스케일업 기업 구축

Ⅰ. 개요

대부분 창업가는 자신의 사업 여정이 독특하다고 생각한다. 정해진 로드맵 없이 스타트업의 경로를 따라 이동하며 새로운 자신의 스타트업에 적용할 수 있는 모델이나 템플릿이 없다고 생각한다. 그러나 기업가마다 사업 여정의 세부 내용이 다를지라도 그 개요는 거의 동일하다. 어떤 형태의 스타트업이든 공통적으로 거치는 과정은, 제품 콘셉트 설계, 제품 개발, 테스트(알파/베타 테스트) 그리고 출시와 같은 전통적인 제품 중심의 스타트업 과정을 밟는다. 즉 고객을 차별화하기보다는 제품을 차별화하며, 고객을 관리하기보다는 제품을 관리하려고 한다.

이러한 제품 중심의 스타트업이 출시한 제품에 대해 Rogers(1962)의 혁신확산 모델에서 구분된 혁신자는 신제품 자체를 선호해 출시 초기에 제품을 구입한다. 그러나 초기 수용자로 넘어가는 과정에서 1차 캐즘에 직면하며 더 나아가 조기 다수 및 후기 다수 사용자로 넘어가는 과정에서는 Moore(1991)가 말한 2차 캐즘(chasm)이 발생함으로 인해 제품의 수요가 급감하고 판매량이 급격히 줄어든다. 그 이유는 이들 조기 다수 및 후기 다수 사용자 두 집단은 제품 실용성을 확인한 뒤 구매를 결정하기 때문이다. 이러한 캐즘(chasm)으로 인해 초기 수용자 후 스타트업은 더 이상 확장되지 않는다.

이와 관련하여 Steve Blank(2013)는 이것은 바로 고객 개발이 부족하기 때문이며, 제품 개발 모형 대신 고객 개발 모형을 사용해야 한다고 주장한다. 고객 개발(customer development)은 Steve Blank가 주장한 모델로서, 초기 단계에 있는 스타트업을 위한 리스크 감소 방법론이다. 따라서 제품뿐만 아니라 고객도 개발·개선의 대상이라는 것을 강조한다. 초기 단계의 스타트업은 새로운 도구와 기술을 필요로 한다. 즉 잠재적인 고객과의 끊임없는 접촉을 통해 고객의 피드백을 기반으로 해서 지속적으로 제품을 발전시켜 나가야 한다. 이처럼 스타트업의 발전 과정을 고객 개발 과정에 의해 설명하면 [그림 9-1]과 같다.

[그림 9-1] 고객 개발 프로세스

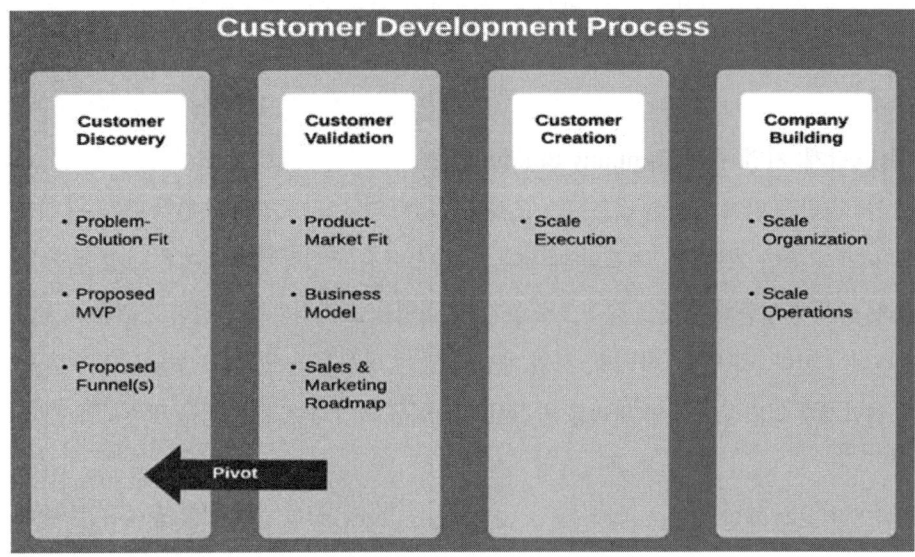

※ 자료원: The Customer Development Model(Steve Blank, 2013)에서 재정리

(1) 1단계: 고객 발굴 단계(Customer Discovery)

비즈니스 가설을 세우고, 이를 검증할 고객을 찾아 MVP(최소 기능 제품)를 전달하는 단계이다. 이때 중요한 것은 목표 시장을 찾아내고, 시장의 크기를 추정하는 것이다. 반드시 현장에 나가서 가설을 검증해야 한다.

(2) 2단계: 고객 검증 단계(Customer Validation)

비즈니스 모델에 대한 검증과 이를 반복하여 시장과 가설의 적합도(Market-Fit)를 찾아야 하는 단계이다. 이때 주의할 점은 섣불리 팀을 확장하면 안 된다. 꼼꼼하게 마케팅 계획을 세우고, 투자 대비 이익률을 산정하고 이를 제품을 판매하면서 확인해야 한다. 또한 시장 유형에 따라 적절한 수익성이 있는지를 반복적으로 확인해야 한다. 이때 가장 많은 전환(Pivot)이 일어난다.

(3) 3단계: 고객 창출 단계(Customer Creation)

사업 초기 성공의 발판이 되는 때이다. 비즈니스 확장을 위한 속도를 높이고, 최종 소비자의 수요를 지속적으로 창출하여 보다 큰 예산을 집행해야 하다. 팀을 꾸리고 고객 개발, 세일즈, 마케팅 등을 이끌어야 한다. 스타트업의 유형에 따라 고객 창출 방법도 각기 다르다. 즉 시장 진입과 전략, 마케팅, 프로모션 등 다양한 방법을 적절하게 혼합하여 나아가야 한다.

(4) 4단계: 기업 구축(Company Building)

이제 확장과 반복 가능한 비즈니스 모델을 찾았다면, 스타트업을 졸업할 때가 온 것이다. 이제 온전한 기업으로 거듭날 때이다. 그러나 아직 고객탐색과 실행을 그만 두면 안 된다. 탐색에 집중하던 것을 실행으로 옮기고, 실행을 효과적으로 추진하기 위한 조직을 갖추어야 한다. 즉 영업, 마케팅, 사업 개발과 같은 공식적인 조직을 만들고 각 부분 총괄 책임자를 임명하여 경영 관리를 발전시켜 기업을 확장하는 데 초점을 맞추어야 한다.

이러한 고객 개발 모델(customer development model)의 단계 가운데 처음 세 단계는 고객 탐색, 고객 검증 그리고 고객 창출에 대한 가정을 검증하는 데 중점을 두었으며, 시장과 제품 수요 창출에 대비하기 위해 초기 고객을 확보하는 방법을 학습하는 단계였다. 즉 고객 개발 및 이해, 초기 수용자(early adopter)에 대한 판매 검증, 제품에 대한 시장 및 수요 창출에 중점을 두었다. 다음 과제는 고객 개발 모델의 마지막 단계로서 기업을 구축하는 일이며 이는 곧 스타트업이 스케일업 기업으로 성장하기 위한 준비 과정이라 할 수 있다.

그러나 이러한 고객 개발 과정에서,
- 왜 어떤 스타트업은 초기 인력 증원을 통해 추진력과 성공을 가져오는 반면, 또 다른 스타트업들은 혼란, 정리 해고 및 소멸의 소용돌이에 빠지는가?
- 왜 어떤 스타트업은 급성장을 하는 반면 어떤 기업은 죽음의 계곡으로 빠져들거나 자금이 바닥나는가?
- 투자 자금 소진율을 높이면서 고용을 할 때는 언제이며, 지출을 줄이고 생존 모드로

전환해야 할 때는 언제인가?

이에 대해 Steve Blank(2013)는 고객 개발에 중점을 둔 스타트업 기업이 주류 시장(mainstream market)을 대상으로 하는 더 큰 회사로 변화시키기 위한 기업 설립 준비가 부족했기 때문이라고 지적한다. 고객 개발 모델에서 제시한 마지막 단계인 기업 설립 단계는 스케일을 위한 단계로 볼 수 있으며 이러한 스케일업 기업 구축을 위해서는 다음과 같은 세 가지 활동이 필요하다고 주장한다:

· 최초의 조기 수용자(early adopter) 고객을 넘어 주류 고객(mainstream customer)에 도달하기 위한 기반 구축
· 더 큰 규모를 지원하는 회사의 조직, 관리 및 문화 구축
· 고객 개발 과정에서 추구했던 학습 및 발견의 분위기를 유지하기 위한 신속 대응 부서의 설계

이와 동시에 스타트업이 스케일 기업으로 성장하기 위해서는 경쟁, 고객, 시장 등 외부 환경의 변화에 민첩하게 대응해야 한다. 본 장에서는 Steve Blank의 "The Four Steps to the Epiphany" 즉 "깨달음에 이르는 4단계"에서 소개된 내용 가운데 기업 설립의 주요 내용을 기초로 하여 스타트업이 스케일업을 위해서 무엇을 어떻게 해야 하는가에 대해 소개하고자 한다.

II. 스케일업을 위한 기업 구축 프로세스

스타트업의 스케일업을 위한 기업 구축 프로세스는 크게 4가지 단계로 이루어진다. [그림 9-2]에서 보는 바대로 주류 고객에게 도달하기, 경영진 검토 및 미션 중심 조직 만들기, 초기 고객 개발 팀을 기능적인 부서로 전환하기 그리고 신속 대응 부서 만들기로 이루어진다(Blank, 2013). 각 단계별 세부 내용을 살펴보면 다음과 같다.

[그림 9-2] 스케일업 기업 구축 프로세스

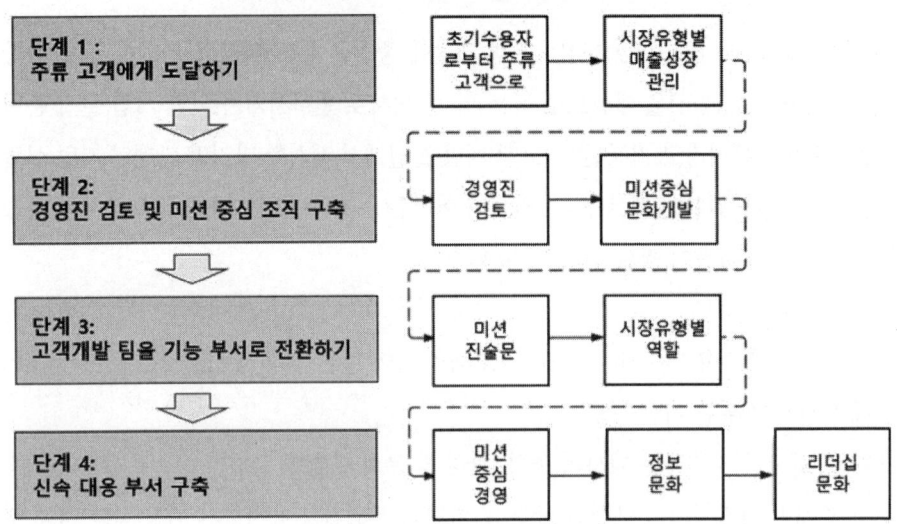

※ 자료원: Blank(2013) 자료 재구성

1. 단계 1: 주류 고객에게 도달하기

이 단계는 고객 개발의 긴 여정을 통해 성공적인 스타트업을 구축하기 위한 모든 노력의 정점이다. 이제 초기 고객을 확보하고 회사와 제품을 포지셔닝했으며 판매 중인 제품에 대한 수요를 창출하는 단계에 있다. 이 모든 것은 스타트업을 시장에서 지배적인 플레이어로 변화시킬 수 있는 대량 주류 고객에게 도달하기 위한 준비 단계라고 할 수 있다.

1.1 스타트업 진출 시장의 3가지 유형

일반적으로 스타트업이 진출하는 시장은 3가지 유형이 있고 각각 성공하기 위한 요구사항이 매우 다르다.

- 완전히 신규 시장을 창출하는 스타트업
- 기존 시장에 진입하는 스타트업
- 저비용 및 틈새 플레이어로 기존 시장을 재세분화하려는 스타트업

따라서 초기 수용자에서 주류 고객에게 다가가기 위해서는 다음과 같은 내용에 대한 이해가 필수적이다.

- 조기 수용자에서 주류 고객으로의 전환을 위한 관리는 시장 유형에 따라 어떻게 다른가?
- 회사 및 시장 유형에 적합한 매출 성장 관리는 어떻게 할 것인지?

이 단계의 결과는 두 가지다. 하나는 시장 유형에 맞는 캐즘 극복 전략이며 또 다른 하나는 시장 유형에 맞는 수익/지출 계획 및 현금 수요에 대한 계획이다. 이제 스타트업이 진출하는 각 시장 유형별로 주류 고객에게 도달하기 위한 방법과 매출 성장 곡선의 관리 방법에 대해 살펴보고자 한다.

(1) 신규 시장(New Market)을 창출하는 스타트업의 경우

① 신규 시장에서 조기 수용자로부터 주류 고객으로 전환하기

새로운 시장에서 조기 구매자와 주류 고객의 동기는 매우 다르다. 고객 검증 단계에서 목표로 삼았던 조기 수용자는 당면하고 있는 고통스러운 문제를 해결하기를 원한다. 반면 기업의 경우는 혁신적인 돌파구를 찾음으로써 경쟁 우위를 확보하기 원한다. 그러나 대부분의 고객은 조기 수용자가 아니다. 그들은 실용주의자들이다. 조기 수용자들과 달리 그들은 일반적으로 점진적인 변화를 원한다. 결과적으로, 조기 수용자를 위해 반복가능하고 확장 가능한 판매 프로세스를 구축하기 위해 들인 노력이 대량 판매로 이어지지는 않는다는 것이다. 더욱이 실용주의자들은 이상주의자들을 참고 자료로 삼거나 신뢰하지 않는다. 실용주의자는 다른 실용주의자로부터의 참고 자료를 원한다. 초기 수용자에 대한 판매와 주류 고객에 대한 대량 판매 사이의 갭은 두 그룹의 고

객 사이에 공통점이 거의 없기 때문에 발생한다.

신규 시장에서는 조기 수용자와 주류 고객 사이의 갭(gap) 가장 크다[그림 9-3]. 이러한 갭의 폭은 새로운 시장에서 흔히 볼 수 있는 하키 스틱 모양의 매출 성장 곡선으로 나타난다. 즉 첫해 매출에서부터 초기 수용자까지 약간의 매출이 발생하지만, 그 다음에는 장기적으로 평탄하게 이어지거나 심지어 하락한다. 이때 영업 사원은 완전히 다른 계층의 고객에게 판매하는 방법을 배워야 하고 마케팅은 실용주의자에게 새 제품을 채택할 가치가 있다는 것을 확신시켜야 한다.

[그림 9-3] 신규 시장에서의 캐즘

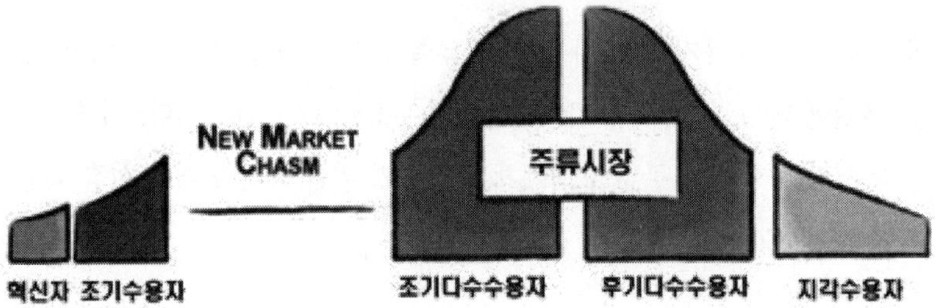

※ 자료원: Blank(2013) 자료 재구성

판매가 시작될 때까지의 긴 공백 외에도 새로운 시장은 캐즘의 양쪽에서 가장 심각한 판매 위험을 안고 있다. 캐즘의 왼쪽 부분에서는 조기 수용자를 위한 반복 가능한 판매 프로세스를 찾는 것이 매우 성공적일 수 있다. 초기 수용자를 대상으로 한 상대적으로 낮은 수준의 반복 가능한 비즈니스에 만족할 수 있다. 그러나 판매 인력이 주류 고객에게 다가가기 위한 새로운 영업 로드맵을 배울 준비가 되지 않은 채 모든 잠재적인 조기 수용자에게 판매함으로써 비전 있는 시장을 놓칠 수 있다. 캐즘의 또 다른 편에 있는 위험은 결코 거기에 도달할 수 없다는 것이다. 새로운 시장의 주류 실용주의자들은 신제품을 채택할 이유가 없다고 생각할 수 있다. 특히 경제가 어려운 시기에는 혁신적인 제품을 원하는 고객은 많지 않다.

경쟁이라는 또 다른 위험도 있다. 제품의 이점에 대해 새로운 고객을 교육하는 데 수년간 투자한 후에라도 스타트업은 '빠른 추종자'에게 패배할 수도 있다. 일반적으로 스타트업은 빠른 대응 조직을 구현하고 가능한 한 빨리 배우고 발견하는 기업을 이길 수 없다.

치명적으로 들릴 수도 있겠지만 가장 큰 위험은 신규 시장 고객의 특성을 이해하지 못하는 것이다. 즉 주류 고객의 중요성을 인식하지만 대량 고객을 쫓기 위해 조기 수용자를 대상으로 이루어졌던 판매 모델을 변경하기를 거부하는 것이다. 이는 투자자와 기업 모두에게 1차적 비극을 안겨줄 수 있다.

새로운 시장에서 주류 고객에게 다가가기 위해 기업은 기존 또는 재세분화된 시장에서 사용했던 것과는 다른 판매 및 마케팅 전략을 고려해야 한다. 예를 들어, 단순히 많은 영업 사원을 고용하여 수많은 고객을 확보하기보다는(기존 시장에서와 같이) 소수의 조기 수용자를 찾아 주류 시장에서 발판을 마련하는 데 사용해야 한다. 경청할 준비가 되지 않은 청중을 대상으로 브랜드를 알리는 데에 많은 비용을 지출하는 대신, 주류 시장을 사로잡고 이기기 위해 아직 유력한 소수의 조기 수용자를 사용해야 한다.

가장 잘 알려진 두 가지 전략은 ① 틈새시장을 찾아 '캐즘을 극복하는 것'과 ② '티핑 포인트(Tipping Points)' 전략을 사용하는 것이다. 이러한 전략은 〈표 9-1〉에 요약되어 있다.

〈표 9-1〉 신규 시장의 조기 수용자에서 주류 고객으로의 전환 전략

전략	구현 방법
틈새시장을 통한 캐즘 극복 전략	· 하나의 특정 시장, 또는 회사 유형의 초기 수용자에게 판매 노력을 집중함. · 입소문을 참고 자료로 사용함. · 주류 시장 어필을 위해 '전체 제품(완벽한 솔루션)'을 개발함.

전략	구현 방법
티핑 포인트(Tipping Points) 전략	·초기 수용자의 임곗값에 도달할 때까지 개별 판매에 중점을 둠. ·그 결과 고객 기반에 작은 변화를 통해 큰 효과가 관찰될 것임. ·바이럴 마케팅(Viral marketing)은 티핑 포인트 전략의 한 예라고 할 수 있음 (Tipping Point_바이러스가 병을 일으킬 만큼의 수에 다다르는 순간을 의미)

※ 자료원: Blank(2013) 자료재구성

② 신규 시장에서의 매출 성장 관리

벤처 캐피털리스트는 새로운 시장의 스타트업이 보상을 받기까지는 오랜 시간이 걸린다는 것을 잘 알고 있다. VC는 이러한 스타트업의 매출 성장률을 하키 스틱(hockey stick) 형태의 수준이라고 말한다. 즉 새로운 시장에서는 초기 수용자의 주문으로 인한 판매 수익이 급격히 감소함으로 인해 처음 몇 년 동안의 판매가 0에 가까울 수 있다. 회사가 고객을 성공적으로 교육하고, 주류 고객에게 도달할 수 있는 새로운 판매 및 채널을 생성하고, 오랫동안 유지하기 위한 힘과 자원을 보유할 때에만 수익이 기하급수적으로 증가한다.

이러한 판매 성장 곡선은 많은 수익이 없는 상태에 대한 진지한 예측 요인이 될 뿐만 아니라, 판매 수익이 들어오고 있지 않는 신규 시장에서 스타트업이 관리해야 할 사항은 다음과 같다:

·필요 자금: 수익이 시작될 때까지 회사에서 얼마나 많은 자금을 조달해야 할까?
·현금 흐름/소진율: 회사는 현금과 소진율을 어떻게 관리해야 하는가?
·시장 교육/도입 계획: 교육은 얼마나 걸리고 시장이 충분한 규모로 성장하려면 얼마나 걸릴까?
·고용 계획: 무한한 마케팅 비용이 새로운 시장의 수요에 영향을 미치지 않는다면 회사는 왜, 언제 마케팅 부서에 인력을 배치해야 하는가? 영업 직원에게도 같은 질문이 적용된다. 매출이 현장의 영업 사원 수에 따라 탄력적이지 않은 경우 회사는 왜 그리고 언제 영업 조직에 인력을 배치해야 하는가?

이러한 질문들이 의미하는 바는 신규 시장에서 스케일업 기업 구축을 위해서는 판매 수익이 충분히 커질 때까지 자원을 관리하고 열정적으로 시장을 확대하고 성장시키는 것이 필요함을 의미한다. 고객 검증 기간 동안 초기 수용자에게 판매한 경험은 처음 몇 년 동안 회사에서 실제로 찾을 수 있는 초기 고객이 몇 명이나 될 것인가에 대한 질문에 답하는 데 도움이 될 것이다. 그뿐만 아니라 이 질문은 판매 수익 및 비용 모델을 설정하는 데 도움이 되며 주류 고객이 주도하는 '하키 스틱' 형태의 판매 곡선이 시작될 때까지 필요한 현금이 얼마나 될 것인가에 대한 질문에 답하는 데도 도움이 될 것이다.

신규 시장에 진입할 때의 마지막 위험은 시장 자체가 조기 수용자 이후 대규모 비즈니스를 유지할 만큼 충분한 고객이 없을 수 있다는 것이다. 설상가상으로 몇 년 후 자금이 바닥날 때까지 스스로가 틀렸다는 것을 깨닫지 못하는 경우도 있다. 그때쯤이면 회사를 재배치하기에는 너무 늦다. 실현되지 않은 신규 시장의 예로는 가정용 드라이클리닝 제품, 스낵 제품의 저지방 대체품, 스마트카드(컴퓨터 칩이 들어 있는 신용 카드), 1980년대 초인공 지능 시장 그리고 1990년대 초펜 컴퓨팅 시장이 있다.

따라서 포지셔닝 선택으로 신규 시장을 선택하기 전에 창업가와 기업은 예상 소진율을 살펴보고 투자자와 함께 깊이 들여다보고 모두가 기꺼이 동의하는 경로인지를 확인할 필요가 있다.

(2) 기존 시장(Existing Market)에 진입하는 스타트업의 경우

① 기존 시장에서 조기 수용자로부터 주류 고객으로 이동하기
기존 시장에서 조기 수용자와 주류 고객 사이의 캐즘은 작거나 존재하지 않을 수 있다([그림 9-4] 참조). 그 이유는 조기 수용자와 주류 고객은 같은 유형의 고객이기 때문이다. 이미 확립된 시장에서 모든 고객은 기업의 제품과 그 이점을 쉽게 이해하고 있을 것이다.

영업 조직이 새로운 판매 로드맵을 세우고 새로운 계층의 고객이 제품에 대해 알 수

있도록 했다면 긴 공백기는 없다. 매출 성장의 유일한 척도는 시장 점유율과 차별화에 달려 있다. 캐즘이 없다는 것은 시장이 이미 무르익었다는 신호다. 문제는 고객이 기업의 제품과 이점을 이해할 수 있지만 친숙한 기존 회사의 제품이 아닌 당사의 제품을 구매해야 하는 이유를 이해하지 못할 수 있다는 것이다.

[그림 9-4] 기존 시장에서의 캐즘

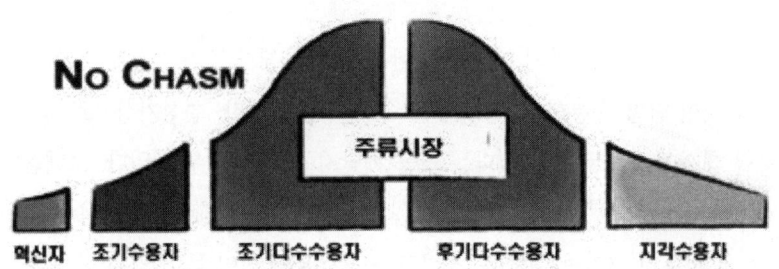

※ 자료원: Blank(2013) 자료재구성

여기서 포지셔닝과 브랜딩이 영향을 준다. 포지셔닝과 브랜딩은 회사와 제품을 차별화하기 위한 잘 알려진 전략이다. 때때로 이 두 단어는 동의어로 사용되지만 분명히 서로 다르며 그 차이점이 중요하다. 시장 점유율이 목표이고 경쟁사 간의 차이가 거의 없는 기존 시장에서 회사와 제품을 차별화하는 가장 빠른 방법은 포지셔닝 또는 가치를 확립하는 것이다. 즉 모두가 당사의 제품에 대해 알고 있다면 당사가 훌륭하다고 생각하는 브랜딩을 추구하는 것보다 당사의 제품이 왜 더 나은지의 이유와 모두가 알 수 있는 가치를 확립하는 것이 더 낫다. 포지셔닝은 고객이 제품이나 서비스를 인식할 뿐만 아니라 그 속성을 말할 수 있을 때 성공적인 것으로 간주될 수 있다. 포지셔닝이 올바르게 실행되면 제품에 대한 최종 사용자 수요가 생성된다. 예를 들어, 스타벅스는 커피의 1순위라는 것이 스타벅스의 포지셔닝이다. 반면에 브랜딩은 시장을 다시 세분화할 때 가장 잘 작동한다. 스타벅스는 훌륭한 회사이며 직원들을 잘 대우한다는 것이 스타벅스의 기업 포지셔닝이다. 기존 시장에서 브랜딩에 비용을 쓴다는 것은 잠재 고객이 귀사가 누구인지 알면서도 결국 경쟁업체로부터 구매하게 될 수도 있음을 의미한다.

② 기존 시장에서의 매출 성장 관리

기존 시장에서 고객 검증 및 창출은 스타트업의 고유한 이점을 기꺼이 이해하는 고객이 있다는 것을 입증한 것이라고 할 수 있다. 이상적인 것은 마케팅을 통해 제품을 차별화하고 최종 사용자의 수요를 창출하고 그들을 판매 채널로 끌어들이고 영업 조직의 규모를 키우는 것이다. 이 모든 것이 순조롭게 진행된다면 기존 시장의 연간 매출 그래프는 멋진 직선이 될 것이다.

이러한 기존 시장에서 매출 성장과 관련하여 관리해야 할 사항은 다음과 같다:

· 필요 자본: 현금 흐름이 균형을 이루기까지 필요한 자금은 얼마나 될까?
· 고용 계획: 회사가 시장을 개척할 만큼 빠르게 확장할 수 있는가?
· 제품 수명 주기: 회사의 선형 판매 곡선은 제품이 경쟁력을 유지하는 한 지속된다. 그렇다면 제품 계열(product pipeline)을 위한 후속 제품이 있는가?
· 경쟁사 반응: 대부분의 경쟁자들은 영원히 무반응 상태로 있지는 않을 것이다. 만약 반응을 보인다면 어떻게 될까?

이처럼 기존 시장에서 스케일업 기업 구축은 끝없는 실행과 개발을 추구하는 동시에 제품 수명 주기와 경쟁사의 대응에 대해 매우 민감해야 한다.

(3) 기존 시장을 재세분화하는(Resegmented Market) 스타트업의 경우

① 재세분화된 시장에서 조기 수용자에서 주류 고객으로의 전환

재세분화 시장(resegmented market) 전략은 회사를 신규 시장과 기존 시장 사이에 포지셔닝하는 것이다. 초기 수용자와 주류 고객 사이의 캐즘이 신규 시장만큼 넓지는 않지만([그림 9-5]), 기업의 제품이나 기업의 독특성에 기반한 매력적인 판매 제안이라는 것을 주류 고객에게 확신시키는 데는 시간이 걸린다. 그 결과 초기에는 매출이 낮을 수 있다.

[그림 9-5] 재세분화된 시장에서의 캐즘

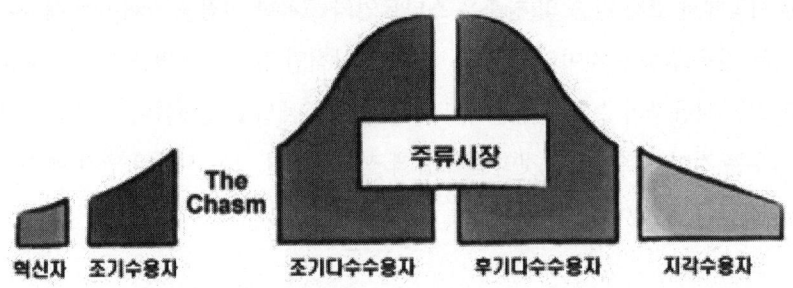

※ 자료원: Blank(2013) 자료재구성

    이 시장 유형은 비록 규모는 작지만, 수익을 창출할 수 있는 초기 수용자 고객이 충분하다고 생각하여 기업이 확장 가능한 비즈니스 모델을 구축하게 만든다. 문제는 경쟁이 치열한 기존 시장에서 적은 양의 판매 일부를 가져간다는 사실이다. 이러한 시장 유형에서 캐즘을 극복하기 위해서는 기업이 시장을 재정의한 방식에 대해 무엇이 새롭고 다른가에 대한 교육을 받아야 할 필요가 있는 다수의 주류 고객을 끌어들이는 것이다. 즉, 신규 시장에 진입하는 것과 동일한 문제를 안고 있다. 그러나 신규 시장처럼 틈새 마케팅이나 티핑 포인트 전략을 사용하는 대신 브랜딩 및 포지셔닝을 사용하여 주류 고객에게 다가간다.

    재세분화된 시장에서는 브랜딩과 포지셔닝에 대한 전통적인 통념들이 실제로 유효하다. 마케터는 이러한 전술적 도구를 사용하여 회사 및 제품을 기존 시장의 제품과 차별화한다. 예를 들어, 가전제품 시장에서 Subzero-wolf, Miele 및 Bosch 같은 기업들은 고급형 및 기능 탑재형 주방 가전제품의 새로운 부문을 만들었다. 초기에 소비자는 '그냥' 냉장고, 세탁기 및 건조기에 대해 왜 엄청난 가격을 지불해야 하는지에 대해 당혹스러워했다. 그러나 얼마 후 노련한 마케팅과 포지셔닝이 자리를 잡았고 이전에 평범했던 이 기구들은 지위의 상징으로 바뀌었다.

    이러한 성공 사례 이면에는 스타트업이 감당하기에는 어려운 문제가 도사리고 있다. 즉 기존 시장을 재세분화하는 것은 일반적으로 비용이 많이 들고 기업은 노련한 마케팅 및 포지셔닝을 완료하는 데 충분한 자본을 필요로 한다. 시장을 재세분화하는 스타트업들은 일반적으로 소비자 심리에 지속적인 인상을 주는 데 필요한 비용과 시간을 과소평가하는 경향이 있다.

브랜딩은 비용이 많이 들고 시간이 많이 걸리며 감성적인 반응을 이끌어 내도록 설계되었다. 재세분화하는 시장의 핵심은 포지셔닝을 사용하여 새로운 세분화의 가치를 확립하고 제품에 대한 수요를 창출하는 것이다. 그런 다음 브랜딩을 사용하여 해당 세분화의 가치를 강화하고 수요를 판매 곡선의 하키 스틱 부분으로 기하급수적으로 늘릴 수 있다.

거듭 강조하자면, 브랜딩 및 포지셔닝 전략은 널리 대중화되었지만 많은 스타트업 기업에서 오용되어 왔다. 새로운 시장에서 이러한 전략은 비용이 많이 들고, 치명적이다. 그러나 그것들은 재세분화된 시장에서는 매우 중요하다. 재세분화된 시장에서는 브랜딩 및 포지셔닝을 사용하여 초기 수용자의 소규모 그룹을 대중 시장으로 만들지만 대중 시장의 고객은 그들이 작은 엘리트 그룹으로 남아 있다고 믿게 만든다.

② 재세분화된 시장에서 매출 성장 관리

재세분화된 시장에서의 매출 성장은 신규 시장과 기존 시장의 매출 성장 모델을 결합하기 때문에 복잡한 균형과 조정 작업이 필요하다. 그럼에도 불구하고 희망적인 사실은 제품이 무엇인지 쉽게 이해할 수 있는 기존 고객 시장이 있다는 것이다. 이를 통해 기업은 치열한 경쟁 속에서도 즉시 일정 수준의 매출을 창출할 수 있다. 그러나 이러한 초기 판매를 성공으로 혼동해서는 안 된다. 시장이 재세분화를 이해하고 수용할 때까지 폭발적인 매출 성장을 달성하지는 못할 것이다. 재세분화된 시장에서 매출 성장 문제와 관련하여 관리해야 하는 사항은 다음과 같다:

· 필요 자본: 현금 흐름이 손익 분기점까지 얼마만큼의 자금이 필요한가?
· 시장 교육 비용: 새로운 고객군을 대상으로 교육하고 창출하는 데 소요되는 지속적인 비용을 감당할 수 있는가?
· 포지셔닝 및 브랜딩 비용: 새로운 시장과 달리 재세분화된 시장은 차별화된 명확한

목표를 제공한다. 이러한 포지셔닝 및 브랜딩에는 비용이 많이 든다. 그에 대한 예산이 있는가?
- 고용 계획: 매출 변화가 나타나더라도 과잉 채용 없이 초기 판매의 균형을 맞출 수 있는가?
- 시장 평가: 재세분화가 작동하지 않으면 어떻게 되는가? 대부분의 스타트업은 여기서 끝난다. 그렇다면 그것을 어떻게 피할 것인가?

요약하자면 재세분화 시장에서의 스케일업 기업 구축은 신규 시장의 기업구축과 유사하다. 하키 스틱 형태의 판매 수익이 나타날 만큼 재세분화 시장이 충분히 커질 때까지 자원을 관리하고 재세분화된 시장을 성장시키는 것이다. 신규 시장과 마찬가지로 위험 중 하나는 새로운 세분화가 불가능한 희망이 될 수도 있다는 것이다. 이러한 경우 크게 독특하지 않은 제품으로 기존 시장에 있는 여러 경쟁 업체와 경쟁해야 하는 상황에 처하게 된다.

2. 단계 2: 경영진 검토 및 미션 중심 조직 구축

스케일업을 위한 기업 구축은 초기 수용자 고객 유치에 중점을 둔 조직에서 주류 고객을 찾고 획득하는 조직으로 이동할 수 있도록 모든 자원을 준비하는 것이다. 이러한 과정에서 가장 중요한 것은 고위 경영진의 역할이다. 이러한 중요한 전환을 주도할 수 있는 경영진의 검토는 개인과 회사 전체에 엄청난 변화가 될 수 있다. 이러한 경영진에 대한 평가는 회사의 이사회가 구성되어 있을 경우에는 이사회에서 지도하고 관리해야 한다. 그러나 이사회가 구성되어 있지 않을 경우에는 투자자 및 다른 이해관계자들과의 협의를 통해 적합한 경영진이 구성될 수 있도록 해야 한다.

어떤 절차를 통해 경영진이 구성되었다면 경영진이 수행해야 할 내용은 다음과 같다:

- 기업 성장 단계별 경영진의 역할

· 미션 중심의 조직과 문화 개발

2.1 기업 성장 단계별 경영진의 역할

스케일업 기업 구축 단계에 도달하면 이사회 혹은 이해관계자는 기업 내부를 살펴보고 현재 CEO와 임원이 회사를 스케일업할 역량이 있는지 여부를 결정해야 한다. 즉, 설득력 있는 비전을 명확하게 제시할 수 있는 역량과 열정을 갖고 있으며, 진행하면서 배우고 발견할 수 있을 만큼 민첩하고, 수많은 실패를 처리할 수 있을 만큼 탄력적이며, 초기 수용자 고객을 확보하기 위해 배운 그동안의 내용을 활용할 수 있을 만큼 반응이 빠른 사람이 필요하다. 그러나 앞으로 풀어야 할 숙제는 그와는 다른 일련의 도전들이다. 즉, 새로운 주류 고객을 찾고 매출 성장 곡선을 관리하는 것이다. 이러한 새로운 도전에는 다른 기술이 필요하다. 이러한 전환의 핵심은 명석한 안목을 가진 실용주의자인 CEO와 경영진이며, 회사를 위한 일관된 사명을 명확하게 설정하고 동일한 목표를 향해 나아가는 부서에 권한을 분배할 수 있는 역량을 갖춘 사람이 필요하다.

〈표 9-2〉는 기업 성장 단계에 따른 CEO/경영진의 특징을 설명하는 데 도움이 된다. 이 표에서 나타난 스타트업 기업 임원의 가장 두드러진 특성 중 하나는 영업이든 제품 개발이든 회사에 대한 개인적인 기여이다. 기술 또는 비즈니스 비전가로서, 이들 창립 임원들은 개인적인 성취를 이루어낸 리더들이다.

〈표 9-2〉 기업 단계에 따른 CEO/경영진의 특징

	창업 지향적 학습 및 발견	미션 지향적 관리	프로세스 관리의 실행 및 성장
개인적 기여	슈퍼스타	리더	계획, 목표, 프로세스 및 인사 관리자
시간적 몰입 정도	연중무휴	필요에 따라	장기적으로 9시~5시
계획 수립	기회주의적이고 민첩함	미션 및 목표 지향	프로세스 및 목표 지향

	창업 지향적 학습 및 발견	미션 지향적 관리	프로세스 관리의 실행 및 성장
프로세스	증오 및 제거	필요에 따라 미션 지향적	구현 및 사용
관리 유형	독재적 스타 시스템	부서에 배포	관료적일 수 있음
통제 범위	직접적 관리	미션에 따라 융통성 적용	조직에 배포됨
초점	높고 열정적인 비전	미션	실행
불확실성/혼돈	혼돈에서 질서를 가져오기	빠른 대응에 집중	책임에 중점을 둠

그러나 회사가 성장함에 따라 회사는 기존 인습을 타파하는 슈퍼스타는 덜 필요로 하고 미션과 목표를 지향하는 리더를 더 필요로 한다. 이 단계의 리더는 회사 목표를 현업 부서로 전달하고 부서 수준에서 미션 지향적 리더십을 구축하고 발휘될 수 있도록 해야 한다. 아울러 CEO나 경영진이 연중무휴 회사 일에 몰입하기보다는 탈진을 방지하기 위해 필요한 시간만큼만 몰입하는 것이 필요하다.

계획 수립 부분에서도 또 다른 주요 차이점이 있다. 스타트업을 위한 학습 및 발견 단계에서는 기회 발견적이며 민첩한 애자일 리더십(agile leadership)이 필요했다. 그러나 회사가 확장됨에 따라 보다 큰 팀이 하나의 사명에만 집중하도록 하는 리더가 필요하다. 이 미션 중심 단계에서는 조직위계가 추가되지만 통제의 범위가 한 개인이 관리할 수 있는 것보다 커질수록 책임과 의사 결정이 더 광범위하게 분산된다. 이처럼 보다 큰 조직을 민첩하고 신속하게 대응하도록 유지하는 것이 미션 지향적 관리의 특징이다.

이처럼 미션 지향적 리더십과 민첩 대응 조직의 개념은 투자자와 기업가가 고려해야 할 중요한 과정이다. 미션 지향적 리더십은 최초 경영진의 수명을 연장할 수 있고, 회사의 즉각적인 목표에 집중하도록 하며, 캐즘을 극복할 수 있는 충분한 추진력을 제공할 수 있는 프로세스를 제공한다.

2.2 미션 중심의 조직과 문화 개발

공통된 미션이 없는 결과는 명확하다. 창업가는 고객 발굴 및 고객 검증을 통해 회사를 이끌어 가면서 회사에 대한 단 하나의 비전을 가지고 회사가 어디로 가고 있는지에 대해서만 계속해서 주목한다. 그러나 이러한 창업가의 근본적인 실수 중 하나는 자신의 비전을 공유하도록 하는 데 실패한다는 것이다.

(1) 기업 미션 선언문(Corporate Mission Statement)

그렇다면 어떻게 하면 기업의 미션을 회사의 생명선으로 삼을 수 있을까? 미션 중심 조직의 중심에는 기업 미션 선언문이 있다. 대부분의 기업은 미션 선언문을 작성한다. 왜냐하면 다른 기업에서 작성한 것을 보고서 왠지 그것이 중요하게 느껴졌기 때문일 수 있으며, 때로는 투자자들이 프레젠테이션 자료에 미션 선언문이 필요하다고 말했을 수도 있다. 그러나 두 경우 모두 매일 생활하고 있는 회사의 실생활을 위한 미션 선언문은 아니다.

그렇다면 '살아 있는' 미션 선언문은 어디로부터 오는가? 고객 발견, 검증 및 창출이라는 길고 힘든 고객 개발 프로세스를 거치면서 미션을 도출, 테스트 그리고 실행했다. 그러한 과정에서 작성하는 미션 선언문은 고객 발굴에서 처음 제안하고 고객 검증에서 다시 검증하고 고객 창출에서 고객과 함께 테스트한 것을 더욱 구체화한 것이다. 이러한 스타트업 초기의 미션 선언문의 목표는 회사와 제품이 얼마나 독특한가를 고객이 이해하도록 돕는 것이었다. 이러한 미션을 회사 웹사이트에 포함시켰을 수 있으며 영업 사원이 프레젠테이션에 넣었을 수 있다.

그러나 스케일업을 위한 기업 구축 단계에서 필요한 미션 선언문은 다르다. 고객이 아닌 회사 구성원과 회사를 위한 것이다. 그것은 회사의 구성원들에게 초기 수용자로부터 주류 고객으로의 이동을 위해 캐즘을 어떻게 건너고 매출 성장 곡선을 어떻게 관리할 것인지 설명한다. 아울러 모든 구성원에게 그들이 왜 일하러 왔는지, 무엇을 해야 하는지, 그리고 그들이 성공했는지를 알 수 있는 방법에 대해 구체적인 용어로 알려주는 것이다.

그리고 고객에게는 노출되지 않는 두 가지 단어인 매출과 이익을 언급한다.

명확하게 작성된 미션 선언문의 작성 예는 다음의 CafePress라는 회사의 예를 들 수 있다. 이 회사는 개인과 단체로 하여금 티셔츠, 커피잔, 책, CD 등을 판매하도록 그들의 매장을 쉽게 만들 수 있게 해 주는 회사이다.

- CafePress에서 우리의 미션은 고객이 다양한 맞춤형 제품을 판매하기 위해 매장을 설정할 수 있도록 하는 것이다. 즉 우리의 목표는 웹상에서 CD, 책, 판촉물을 만들고 판매할 수 있는 최고의 장소라고 말하는 것이며 그렇게 하는 방법은 다음과 같다.
- 사용하기 쉬운 홈페이지에서 다양한 고품질 제품과 좋은 서비스를 제공한다. 상점마다 한 달에 평균 $45를 판다면 성공으로 간주한다. 동시에 우리는 고객에게 다가갈 수 있는 마케팅 도구를 제공하여 고객의 판매를 도울 것이다.
- 우리는 고객들이 공정한 가격이라고 생각하는 가격으로 추진할 것이다(단 40%의 마진을 유지한다). 내년에 우리의 계획은 매출이 3천만 달러로 성장하고 수익을 남기는 것이다(따라서 우리는 한 달에 25,000명의 신규 고객이 필요하다).
- 우리는 우리 지역 사회의 좋은 시민이 되도록 노력할 것이다(재활용 가능한 소재에 인쇄하고, 환경 친화적인 포장재를 사용하고, 가능한 한 무독성 잉크를 사용할 것이다).
- 직원들이 오래 머무를수록 더 좋은 회사가 되기 때문에 직원들을 위해 완전한 의료 및 치과 혜택을 제공할 것이다.
- 우리는 또한 모든 직원에게 스톡옵션을 제공할 것이다. 왜냐하면 그들이 우리의 이익과 장기적인 성공에 관심이 있다면 우리 모두가 돈을 벌 것이기 때문이다.

이러한 미션 선언문을 문장 단위로 읽어 보면 직원들에게 왜 일하러 왔는지, 무엇을 해야 하는지, 성공했을 때 그것을 어떻게 알 수 있는지를 말해준다.

(2) 기업 미션 선언문 작성하기

대부분의 회사는 정교하고 세련된 기업 미션 선언문을 작성하는 데 많은 시간을 투자

하지만 실제 이를 실현하기 위해 내부적으로는 아무것도 하지 않는 경향이 있다. 여기서 설명하는 미션 선언문의 내용은 상당히 다르다. 첫째, 지금 개발하는 기업 미션 선언문은 회사 내부에서 사용하기 위한 것이다. 고객과 투자자를 행복하게 하기 위해 일부 내용을 변경하여 사용할 수 있지만, 그것이 목적은 아니다. 둘째, 미션 선언문은 행동 지향적이다. 모든 직원에게 일상적인 지침을 제공하기 위해 작성된다. 그렇기 때문에 실행에 초점을 두며 회사가 달성하려는 것이 무엇인가에 중점을 둔다. 올바르게 수행하면 기업 미션 선언문은 직원들이 큰 그림을 이해하는 데 도움이 되는 동시에 현장에서 결정하고 행동하는 데 도움이 될 것이다.

이처럼 실제 운영(operatonal)을 위한 미션 선언문을 작성하는 것은 기업경영이 스타트업 초기 발현되었던 기업가 정신에서 미션 중심으로 전환되었다는 가시적인 신호다. CEO는 이 기회를 사용하여 모든 운영 임원으로부터 약속과 동의를 얻는다. 필요한 경우 CEO는 미션 선언문이 공유되고 근거가 있는지 확인하기 위해 다른 직원을 데려올 수 있다. 이사회도 정보를 제공하고 최종 승인을 하기 위해 프로세스에 참여해야 할 필요가 있다.

<표 9-3> 기업 미션 선언문 초안 작성을 위한 템플릿

미션의 요소	세부 내용
직원들이 출근하는 이유	· CafePress를 세계 최대의 맞춤형 상품 소매업체가 되도록 하기 위해
그들이 하루 종일 해야 할 일	· CD, 서적 및 판촉물을 만들고 판매할 수 있는 웹 사이트는 우리뿐이라는 것을 고객에게 알리는 것. · 판매자에게 그들의 고객에게 도달할 수 있는 마케팅 도구 제공 · 우리 지역 사회의 좋은 시민이 되도록 노력한다. 재활용 가능한 재료에 인쇄하고, 환경 친화적인 포장재를 사용하고, 가능할 때마다 무독성 잉크를 사용한다.

그들이 성공했다는 것을 알 수 있는 방법	· 고객들은 CafePress가 맞춤식 아이템을 판매하고 구매할 수 있는 세계 최고의 장소라고 말한다. · 고객은 공정한 가격에 해당하는 훌륭한 서비스를 받는다. · 고객이 자주 방문한다(평균 3주에 한 번).
기업 매출 및 이익 목표	· 상점당 한 달에 평균 $45를 판매한다. · 매월 25,000명의 신규 고객 확보 · 내년 말까지 매출 3,000만 달러로 성장 · 수익률 40% 유지 · 스톡옵션과 완전한 의료 및 치과 혜택 제공

〈표 9-3〉은 CafePress라는 회사의 기업 미션 선언문 초안을 작성하기 위한 대략적인 템플릿을 보여 준다. 미션 선언문을 작성할 때 정답과 오답은 없다. 그러나 효과적으로 진술되었는가에 대한 여부를 테스트한 결과의 기준은 다음과 같다. 즉 이제 갓 입사한 신입 사원이 기업 미션 선언문을 읽고 회사와 직무, 성공하기 위해 해야 할 일을 이해할 수 있는가?

한편 이러한 미션 선언문의 내용은 스타트업이 진출하고 있는 시장의 유형에 따라서 강조하는 점의 차이가 있다. 즉 기존 시장에서 실행하는 회사의 미션 선언문은 신규 시장이나 재세분화된 시장의 회사와 상당히 다르다. 즉 기존 시장에서의 미션 선언문은 직접적인 매출 성장의 목표를 반영한다. 회사가 제품 수명 주기와 경쟁자에 대해 민감한 상태를 유지하면서 시장을 개발하기 위해 어떻게 끊임없이 실행하는지를 설명한다. 신규 시장에서 회사 미션 선언문은 하키 스틱 성장 곡선을 반영하며 자원을 관리하고 열정적으로 시장에 알리고 성장시키는 것을 강조한다. 재세분화된 시장에서 미션 선언문은 회사 및 제품의 독특하고 차별화된 이미지를 만드는 데 필요한 브랜딩 및 포지셔닝 작업을 설명한다.

기업 미션 선언문은 필수적이지만 시작에 불과하다. 미션 중심의 문화는 고객을 대하는 부서뿐만 아니라 회사 전체를 포괄해야 한다. 이러한 이유로 경영진은 모든 부서의 구성원이 공통의 목적을 공유한다고 느낄 수 있도록 집중적인 노력을 기울일 필요가 있다. 이를 위해서는 회사 전반에 걸친 지속적인 커뮤니케이션이 필요하다. 본 장의 스케일업 기업 구축 4단계에서는 각 부서가 자체 부서 미션 선언문을 작성하도록 함으로써 미션 중심 프로세스를 더욱 촉진하게 한다. 이 부서 선언문은 특정 부서의 목표와 활동 측면에서 기업 미션 선언문과 동일한 세 가지 질문(사람들이 출근하는 이유, 하루 종일 무엇을 할 것인지, 성공했는지 알 수 있는 방법)에 대한 답이라고 할 수 있다.

3. 단계 3: 고객 개발 팀을 기능 부서로 전환하기

기업 구축의 3단계는 고객 개발팀의 종료와 함께 공식 부서로의 전환을 의미한다. 이전 단계까지 고객 개발 팀은 초기 수용자 고객과의 지속적인 상호 작용을 통해 반복 가능한 판매 및 채널 로드맵을 구축하는 방법을 발견했다. 이러한 작업이 완료되면 관심은 주류 고객 확보로 이동한다. 이를 실행하려면 소규모 그룹 이상의 사람들이 필요하다. 그러나 유감스럽게도 기능적 조직의 특성을 갖추지 않은 고객 개발팀으로는 확장할 수 없다. 이를 해결하기 위해 회사는 이제 초기 단계에서는 비생산적이었을 수 있었던 특정 비즈니스 기능(주로 영업, 마케팅 및 비즈니스 개발)을 통합하는 부서를 시장 유형별 요구에 맞게 적절하게 조직화해야 한다. 따라서 이 단계에서 수행할 내용은 다음과 같다:

· 업무 기능을 중심으로 조직된 부서에 대한 미션 선언문 작성
· 시장 유형에 따른 부서별 역할 정의

3.1 부서별 미션 선언문 작성

영업, 마케팅, 비즈니스 개발 및 기타 고객 대면 부서를 만들기 전에 이러한 부서에서 수행해야 하는 작업을 파악해 볼 필요가 있다. 일반적으로 우리는 모든 부서가 하는 일을 대체로 알고 있다. 즉 영업은 나가서 판매하거나 판매할 사람을 고용하고, 마케팅은 직원을 고용하고 데이터 시트를 작성하고 광고를 실행하는 식이다. 그러나 이는 사실이

아니다. 이 섹션의 논의에서 명확하게 알 수 있듯이 각 부서의 목표는 시장 유형에 따라 다르기 때문이다.

따라서 해당 부서를 공식적으로 설정하기 전에 각 부서의 목표가 무엇인지 생각하고 그 목표를 부서 미션 선언문의 형태로 명확히 하는 것이 경영진의 의무이다. 채용 및 배치를 시작하기 전에 이렇게 하는 이유는 부서부터 먼저 만들어지면 그 부서는 자기 나름대로의 존재 이유와 활동을 합리화하는 경향이 있기 때문이다.

2단계에서는 시장 유형과 일치하는 기업 미션 선언문을 작성했다. 이제 해야 할 과제는 해당 기업의 미션을 부서 및 작업별 목표가 있는 부서별 미션 선언문으로 변환하는 것이다. 예를 들어, 기존 시장의 마케팅 부서에 대한 미션 선언문은 다음과 같을 수 있다:

마케팅 부서의 미션은 최종 사용자의 수요를 창출하고 이를 판매 채널로 유도하고, 채널과 고객에게 우리 제품이 우수한 이유를 교육하고 회사 기술진이 고객의 욕구와 바람을 이해하도록 도움을 주는 것이다. 우리는 수요 창출 활동(광고, PR, 무역 박람회, 세미나, 웹 사이트 등), 경쟁 분석, 채널 및 고객 자료(백서, 데이터 시트, 제품 리뷰), 고객 설문 조사 및 시장 요구 사항 문서를 통해 이를 달성할 것이다.

우리의 목표는 40,000명의 고객이 판매 채널에 연결되도록 하고, 목표 시장 고객의 65% 이상이 회사 및 제품 이름에 대해 인지하도록 하며, 분기당 5개의 긍정적인 제품 리뷰를 이끌어낼 것이며, 5명의 인원과 $750,000 미만의 예산으로 판매 첫해에 35%의 시장 점유율에 도달할 것이다.

〈표 9-4〉에 제시된 미션 선언문은 앞에서 제공된 기업 미션 선언문의 템플릿과 어떻게 부합하는지 보여준다.

〈표 9-4〉 신규 시장의 마케팅 부서를 위한 미션 선언문의 예

미션 요소	세부 내용
부서 구성원들이 출근하는 이유	· 최종 사용자 수요 창출 및 판매 채널로 유도 · 우리 제품이 우수한 이유에 대해 채널과 고객을 교육 · 엔지니어링이 고객의 니즈와 욕구를 이해하도록 도와줌
그들이 하루 종일 해야 할 일	· 수요 창출 활동(광고, PR, 전시회, 세미나, 웹사이트 등) · 경쟁 분석, 채널 및 고객 자료(백서, 데이터 시트, 제품 리뷰) · 고객 설문 조사, 시장 요구 사항 문서
그들이 성공했다는 것을 알 수 있는 방법	· 40,000명의 고객이 판매 채널에 연결 · 목표 시장 고객의 65% 이상이 회사 및 제품 이름에 대해 인지 · 분기당 5개의 긍정적인 제품 리뷰
기업 이익 목표에 대한 기여도	· 첫해 시장 점유율 35% · 5명, 지출액 $750,000 미만

이 부서의 사람들이 왜 일하러 왔는지, 하루 종일 무엇을 해야 하는지, 성공했는지에 대해 어떻게 알 수 있는지, 회사의 이익 목표에 어떤 기여를 하는지를 정확히 명시하고 있다. 이러한 선언문을 통해 직원들은 자신의 미션이 무엇인가를 확실하게 이해하게 될 것이다.

3.2 시장 유형별 부서 역할 정의하기

이제 부서에 대한 미션 선언문이 있으므로 부서를 구성할 수 있다. 그러나 기능별 부서를 구성하였다 하더라도 각 기능별 부서의 역할이 모든 상황에서 동일하지는 않다. 즉, 각 부서는 먼저 회사가 직면한 시장 유형에 따라 역할을 어떻게 정의할 것인지를 고려해야 한다. 이제부터 각 시장 유형에 따라 영업, 마케팅 및 비즈니스 개발의 역할에 대해 생각해 보기로 하자.

(1) 기존 시장에서의 부서 역할

지금까지 고객 개발팀의 한 부분이었던 영업의 역할은 제품-시장 적합성(product-market fit)을 확인하고, 반복 가능한 판매 및 채널을 찾고, 비즈니스 모델에 의거하여 초기 수용자 고객을 획득하거나 주문을 확보하는 것이었다. 이처럼 초기 고객이 중요하므로 영업 부서의 역할은 "더 많은 고객을 확보하여 수익과 회사를 확장하는 것"이다. 특히 기존 시장에서는 초기 수용자와 주류 고객이 매우 유사하기 때문에 반복적이고 안정적으로 실행할 수 있는 영업 조직을 구축해야 한다.

마케팅 부서를 조직화하는 것은 영업과 마찬가지로 동일한 문제를 안고 있다. 지금까지 고객 개발에서 마케팅의 역할은 새로운 고객 세그먼트와 틈새를 찾고 포지셔닝, 가격 책정, 판촉 및 제품 기능을 테스트하는 것이었다. 이제 마케팅의 역할은 창의성에서 실행으로 이동한다. 이 시점에서 영업 조직은 반복성과 규모에 관한 것이라면 마케팅 부서에서 원하는 것은 더 많은 고객을 확보하는 데 도움이 될 자료들이다. 즉, 마케팅은 경쟁 분석, 고객 사례 연구, 영업 교육, 채널 지원 등을 제공하여 판매 채널에 대한 수요를 높여야 한다. 이처럼 전략가에서 전술적 역할로의 이러한 전환은 한 달 전에 고객 개발 프로세스를 주도했던 개별 마케터나 소규모 마케팅 팀에게는 충격적일 수 있지만, 판매를 통해 시장 점유율을 확보하려면 반드시 달성해야 한다.

영업 팀이 전술적 실행을 요구하는 상황에서 자칫하면 마케팅 팀의 창의적인 노력이 마케팅 커뮤니케이션이나 제품 관리로 옮길 위험이 있다. 즉 마케팅의 새로운 기능을 단순히 마케팅 커뮤니케이션 부서가 되는 것, PR 대행사를 고용하는 것, 회사를 브랜딩하는 것 등과 혼동하는 것이다. 또한 마케터가 기술 지향적이라면 그들이 제품 관리자처럼 행동할 수 있으며 다음 제품을 위해 필요한 마케팅 요구 사항 문서(Marketing Require-ment Document)를 개발하려고 할 수도 있다. 이러한 실수는 더 이상 창의적인 직업을 갖지 않는 창의적인 사람들의 자연스러운 경향이다. 이러한 실수는 기업 미션과 연계된 명확하게 이해된 부서별 미션이 없을 때 발생할 가능성이 더 높다.

한편 비즈니스 개발 그룹의 기능은 파트너십과 거래를 통해 '완전 완비 제품(whole

product)'을 구축하는 데 필요한 전략적 관계를 구성하여 회사가 주류 고객에게 판매할 수 있도록 하는 것이다. '완전 완비 제품'이란 기술 마케팅과 관련하여 Bill Davidow(1986)가 정의한 개념으로서, 최종 소비자들의 구매나 사용을 유인할 수 있을 만큼의 서비스나 평판 그리고 가격 같은 모든 유·무형의 가치들이 조합된 제품을 말한다. 즉 표적시장 고객이 가지고 있는 문제에 대한 완전한 해답이 되는 제품 기술 수용 주기 곡선(technology lifecycle adoption curve)에서 주류 고객과 후기 채택자는 기성품이면서 위험이 없는 완전한 솔루션을 필요로 한다. 즉, 스타트업으로부터 솔루션의 일부분을 구매하여 조립하기를 원하지 않는다.

기존 시장에서 경쟁사들은 현재 우리가 제공하고 있는 제품이 얼마나 완벽해야 하는지를 알려 준다. 다시 말해서 경쟁업체가 현재 '완전 완비 제품'을 보유하고 있다면 이와 경쟁하기 위해서는 동일한 제품이 필요하다는 의미이다. 예를 들어, 컴퓨터 사업에서 IBM은 현재 전체 제품의 궁극적인 공급업체이다. 하드웨어, 소프트웨어, 시스템 통합 지원 및 비즈니스 솔루션을 지원하는 모든 보조 소프트웨어를 제공한다. 이러한 공간에서 경쟁하기 위해 스케일업하고자 하는 스타트업이 완전 완비 제품을 제공할 수 있는 방법은 없다. 단지 전체 제품을 스스로 조립하는 것을 좋아하는 초기 수용자들을 대상으로 판매하던 스타트업의 초기 고객 개발 단계에서는 가능했었다. 그 어떤 주류 고객도 반제품을 구매하지 않을 것이다. 결과적으로, 비즈니스 개발의 전략적 임무는 주류 고객을 확보하기 위해 완전 완비 제품을 조립하는 것이다. 이는 비즈니스 개발이 판매 활동이 아니라 파트너와의 관계 및 기능을 거래하는 것임을 의미한다. 〈표 9-5〉는 기존 시장에서 각 부서의 목표와 이러한 목표가 달성되는 주요 방법을 요약하고 있다.

〈표 9-5〉 기존 시장에서 부서의 역할

	목표	달성 방법
판매	·지속적인 실행 ·시장 점유율	·고용, 배치, 훈련 ·로드맵을 사용하여 실행 안내

	목표	달성 방법
마케팅	· 최종 사용자 수요를 창출하고 판매 채널로 유도 · 채널에 판매 도구가 있는지 확인	· 수요 창출(PR, 쇼, 광고 등) · 채널 자료, 경쟁력 분석
비즈니스 개발	· '완전 완비 제품' 구축 및 제공	· 경쟁사의 솔루션과 최소한으로 일치하는 거래

(2) 신규 시장에서의 부서 역할

신규 시장에서의 영업은 혼란스러운 시간이다. 고객 검증에서 어렵게 얻은 교훈은 그대로 이전할 수 없다. 그 이유는 주류 고객이 이전에 판매했던 초기 수용자와 동일하지 않기 때문이다. 따라서 영업 사원이 무한히 많다고 해도 전략의 변화 없이는 매출이 증가하지 않는다.

신규 시장에서 영업 부서의 진정한 위험은 초기 수용자가 주류 고객을 대표한다고 계속해서 믿는 것이다. 초기 수용자에 대한 판매는 스타트업을 대기업으로 만들 하키 스틱 성장 곡선을 제공할 수 없다. 그러나 이 단계에서 초기 수용자에 대한 판매 결과에 낙담해서는 안 되며(그들은 지속적인 수익을 제공함) 회사의 성공을 위해서 영업 부서가 더 성장해야 하는 것으로 생각해야 한다. 이제 당면 과업은 초기 수용자를 좁은 시장이나 틈새시장으로의 전환을 위한 '교두보'로 사용하거나 티핑 포인트(tipping point)를 위한 기점으로 사용하는 것이다.

신규 시장에서 마케팅의 임무는 잠재적인 주류 고객을 식별하고 그들이 초기 수용자들과 어떻게 다른지 이해하고 그들에게 도달하기 위한 캐즘 극복 전략을 마련하는 것이다. 여기에서 위험은 마케팅이 마치 기존 시장에 있는 것처럼 행동하면서 수요 창출을 위한 막대한 지출을 하는 것이며 더욱 나쁜 것은 '브랜딩'을 통해 고객 채택을 가속화할 수 있다고 믿는 것이다. 새로운 시장에서는 창출할 수요가 없다. 주류 고객이 밝혀지고 그들의 행동에 영향을 미칠 계획에 대한 확신을 갖기 전까지는 무한정 마케팅 비용을 지출한다고 해서 판매 수익이 달라지지는 않는다. 이러한 시장 유형에서 마케팅은 수요 창출 활동이 아니라 영업 부서가 주류 시장을 찾도록 돕는 데 초점을 맞춘 전략적 기능이어야 한다.

<표 9-6> 신규 시장에서 부서의 역할

	목표	달성 방법
판매	· 교두보 고객을 식별하고 판매함 · 좁은 시장에 판매	· 주류 고객에게 틈새 판매 추구 · 낮은 수준의 초기 수용자 판매 지속
마케팅	· 틈새시장 또는 티핑 포인트 전략 채택 · 주류 고객과 함께 신규 시장 발굴 및 창출	· 주류 고객 로드맵 개발 · 수요 창출을 위한 과도한 비용 지출 금지
비즈니스 개발	· '완전 완비 제품' 구축	· '완전 완비 제품'을 먼저 틈새별로 활성화한 다음 광범위한 주류를 위한 관계를 구축함

신규 시장에서 비즈니스 개발의 역할은 초기 수용자에게만 관심이 있는 회사와 주류 고객에게 의미를 두는 회사 사이의 지각 격차를 영업 및 마케팅이 연결하도록 돕는 것이다. 비즈니스 개발은 영업팀이 목표로 삼고 있는 '교두보' 시장과 일치하는 제휴 및 파트너십을 형성함으로써 이를 수행한다. 목표는 '완전 완비 제품'을 구축하여 회사가 주류 고객의 구미에 더 맞도록 하는 것이다. <표 9-6>은 신규 시장에서 부서의 역할을 요약한 것이다.

(3) 재세분화된 시장에서 부서 역할

재세분화된 시장은 기존 시장과 새로운 시장의 부서 기능을 결합한 전략과 부서별 미션이 필요하다. 이러한 이유로 이 유형의 회사 부서는 때때로 혼란스러움을 느낄 수 있다. 현재 아무도 없는 시장 공간에서 제품 차별화를 통해 많은 고객이 따르기를 바라는 마음으로 경쟁이 치열한 기존 시장에서 경쟁을 시작한다. 이때 마케팅은 새로운 시장 전술을 계획하는 반면, 영업은 기존 시장에서 했던 것과 같은 행동을 할 수 있다. 이러한 혼란은 당연할지 모르겠지만 미션과 전술의 긴밀하고도 빈번한 조율을 필요로 한다.

재세분화된 시장에서의 영업 부서는 두 가지 경로를 따른다. 하나는 기존의 매우 경쟁적인 환경에서 고객에게 제품을 판매하는 동시에 마치 신규 시장에 있는 것처럼 새로운 고객을 찾으려고 시도하는 것이다. 그러나 주류 고객으로의 이동이 캐즘 극복 또는 티핑 포인트 전략을 기반으로 이루어지는 신규 시장과 달리 재세분화된 시장에서의 영업팀은 차별화된 세그먼트를 설정하고 기존 고객의 상당수가 이탈하도록 하기 위한 포지셔닝 및 브랜딩을 사용한다.

여기서의 위험 중 하나는 재세분화하려는 시장에서의 기존 고객에 의해 영업이 혼란을 겪을 수 있다는 것이다. 이러한 고객을 대상으로 낮은 수준의 판매를 계속하는 것은 단지 하나의 판매 전략의 일부일 뿐이다. 따라서 영업 임원이 기억해야 할 사실은 보다 가치 있는 새로운 시장을 창출하기 위해서는 고객의 인식을 바꾸는 것이 실제 목표임을 알아야 한다는 사실이다.

영업 그룹이 기존 시장 부문에서 수요 창출 활동을 위해 압력을 가할 것이기 때문에 동일한 유혹이 마케팅에도 직면해 있다. 일부 수요 창출이 필요하지만, 마케팅의 주요 목표는 회사와 제품을 새로운 범주로 고유하게 차별화하는 방법을 찾는 것이어야 한다. 이를 위해서는 앞부분에서도 설명한 것처럼 브랜딩과 포지셔닝이 차별화를 위한 적절한 마케팅 도구이다. 마찬가지로, 비즈니스 개발은 다른 판매사와 차별화하는데 요구되는 '완전 완비 제품'을 구성하기 위해 독특한 파트너십 및 관계성을 구축할 필요가 있다.

〈표 9-7〉은 재세분화된 시장에서 부서 역할을 요약한 것이다.

〈표 9-7〉 재세분화 시장에서 부서의 역할

	목표	달성 방법
판매	· 기존 시장에서 수익 창출 · 새로운 시장 부문에서 '교두보' 고객을 확인하고 판매 · 새로운 시장 세그먼트를 개척하여 하키 스틱형 매출 곡선을 그림	· 기존 시장에서 수익 창출을 위한 영업 인력 확대(소수 채용) · 새로운 시장 부문에 집중하기 위해 신입 사원 추가 · 영업을 새로운 세그먼트로 전환하고 영업 직원 확대

	목표	달성 방법
마케팅	· 영업이 기존 시장에서 수익을 창출하도록 지원 · 기존 시장에서 새로운 세그먼트 창출	· 게릴라 마케팅 전술을 사용하고 지출을 최소화 · 포지셔닝 및 브랜딩을 사용하여 새로운 세그먼트, 차별화 및 인지도 창출
비즈니스 개발	· 새로운 세그먼트에서 회사와 제품을 차별화하기 위한 '완전 완비 제품'의 구축 및 공급	· 새로운 세그먼트의 주류 고객을 위해 '완전 완비 제품'을 가능하도록 하는 관계 구축

4. 단계 4: 신속 대응 부서 구축

비즈니스에서도 전쟁 못지않게 빠른 의사 결정은 후발 기업에게 치명적인 결과를 초래한다. 주류 고객에게 판매하고 회사의 장기적인 성공을 구축하려면 고객, 경쟁업체 및 시장 기회에 최대한 신속하게 대응할 수 있는 에자일 조직(agile organization)을 만들어야 한다. 즉 명확하게 표시된 미션을 중심으로 부서를 조직화했다면 다음 과제는 해당 부서를 신속하게 대응할 수 있는 부서로 전환하는 것이다. 이러한 전환을 위해서는 2가지의 조직 원칙, 즉 의사 결정의 분권화(decentralized decision-making)와 OODA 연결 고리-관찰(Observe), 지향(Orient), 결정(Decide), 행동(Act)-가 이 단계의 기초를 제공한다.

4.1 에자일 조직(Agile Organization)의 원칙

(1) 의사 결정의 분권화

고객 발굴, 고객 검증 그리고 고객 창출 단계 동안 고객 개발 팀은 수평적 조직이었고 즉석에서 전략적 결정을 내릴 수 있는 설립자가 포함되어 있었다. 기능적인 부서로 전환할 때는 의사 결정 권한을 분산화하여 각 부서가 고객, 시장 및 경쟁의 변화에 실시간으로 대응할 수 있도록 해야 한다.

　소기업임에도 불구하고 끊임없이 공식적인 절차에 따라야 하고 상향식 검토와 결정을 기다려야 하는 조직 습관은 매우 위험하다. 이와 관련하여 흔히 기업에서 조직의 직원을 관리하거나 지시하여 이러한 개인에게 영향을 미치고 안내할 수 있는 능력을 '경영진 리더십(Executive leadership)'이라고 생각하는 경향이 있다. 그러나 이러한 '경영진 리더십'이라는 문구는 모순적일 수 있다. 왜냐하면 의사 결정 시점에 있는 직원이 현실과 동떨어진 책상 뒤에 앉아 있는 경영진보다 실제 상황을 더 잘 이해한다는 사실을 모두가 알고 있기 때문이다. 이러한 현상이 기업에서 나타나지 않도록 하려면 기업의 아래 계층의 의사 결정을 존중하는 미션 중심의 문화와 분산형 관리 스타일이 필요하다.

(2) OODA: 관찰(Observe), 지향(Orient), 결정(Decide), 행동(Act)

　신속한 대응 부서의 두 번째 원칙은 OODA 연결 고리이다. 이는 비즈니스에 적용되는 가장 주목할 만한 군사 전략 중 하나로서 미 공군 대령 John Boyd가 조종사가 공중전에 참여할 때 빠른 결정을 내릴 수 있도록 개발한 것이다. Boyd는 소련 MIG-86의 성공과 비교하여 미국 F-15 전투기의 성공을 분석한 후 모델을 개발했다. MIG가 더 빠르고 더 잘 회전할 수 있었지만, Boyd에 따르면 조종사의 시야가 러시아 조종사의 시야보다 훨씬 우수했기 때문에 미국 비행기가 더 많은 전투에서 승리했다는 것이다. 이 향상된 시야는 조종사에게 상대방보다 상황을 더 빠르고 더 잘 평가할 수 있음을 의미하므로 분명한 경쟁 우위를 제공했다. 결과적으로 그는 균형을 잃고 실수를 하기 시작하는 적을 놀라게 할 수 있었다.

　OODA 모델은 빠르고 효과적이며 사전 예방적인 의사 결정을 지원하는 모델로서 이 모델의 4단계는 다음과 같다:

[그림 9-6] OODA 모델

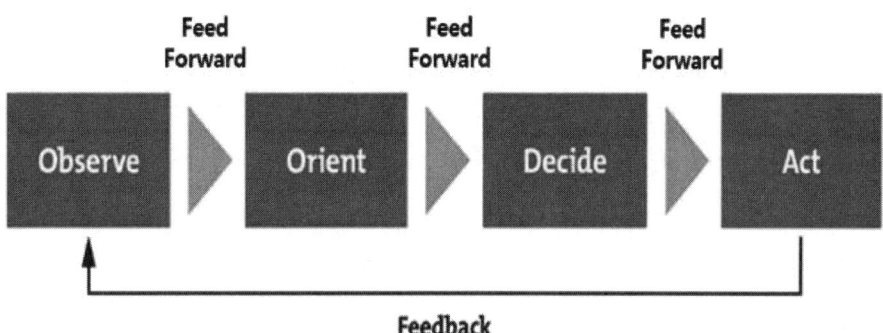

① 1단계 – 관찰(O):

먼저 문제에 대한 적절한 정보가 수집된다. 내부 환경, 외부 환경, 경쟁사의 전략, 비즈니스 강점 및 비즈니스 약점에 대한 더 넓은 관점을 얻는 것이 필수적이다. 데이터 수집은 모든 결정의 배후에 없어서는 안 될 단계이다.

② 2단계 – 오리엔트(O):

다음으로 수집된 정보는 적절한 해석을 거쳐 의사 결정자가 현재 위치와 원하는 결과를 평가한다.

③ 3단계 – 결정(D):

그런 다음 의사 결정자는 특정 행동 계획에 동의한다. 여기에는 팀을 위한 전략과 문제 해결 메커니즘이 포함된다.

④ 4단계 – 행동(A):

마지막으로 원하는 변경을 유발하도록 결정이 구현된다. 궁극적으로 결과는 그 뒤에 있는 의도가 아니라 행동에 달려 있다.

이처럼 작업의 결과를 관찰하고, 의도한 결과를 달성했는지 평가하고, 초기 결정을 검토 및 수정하고, 다음 작업으로 이동하여 OODA 고리는 계속 순환한다.

이러한 개념은 속도와 민첩성을 유지하면서 성장하려고 하는 기업에게 매우 중요하다. 관리에서의 속도란 의사 결정, 계획, 조정 및 의사소통에 필요한 시간과 피드백을 통합하는 데 필요한 시간을 단축하는 것을 의미한다. 기존 시장에서는 경쟁자와 고객에 비례하여 관리의 속도가 중요하다. 신규 시장이나 재세분화된 시장에서는 현금 흐름 및 수익성에 비례하여 관리 속도가 중요하다. 목표는 경쟁자보다 빠르게(또는 현금 소모율보다 빠르게) 고객의 요구나 기회에 신속하게 대응하는 것이다. 속도의 차이가 클 필요는 없으나 자주 활용하는 작은 개선으로도 상당한 결과를 얻을 수 있다.

4.2 에자일 조직(Agile Organization) 문화 개발

이러한 의사 결정의 분권화 및 OODA 고리를 회사 문화의 일부로 정착하기 위해서는 다음과 같은 3가지 주요 단계를 필요로 한다:

· 미션 중심의 관리 구현
· 정보 수집·보급 문화 조성
· 리더십 문화의 구축

(1) 미션 중심의 관리 구현

1982년 스탠포드 대학의 대학원생인 Andy Bechtolsheim은 쉽게 구할 수 있는 상용 마이크로프로세서와 AT&T가 설계하고 UC 버클리 학생들에 의해 개선된 운영 체제를 갖고서 컴퓨터를 만들었다. Bechtolsheim의 디자인은 날렵하고 강력하며 독특했다. 기존 미니컴퓨터에 비해 성능은 떨어지지만 1인이 사용할 수 있을 정도로 저렴했다. Bechtolsheim의 컴퓨터는 또한 Ethernet이라고 하는 당시의 새로운 네트워크를 통해 다른 컴퓨터에 연결할 수 있는 기능이 있었고 현재 인터넷 프로토콜 제품군으로 알려진 TCP/IP가 포함되어 있었다.

스탠포드 대학은 Bechtolsheim의 컴퓨터에 관심이 있는 모든 사람에게 라이센스를 부여했다. Bechtolsheim과 동료 대학원생인 Vinod Khosla는 디자인 라이선스를 부여받은 9개의 스타트업 중 하나를 만들었다. 회사는 끈질기게 비즈니스 거래를 추구했고(2년 차에 4천만 달러의 OEM 계약을 체결했다) 놀라운 속도로 컴퓨터의 새 버전을 만들었다. 6년 안에 회사의 매출은 10억 달러로 성장했다. 그러나 라이선스를 부여받은 다른 8개의 회사는 시장에서 사라졌다. 20년 후 Bechtolsheim과 Khosla의 회사(Stanford University Network의 이름을 따서 Sun으로 명명됨)는 150억 달러 규모의 회사가 되었다.

이러한 신규 시장에서 Bechtolsheim과 Khosla의 회사가 다른 참가자와 차별화된 점은 무엇일까? 일부 사람들이 주장하듯이 그것이 선점자 우위의 분명한 사례라고 할 수 있는가? Sun은 컴퓨터 디자이너를 설립자로 두는 이점이 있었지만 다른 모든 스타트업에는 혁신적이고 유능한 기술 직원이 있었다. Sun이 성공한 이유는 끈질기게 임무에 집중하고 경쟁사보다 더 빨리 실행할 수 있는 조직을 구축했기 때문이라고 볼 수 있다.

미션 중심 관리는 Sun과 같은 민첩한 기업이 신속하게 대응하는 부서를 구축하는 기반이다. 상대적으로 유연하지 않은 프로세스 중심 관리와 달리 미션 중심 관리는 스타트업이 지속적으로 직면하는 두 가지 근본적인 문제인 불확실성과 시간을 더 잘 처리한다. 소규모 회사의 경우 대부분의 경쟁 상황이나 고객 상황에서는 정확성과 확실성을 얻을 수 없다. 결과적으로 회사와 부서는 달성 가능한 속도와 민첩성을 기반으로 구축해야 한다. 미션 중심 관리는 빠르게 변화하는 상황에 대처하고 고객 및 시장 기회의 창을 활용할 수 있는 유연성을 제공한다. 또한 미션 중심의 관리 전술은 의사 결정의 분산화를 지원한다. 이러한 유형의 의사 결정은 기업을 유연하고 응집력 있고 대응력 있게 만드는 민첩하고 신속하며 정보에 입각한 의사 결정 프로세스로 이어진다.

미션 중심 경영을 실현하려면 관리자와 직원의 의식적인 사고 전환이 필요하다. 프로세스는 3단계에서 생성한 부서별 임무로부터 시작된다. 그 외에도 미션 중심 관리에는 다음과 같은 5가지 고유한 특징이 있다:

· 미션 의도
· 직원 주도성
· 상호 신뢰와 소통
· 충분히 좋은 의사 결정
· 미션의 동기화(同期化)

① 미션 의도(Mission Intention)
 이 장의 앞부분에서 우리는 미션 진술문을 통해 직원들이 왜 일하러 왔는지, 무엇을 할 것인지, 그리고 성공했는지를 알려주는 방법에 대해 설명한 바 있다. 그러나 미션에 대한 기술은 수행해야 할 과업 그 자체에 대해서만 설명했다. 실제로 모든 미션에는 두 가지 부분이 있는데 그 하나는 과업 자체에 대한 것이며 또 다른 하나는 해당 과업을 실행하는 이유 또는 의도이다. 과업에 대한 설명은 취해야 할 필요가 있는 활동을 주로 설명한다("올해 매출 1천만 달러에 도달하고 총 마진은 45%에 도달하려고 한다"). 반면에 의도는 원하는 활동의 결과를 설명한다. 즉 매출 1000만 달러는 현금 흐름 손익 분기점이며 45%의 총 마진은 회사를 수익성 있는 기업이 되게 한다.

 이처럼 달성해야 할 과업과 해당 과업을 실행하는 이유 또는 의도를 비교하면 이 중에서 의도가 더 중요하다. 상황이 변경되면 과업을 달성할 수 없게 만들 수 있지만 의도는 더 오래 지속되고 회사의 행동을 계속 안내한다("보자, 우리는 현금 흐름 손익 분기점과 수익성을 달성하려고 노력하고 있다. 천만 달러의 매출을 올릴 수 없다면 현금 흐름 손익 분기점을 달성하기 위해 비용을 얼마나 줄여야 하며 수익성에 어떤 영향을 미칠까?"). 미션 중심 관리가 작동하려면 소수의 주요 임원뿐만 아니라 회사의 모든 사람(기업 및 부서)이 모든 미션(기업 및 부서)의 의도를 이해하고 있는지 확인해야 한다. 이 시점에서 기업 및 부서별 미션의 의도를 전파하는 것이 조직을 이끄는 중요한 방법이다. 따라서 이것은 모든 경영진의 주요 책임이다.
 미션 중심 관리는 기업 및 부서 미션의 근본적인 의도를 설명하기 위해 경영진에 의존하지만 직원들은 미션을 달성하는 방법을 최대한 자유롭게 선택할 수 있다. 예를 들어, 영업 부서는 "우리는 평균 판매 가격 $5만, 판매 비용 $270만, 신규 주문 200건으로 매출 1천만 달러를 달성할 것이다."라는 목표를 달성하기 위해 판매 계획을 세울 수 있다. 의도라는 개념은 직원들이 미션 이면의 생각을 이해하고 나면 이를 달성하기 위해 협력할 수 있음을 의미한다.

의도는 한 단계 더 깊어진다. 영업 책임자와 다른 부서 책임자들이 수익을 내지 못하는 것을 보고 그 결과를 이해하고 비상 계획을 갖고 있다고 상상해 보라. "올해 1,000만 달러의 수익을 올리지 못하면 1,000만 달러의 수익 계획을 세우고 있는 것처럼 계속 지출할 수 없다." 물론 이를 위해서는 경영진 간의 암묵적인 신뢰와 커뮤니케이션이 필요하다.

미션 의도를 기업 전체에 널리 알릴 수 있도록 CEO와 경영진은 명확한 지시나 세부적인 지시가 아닌 폭넓은 지도를 통해 리더십을 발휘한다. 이러한 경영 방식에서는 모든 임직원이 모든 권한을 행사하고 자신의 판단력과 상상력을 발휘할 수 있는 능력이 있다. 경영진이 기업 계층에서 더 높은 위치에 있을수록 그가 수행하는 감독은 더 일반적이어야 하고 세부 사항에 대한 부담은 덜해야 한다. CEO와 경영진은 돌이킬 수 없는 피해가 임박한 예외적인 경우에만 부하 직원의 행동에 개입해야 한다.

요약하면, 미션 중심 경영은 더 나은 결과를 얻기 위해 높은 수준의 협력을 달성하면서 낮은 수준의 주도권을 극대화한다. 이것은 마이크로 매니지먼트의 반대이다. 기업가는 자신이 누구인지, 자신을 고용한 이유가 무엇인지, 그리고 이 정책을 얼마나 잘 전달했는지에 대해 명확하게 생각해야 한다. 미션 중심 경영은 경영진이 자신이 이런 방식으로 경영하고 있다고 믿고 있지만 직원들은 그 반대라고 믿을 때 회사의 실패로 끝난다. 이러한 실패를 피하기 위해 회사 경영진은 미션 중심의 정책을 명확하고 일관되게 알리고 그에 따라 행동해야 한다.

② 직원 주도성(Employee Initiative)
스타트업의 성공은 일시적인 기회를 탐색하고, 발견하고, 활용하는 것이다. 이는 설립자만이 아닌 전 직원이 주도적으로 나서야 가능한 일이다. 직원은 주도성을 갖고서 자신

의 권한에 따라 행동하는 것이 암묵적인 고용 계약의 일부라는 사실을 받아들여야 한다. 단순히 보여 주기식의 업무를 수행하는 것은 프로세스 중심 조직에서는 업무의 특징이지만 미션 중심 조직에서는 절대 피해야 할 사항이다.

주도성을 보여 주기 위한 권한이 직원들이 원하는 방식으로 자유롭게 행동할 수 있다는 것을 의미하는 것은 아니다. 사실, 이것은 직원들에게 항상 미션과 의도를 염두에 두고 부서 및 기업 미션 내에서 행동을 조정하는 특별한 책임을 부여한다. 반대로 직원들에게 권한을 위임한다고 해서 결과에 대한 궁극적인 책임을 져야 하는 CEO나 부서 간부가 면제되는 것은 아니다. 그들은 직원들이 행동의 자유에 제약을 받지 않고 목표를 이해할 수 있도록 미션과 의도를 명확히 표현하는 법을 배워야 한다.

직원 주도의 문화를 만드는 것은 이러한 환경에서 가장 일을 잘하는 직원을 선발하고 고용하고 그리고 유지하는 데 달려 있다. 만약 지시를 기다리는 직원이나 임원을 고용하거나, 책에 따라 모든 것을 해야 한다고 믿거나, 상사를 불편하게 하는 어떤 것도 말하지 않는 법을 배우거나 또는 동료와 협력할 필요가 전혀 없는 슈퍼스타가 되는 데 익숙하다면 신속 대응 부서를 위한 기반을 갖추지 못한 것이라고 할 수 있다. 이러한 기업은 경쟁자나 자신의 관성 때문에 곧 폐업하게 될 것이다.

③ 상호 신뢰와 커뮤니케이션(Mutual Trust and Communication)
성공적인 미션 중심 조직은 직원과 경영진의 능력과 판단에 대한 상호 신뢰와 확신을 필요로 한다. 경영진은 직원들이 최소한의 감독으로 임무를 유능하게 수행하고, 전반적인 의도와 일치하게 일하고, 다양한 부서 간에 고객, 경쟁자, 성공 및 실패에 대한 뉴스를 전달할 것이라고 믿는다. 한편, 직원들은 경영진이 필요한 리더십을 제공하고 실수를 하더라도 그들을 완전하게 지원해 줄 것을 믿는다. 이것은 경우에 따라서는 스타트업에게는 큰 주문이다. 실패를 인정하거나 도움을 요청하는 것이 경력을 제한하는 움직임으로 간주되거나 정보가 권력의 원천으로 축적되는 환경에서는 상호 신뢰와 의사소통은 존재할 수 없다. 신뢰에는 양면성이 있다. 그것은 주어졌을 뿐만 아니라 획득해야 한다는 것이다. 직원들은 경영진의 신뢰를 얻기 위해 최소한의 감독으로 자신의 임무를 완수

하고 항상 미션 의도에 따라 행동하는 자기 훈련의 모습을 보여야 한다. 또한 경영진과 관리자는 직원의 신뢰를 얻기 위해 직원이 주도권을 행사할 때 직원을 지원하고 보호할 것임을 입증해야 한다.

상호 신뢰의 큰 부수 효과는 사기(morale)에 대한 긍정적인 영향이다. 신뢰는 회사, 부서 및 미션에 대한 개인의 정체성을 높인다. 이런 유형의 회사 직원들은 자부심을 가지고 회사 티셔츠를 입을 뿐만 아니라 조직의 전망과 성과에 대해 끊임없이 이야기한다.

④ 충분히 좋은 의사 결정("Good Enough" Decision-Making)
작은 회사에서 대부분의 결정은 불확실성 하에서 내려진다. 모든 상황이 독특하기 때문에 고객이나 경쟁사의 문제에 대한 완벽한 해결책은 없으며 하나의 해결책이 존재하지 않을 수 있다. 이러한 경우는 허용 가능한 수준의 위험이 있는 계획을 채택하고 신속하게 수행하는 것이 바람직하다. 일반적으로 일관성 있게 결정을 내리고 신속하게 실행하는 회사는 엄청난, 종종 결정적인 경쟁 우위를 확보한다.

그러나 적절한 의사 결정을 위해서 의제에 대한 효율적인 회의와 당면한 문제에 국한된 심의가 필요할 때도 있다. 중장기적 전략, 엔지니어링 및 제품 계획 수립과 같은 상황에서는 결정을 비합리적으로 서두르면 안 된다. 그렇긴 하지만 어떤 의사 결정이든 명확한 의사 결정 목표를 가지고 집중하는 회의 문화를 조성하기 위해 노력해야 한다. 그 결과 '충분히 좋은' 의사 결정이 이루어지는 문화가 되어야 한다.

⑤ 미션의 동기화(同期化)
잘 작성된 미션 선언문과 최선의 의도가 있더라도 부서별 미션의 동기화(同期化), 즉 공식적으로 동시에 실행할 방법이 없으면 미션 중심 프로세스가 실패할 수 있다. 미션 동기화는 고객 개발 및 제품 개발팀이 고객 발굴, 검증 및 창출 과정에서 사용했던 동기화 프로세스와 유사하다. 이러한 단계에서 두 팀은 시장의 현실과 제품 일정 및 기능에 대해 정기적으로 서로 업데이트했으며 아울러 시장의 현실을 수용하기 위해 제품 개발

또는 비즈니스 전략을 전환하여 고객 요구에 함께 대응할 수 있었다.

미션 중심 프로세스로 전환함에 따라 모든 부서는 동기화(同期化) 상태를 유지하고 회사의 미션 및 의도와 함께 움직여야 한다. 즉, 동기화 회의는 다음 세 가지 기능을 확인하기 위해 열린다. 모든 부서가 기업의 미션을 이해하고 있는지, 모든 부서의 미션이 상호 지원적인지, 각 부서가 자신의 미션을 수행하는 방식을 CEO가 이해하고 인정하고 있는지.

미션 중심 조직의 동기화 회의와 프로세스 중심의 대규모 회사의 직원회의 사이에는 현저한 차이가 있다. 〈표 9-8〉에서 볼 수 있듯이 프로세스 중심 회사에서 주문과 목표는 위에서 아래로 오는 반면 상태 보고서는 아래에서 위로 흐른다. 미션 중심 조직에서 동기화 회의는 회사 전체가 변화하는 조건에 대응할 수 있도록 하는 동료 단위의 부서 간 조정 세션이다.

〈표 9-8〉 조직 유형별 동기화(同期化) 전략

	고객 개발 조직	미션 중심 조직	프로세스 지향 조직
누가	· 고객 대면 팀 및 제품 개발팀	· 부서 간 · 기업 대 부서 · 부서에서 기업으로	· 기업 대 부서
왜	· 가설 대 현실 업데이트 · 회사 전체가 변화를 이해하고 대응할 수 있도록 함	· 부서의 임무와 회사의 임무를 일치시킴. · 부서의 임무가 상호 지원되도록 보장 · 부서의 전술적 움직임이 기업 목표와 일치하는지 확인	· 조직 상부에서 아래로 지시와 목표 전달 · 조직 하부에서 상부로 현황 보고

(2) 정보 수집과 전파를 위한 문화 조성

신속하게 대응하는 부서에는 지속적인 정보 흐름이 필요하다. 고객 발굴, 고객 검증 그리고 고객 창출 단계에서 시기적절한 정보의 흐름을 보장하는 방법은 개인적인 관찰과 경험을 통한 것이었다. 즉, 책상을 벗어나 현장으로 나가 고객, 경쟁사 및 시장에 가까이 다가가는 것이었다. 이제는 회사가 처음 몇 명의 고객을 넘어서 성장했기 때문에 경영진은 현재 상황을 이해하기 위해 다음과 같은 세 가지 관점에서의 기본 정보 보기가 필요하다:

· 현장에 대한 지식
· 전반적인 관점
· 고객과 경쟁자의 눈으로 보는 관점

① 현장에 대한 지식
현장에 대한 지식은 경영진이 지금까지 사용했던 건물에서 밖으로 나가 현장을 직접 보는 방법이다. 경영진은 회사가 성장하는 동안에도 이러한 활동을 계속해야 한다. 그들은 고객이 말하는 것, 경쟁자가 하는 것, 영업 직원이 경험하는 것을 들어야 한다. 이러한 관점에서 경영진은 현장 직원에게 요구할 수 있는 것과 요구할 수 없는 것을 파악할 수 있다.

② 전반적인 관점
두 번째 관점은, 판매 데이터, 승/패 정보, 시장 조사 데이터, 경쟁 분석 등 다양한 소스에서 정보를 수집하여 고객과 경쟁 환경을 이해하는 것이다. 이러한 큰 그림에서 경영진은 시장의 형태와 펼쳐지는 경쟁 및 고객 상황의 전반적인 패턴을 이해하려고 노력하며, 동시에 업계 데이터와 현장의 실제 판매가 회사의 수익 및 시장 점유율 기대치와 얼마나 잘 일치하는지 측정할 수 있다.

③ 고객과 경쟁자의 관점
세 번째 관점은 고객과 경쟁자의 눈으로 본 행동이다. 가능한 경쟁자의 움직임을 추론하고 고객의 요구를 예측하기 위해 고객과 경쟁자의 입장이 되어 보아야 한다. 기존 시장에 있다면 "만약 내가 나의 경쟁자이고 자원이 있다면 나의 다음 행동은 무엇인가?"라고 자문하는 곳이다. 고객의 눈을 통해 바라볼 경우라면 질문은 "왜 다른 회사와 비교

하여 이 회사에서 구매해야 하는가?, 혹은 내가 그들에게 주문을 하도록 설득할 수 있는 것은 무엇인가?"가 될 수 있다. 신규 시장이나 재세분화된 시장에서의 질문은 "소수의 기술 중독자 이상의 많은 고객이 이 제품을 구매하는 이유는 무엇인가? 90세 할머니가 이 제품을 이해하고 구매하게 하려면 어떻게 해야 하는가? 그녀와 그녀의 친구들에게 어떻게 설명해야 할까?"와 같은 질문을 할 수 있다.

이러한 세 가지의 관점 중에서 직접적인 지식이 가장 자세한 것은 분명하지만 회사가 커지면 일반적으로 매우 좁은 시야를 제공한다. 따라서 현장에 대한 직접적인 지식에만 집중하는 경영진은 큰 그림을 놓칠 위험이 있다. 두 번째로 전반적인 이해는 전체적인 큰 그림에 대한 이미지를 제공하지만 상태에 대한 보고가 시장의 이벤트에 대한 광범위한 인상만을 포착하는 것처럼 중요한 세부 정보가 부족하다. 이 이미지에만 집착하는 경영진은 현실과 동떨어진 상태에 머무를 수 있다. 세 번째 관점은 고객과 경쟁자가 무엇을 하고 있는지 확신할 수 없다는 사실로 인해 제한을 받는 하나의 정신적 훈련이다. 따라서 세 가지 모든 관점의 조합은 경영진이 비즈니스 상황에 대한 정확한 그림을 형성하는 데 도움이 된다. 그러나 세 가지 관점 모두에서 얻은 정보가 있더라도 경영진과 관리자는 두 가지 사항을 기억해야 한다. 첫째, 완벽한 결정을 내리기에 충분한 정보가 없을 것이다. 둘째, 가능하면 현장에서 상황을 직접 관찰하는 개인이 결정을 내려야 한다는 사실이다.

데이터 수집의 가장 중요한 요소로서 놓치지 말아야 할 사실은 수집한 정보를 갖고서 무엇을 할 것인가라는 것이다. 정보 보급은 애자일 기업과 빠른 대응 부서의 또 다른 초석이라고 할 수 있다. 좋든 나쁘든 정보는 귀중한 상품처럼 간직하고만 있어서는 안 된다. 모든 뉴스, 특히 나쁜 뉴스는 분석하고 이해하고 그리고 조치를 취해야 한다. 이는 판매 손실을 이해하는 것이 판매 성공을 이해하는 것보다 더 중요하다는 것을 의미한다. 경쟁사의 제품이 더 나은 이유를 이해하는 것이 우리의 제품이 여전히 우월하다고 합리화하는 것보다 더 중요하다.

(3) 에자일 리더십(Agile Leadership) 문화 구축

사우스웨스트 항공사(Southwest Airlines)는 1973년 소규모 지역 항공사로 출발했다. 30년 후, 이 기업은 미국에서 가장 수익성이 좋은 항공사가 되었다. 더 나은 비행기를 통해 이 놀라운 성장을 달성한 것이 아니며 더 낫거나 더 수익성이 높은 노선을 가지고 있지도 않았다. 사우스웨스트 항공사는 최고의 빠른 응답 부서를 갖춘 애자일 기업을 구축함으로써 성공을 이뤘다. 직원들은 25분 안에 다음 비행을 위한 계획 아래 함께 팀으로 일했다(그들의 경쟁자들은 몇 시간이 걸렸다). 사우스웨스트 항공사의 좌석 비용이 가장 가까운 경쟁사보다 24% 낮을 때까지 모든 직원들의 제안을 경청함으로써 비용을 절감했다. 직원들의 말에 귀를 기울인 대가로 회사는 이례적인 고객 충성도를 획득하였다.

이 모든 것은 사우스웨스트 항공이 리더십 문화를 만들었다는 것을 의미한다. 관리자들은 헌신적인 직원들에게 영감을 주고, 지도하고, 지원하고 그들이 적절한 범위 내에서 자유롭게 업무를 수행하도록 격려하는 데 중점을 두었다. 시간이 지남에 따라 사우스웨스트 항공사는 높은 수준의 독립성, 자기 훈련 및 주도성을 보이는 직원으로 유명해졌다. 이처럼 사우스웨스트 항공사는 올바른 문화와 함께 직원들이 책임을 받아들일 뿐만 아니라 적극적으로 추구한다는 사실을 보여 주는 살아 있는 증거이다. 이러한 유형의 회사에서는 상상력, 독창성 및 창의성이 널리 확산된다.

그렇다면 어떻게 리더십 문화를 만들 수 있을까? 에자일 리더십(Agile leadership)은 직원의 성공을 가로막는 장애물을 줄이기 위해 적응력에 중점을 둔 리더십 스타일이다. 목표는 팀 구성원이 보다 생산적이고 효과적으로 작업할 수 있도록 하는 것이다. 민첩한 리더십 아래 번창하는 팀은 낭비되는 시간과 자원이 줄어들어 더 나은 비즈니스 결과를 얻을 수 있다. 에자일 리더는 팀워크와 포용성을 우선시한다. 팀원의 역량을 이해하고 그에 따라 작업 흐름을 조정하고 최적화할 수 있다. 에자일 리더십의 개념은 스크럼 마스터가 에자일 프로젝트 관리 원칙을 사용하여 프로젝트 완료를 통해 팀을 안내하는 에자일 소프트웨어 개발 영역에서 시작되었다. 이후 이 아이디어는 다른 산업으로 확산되어 이제는 매우 역동적이고 복잡한 비즈니스 환경에서 적응력 향상에 초점을 맞춘 사람과 팀 리더십에 대한 접근 방식을 나타내는 데 사용된다.

① 애자일 리더십(Agile leadership)이 중요한 이유

애자일 리더십은 많은 유연성과 사고 혁신이 필요한 비즈니스 환경에서 매우 효과적일 수 있다. 애자일 접근 방식은 팀이 높은 수준의 자율성과 자체 구성으로 운영하도록 장려하므로 팀은 문제에 직면했을 때 방향을 더 잘 전환할 수 있다. 이는 빠른 처리 시간에 의존해야 하거나 큰 둔화를 피하려는 회사에 유리할 수 있다.

또한 애자일 리더십과 애자일 조직의 개념은 보다 포괄적이고 민주적인 환경에서 일하는 것을 즐기는 개인에게 매력적일 수 있다. 애자일 조직은 자체적으로 관리되며 팀 구성원은 근무일과 일정을 제어할 수 있다. 다른 리더십 스타일과 비교하여 애자일 리더십은 팀 전체에 권한을 더 공평하게 분산시켜 사람들이 자신의 문제 해결 및 의사 결정 기술을 사용할 수 있도록 한다.

② 애자일 리더의 자질

애자일 문화는 리더십을 조직 전체에 분산시켜 효과적으로 각 팀원을 비즈니스 리더로 만든다. 직원들이 스스로를 이끌도록 격려하는 동시에 지원과 안내를 받을 수 있도록 하는 것이 애자일 리더의 역할이다. 모든 애자일 리더가 갖추어야 할 핵심 자질은 다음과 같다(MasterClass, 2022):

- 적응성(Adaptability): 애자일 리더는 변화에 빠르게 적응하는 빠른 학습자이다. 그들은 호기심이 많고 새로운 혁신과 비즈니스 모델에 개방적이다.
- 데이터 중심 사고방식(Data-focused mindset): 애자일 리더는 데이터 기반 의사 결정을 한다. 즉, 사실과 데이터를 먼저 고려한다. 예를 들어, 새 프로세스가 작동하지 않는 경우 데이터를 검사하여 실패한 이유를 확인하고 빠르게 학습하고 과정을 수정하여 신속하게 문제 해결을 한다.
- 위임(Delegation): 애자일 리더십의 주요 원칙 중 하나는 팀 구성원이 자신의 지식을 기반으로 스스로 결정을 내릴 수 있도록 권한을 부여하는 것이다. 이 관리 스타일은 직원들이 아이디어를 실험하고 공유하도록 장려한다.
- 명확한 의사소통(Clear communication): 애자일 리더는 팀원들에게 투명해야 하

며 팀원들이 신속하고도 자신 있게 내리는 데 필요한 정보를 제공해야 한다. 이렇게 하면 승인이나 관리자의 답변을 기다릴 필요가 없어져 효율성이 높아진다.

5. 단계 5: 반복 및 성장

지금까지 언급된 신속 대응 부서를 구축한 결과는 궁극적으로는 에자일 기업(agile company) 즉 민첩한 기업으로의 여정을 위한 로드맵이라고도 할 수 있다. 스케일업을 위한 기업 구축 단계가 끝나면 경쟁사보다 더 빠르게 대응하고 실행할 수 있는 회사 및 관리 프로세스를 구성하게 된다.

기업 구축 단계가 끝날 때쯤이면 회사는 몇 가지 중요하고 되돌릴 수 없는 구조적 변화를 겪었다. 그러나 이것으로 모든 것이 끝나는 게 아니라 단지 시작의 끝일 뿐이다. 이제는 한때 알았던 작은 스타트업이 아니다. 판매와 관련하여 조기 수용자에 대한 판매로부터 이동하여 주류 고객에 초점을 맞추었고 관리 팀을 검토하고 미션 중심 조직을 구축했으며 고객 개발 팀을 기능적이고 빠른 응답 부서로 전환했다. 이러한 기업 구축 활동이 앞으로 나아갈 수 있는 건전한 기반을 제공하는지 정직하게 평가할 때이다. 즉,

- 영업이 주류 고객으로 이동하여 매출이 하키 스틱의 형태로 나타났는가, 아니면 모든 주문이 여전히 초기 수용자에 대한 영웅적인 노력의 결과인가?
- 회사는 수익 및 비용 계획을 세우고 있는가?
- 그렇다면 실행 가능하고 수익성 있는 비즈니스 모델이 있는가?
- 회사를 성장시키고 구축할 수 있는 경영진이 있는가?
- 회사 및 부서 전반에 걸쳐 미션 중심의 문화가 자리 잡고 있는가?

기업 구축 프로세스가 힘든 만큼 일부를 다시 반복해야 할 수도 있다. 일반적으로 주류 고객을 찾는 일은 신규 시장이나 재세분화된 시장에서는 제대로 하기가 어렵다. 포지셔닝과 브랜딩의 적절한 조합을 찾는 것은 어려운 일이며, 회사가 이를 제대로 구현하지

못하면 예상대로 매출이 오르지 않을 수도 있다. 주류 고객을 찾는 것이 어려운 만큼 변화하는 문화가 가져오는 구조적 변화도 똑같이 고통스럽다. 그러나 미션 중심의 회사와 신속한 대응 부서를 구현함으로써 많은 수익을 얻을 수 있다. 따라서 구성원들의 행동과 기대치를 바꾸는 것은 어렵고도 끊임없이 노력해야 한다는 것을 기억할 필요가 있다.

스케일업을 위한 기업 구축 단계를 성공적으로 수행한 결과는 창업자나 CEO라면 누구나 듣고 싶어 하는 다음과 같은 자랑스러운 말일 것이다: 'IPO로 가는 길에 만족스러운 직원을 보유하고 있으며 수익성 있고, 성공적이고, 끈기 있고, 추진력 있고, 지속성 있는 회사'

III. 요약

지금까지 설명된 스케일업을 위한 기업 구축 프로세스의 4가지 단계를 요약하면 다음과 같다. 1단계에서는 적절한 매출 성장 곡선을 고용, 지출 및 실행과 매칭시켜 초기 수용자에서 주류 고객으로 매출을 전환하는 회사를 구축하는 것이다. 2단계에서는 현재 경영진을 검토하고 현재 팀을 확장할 수 있는지 여부를 평가한다. 이 단계에서는 회사 확장의 필수 수단으로서 미션 중심의 조직과 문화를 만드는 데 많은 관심을 기울인다. 3단계에서는 회사가 지금까지 수행한 모든 학습 및 발견을 활용하여 고객 개발팀을 비즈니스 기능별 부서로 재편성한다. 각 부서는 자체 부서 미션을 개발하여 기업 미션을 지원하도록 방향을 조정한다. 마지막으로 4단계에서는 변화하는 내외적 환경 변화에 신속하게 대응하는 부서를 만들기 위해 노력한다. 이를 위해서는 부서에서 최신 고객 정보를 손쉽게 이용할 수 있어야 하고 해당 정보를 회사 전체에 신속하게 배포할 수 있어야 하며 이를 촉진시킬 수 있는 에자일 리더십을 필요로 한다.

스케일업 스토리(9)

신경 과학, AI 및 게임 기술을 결합한 채용 솔루션 'Arctic Shores'

Arctic Shores는 과거 벤처에서 함께 일했던 한 쌍의 기업가인 Robert Newry와 Safe Hammad에 의해 설립되었다. "우리는 현상 유지에 도전하는 것을 좋아하고 다시 하고 싶었지만 이번에는 다른 분야에서 더 큰 사회적 영향을 미치고 있습니다"라고 Newry는 말했다.

이 사업은 신경 과학, AI 및 게임 기술을 결합하여 행동 기반 심리 측정 테스트를 개발하는 것이었다. 목표는 사람들을 고용하고 승진시킬 때 편견을 없애는 것이었다. 두 사람에게 불현듯 아이디어가 떠오른 순간은 Newry 친구의 딸이 5개의 대학원 일자리에 지원했지만 뛰어난 교육 자격에도 불구하고 모두 거절당한 것에 대한 이야기를 들었을 때였다. "그녀는 숫자 추론 테스트를 해야 했고 테스트의 성격과 스타일 때문에 성과가 저조했습니다. 모든 회사는 동일한 업자가 공급하는 유사한 테스트를 사용하고 있었습니다. 이것이 기업들이 사람들이 일을 할 수 있는 잠재력을 평가해야 하는 유일한 방법이라는 것이 믿기지 않았습니다."

그래서 Arctic Shores는 젊은이들의 진정한 잠재력을 파악하는 데 어떻게 도움이 될 수 있는지 살펴보는 것으로 시작했다. Innovate UK 보조금의 지원으로 과학은 Arctic Shores의 수석 과학자이자 University College London의 학자인 Lara Montefiori가 개발하고 이끌었다. Newry는 "우리는 영국이 특히 강한 세 가지 영역, 즉 신경 과학, 심리학 및 게임 디자인을 함께 모았습니다. 이전에는 아무도 재능을 식별하기 위해 이러한 분야를 통합하지 않았습니다."라고 말했다.

그들의 첫 번째 고객은 2015년에 시작된 프로젝트의 Deloitte였다. 개념 증명의 지점에 도달하는 데 꼬박 1년이 걸렸다. 제품이 사용된 후 개선되어야 했다. 즉 피드백과 데이터를 수집해야 했다. 채용 후 성과는 그들이 어떻게 수행할지에 대한 예측과 비교하여 측정되어야 했다. 심리 측정 평가의 효능을 측정하는 것은 일반 비즈니스 앱 소프트웨어보다 엄격한 의학적 표준에 더 가깝다고 Newry는 말한다. Arctic Shores가 10번째 고객을 확보하기까지 1년이 더 걸렸다.

"그 이정표 이후, 사람들은 주의를 기울이기 시작했고 심리 측정 평가를 위한 게임화의 사용이 단순한 유행이 아니라는 것을 알게 되었습니다"라고 Safe Hammad는 말했다. 2020년까지 150만 명 이상의 지원자가 플랫폼을 통과했으며, 이들 중 다수는 진로 안내와 함께 피드백 보고서를 받았다. 22개 언어로 번역되어 60개국에서 사용되고 있다. 고객으로는 PwC, Capita, Siemens 및 Deutsche Telekom을 포함하여 100개 이상의 회사를 보유하고 있으며, 모두 고용의 다양성이 향상되었으며 어떤 회사는 100%까지 향상되었다.

수익의 거의 절반이 해외에서 발생하며 회사는 맨체스터와 런던에 지사를 두고 있으며. 68명의 다국적 인력에는 인지 신경 과학자, 심리학자, 소프트웨어 엔지니어 및 그래픽 아티스트가 포함되어 있다. 2019년 말에는 제품 개발 및 글로벌 확장을 가속화하기 위해 Candy Ventures를 포함한 기존 엔젤 투자자 및 주주의 참여로 Beringea가 주도하는 550만 달러의 시리즈 A 투자를 확보했다.

도구의 적용은 초기 경력자에 대한 초기 평가로 확대되었다. 이전 경험이 반드시 능력의 가장 좋은 지표가 아닌 역할이 많이 있다. "우리는 전통적인 심리 측정 평가가 측정할 수 없었던 성격 특성인 결단력, 탄력성, 창의성, 학습 민첩성과 같은 것을 측정할 수 있는 도구를 가지고 있습니다. 이력서에서 그것을 알 수 없고 또 5점 척도상의 평가로 결정할 수도 없는 문제입니다."라고 Newry는 말한다.

새로운 플랫폼을 통해 Arctic Shores는 대기업을 넘어 많은 기업이 심리 측정 평가에 더 쉽게 접근할 수 있도록 하는 것을 목표로 하고 있다. 그는 대부분의 채용 담당자가 이력서를 검토하고 구조화되지 않은 인터뷰를 계속 진행하고 있다고 말한다. "우리는 기업들이 지원자를 보다 객관적이고 광범위하게 선발할 수 있도록 하고 다양한 배경과 사회경제적 집단을 가진 사람들에 대해 보다 공정한 평가를 제공하는 채용 프로세스를 육성할 수 있도록 하는 분명한 사명을 가지고 있습니다."라고 Newry는 말한다.

※ 자료원: www.scaleupinstitute.org.uk/stories

제4부

스케일업을 위한 핵심 역량

10장. 비즈니스 전략

"전략은 선택하고 절충하는 것이며, 의도적으로 다른 것을 선택하는 것이다 (Strategy is about making choices, trade-offs; it's about deliberately choosing to be different.)."

- Michael Porter

세계 주요국들의 스케일업 정책은 크게 두 가지 방향으로 이루어지고 있다. 하나는, 창업 기업을 스케일업 기업으로 성장시키는 것이며 다른 하나는 기존 기업의 지속 성장을 지원하는 두 가지 방향으로 추진하고 있다. 즉 창업 후 죽음의 계곡(Death Valley)을 극복하고 성장할 수 있도록 자금, 멘토링 등을 지원하고 있으며, 또 하나는 기존 기업들이 한계를 극복하고 새로운 성장 모멘텀을 끌어낼 수 있도록 다양한 지원을 제공하고 있다.

이와 관련하여 창업 기업의 스케일업을 위한 프로세스와 준비에 대해서는 제3부에서 심층적으로 다루었다. 그러나 재도약 및 기존 기업들의 고성장을 위한 스케일업의 준비사항에 대해서는 European scale-up report(2020)에서 제시한 역량을 참고로 할 수 있다. 본 보고서는 영국을 비롯한 8개 유럽 국가의 80,451개 기업을 대상으로 조사한 결과 스케일업을 위한 공통적인 역량을 비즈니스 전략, 마케팅 전략과 시장 진출, 운영 시스템과 인프라, 자금 조달과 투자 유치 그리고 인적 자원과 조직 관리의 5가지 역량을 제안하였다. 이 가운데 첫 번째로 본 장에서는 비즈니스 전략에 대해 살펴보고자 한다.

비즈니스 전략은 신입 사원 채용이나 신제품 개발과 같은 많은 조직적 의사 결정에 지침이 되는 원칙을 제공한다. 그리고 회사 내에서 취해야 할 방법과 전술을 정의하는 데 도움이 된다. 조직에 대한 비전과 일치하는 비즈니스 전략을 수립하는 것은 시간이 많이 걸리는 작업이다. 본 장에서는 비즈니스 전략이 무엇이고 왜 중요한지, 그리고 비즈니스 전략의 다양한 구성 요소에 대해 논의하고 스케일업 기업의 비즈니스 전략 수립을 위한 접근 방법을 소개한다.

일반적으로 전략이란 지속 가능한 경쟁 우위를 달성하기 위한 일련의 구체적인 실제 행동과 실행 계획을 의미하는 것으로 정의할 수 있다. 전략수립 활동은 대기업이나 일정 규모 이상의 기업의 전유물로 오해하는 경향이 있다. 그러나 스타트업이나 예비 스케일업 기업이 전략보다 실행이라는 모토 아래 일을 하게 되면 기업의 경영자들은 당면한 급한 일을 처리하느라 중요한 일을 간과하기 쉽다. 특히 스타트업의 태생 자체가 100% 경쟁 시장에 진입하는 것이며, 쟁쟁한 경쟁자들 사이에서 경쟁 우위를 달성하는 것이 중요하다. 또한 스케일업을 준비 중인 스타트업은 자금과 시간 등의 자원이 제한되므로 제한된 자원을 어디에 집중하고 효과적으로 사용할지 판단해야 한다. 이러한 관점에서 본다면 전략은 선택이다. 기업이 무엇을 해야 하고(to do) 무엇을 하지 말아야 할지(not to do) 정의하는 일련의 선택이라고 할 수 있다. 그러나 이론적으로는 이해하기 쉽지만 좋은 비즈니스 전략을 개발하고 실제로 구현하는 것은 쉬운 일이 아니다.

Ⅰ. 비즈니스 전략(Business Strategy)의 개념

본질적으로 비즈니스 전략은 조직의 마스터플랜이라고 할 수 있다. 이 계획은 회사의 경영진이 전략적 목표를 달성하기 위해 개발하고 구현하는 것으로서 회사가 원하는 전략적 목적지에 대한 장기적인 스케치이다. 이 장기적인 스케치는 회사가 전체 목표를 달성하기 위해 취해야 하는 전술적 결정뿐만 아니라 전략의 개요를 포함되며 관리를 위한 중앙 프레임워크의 역할을 한다.

일단 이 프레임워크가 정의되면 경영진은 그것이 살아 숨 쉴 수 있도록 해야 한다. 비즈니스 내의 여러 부서가 협력하여 모든 부서의 결정이 조직의 전반적인 방향을 지원하도록 한다. 이렇게 하면 홀로 고립되어 작업하거나 조직이 추구하는 것과 다른 방향으로 나가는 것을 방지할 수 있다. 이 시점에서 비즈니스 전략과 사명 선언문의 차이점을 강조하는 것이 중요하다. 그 예로써 Amazon은, "지구상에서 가장 고객 중심적인 회사가 되려는 것"을 강조하고 있는데 이것은 전략이 아니라 전략이 제공할 비전이며 개발될 전략의 프레임워크를 만든다.

1. 전략(Strategy)과 전술(Tactics)의 차이점

비즈니스 전략을 수립하는 방법에 대해 자세히 알아보기 전에 전략이 전술과 어떻게 다른지 이해하는 것이 중요하다. 이 두 가지는 서로 영향을 주지만 완전히 다른 것이다. 즉 전략은 조직의 장기 목표 또는 로드맵과 이를 달성하기 위한 계획을 의미한다. 즉 조직이 목표를 향해 나아가는 길을 의미한다. 반대로 전술은 조직의 목표 또는 전략에 도달하기 위해 취한 일련의 특정 조치를 의미한다. 예를 들어, 회사는 시장에서 가장 저렴한 제품 공급업체가 되겠다는 전략적 비전을 가질 수 있다. 이를 위해서는 관리자가 공급업체와 협상하여 구매 비용을 줄여야 하는데 이것은 설정된 전략을 달성하기 위한 전술적 움직임이라고 할 수 있다.

2. 비즈니스 전략의 핵심 구성 요소

비즈니스 전략은 전략의 형태, 규모 그리고 깊이가 크게 다를 수 있다. 그러나 대부분의 비즈니스 전략에 포함되는 핵심적인 요소는 다음과 같다.

① 비전 및 목표(Vision and objectives)
비즈니스 전략은 비즈니스 목표를 달성하는 데 도움을 주기위한 목적이다. 이것의 비전 요소는 비즈니스에 대한 명확한 방향을 제공한다. 즉 이를 통해 비즈니스 전략 내에서 어떤 과업을 완료해야 하는지, 과업을 완료하기 위해서는 어떤 자원이 필요한가에 대한 전술적 지침을 개발할 수 있다.

② 핵심 가치(Core values)

비즈니스 전략은 리더와 조직 부서에게 조직의 핵심 가치에 따라 해야 할 일과 하지 말아야 할 일을 알려 준다. 조직의 핵심 가치를 이해하면 직원들이 같은 길을 가고 있고 같은 목표를 가지고 있는지 확인하는 데 도움이 된다.

③ SWOT(강점, 약점, 기회 및 위협)

모든 비즈니스에서 강점, 약점, 기회 및 위협을 이해하는 것이 중요하다. 이것은 모든 비즈니스 전략의 핵심 부분이며 겸손과 자기 인식이 존재하도록 한다. 이를 이해하면 조직이 성공할 수 있는 부분과 향후 해결해야 할 영역을 정의하는 데 도움이 된다.

④ 전술 및 운영 방법의 전달(Tactics and operational delivery)

비즈니스 전략의 전술적 요소는 작업이 어떻게 이루어져야 하는가에 대한 운영 세부 사항을 결정한다. 전술적 운영 방법의 전달은 모든 비즈니스 전략의 성공에 매우 중요하며 전술에 대한 책임이 있는 관리자는 무엇을 해야 하는가를 이해할 수 있다. 이렇게 하면 시간과 노력이 낭비되지 않는다.

⑤ 자원과 자원 할당(Resources and resource allocation)

일반적으로 사업 계획의 자원 요소는 기존 자원의 할당뿐만 아니라 추가 자원을 어디에서 찾을 것인지에 관한 내용을 포함한다. 대부분 비즈니스는 다양한 자원, 사람, 기술, 재정 및 물리적 자원에 의존한다. 이에 대한 명확한 그림과 향후 요구 사항을 통해 리더는 목표를 달성하기 위해 더 많은 자원을 추가해야 할 부분을 확인할 수 있다.

⑥ 측정 및 분석(Measurement and analysis)

평가 단계에서는 비즈니스 전략과 관련하여 비즈니스가 수행되는 방식에 중점을 둔다. 측정은 전략과 긴밀하게 연계되고 기한과 목표를 정의하며 예산 문제와 같은 것들을 설명하는 데 도움이 된다. 오늘날 데이터 및 비즈니스 인텔리전스 플랫폼은 이 단계에서 중요한 역할을 한다.

3. 비즈니스 전략이 중요한 이유

이제 비즈니스 전략이 무엇인지 정확히 정의했다면 이제 비즈니스 전략을 갖는 것이 왜 중요한지 질문할 수 있다. 거의 모든 비즈니스 리더는 그들의 조직에 대한 어떤 형태의 비전을 가지고 있다. 일반적으로 스타트업 환경과 같은 초기 단계에서는 비즈니스 전략이 매우 유동적일 수 있다. 그러나 시간이 흐르고 비즈니스가 성장하거나 바빠지면 '비즈니스 전략'이 잘 정의되지 않을 수 있다.

전략이 잘 정의되지 않으면 비즈니스가 어려움을 겪기 시작할 수 있다. 직원이 비즈니스의 핵심을 변경할 수 있고 그로 인해 핵심 가치에 대한 정의가 흐려질 수 있다. 이로 인해 경우에 따라서는 조직이 직원 자신의 성공을 위한 희생자가 될 수 있으며 단기적인 결과는 달성할 수 있지만, 장기적인 생존 능력을 상실하게 할 수 있다. 특히 이러한 문제는 판매 감소, 비용 상승 또는 경쟁 심화와 같은 영향 요인으로 인해 복잡해질 수 있으며 비즈니스가 어려움을 겪기 시작한다. 그리고 직원들은 이러한 변화로 인한 '불을 끄기' 위해 지칠 줄 모르고 일하는 동안 전략적 사고를 위한 시간은 점점 줄어든다.

이것은 물론 피할 수 있다. 비즈니스 전략 수립은 그다지 어려운 작업은 아니지만, 시간과 집중이 필요하다. 리더로서 비즈니스 전략의 우선순위를 정하고 비즈니스 로드맵을 정의하는 데 일상적인 시간을 할애해야 한다. 비즈니스 전략을 수립한다고 해서 자동으로 비즈니스가 성공하는 것은 아니다. 그러나 조직의 비전과 목표를 직원들과 공유할 수 있으며 그리고 올바르게 수행하면 비즈니스 전반에 걸쳐 성공을 위해 노력하는 여건이 조성된다. 그리고 이를 좀 더 체계적으로 추진한다면 직원들은 조직의 전략적 비전을 인식하고 단순히 급한 불을 진압하는 데 매달리기보다는 조직의 비전을 두 배 이상 달성할 수 있다.

4. 비즈니스 전략의 성공 척도

우리는 비즈니스 전략이 조직의 성장과 판매에 직접적인 책임이 있을 때 성공적인 것으로 간주할 수 있다. 그러나 전략이 성공적인지 실제로 이해하려면 보다 세분화된 측정을 개발해야 한다. 여기에서 KPI(핵심 성과 지표)를 정의해야 한다. KPI는 일반적으로 부서별로 정의되며 각 KPI는 비즈니스의 전반적인 성과에 기여한다. 몇 가지 예는 다음과 같다.

· 재무 성과(Financial performance)
  - 수익
  - 총 이익
  - 순이익
  - 영업 이익
  - EBITDA(이자, 세금, 감가상각비 차감 전 이익)
  - 무료 현금 흐름

· 경쟁 우위(Competitive advantage)
  - 시장 점유율 %
  - 브랜드 인지도
  - 매체 보도
  - 성장 대 경쟁
  - 당신의 능력을 향상

II. 전략 수립 접근 방법

지난 30년 동안 사업화 전략 개발에 대한 대부분의 접근 방식은 시장 포지셔닝 또는 자원 및 기능에 초점을 맞추었다. 많은 문헌에서 전략 수립, 개발 및 테스트에 관한 수많은 접근 방식과 도구를 보여 준다. 그러나 이러한 도구의 타당성과 유용성을 비교하는 데 어려움이 있다. 그 이유는 관련성이나 정확도가 서로 다른 수많은 접근 방식에 기초하고 있기 때문이다.

대체로 이러한 접근 방식은 몇 가지 중요한 면에서 차이가 있다. 즉 도전과제의 구성 방식, 접근 방식의 세부 내용 그리고 전략의 수준에 따라 다르다. 이러한 관점에서 전략 수립 및 개발에 관한 접근 방식은 대체로 다음과 같은 7가지로 정리할 수 있다:

- 산업 수준에서 일반적인 통찰력 제공
- 기업 수준의 통찰 제공
- Porter(1985) 연구를 기반으로 한 외부 환경으로부터의 포지셔닝 접근
- 기업 자원을 활용하는 역량 및 핵심 역량 기반의 Hamel과 Prahalad(1990)의 모델
- 조직의 동적 기능에 대한 조직 모델 연구(Teece et al., 1997)
- 게임 이론 기반 접근(Dixit & Nalebuff, 2010)
- 통합된 역동적 접근 방식(Burgelman & Grove, 2012) 및 전략적 다양성에 기반한 접근 방식(Johnson, 2007)

이러한 전략 수립의 접근 방식들은 다양한 전략적 과제들을 반영하고 있다. 그들 중 일부는 환경적 영향(influence)에 기반한 통찰력을 통한 전략 수립, 선택된 속성(attributes)에 기반한 기업별 통찰을 제공하는 접근 방식, 그리고 서로 상호 관계가 있는 상황에서 선택하는 선택지에 따라 의사 결정 과정(process)이 달라지는 접근 방식이다. 따라서 이들은 전략적 촉진 요인(drivers)을 이해하는 데 도움이 될 수 있는 분석 도구가 아니라 광범위한 교육 및 커뮤니케이션 도구로서 유용한 접근 방식이라고 할 수 있다.

〈표 10-1〉 전략 수립 및 개발에 대한 접근 방법들의 비교

전략의 접근 방법	전략적 과제(Strategic Imperatives)			
	Influences	Attributes	Processes	Drivers
Industry Insight Models	PESTEL 3C's			
Firm-specific Insight Models		SWOT		
		ANSOFF Matrix		
		BCG Matrix		
		GE-McKinsey Matrix		
Positioning-based Models		Generic Strategies(Porter)		The 5 Forces+Firm-centric value chains(Porter, 1985)
		Technology-based Disruption(Christensen, 1997)		
		Stars Framework		
		Blue Ocean Strategy		
Competence-based Models		Innovative Landscape Map	Experience Curve(Henderson)	Core Competences(Hamel & Prahalad, 1990)
		Gartner Magic Quadrant		
Organizational Models		New Power Model(HBR)	Dynamic Capabilities(Teece et al., 1997)	
Game-theory based Approaches		Gaming Approaches(Dixit & Nalebuff, 2010)	Options Theory Playing to Win	
Integrated Dynamic Approaches		Strategy Dynamics(Burgelman & Grove, 2012)		Economics of Strategic Diversity(Johnson, 2007)
				Commercialization Strategy(Phadke & Vyakarnam, 2017)

※ 자료원: Phadke & Vyakarnam(2017) 연구의 재구성

이러한 전략 수립 방법들의 또 다른 공통적인 특징은 비교적 안정적인 조건에서 전략을 탐색하는 데 사용할 수 있는 일반적으로 '정적(static)' 방법이라고 할 수 있다. 이들 접근 방식의 또 다른 중요한 한계점은 대부분이 크고 성숙한 기업의 데이터를 사용하여 개발되었다는 점이다. 따라서 우리의 관심인 고성장 기업의 초기 단계에 대한 통찰력은 거의 없다. 지금까지 언급된 다양한 전략 수립 및 개발의 접근 방식 간의 차이점을 요약하면 〈표 10-1〉과 같이 정리할 수 있다.

〈표 10-1〉에 소개된 다양한 접근 방법들은 추구하는 전략적 과제에 따라 전략의 의미와 가치가 있다. 하지만 본 장에서는 초기 단계에 있는 기업이면서 역동적인 여건 속에서 운영되고 있는 고성장 기업의 전략 수립과 개발에 적용할 수 있는 접근 방식을 소개하고자 한다. 그 첫 번째는 스케일업 기업의 전략적 촉진 요인들(drivers)의 영향을 고려하는 Phadke & Vyakarnam(2017)의 3원 캐즘 모델(Triple Chasm Model)의 '벡터 기반 사업화전략(Vectors-based commercialization strategy)'을 소개한다. 또 하나는 게임 이론적 접근 방식의 하나인 Lafley & Martin(2013)의 '승리하는 게임(Playing to Win)' 모델을 소개한다.

전략 수립에 관한 수많은 접근 방법들이 있지만, 특별히 이 두 가지 접근 방법을 소개하는 이유는 스케일업 기업의 특성을 반영하고 있기 때문이다. 죽 스케일업 기업은 그 특성상 변화하는 환경 속에서 역동적으로 성장하는 기업임을 감안할 때 기업의 성장 단계에 따라 어떤 비즈니스 전략이 효율적인가를 항상 검토해야 할 필요가 있기 때문이다.

1. 3원 캐즘 모델(Triple Chasm Model)의 사업화 전략

Phadke & Vyakarnam(2017)은 자신들의 3원 캐즘 모델(Triple Chasm Model)을 통해서 사업 전략 수립 및 개발에 대한 기존 방식을 탈피하고의 결함으로 인해 사업화 전략에 대한 새로운 동적인 촉진 요인 기반의 접근 방식을 만들었다. 이들의 접근 방식은 다음과 같은 광범위한 속성을 가지고 있다. 명시적 체계와 양식을 기반으로 외부 및 내부 촉진 요인의 영향을 통합된 방식으로 다룰 수 있다. 캐즘 1, 2, 3을 통과할 때의 전략적 변화를 포함하여 사업화에 따라 파괴적인 전략적 변화를 평가하는 데 사용할 수 있다. 마지막으로, 이 접근 방식은 다양한 시장 공간에 걸쳐 다양한 성숙도 수준에 있는 많은 기업을 대상으로 한 데이터를 기반으로 한 접근 방식이기 때문에 전략 수립 및 개발을 위한 상당한 수준의 규범 데이터를 제공한다.

1.1 사업화 전략에 사용된 벡터

〈표 10-2〉는 사업화 전략을 정의하는 데 사용되는 벡터를 요약하고 있다. 사업화 전략 수립을 위해 전체 사업 환경과 주요 촉진 요인을 이해하는 것은 기업의 위치와 궤적을 평가할 때 매우 중요하다.

〈표 10-2〉 사업화 전략에 사용된 벡터

벡터 유형 (Type of Vector)	벡터(Vector)
외부 요인	시장 공간 (Market Space)
	가치 제안 구조화 및 경쟁 환경 (Proposition Framing & Competitive Environment)
	고객 정의 (Customer Definition)
	유통, 마케팅 및 판매 (Distribution, Marketing & Sales)
내부 요인	지식 재산 관리 (IP Management)
	제조 및 조립 (Manufacturing & Assembly)
	제품과 서비스 정의 및 통합 (Product, Service & Synthesis)
	기술 개발 및 전개 (Technology Development & Deployment)

벡터 유형 (Type of Vector)	벡터(Vector)
내부 요인	인적 자원, 리더십 및 문화 (Talent, Leadership & Culture)
	자금 조달과 투자 유치 (Funding & Investment)
복합 요인	사업화 전략 (Commercialization Strategy)
	비즈니스 모델 (Business Models)

※ 자료원: Phadke & Vyakarnam(2017)

이 전략적 생태학에서 작용하는 각 촉진 요인에 대해 제기해야 할 이슈와 해당 내용은 다음과 같다:

① 외부 촉진 요인
· 시장 공간(Market Spaces)
 - 우리가 운영하고 있는 공간은 무엇인가?
 - 우리의 고객, 파트너, 공급업체 및 경쟁자는 누구인가?
 - 사업적 활동의 가치는 무엇인가?
 - 제품이나 서비스가 완성되기까지의 시간은 얼마나 걸리는가?
· 제안 프레임 및 경쟁 환경(Proposition Framing & Competitive environment)
 - 우리는 가치 제안을 어떻게 정의하고 있는가?
 - 우리의 제안이 어떻게 포지셔닝되었는지 이해하고 있는가?
 - 경쟁 및 규정에 대해 알고 있는가?
 - 어떤 지속 가능성 기준을 충족해야 할 필요가 하는가?
· 고객 정의(Customer definition)
 - 우리 고객은 누구이며 그들은 어떤 유형인가?
 - 우리는 그들의 니즈를 알고 있는가?
 - 우리의 제안이 그들의 니즈를 충족시킬 수 있는가?

- 설명 가능한 시장의 규모는 어느 정도인가?
· 유통, 마케팅 및, 판매(Distribution Marketing & Sales)
  - 우리의 제품이나 서비스를 시장에 어떻게 출시하고 있는가?
  - 우리는 주요 당면 과제를 이해하고 있는가?
  - 우리의 모든 타깃 고객에게 도달할 수 있는 채널을 알고 있는가?
  - 우리의 브랜드는 시장 공간에서 어떻게 포지셔닝되고 있는가?

② 내부 촉진 요인
· 기술 개발 및 전개(Technology Dev & Contingent Deployment)
  - 우리는 무엇을 개발하고 있는가?
  - 우리 기술의 어떤 측면이 가장 관련이 있는가?
  - 모든 기술 구성 요소를 나열할 수 있는가?
  - 명확한 전개 전략이 있는가?
· 제품 및 서비스 정의와 통합(Product & Service definition & Synthesis)
  - 우리는 무엇을 제공하고 있는가?
  - 우리의 제품 콘셉트는 무엇을 기반으로 하는가?
  - 우리 제품이나 서비스의 모든 핵심 구성 요소를 알고 있는가?
  - 우리는 핵심 구성 요소들의 지속 가능성 있는 자격 요건을 정의할 수 있는가?
· 제조 및 조립(Manufacturing & Assembly)
  - 우리는 어떻게 생산하고 있는가?
  - 효율적인 비용으로 제조할 수 있는가?
  - 상업적 볼륨에서 우리의 프로세스를 증명할 수 있는가?
  - 우리 제품이나 서비스의 제공이 새로운 혁신의 필요성으로 인해 제약을 받고 있는가?
· 지식 재산권 관리(IP Management)
  - IP를 어떻게 보호하고 활용하는가?
  - 우리는 우리의 비즈니스 내에서 생성된 IP를 알고 있는가?
  - 서로 다른 IP 유형의 상대적 중요성을 알고 있는가?
  - 보호를 위한 올바른 유형의 IP를 식별하였는가?

· 인적 자원, 리더십 및 문화(Talent, Leadership & Culture)
  - 우리는 누가 필요한가?
  - 우리 팀에 필요한 핵심 역량을 가지고 있는가?
  - 우리 팀 구성원의 역할이 주요 전달 프로세스에 대해 명확하게 매핑되어 있는가?
· 자금 조달 및 투자 유치(Funding & Investment)
  - 우리는 무엇이 필요한가?
  - 우리는 이용 가능한 다양한 자금 출처를 알고 있는가?
  - 우리가 필요로 하는 자금의 유형을 명확히 이해하고 있는가?
  - 투자 목적을 위한 기업 가치 평가를 자신 있게 할 수 있는가?

③ 복합 요인
· 비즈니스 모델(Business Model)
  - 우리는 비즈니스 모델에 대해 어떤 옵션을 가지고 있는가?
  - 우리는 우리의 시장 공간에서 널리 퍼져 있는 비즈니스 모델을 충분히 알고 있는가?
  - 지속 가능성 지표를 포함한 모든 주요 비즈니스 모델 지표를 완전히 알고 있는가?
· 사업화 전략(Commercialization Strategy)
  - 현재 전략적 우선순위는 무엇인가?
  - 전반적인 사업 환경과 변화와 진화를 이끄는 핵심 요소를 이해하고 있는가?
  - 시장의 모든 파괴 요인을 높은 수준으로 명확하게 식별할 수 있는가?

1.2 벡터 기반 사업화 전략 개발

[그림 10-1]은 사업화 전략 수립을 위해 벡터 기반 사업화 전략의 프로세스를 보여주고 있다. 이러한 벡터 기반 전략 수립의 접근 방식은 3단계 프로세스로 이루어진다. 즉 전략 수립 및 개발 단계. 전략 테스트 및 개선 단계 그리고 전략 전개 및 관리 단계로 이루어진다.

이러한 벡터 기반 사업화 전략 프로세스를 적용하면 벡터들의 상대적인 전략적 중요성을 나타낼 수 있다.

[그림 10-1] 벡터 기반 사업화 전략 프로세스

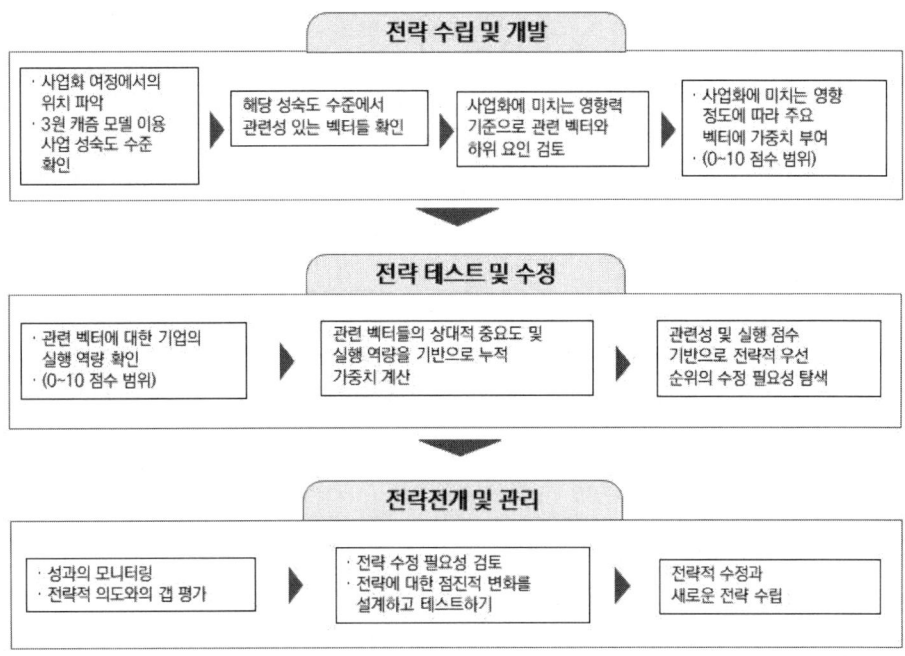

※ 자료원: Phadke & Vyakarnam(2017) 자료의 재정리

[그림 10-2]은 미디어 및 엔터테인먼트 시장 공간에 있는 한 기업이 캐즘 II를 통과하고 캐즘 III를 통과할 준비를 하고자 하는 시점에서 기업의 전략적 초점을 보여준다.

이러한 결과는 캐즘 III를 효과적으로 통과할 가능성을 개선하기 위한 전략적 우선순위와 계획을 수립하는 데 도움이 된다. 여기서 분명한 것은 이 접근 방법을 사용하여 다양한 전략적 시나리오를 검토할 수 있으며 아울러 의사 결정을 최적화할 수 있다는 것이다.

[그림 10-2] 캐즘 II 이후 기업의 전형적인 사업화 전략

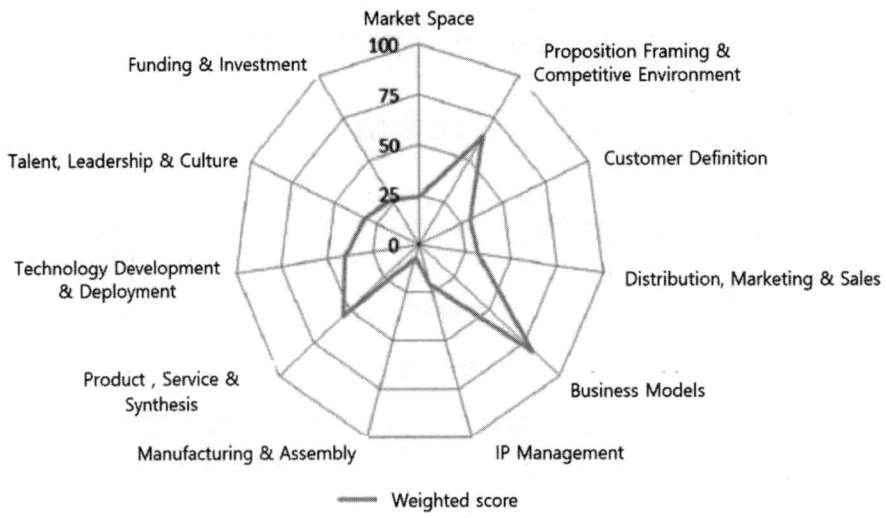

※ 자료원: Phadke & Vyakarnam(2017)

전략 개발에 대한 대부분의 접근 방식은 소수의 대기업에 초점을 둠으로써 경쟁 전략의 중요한 요소에 대한 일반적인 결론을 도출하고자 하였다. 이로 인해 수많은 경영 전략 모델이 만들어졌다. 이러한 극단의 성공 실패 기업에 초점을 두는 사례 연구 접근 방식은 위험성이 있지만, 더 큰 문제는 사업화 여정 가운데 특히 초기 단계에서의 전략적 우선순위에 대해서는 거의 관심을 기울이지 않았다는 사실이다. 사실, 대부분의 접근 방식은 이 문제를 간과했다. 예를 들어 Burgelman과 Grove(2012) 도 이러한 문제에 대해 단지 '죽음의 계곡'이라는 은유적인 일시적인 언급을 하는 것으로 지나쳤다. 그러나 현실은 사업화 여정에서 특히 초기에 있는 기업일 경우에는 자원이 부족이 기업의 삶에 영향을 미친다는 점을 감안할 때 성장 초기 단계에서 전략적 명확성은 더욱 중요하다고 볼 수 있다.

[그림 10-3]은 벡터 기반 동적 모델을 사용하여 사업화 여정에 따른 전략적 우선순위의 변화를 이해하는 방법을 설명하고 있다. 자료는 미디어 및 엔터테인먼트 시장 공간에서의 기업과 관련이 있으며 결과는 캐즘 I, II 및 III를 처리함에 따라 회사의 우선순위

가 변경됨을 보여주고 있다.

　이러한 결과에 의하면 캐즘 I에서는 상대적으로 적은 수의 사업화 벡터가 중요하다는 것을 보여 준다. 그러나 관련 벡터의 수는 캐즘 II와 III에서 상당히 증가한다. 이러한 경우 캐즘 II와 III3의 차이를 보면 캐즘 III 주변에서는 유통 및 비즈니스 모델에 더 중점을 두고 있음을 명확하게 볼 수 있다. 분명히 이러한 패턴은 특정 개별 기업에 영향을 미치는 조건은 시장 공간에 따라 상당히 다를 수 있지만 이러한 결과는 전략 수립 및 개발 측면에서 벡터 기반 전략 수립 접근 방식의 차별성을 보여주고 있는 것이다.

[그림 10-3] 세 가지 캐즘에 따른 전략적 우선순위 변화의 예

※ 자료원: Phadke & Vyakarnam(2017)

1.3 경쟁 환경에 따른 전략적 변화

이러한 벡터 기반 접근 방식의 역동적 특성은 시장 환경의 중대한 변화에 직면한 더 큰 규모의 성숙한 기업의 전략 계획 수립 및 행동에 대해서도 더 많은 통찰력을 제공할 수 있다는 것을 의미한다. 특히 다음과 같은 세 가지 유형의 상황에 따라 전략적 변화를 예상할 수 있다.

(1) 비교적 안정적인 환경에서 운영되는 기업의 경우

이 경우에는 벡터 기반 접근 방식을 사용하여 성과에 기여하는 여러 벡터, 때로는 많은 벡터의 중요성에 대한 작지만, 점진적 변화를 기반으로 전략 변경을 설계하고 구현할 수 있다.

(2) 시장 공간의 중대한 변화가 있는 곳

예를 들어, 시장 공간의 전반적인 형태가 기술이나 규제의 변화에 의해 극적으로 변경되는 시장 상황일 때 이러한 여건에서는 다양한 고객을 대상으로 하고 새로운 유통 채널을 사용해야 할 필요성이 있을 수 있다. 이는 기술, 제품 통합 및 비즈니스 모델을 포함한 여러 벡터에 영향을 미치는 주요 전략적 '피벗'을 필요로 한다.

(3) 기술, 비즈니스 모델 및 유통 채널의 혼란

이러한 경우는 전반적인 사업화 전략을 촉진하는 많은 벡터에 상당한 영향을 미칠 수 있다. 벡터 기반 접근 방식을 적용할 경우, 매우 세분화된 수준에서 통찰력을 제공할 수 있다. 또한 모델에 설명된 모든 벡터에 영향을 줄 수 있는 근본적으로 새로운 제품 및 서비스를 개발할 기회를 평가하는 데 사용할 수 있다. 이러한 급진적인 변화는 자주 일어나지는 않지만 새로운 경쟁 자원과 신제품 기회에 대한 이해를 바탕으로 보다 광범위한 전략적 대응을 필요로 한다.

2. 승리하는 비즈니스 전략(Playing to Win)

경쟁이 심한 경제 환경에서 고성장 기업은 실질적으로 번성하고 성장할 전략이 필요하다. 그러나 많은 기업이 새로운 방향을 모색하려 하지만 무엇을 해야 할지 모른 채 현상에만 매달리며, 실질적인 전략이 아닌 비전이나 계획을 쫓거나 경쟁자들과 유사한 방식으로 일하면서 앞으로 나아가지 못하고 평범한 경영방식에 따라 일하는 경우가 대부분이다. 경영 사상가인 마틴(R. L. Martin)와 경영자인 래플리(A. G. Lafley)는 P&G의 전략적 방향을 설정하기 위해 직접 사용한 전략에 대한 접근과 실행 방법을 토대로 조직이 승리하는 데 도움이 되는 개념, 프레임워크, 도구 및 프로세스를 제공하였다(Lafley & Martin, 2013).

① 전략에 대한 오해
오늘날과 같이 빠르게 변화하는 환경에서 전략은 아무런 의미가 없다는 말은 사실이 아니다. 완벽한 전략은 없지만 건전한 전략은 경쟁 우위를 제공할 수 있으며 전략이 없으면 조직은 망할 수 있다. 전략은 비전, 사명, 계획, 전술 또는 프로세스 최적화와 동일하지 않으며 이들은 단지 전략의 요소일 뿐이다. 전략은 또한 모범 사례(best practices)를 채택하는 것도 아니다. 경쟁자에 대한 단순한 벤치마킹은 자신을 모방자로 만들 뿐이다.

전략은 기본적으로 시장에서 승리하기 위해 구체적이고 통합된 선택을 하는 것이다. 좋은 전략은 단순히 시장에서 살아남거나 참여하기 위한 것이 아니라 승리하려는 계획적인 의도에서 비롯된다. 이를 위해 상호 연결된 선택을 필요로 하며 이들이 다른 도구와 결합하여 단일화된 프레임워크, 프로세스 또는 전략 플레이북을 형성할 수 있다.

② 전략은 선택이다
기본적으로 전략은 선택이며 다음 같은 5가지 질문에 대한 답을 찾는 것이다:

- 우리의 열망과 목표는 무엇인가?
- 우리는 이러한 열망과 목표를 달성하기 위해 사업 분야를 어디로 선택할 것인가?
- 선택된 사업 분야에서 어떻게 승리할 것인가?
- 선택한 분야에서 그리고 제시된 방식으로 승리하기 위해서는 어떤 역량이 필요한가?
- 역량을 지원하기 위해 어떤 경영관리 시스템이 필요한가?

이러한 선택은 상호 밀접하게 연관되어 있다. 상단의 선택은 아래로 계단식으로 내려가고 하단의 선택은 위의 선택을 다듬고 강화한다. 요령은 일관된 5개의 답변을 찾는 것이다. 실질적인 방법론으로 역공학(Reverse engineering)의 원리에 기초하여 반복적인 과정을 거친다. 즉 먼저 승리의 열망 및 목표에 대해 간략히 생각하고, 활동할 분야와 승리 방법에 대해 간략하게 정리한 후 다시 승리 열망과 목표로 돌아가 확인하고 수정한 다음 아래로 내려간다. 역량 및 관리 시스템에서 실제로 실행 가능한지 확인한 다음 수정이 필요하면 다시 백업하여 수정할 수 있다.

아래의 [그림 10-4]는 이러한 과정을 보여 주는 것으로써 전략적 선택 폭포수(Strategic Choice Cascade)라고 부른다. 각 Box는 선택이 필요한 영역을 나타낸다.

[그림 10-4] 전략 선택의 폭포수

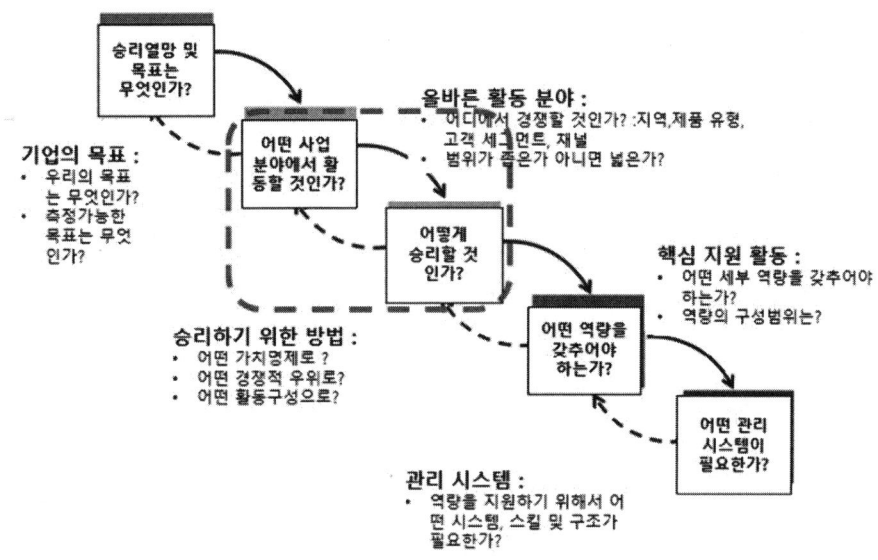

※ 자료원: Lafley & Martin(2013) 자료 재정리

2.1 전략적 선택의 주요 속성

(1) 승리의 열망(Winning Aspirations)

조직을 위한 승리의 열망은 무엇인가? 이것은 다른 모든 선택에 대한 프레임을 설정한다. 모든 조직은 승리의 열망을 정의해야 하며, 이것은 바로 첫 번째 선택이자 다른 선택을 촉진시키는 것이다.

> 예) P&G의 스킨케어 브랜드인 Olay는 북미 시장에서의 리더십, 매출 10억 달러, 글로벌 점유율로 정의했다.

(2) 활동 분야(Where to Play)

어디에서 경쟁할 것인가? 어떤 회사도 모든 사람에게 모든 것을 다 제공할 수 없고 지속적으로 승리할 수도 없다. 초점을 두어야 할 질문은 회사가 어디에서 경쟁할 것인가이다. 즉 시장, 고객, 채널, 제품 카테고리, 기술에 중점을 둔다.

> 예) Olay는 전략적으로 다음과 같은 결정적인 선택을 했다.
> · 소비자 부문 - 35-50세 사이의 여성
> · 채널 - 대량 소매점
> · 기술 - 노화 방지 스킨케어 제품

(3) 승리하는 방법(How to Win)

해당 분야에서 어떻게 승리할 것인가? 승리 방법을 결정하기 위해 조직은 고유한 가치를 창출하고 그 가치를 차별화된 방식으로 고객에게 지속적으로 제공하는 방법을 결정해야 함. 어디에서 활동하고 어떻게 승리할 것인지의 선택은 상호 연결되어야 한다.

> 예) Olay는 소비자가 연결할 수 있는 7가지 노화 징후를 다루기로 결정했다. 그리고 대중 시장($12.99)과 프레스티지시장($30 프리미엄 브랜드) 사이에 있는 브랜드로 $18.99에 배치되었다. 대중 시장에서는 저렴한 가격에 프리미엄 제품으로, 프레스티지 시장에서는 합리적인 가격에 좋은 제품으로 인식되었다.

(4) 핵심 역량(Core Capabilities)

승리를 위해서 필요한 역량은 무엇인가? 앞의 두 가지 선택(어디에서 활동할 것인가? 어떻게 승리할 것인가?)을 지원하려면 어떤 역량이 있어야 한다. 이는 회사가 선택한 곳에서 승리할 수 있도록 하는 활동의 범위 및 품질과 관련이 있다. 기존 역량을 심화하고 새로운 기능을 구축하거나 전문가와 협력해야 할 수도 있다. 소비자에 대한 깊은 이해, 혁신, 브랜드 구축, 시장 진출 능력 및 규모는 모든 조직에 필요한 핵심 역량이다.

> 예) Olay는 제품 성분 혁신가, 프리미엄 포장을 제공하는 디자이너, 광고 및 PR 대행사, 주요 영향력 있는 사람들과 협력해야 했다.

(5) 관리 시스템(Management System)

역량을 지원하는 데 필요한 시스템, 구조 및 기술을 의미한다. 시스템은 선택 사항이 회사 전체에 전달되고, 직원이 선택 사항을 이행하고, 시간이 지남에 따라 역량을 유지하도록 훈련되고, 선택 사항의 효율성과 열망을 향한 진행 상황을 측정할 수 있도록 해야 한다.

> 예) Olay는 지원 시스템을 구축했다. 혁신을 중심으로 조직되고 Olay 디스플레이를 만들기 위해 주요 매장 내 마케팅 및 디자인 회사와 파트너 관계를 맺을 시스템을 만들었다.

이러한 전략 선택 폭포수 구조에 대한 이해를 돕기 위해 다음의 [그림 10-5]는 사무실 청소 회사의 전략 선택 과정을 설명하고 있다.

[그림 10-5] 전략 선택의 폭포수 작성 예: 사무실 청소 회사

승리 열망 및 목표는 무엇인가?
- 고객의 사무실 서비스 요구에 대한 최고의 서비스 제공자가 되는 것
- 업계 최고의 고객만족도, 고객 충성도, 재구매율 확보

어떤 사업 분야에서 활동할 것인가?
- 정기적인 사무실 청소 및 기본 서비스(유지 보수, 수리 및 일상적인 사무용품)에 대한 서비스 계약을 제공함.
- 강력한 디지털 노출과 함께 직접 및 추천 판매를 통해 CBD 지역의 중소기업에 서비스를 제공함.

어떻게 승리할 것인가?
- 단순함과 간편함을 기반으로 차별화함(고객의 사무실 공간에 대한 포괄적이지만 단순화된 관리). 고객은 웹 인터페이스를 통해 기본 설정을 사용자 지정할 수 있음. 각 클라이언트에 맞는 맞춤형 루틴을 제공하고 특정 직원 전문 지식으로 신뢰할 수 있는 브랜드를 구축함

어떤 역량을 갖추어야 하는가?
- 프로젝트 및 프로세스 관리
- 효율적이고 시의적절한 서비스
- 영업 및 사업 개발
- 품질 관리 및 책임
- 디지털 및 모바일 앱 기능

어떤 관리 시스템이 필요한가?
- 물류 및 차량 관리
- 연중무휴 지원 시스템
- 조달 및 파트너 관리
- 교육 및 개발, 평가

※ 자료원: Lafley & Martin(2013) 자료 재정리

2.2 전략 선택의 논리적 흐름(Strategy Logic Flow)

위에서 설명된 전략 선택의 폭포수 가운데 가장 핵심적인 요소는 어떤 분야에서 활동할 것인지(Where to Play)와 어떻게 승리할 것인가(How to Win)에 대한 선택이다. 이러한 문제를 효과적으로 탐색하기 위한 방법을 전략 선택의 논리적 흐름(Strategy Logic Flow)이라고 부른다. 이 프레임워크는 [그림 10-6]과 같이 전략 선택을 위한 4가지 차원(산업, 고객, 상대적 위치 및 경쟁자 반응)의 7가지 질문을 통해 여러 가지 활동 가능한 분야의 선택 및 승리하는 방법을 선택하기 위한 기초 자료를 제공한다.

[그림 10-6] 전략 선택의 논리적 흐름

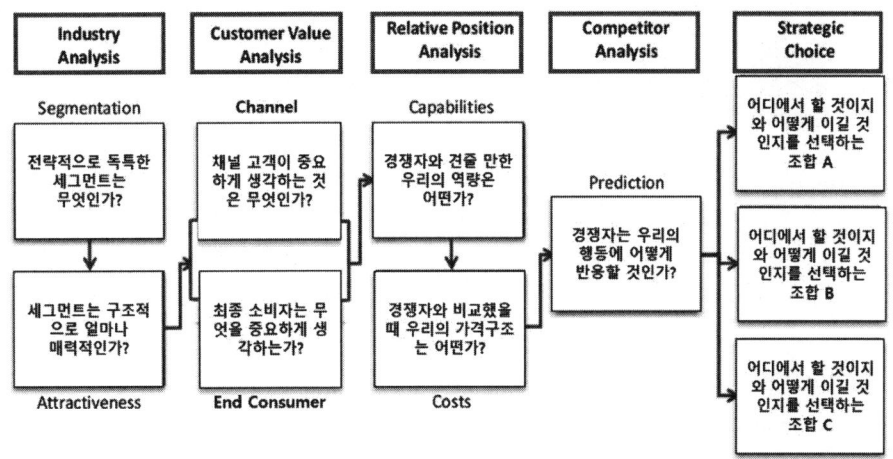

※ 자료원: Lafley & Martin(2013) 자료 재정리

조직의 현재의 현실을 분석하고 가능한 활동 분야 및 승리하는 방법을 선택하기 위해 다음과 같은 4가지 핵심 영역에서 7가지 질문을 사용하여 논리적 흐름으로 전략을 선택한다.

· 산업 분석(Industry Analysis)
  - 세분화(segmentation): 전략적으로 독특한 세그먼트는 무엇인가?
  - 구조(Structure): 타깃 세그먼트는 구조적으로 얼마나 매력적인가?[공급자와 소비자의 교섭력, 경쟁의 정도, 신규 진입자와 대체자의 위협을 고려]
· 고객 가치 분석(Customer Value Analysis)
  - 채널(Channel): 채널고객(예: 소매업체)은 무엇을 중요하게 생각합니까?
  - 최종 소비자(End user): 최종 소비자는 무엇을 중요하게 생각합니까?
· 상대적 위치(Analysis of Relative Position)
  - 역량(Capabilities): 경쟁업체와 비교하여 귀하의 역량은 어떻습니까?
  - 가격 구조(Costs): 경쟁업체와 비교하여 귀사의 가격은 어떻습니까?
· 경쟁자 분석(Competitive Analysis)
  - 예측(Prediction): 경쟁자들은 당신의 선택과 행동에 어떻게 반응할 것 같습니까?

사례: OLAY의 대중 명품 전략	
	전략 선택의 논리적 흐름을 이용하여 P&G가 OLAY의 제품을 위한 전략 수립 사례는 아래와 같다.
산업 분석 (Industry Analysis)	· 세분화(Segmentation): 충분한 수의 여성들이 '노화의 7가지 증상에 맞서 싸우기'를 원한다. · 매력도(Attractiveness): 대중 명품 부분의 등장은 최소한 현재의 대중 시장 부문과 같이 구조적으로 매력적일 것이다.
고객 가치 분석 (Customer Value Analysis)	· 채널(Channel): 대중 시장 소매업체는 명품 소비자를 위해서 대중명품 창조 아이디어를 수용하게 될 것이다. · 최종 소비자(End Consumer): 대중 시장 소비자로 하여금 좀 더 높은 가격을 지불하게 하고, 명품 소비자들로 하여금 대중시장 채널에서 제품을 구매하도록 유도할 수 있는 적절한 수준의 가격 책정이 존재한다.
상대적 위치 (Analysis of Relative Position)	· 역량(Capabilities): P&G는 대중 시장 채널에서 명품과 같은 브랜드 포지셔닝, 포장, 그리고 매장 내 홍보 등을 창출할 수 있다. 뿐만 아니라 P&G는 대중 명품 부문을 창출하고, 이용하기 위해서 대중 시장 소매업체들과 긴밀한 제휴 관계를 맺을 수 있다. · 가격 구조(Costs): P&G는 가격 최적점을 맞출 수 있는 비용 구조를 가진 대중 명품과 같은 제품을 창안해 낼 수 있다.
경쟁자 분석 (Competitive Analysis)	· 예측(Prediction): 채널 충돌로 인해서 경쟁업체들은 OLAY와 같이 대중 명품 부문으로의 진출을 시도하지 않을 것이다. · 또한 OLAY Complete 제품 라인이 저렴한 가격을 포괄하고 있기 때문에 대중 시장 경쟁업체들도 대중 명품의 진출에 어려움을 느끼게 될 것이다.

P&G가 고려한 전략적 옵션

· P&G가 고려한 전략적 옵션은 '노화의 7가지 증상에 맞서 싸우자'라는 약속으로 OLAY의 고객을 좀 더 젊은 층으로 이동시키는 것이었다.
· 이것은 대중 명품(masstige)을 창출하기 위한 소매업체들과의 제휴도 포함된다.
· P&G는 이러한 옵션을 성공으로 이끌기 위해서는 조건들이 존재해야 하거나 혹은 창출되어야 한다는 결정을 내렸다.

2.3 승리하는 비즈니스 전략 캔버스(Playing to Win Strategy Canvas)

승리하는 비즈니스 전략(Play-to-Win) 캔버스는 소규모의 팀과 함께 전략적 선택을 용이하게 할 수 있는 도구로 활용할 수 있으며 [그림 10-7]과 같이 2가지 내용의 전략 수립 단계로 구성되어 있다.

· 선택: 승리하는 비즈니스 전략 프레임워크를 사용한 전략적 선택
· 역설계(Reverse engineering): 선택한 것이 좋은 선택이 되기 위해 갖추어야 할 조건

이 프레임워크는 시간을 절약하는 데 도움이 된다. 특기할 만한 것은 선택 공간이 약간 더 작지만, 역설계를 위해 캔버스 중앙에 작업 공간이 추가되어 있다는 점이다. 가장 풍부한 토론이 이루어지는 곳일 뿐만 아니라 전략과 혁신이 만나는 곳이기도 하다. 주목할 만한 사실은 혁신적인 새로운 전략은 마치 새로운 제품 개념과 같다는 것이다. 즉 지나친 낙관과 편견으로부터 발생하는 위험을 최소화하려는 노력을 통해 훌륭한 전략을 개발할 수 있다는 사실을 주지할 필요가 있다.

[그림 10-7] 승리하는 비즈니스 전략(Play-to-Win) 캔버스

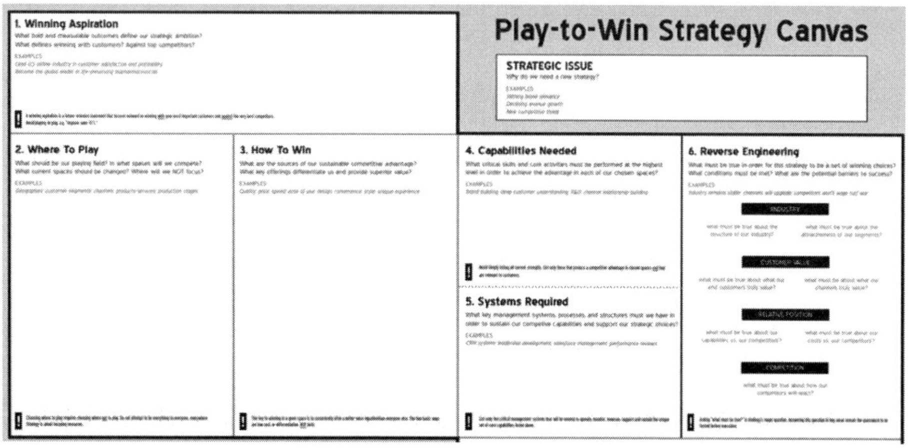

※ 자료원: MATTHEW MAY.com 자료 재정리

· 전략적 이슈(Strategic Issue):
우리는 왜 새로운 전략을 필요로 하는가?
  예) 브랜드 관련된 사항의 약화/매출 성장의 감소. 새로운 경쟁 위협

· 승리하고자 하는 열망(Winning Aspiration):
우리의 전략적 포부는 무엇이며 승리를 어떻게 정의할 수 있는가?
  예) 고객 만족과 수익성에서 세계 항공 산업을 선도한다.
      생명을 구하는 바이오 의약품의 글로벌 리더가 된다.

· 활동 분야(Where To Play):
우리의 활동 분야는 어디인가? 우리는 어떤 공간에서 경쟁할 것인가?
현재 어떤 공간을 변경해야 하는가? 우리는 어디에 초점을 맞추어야 하는가?
  예) 지역, 고객 세그먼트, 채널, 제품/서비스, 생산 단계

· 승리 방법(How To Win):
우리의 지속 가능한 경쟁 우위의 원천은 무엇이며 차별화되고 탁월한 가치를 제공하는 주요 제품은 무엇인가?
  예) 품질, 가격, 속도, 사용 용이성, 디자인, 편의성, 스타일, 독특한 체험

· 요구되는 역량(Capabilities Needed):
우리가 선택한 공간에서 우위를 점하기 위해서는 어떤 중요한 기술과 핵심 활동을 최고 수준으로 수행해야 하는가?
  예) 브랜드 구축, 고객에 대한 깊은 이해, 연구 개발, 채널 관계 구축

· 필요한 시스템(Systems Required):
경쟁력을 유지하고 전략적 선택을 지원하기 위해 어떤 핵심 관리 시스템, 프로세스 및 구조가 있어야 하는가?
  예) CRM 시스템, 리더십 개발, 영업 사원 관리, 성과 리뷰.

· 역설계(Reverse Engineering):
전략이 일련의 승리하는 선택이 되려면 어떤 조건을 충족해야 하는가?
성공을 가로막는 잠재적인 장애물은 무엇인가?
  예) 산업이 안정적이어야 함, 채널이 업그레이드되어야 함, 경쟁자들이 영역 전쟁을 하지 않아야 함.

III. 요약

지금까지 비즈니스 전략을 위한 2가지 접근 방법, 즉 벡터 기반 사업화 전략과 승리하는 비즈니스 전략에 대해 살펴보았다. 각 전략 수립 방법의 개념뿐만 아니라 실제로 현장에서 적용 가능하도록 구체적인 프로세스도 함께 소개하였다.

이러한 두 가지 접근 방법도 〈표10-1〉에서 정리한 바와 같은 전략 수립 접근 방법들 가운데 하나일 수 있다. 그러나 기존의 전략 수립 및 개발에 관한 접근 방법들은 소수의 대기업을 대상으로 한 자료를 기초로 이루어진 것이며 또한 비교적 안정적인 조건에서 전략을 탐색하는 데 사용할 수 있는 일반적으로 '정적(static)' 방법이라고 할 수 있다. 따라서 우리의 관심인 고성장 기업의 성장에 대한 통찰력은 거의 없다.

두 가지 접근 방법 가운데 벡터 기반 사업화 전략은 스타트업에서 유니콘 기업을 향한 스케일업을 추진하고 있는 고성장 기업의 성장 단계별 비즈니스 전략을 탐색하는 데 유용하게 적용할 수 있다. 즉 스케일업 과정에 있어서 성장 단계별로 어떤 벡터들이 사업화에 유의미한 영향을 주는가를 찾고 관련 벡터들의 효과를 극대화하기 위한 전략을 탐색하는 데 유용한 접근 방법이라고 할 수 있다.

반면 승리하는 비즈니스 전략은 스케일업 기업의 운영 과정에서 효율성이 떨어질 때 관련 영역에서의 전략적 이슈를 파악하고 이를 해결하기 위한 접근 방법으로서의 가치가 있다. 즉 기존의 전통적인 전략 수립 개발과는 달리 구체적이면서도 실질적인 방안을 탐색함으로써 치열한 시장 상황에서 승리를 위한 게임을 할 수 있는 가이드로서의 가치가 있다.

스케일업 스토리(10)

온라인 지불 플랫폼 'Form3'

Form3는 2016년 8월 4명에 의해 노트북 몇 대와 화이트보드로 시작되었다. 큰 아이디어는 은행이 기존의 값비싼 결제 인프라에서 클라우드 기반 기술로 전환하여 서비스형 결제 모델을 제공하는 플랫폼 기술을 사용하는 것이었다. 처음에는 이것이 새로운 세대의 온라인 뱅크의 비전과 실천이었지만 이제는 지불이라는 하나의 서비스를 제공하는 플랫폼 기술로 받아들여지고 있다.

그것은 매우 큰 아이디어인 것으로 증명되고 있다. 매출과 직원 수는 연간 100% 이상 증가하고 있다. 현재 Form3는 270개국에서 22명 이상의 직원을 고용하고 있다. Form3는 결코 평범한 핀테크 스타트업이 아니었다. CEO인 Michael Mueller는 Barclays에서 현금 관리 책임자로 재직하면서 은행의 결제 상품을 담당했던 노련한 은행 임원이었다. 그는 은행의 백 오피스에서 처리 및 지불을 위한 더 나은 기술의 필요성을 확인한 엔젤 투자자 그룹과 함께했다. "내 아이디어라고 주장할 수는 없지만 창립 첫 날부터 실행에 옮겼다"고 그는 말한다.

그 이후로 2018년부터 지속적인 성장을 하고 있는 투자자였던 Molten Ventures(구 Draper Esprit)와 같은 벤처 캐피털 회사의 지원을 받았다. 주요 기업 계약을 협상하는 어려운 슬로건을 통해 확장되고 있다. 눈에 띄는 특징은 전략적 투자자이기도 한 Lloyds Bank, Nationwide, Barclays, Mastercard와 같은 Form3 고객의 수이다.

"나는 그들이 고객이 된다면 투자하게 할 것이라고 말했다. 그들은 우리가 그들에게 투자하도록 내버려 두면 고객이 될 것이라고 말했다"고 Mueller는 말한다. 2020년에 Form3는 Lloyds, Nationwide 및 Mastercard의 세 가지를 동시에 도입했다. 그는 "세 가지 주요 조달 계약과 투자 약정에 동의하는 것은 내가 한 일 중 가장 복잡한 일이었지만 모두 같은 조건으로 들어왔다"고 웃었다.

조달 계약은 복잡하고 실질적이며 수십억 건의 국내 지불을 Form3의 플랫폼으로 이체하는 것을 포함한다. 이는 은행의 핵심 미션으로 매우 중요한 프로세스이므로 회사는 엄격한 조사를 받아야 하며 금융 규제 기관도 이러한 거래에 지속적인 관심을 가지고 있다. "몸집이 작다고 해서 여유가 생기는 것은 없다"고 Mueller는 말한다.

여러 면에서 Form3는 영국에서만 시작할 수 있었던 스케일업이다. 10년 이상 동안 규정은 더 빠른 지불 시스템을 의무화하여 은행이 지불과 관련하여 항상 켜져 있도록 했다. Mueller는 "영국에서 시작함으로써 다른 어느 곳보다 더 큰 시장을 확보할 수 있었다"며 "기술적 관점에서 볼 때 영국은 이 분야에서 시장 주도권을 가지고 있습니다. 이 일을 다시 시작한다면 영국에서 다시 시작할 것입니다."라고 말한다.

이제 실시간 결제가 보편화되면서 해외 진출이 우선이다. 그리고 Form3는 글로벌화 될 것이다. 이 회사는 이미 암스테르담에 사무실을 두고 있으며 유럽 은행에 판매하고 있다. Goldman Sachs Asset Management가 주도하는 1억 1500만 파운드(1억 6,000만 달러)의 펀딩 라운드를 방금 모금했으며, 그중 상당 부분이 미국 시장을 개척하는 데 사용될 것이다. 전화 카드에 Goldman Sachs 프랜차이즈가 있어도 비즈니스 개발 비용이 떨어지지 않는다.

2016년까지 기업가가 될 생각을 하지 않았던 남성에게 그것은 흥미롭고 놀라운 도전이었다. "비즈니스를 시작하는 것은 매우 쉽고 첫 번째 단계를 통과하는 것도 괜찮습니다."라고 그는 말한다. 당신은 훨씬 더 어려울 수 있습니다. 그러나 그것은 매일 매우 흥미로운 여정이며 얻을 수 있는 모든 도움에 감사합니다." (그리고 Form3가 Tech Nation 2021 Future Fifty 코호트의 구성원으로 이름을 올렸기 때문에 도움은 더욱 많아질 것이다.)

Form3의 가장 큰 과제 중 하나는 인재 확보 전쟁이다. 그는 "클라우드 네이티브 기술에 대한 경험이 있는 백엔드 엔지니어가 필요하지만 지구상의 모든 기술 회사도 마찬가지"라고 말한다. 이 회사는 처음부터 완전히 원격 근무를 운영해 왔다. 사무실이 몇 군데 있지만 직장이라기보다는 만남의 장소였다. 이러한 구조는 팬데믹으로 인해 사라졌다고 그는 말한다. 그러나 그것은 다시 나타나고 있다. "회사에서 직원들에게 사무실로 돌아가라고 요청하기 시작했지만 우리는 그렇지 않습니다."

이 회사는 현재 한 달에 10 ~ 15명의 소프트웨어 엔지니어를 고용하고 있다. Form3는 모든 소프트웨어 엔지니어의 채용을 위해 40명에서 50명 사이의 후보자를 인터뷰하며 20개국 이상에서 채용한다. Mueller는 "우리는 데이터 보호 체제가 영국과 유사한 특정 지역에서만 고용할 수 있으며, 신원 조회에 대한 믿음이 있는 국가에서만 일할 수 있다"고 말했다.

이를 달성하기 위해 회사에는 20명 이상의 사내 채용 팀이 있어 직원의 약 8%가 순전히 채용에 참여하고 있다. "영국에는 업계의 요구를 충족시킬 소프트웨어 엔지니어가 충분하지 않습니다. 그것은 바로 기술 분야의 주요 문제입니다."라고 그는 말한다.

※ 자료원: www.scaleupinstitute.org.uk/stories

11장. 마케팅 전략과 시장 진출

판매 및 마케팅은 일반적으로 스케일업 단계에서 성장의 핵심 엔진이다. 현재 위치에 도달하기 위해 효과가 있었던 모든 마케팅 전술을 사용하고 확장할 수 있는 것을 늘릴 필요가 있다. 단일 접근 방식으로 제한하지 말고 다양한 새 채널을 적극적으로 테스트하고 모든 채널의 효과를 추적할 필요가 있다. 이를 통해 회사의 제품과 회사가 세상에 이름을 날릴 수 있는 단계이기도 하다.

I. 고객 중심 마케팅 전략의 기초

스타트업 이후 판매 중인 제품에 대한 수요를 창출하고, 해당 제품의 주류 고객에게 도달할 만큼 기업이 성장함에 따라 기업의 브랜드 관리자, 제품 관리자 또는 마케팅에 관심이 있는 CEO는 다음과 같은 문제에 직면한다. 즉 자사의 브랜드를 어떻게 관리해야 할까? 우리의 고객은 제품 또는 서비스 제안의 변경 사항에 어떻게 반응할까? 가격을 올려야 하는가? 현재 고객과의 관계를 향상시키는 가장 좋은 방법은 무엇일까? 이 많은 과제 가운데 어디에 우리의 노력을 집중해야 할까?

기업이 모든 영역에서 탁월한 성과를 낼 수 있을 만큼 모든 것을 다 잘 할 수 있다면 어려움은 없다. 그러나 대부분의 기업의 경우 현실은 그렇지 못하다. 이러한 경우 경영진은 고객 자산(Customer Equity)의 개념, 즉 기업이 보유한 다양한 자산들과 마찬가지로 고객도 측정하고, 관리하고, 그리고 극대화해야 하는 하나의 재무적 자산으로 인식하는 것에 초점을 맞춤으로써 이러한 질문에 답할 수 있다.

고객 자산은 한 기업과 관계를 유지하고 있는 모든 고객의 절감된 생애 가치의 합으로 정의된다(Blattberg & Deighton, 1996). 여기서 고객 생애 가치(Customer Lifetime

Value)란, 한 고객이 특정 기업과 거래하는 동안 그 기업에게 얼마나 수익을 가져다주는가를 의미한다. 즉 한 고객이 평균적으로 기업에 기여하는 미래 수익의 현재 가치라고 할 수 있으며 아래 공식에 의해 고객 생애 가치를 추정할 수 있다. LV는 고객 생애 가치, t는 분석 단위 기간, T는 분석을 위한 전체 기간, d는 절감률, Fit는 기간 t당 고객의 구매 빈도, Sit는 t 기간의 고객 유지율 그리고 πit는 고객의 평균 기여액(매출-고객 유지비)이다.

$$LV = \sum_{t=0}^{T} \left[(1+d)^{-t} F_{it} S_{it} \pi_{it} \right]$$

대부분 기업에서 고객 자산은 기업의 장기적 가치를 결정하는 가장 중요한 요소임이 분명하다. 고객 자산이 기업의 전체 가치(예: 물리적 자산, 지적 자산, 연구 및 개발 역량)를 모두 설명하지는 않지만, 현재 고객은 기업의 미래 수익과 이익의 가장 신뢰할 수 있는 원천을 제공한다. 따라서 고객 자산은 바로 마케팅 전략의 초점이 되어야 한다.

1. 고객 생애 가치(Customer Lifetime Value)의 촉진 요인

그렇다면 고객 생애 가치에 영향을 줄 수 있는 요인은 무엇인가? 이와 관련하여 고객의 행동을 이해하고자 하는 연구의 흐름을 추적해 보면 고객의 구매 결정과 재구매에 영향을 주는 것은 대체로 다음과 같은 세 가지 요인인 것으로 밝혀지고 있다. 첫째는, 기업이 제공하는 상품과 서비스의 특성이며, 둘째는 기업의 브랜드의 특성, 그리고 셋째는 고객과 기업과의 관계의 특성이다. 이러한 영역들은 전형적인 마케팅 활동의 모든 영역을 내포하고 있을 뿐 아니라 오늘날의 마케팅 실무에서 특별히 강조되고 있는 브랜드 변경과 고객 유지(retention)의 기초가 되는 요소들이기도 하다. 이와 관련하여 Rust, Zeithaml과 Lemon(2000)은 이러한 세 가지 성분들에 대한 고객의 지각이 고객 자산을 촉진한다는 것을 제안하면서 이들을 각각, 가치 자산, 브랜드 자산, 그리고 관계 자산으로 분류하였다. 즉 고객 생애 가치에 영향을 줄 수 있는 요인들은, 기업이 제공하는 상품과 서비스의 가치에 대한 고객의 지각, 브랜드에 대한 지각, 그리고 기업과의 관계에 대한 지각이라고 할 수 있다. 따라서 기업은 고객 자산에 기반한 전략을 통해 기업이 제공하는 가치 자산(Value Equity), 브랜드 자산(Brand Equity) 그리고 관계 자산(Relationship Equity) 가운데 고객에게 가장 중요한 것이 무엇인지 결정하고 기업의 중요한 강점과 숨겨진 취약점을 찾음으로써 궁극적으로는 고객에게 더 높은 가치를 제공하는 성장 전략을 수립할 수 있다[그림 11-1].

[그림 11-1] 고객 자산과 구성 요소

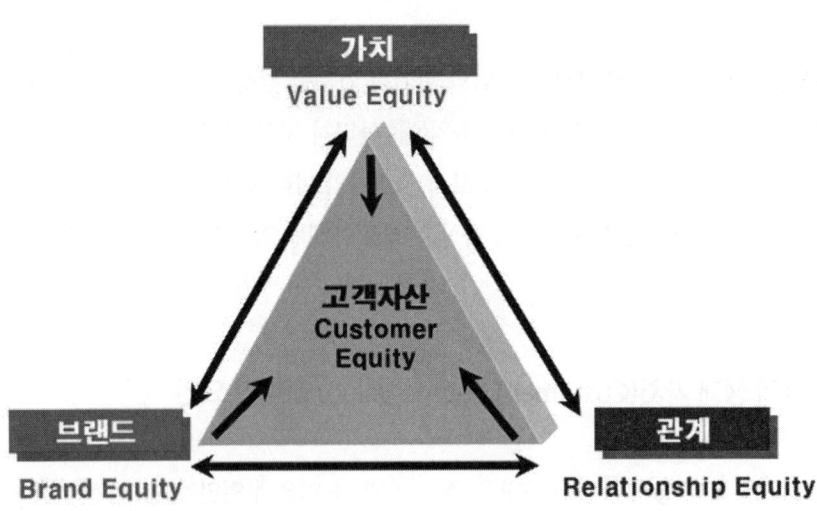

자료원: Rust, Zeithaml, & Lemon(2000)

고객 자산을 구성하는 고객 생애 가치는 다음과 같은 가치 자산, 브랜드 자산 및 관계 자산의 세 가지 실행 가능한 운영 요소를 기반으로 하고 있다.

1.1 가치 자산(Value Equity)

가치는 고객과 기업 관계의 핵심이다. 기업의 제품과 서비스가 고객의 요구와 기대를 충족시키지 못한다면 최고의 브랜드 전략이나 강력한 유지 및 관계 마케팅 전략의 효과를 기대할 수 없다. 가치 자산은 '고객이 지불한 것에 비해 고객이 받은 것에 대한 지각을 기초로 하여 브랜드의 유용성을 객관적으로 평가한 것'으로 정의할 수 있으며, 기업이 제공하는 것이 고객이 기대했던 것과 또 고객이 가치 있다고 지각하는 것과 일치할 때 기업은 가치 자산을 제공하게 되는 것이다. 이러한 가치 지각에 영향을 미치는 세 가지 핵심 요소는 품질(quality), 가격(price) 그리고 편의성(convenience)이다.

품질은 기업의 통제하에 제공되는 제품 및 서비스의 객관적인 물리적 및 비물리적 측면을 포괄하는 것으로 생각할 수 있다. 가격은 '고객의 통제 밖에 있는 속성'으로서 기업이 영향을 미칠 수 있는 것이다. 편의성은 고객의 시간 비용, 검색 비용 및 기업과 비즈니스를 수행하기 위한 노력을 줄이는 데 도움이 되는 활동과 관련된 것이다.

1.2 브랜드 자산(Brand Equity)

가치 자산이 기업이 제공하는 제품의 객관적인 측면에 대한 인식에 의해 주도되는 경우라면 브랜드 자산은 기업에 대한 이미지와 의미를 통해 구축된다. 브랜드는 세 가지 중요한 역할을 한다. 첫째, 새로운 고객을 기업으로 끌어들이는 자석의 역할을 한다. 둘째, 기업의 제품과 서비스에 대해 고객에게 상기시키는 역할을 한다. 마지막으로 고객과 기업의 정서적 유대감을 형성하게 한다. 이처럼 브랜드에 대한 고객의 평가는 가치 자산에 대한 지각과는 그 성질이 다른 것이다. 비록 브랜드 자산에 관한 최근의 연구들이 그 정의를 확장시켜 소비자 선택을 촉진시키는 속성까지 포함하는 매우 광범위하게 정의하고 있지만 여기서는 전통적인 정의와 일치하는 협의의 정의(예, Aaker & Keller, 1990; Kamakura & Russell, 1991)를 적용한다. 따라서 브랜드 자산의 정의는, "고객이 브랜드에 대해 객관적으로 지각한 가치를 초월하여 브랜드에 대해 주관적 그리고 무형적으로 평가한 것"이라고 할 수 있다.

브랜드 자산에 관한 일련의 연구들을 통해서 볼 때 브랜드 자산의 주요 촉진 요인은 브랜드 인지도, 브랜드에 대한 태도, 그리고 기업 윤리라고 할 수 있다. 우선 브랜드 인지도(brand awareness)의 경우는 기업의 마케팅 커뮤니케이션에 의해 영향을 받고 향상될 수 있는 것으로서 기업의 통제하에 있는 도구라고 할 수 있다. 둘째, 브랜드에 대한 태도(attitude toward the brand)는 기업이 소비자와 친밀한 관계나 정서적 유대를 형성할 수 있는 정도를 포함한다. 이는 미디어 캠페인의 특정 특성을 통해 영향을 받으며 직접적인 마케팅의 영향을 더 많이 받을 수 있다. 세 번째 수단인 기업 윤리(corporate ethics)는 기업에 대한 고객의 인식에 영향을 줄 수 있는 특정 활동(예: 커뮤니티 후원 또는 기부, 회사 개인 정보 보호 정책 및 직원 관계)을 포함한다. 이와 관련된 예로써 Home Depot과 같은 기업은 지역 사회 이벤트의 강력한 후원자가 되고 직원들이 참여하도록 장려함으로써 브랜드 자산을 강화했다.

1.3 관계 자산(Relationship Equity)

훌륭한 브랜드와 훌륭한 제품을 가진 기업을 생각해 보자. 이 기업은 강력한 브랜드를 가진 제품으로 새로운 고객을 유치하고 고객의 기대를 지속적으로 충족시켜 고객을 유지할 수 있다. 하지만 이것으로 충분할까? 제품에서 서비스로, 거래에서 관계로 전환되는 새로운 경영 환경의 변화를 감안할 때 대답은 아니오이다. 훌륭한 브랜드 자산과 가치 자산을 보유하고 있을지라도 고객을 유지(customer retention)하기에는 충분하지 않을 수 있다. 여기서 필요한 것은 고객과 기업의 관계를 강화하는 것이다. 관계 자산은 이러한 관계의 강도를 나타낸다. 따라서 관계 자산의 정의는, "브랜드에 대한 고객의 객관적이고 주관적인 평가 이상으로, 브랜드를 고수하려는 고객의 경향성"으로 정의된다.

관계 자산을 향상할 수 있는 기업의 핵심 수단은 애호도 프로그램(loyalty programs), 특별 인정 및 대우(special recognition and treatment), 동호회 프로그램(affinity programs), 커뮤니티 구축 프로그램(community-building programs) 및 지식 구축 프로그램(knowledge-building programs)이다. 먼저 애호도 프로그램의 세부 내용으로는 실질적인 혜택을 통해 고객의 특정 행동에 대해 보상하는 활동이 포함된다. 그 예로써 기존 고객을 위한 개인화된 특별 오퍼를 제공(마일리지, 포인트, 쿠폰, 사은품 등)

하는 것을 들 수 있다. 특별 인정 및 대우는 우량 고객을 위한 특별대우를 말하는 것으로 항공사의 Platinum 고객의 조기 탑승이나 Sears 백화점의 Best Customer Program 등이 이에 해당한다.

동호회 프로그램은 고객의 관심사를 활용함으로써 기업에 대한 정서적 유대감을 강화하려고 하는 것이다. 즉 동호회 프로그램을 통해 제품 및 서비스나 기업에 대한 정서적 애착을 창출하고자 하는 것으로서 공통된 관심사를 공유하고 있는 고객들은 동호회 프로그램의 후보자들이다. 그 예로써 Visa Card는 골프를 치는 사람들을 위한 카드를 소개하고 이 카드를 통해 고객들은 포인트 점수를 받음으로써 골프 상품이나 여행할 기회를 가질 수 있게 하였다.

또한 커뮤니티 구축 프로그램은 동호회와 아주 밀접하게 연관되어 있는 것이다. 제품이나 서비스에 따라서는 기업이 브랜드 개성(brand personality)을 형성할 기회를 가짐으로써 고객 커뮤니티를 창출할 수 있다. 고객 커뮤니티 창출을 위한 기업의 능력은 어느 정도는 기업의 제품 및 서비스의 성질에 달려 있으나 대부분의 경우는 기업의 개성과 고객의 동기에 달려 있다. 고객 커뮤니티는 고객이 특정 기업의 다른 고객들과 연결됨으로 인해 편익을 누릴 수 있다는 것을 확신할 수 있을 때 창출될 수 있다. 고객 커뮤니티에서 기업의 브랜드는 흔히 친목회 집단의 초점으로 사용된다. 고객 커뮤니티의 훌륭한 예는 Harley-Davidson Owners Group(HOGS)에서 찾을 수 있다. Harley-Davidson의 모터사이클 소유자들은 다른 소유자들과 함께함으로 인해 상당한 편익을 경험하고 있다. 고객 커뮤니티의 핵심은 고객이 경쟁사로 전환할 경우 손실을 지각하도록 하는-즉 고객이 기업과 비즈니스를 중단한다면 고객은 커뮤니티를 잃을 것이라고 지각하는-가정에 기초하고 있다.

2. 기업의 고객 자산 촉진 요인의 결정

이제 본 장의 서두에서 제기한 일련의 질문을 다시 생각해 보자. 해당 제품의 주류 고객에게 도달할 만큼 기업이 성장하였다면 마케팅 임원은 자신의 노력을 어디에 집중해야 할까? 브랜드 구축인가? 제품이나 서비스의 개선인가? 아니면 기존 고객과의 관계를 심화하는 것일까? 고객 자산의 가장 중요한 촉진 요인을 결정하는 것은 산업 및 시장의 특성, 시장 성숙도 그리고 제품 유형에 따른 소비자 의사 결정 프로세스에 따라 달라진다.

2.1 가치 자산이 가장 중요한 경우

가치 자산은 대부분 중요하지만, 특정 상황에서 가장 중요할 때가 있다. 첫째, 가치 자산은 경쟁 제품 간에 식별 가능한 차이가 있을 때 가장 중요하다. 기업의 제품과 경쟁자가 대체될 수 있는 시장에서는 가치 자산을 구축하기가 어렵다. 그러나 경쟁 제품 간에 차이가 있을 때 기업은 가치에 대한 고객의 인식에 영향을 주어 가치 자산을 높일 수 있다. IBM의 ThinkPad 브랜드 노트북 컴퓨터를 생각해 보자. 혁신과 고급 디자인으로 오랫동안 인정을 받아온 IBM은 고급 기능을 갖춘 더 빠르고 더 얇고 가벼운 컴퓨터를 제작함으로써 가치 자산 영역에서 우위를 구축할 수 있었다.

둘째, 가치 자산은 복잡한 의사 결정 프로세스가 이루어지는 구매의 경우 핵심이 된다. 여기에서 고객은 자신의 결정을 신중하게 검토하고 다양한 대안과 관련된 비용 및 그에 따른 혜택 간의 균형을 검토한다. 따라서 고객이 받는 혜택을 늘리거나 고객이 지불하는 비용을 줄이는 모든 기업은 가치 자산을 늘릴 수 있다.

셋째, 가치 자산은 대부분의 B2B 구매에서 중요하다. B2B 구매는 복잡한 의사 결정 과정을 거치는 구매이지만 고객에 따라 다르다. 즉 기업과 최종 고객 사이에서 일어나기보다는 한 기업과 다른 기업 사이에서 일어난다. 이러한 구매는 일반적으로 규모가 크고 금액이 크기 때문에 고객은 개인 고객보다 더 주의 깊게 구매를 고려한다. 따라서 조직마다 이러한 구매를 전담하는 직원을 고용하는 경향이 있으며 그의 직무는 바로 구매의 가치를 평가하는 일이다. 이러한 상황에서 가치 자산은 매우 중요하다.

넷째, 기업이 혁신적인 제품과 서비스를 제공할 때 가치 자산이 중요하다. 새로운 제품이나 서비스를 구매하고자 할 때 고객은 주요 속성을 식별하기 어려울 수 있으므로 제품의 구성 요소를 주의 깊게 검토한다. 많은 경우에 소비자들은 신제품이 구매 위험을 감수할 만큼 충분한 혜택을 제공하는지 판단하기 위해 여러 제품을 일대일로 비교한다. 뿐만 아니라 소비자는 신제품의 비용과 이점을 결정하기 위해 실질적인 정보(예: 웹, 친구, 광고 등)를 찾는다. 따라서 품질과 낮은 위험을 알릴 수 있는 기업은 새로운 시장에서 가치 자산을 확보할 수 있다.

마지막으로 가치 자산은 기업이 성숙단계에 있는 제품을 리사이클링 하고자 할 때 기업의 핵심이 된다. 제품 수명 주기가 성숙 단계에 있을 때 대부분 고객은 모든 제품이 거의 동등하다고 느끼며 판매 수준이 떨어지고 있음을 관찰한다. 이때 기업은 이러한 범용화(commoditization: 경쟁사의 제품과 기술적 격차가 좁혀지면서 제품 간의 차별성이 사라지는 현상)를 피하기 위해 종종 브랜드의 역할에 집중한다. 그러나 기업은 현재 제품 또는 서비스에 대한 새로운 특징을 도입하거나 현재 제품에 새로운 기능을 추가함으로써 기업은 제품 및 서비스를 재활용하고 그 과정에서 가치 자산을 키울 수 있다. Colgate는 입 안에 생성된 바이오 필름을 통해 사람마다 다른 입 안의 상세한 실시간 정보와 개인별 칫솔질 방법을 알려줌으로써 성숙한 칫솔 시장을 활성화하고자 하였다.

이처럼 가치 자산의 중요성은 산업, 고객의 의사 결정 과정 및 제품의 성숙도에 달려 있다. 조직 내 가치 자산의 역할을 이해하려면 다음 페이지의 고객 자산 진단에 제공된 일련의 질문을 사용하여 주요 고객들과 주요 경영진에게 회사를 평가하도록 요청할 수 있다.

2.2 브랜드 자산이 가장 중요한 경우

브랜드 자산은 일반적인 관심 사항이지만 특정 상황에서 더욱 중요하다. 첫째, 브랜드 자산은 단순한 의사 결정 프로세스라고 할 수 있는 관여도가 낮은 구매일 때 가장 중요하다. 자주 구매하는 소비재 포장 제품을 비롯한 많은 제품의 경우 구매 결정이 일상화되어 있는 경우에는 고객의 주의나 관여도가 거의 필요하지 않다. 이 경우에는 브랜드의 역할과 브랜드에 대한 고객의 정서적 연결이 중요하다. 반대로, 제품 및 서비스 구매 결정에 높은 수준의 고객 관여도가 필요한 경우에는 브랜드 자산이 가치 또는 관계 자산보다 덜 중요할 수 있다. 예를 들어, 코카콜라는 소비자와 브랜드 간의 매우 강력한 유대감을 개발함으로써 소비자의 쇼핑 여행의 한 부분을 차지하는 데 성공하였다.

둘째, 브랜드 자산은 고객의 제품 사용이 타인에게 매우 가시적인 제품일 때 더욱 중요하다. 고객들이 타인에게 주목받을 잠재성을 지닌 제품이나 서비스를 구매할 때 기업은 브랜드 자산을 형성할 기회를 얻는다. 그 예로써 가죽 제품을 생산하는 Coach는 탁월한 품질과 서비스를 결합함으로써 강력한 브랜드를 구축하였다. 고객들은 Coach Palm Pilot 케이스를 이용하면서 Coach 가방을 들고 다녔으며 심지어는 애완동물의 목에 거는 Coach 목걸이가 대단한 인기를 끌기도 하였다. 이러한 결과의 부분적 이유는 Coach가 브랜드 자산을 형성하는 데 성공했기 때문일 수 있다. 이처럼 가시성이 높은 브랜드는 소비자가 브랜드와 연관시키는 브랜드 이미지와 브랜드 의미를 강화하여 브랜드 자산을 구축할 특별한 기회를 가질 수 있다.

셋째, 브랜드 자산은 제품과 관련된 경험이 한 개인 및 세대로부터 다른 세대로 전달될 수 있을 때 매우 중요하다. Procter & Gamble의 성공은 엄마나 아빠에서 딸이나 아들로 Crest 치약에 대한 애호도를 부모로부터 자식들에게까지 대물림시켰다. 안정된 소비자들은 유년기의 경험으로부터 상품과 연합된다. 이처럼 기업의 제품 및 서비스를 공동으로 경험하도록 하는 정도에 따라 기업이 브랜드 자산을 형성할 기회는 많아진다.

넷째, 소비 전에 품질을 평가하기 어려운 신용 상품의 경우 브랜드의 역할이 중요하다. 많은 제품과 서비스의 경우 구매하기 전에 시험하거나 구매하기 전에 특정 속성의 품질을 쉽게 평가할 수 있다. 그러나 어떤 제품과 서비스의 경우에는 소비자가 구매 결정을 할 때 품질에 대해 평가를 하기 어려운 때도 있다. 이러할 때는 다른 유형의 단서를 사용해야만 한다. 이 때 관련된 유형의 제품 및 서비스를 제공하는 기업은 브랜드에 대한 정적인 연합이나 이미지를 창출함으로써 브랜드 자산을 형성할 기회를 가질 수 있다.

끝으로, 특정 제품이나 서비스에 대한 경험에 높은 가치를 두게 되면(예, 특정 호텔에서의 숙박 경험, 혹은 특정 백화점으로부터 제품을 구매한 경험) 그러한 고객의 지식과 경험은 새로운 장소와 맥락에서도 그 제품이나 서비스의 구매를 고려할 수 있다. 이 경우 역시 제품 및 서비스에 대한 브랜드 자산을 증가시킬 수 있다. 브랜드 자산의 이러한 측면은 새로운 고객을 유치하기 위한 핵심 도구로서 강력한 브랜드 아이덴티티로서의 가치 인식이 필요한 법률 회사, 투자 은행 회사 및 광고 대행사에 특히 중요하다.

이처럼 브랜드 자산은 일부 산업 및 기업에서 다른 것보다 더 중요할 수 있다. 브랜드 자산의 역할은 고객의 관여도 수준, 고객 경험의 성격 그리고 고객이 제품이나 서비스를 구매하기 전에 품질을 평가할 수 있는 용이성에 따라 달라진다. 다음에 소개될 고객 자산 진단의 질문에 답하면 브랜드 자산이 조직에 얼마나 중요한지 판단하는 데 도움이 될 것이다.

2.3 관계 자산이 가장 중요한 경우

특정 상황에서 관계 자산은 고객 자산에 가장 중요한 영향을 미친다. 첫째, 고객이 로열티 프로그램과 연합함으로써 누리는 이점이 실제의 '현금 가치(cash value)'보다 훨씬 클 때 관계 자산이 중요하다. 로열티 프로그램의 이러한 '희망 가치(aspirational value)'는 고객이 향후 구매를 위해 기업을 다시 찾게 하는 강력한 인센티브를 생성함으로써 관계 자산을 강화할 확실한 기회를 제공한다. 예로써 항공사 마일리지 프로그램의 성공은 어느 정도는 마일리지에 대한 실제 가치(약 3센트 ~ 4센트)와 마일리지의 가치에 대한 고객 지각(마일리지로 공짜 여행 갈 날이 가까워지고 있다!) 사이의 차이에 있다. 이처럼 로열티 프로그램에 대한 '희망 가치'는 기업이 관계 자산을 강화할 기회를 제공하는데 그것은 고객에게 되돌아가는 강한 인센티브를 창출하기 때문이다. 이처럼 높은 '희망 가치'를 지닌 로열티 프로그램을 성공적으로 만들어 내는 기업은 단순히 가격 판촉의 형태로 이루어지고 있는 로열티 프로그램과는 달리 관계 자산의 효과를 증대시킬 수 있다.

둘째, 관계 자산은 제품이나 서비스와 관련된 커뮤니티가 제품이나 서비스 자체만큼 중요할 때 어떤 제품과 서비스는 열성 팬들이 강한 커뮤니티를 형성하는 부수적인 이익을 가져올 수 있다. 만약 기업의 제품이 그 제품과 서비스를 소비하거나 옹호하는 사람들의 커뮤니티까지 포함하고 있다면 그것은 관계 자산을 위한 원천이 될 수 있다. 그러한 기업에 대해서는 고객이 커뮤니티의 회원 자격을 유지하기 위해 그 기업으로부터 계속 구매할 것이다. 앞에서 소개했던 모터사이클 기업 Harley-Davidson의 커뮤니티나 헬스클럽에서 운동하는 고객들의 동호회 모임이 여기에 해당한다.

셋째, 기업과 고객 사이의 학습 관계가 제품이나 서비스의 공급만큼 중요한 것일 때 관계 자산이 중요하다. 많은 제조 및 서비스 기업은 고객과의 관계에 투자해야 할 가치를 이미 인식하고 있다. 만약 고객이 기업에게 중요한 정보를 노출하는 경우라면 그들은 기업과 비즈니스를 계속할 가능성이 많다. 마찬가지로 만약 기업이 고객에 대한 지식을 기초로 고객 개인에게 주의를 기울이는 구조적 유대 관계를 만든다면 관계 자산의 효과가 강화될 수 있다. 이러한 관계를 '학습 관계(learning relationships)'라고 부른다. 특히 데이터베이스 기술의 발전은 고객이 드러내는 정보를 수집, 추적, 그리고 이용하는 학습 관계를 더욱 촉진시키고 있다. 이러한 학습 관계를 창출하는 전문가가 바로 Amazon.com이다. 또한 Dell은 Dell의 프리미어 페이지(고객이 회사의 Dell 컴퓨터 구매를 관리할 수 있는 맞춤형 웹 사이트)를 통해 주요 비즈니스 고객과 학습 관계를 구축했다.

가치 및 브랜드 자산과 마찬가지로 관계 자산의 중요성은 산업에 따라 달라질 수 있다. 관계 자산이 영향을 미치는 정도는 고객에 대한 로열티 프로그램의 중요성, 고객 커뮤니티의 역할, 고객과 학습 관계를 구축할 수 있는 조직의 능력, 고객이 인지하는 전환 비용(한 제품에서 경쟁사의 다른 제품으로 전환하는 데 드는 비용)에 따라 달라진다. 고객 자산 진단 프레임워크의 질문에 답하면 관계 자산이 기업에게 얼마나 중요한지 확인할 수 있다.

3. 고객 자산 기반 마케팅 전략

지금까지 우리는 산업별 고객 자산의 주요 동인과 업종 내의 개별 기업을 위한 고객 자산의 주요 동인에 대해 살펴보았다. 기업이 해당 업종과 주요 고객에 대한 고객 자산의 핵심 동인을 이해하면 기업은 중요한 요소에 대한 성과를 극대화하는 전략으로 고객과 시장에 대응할 수 있다.

가장 기본적인 수준에서 본다면 고객이 한 기업과 거래하기로 결정하는 주된 이유는 ① 기업이 더 나은 가치를 제공하거나 ② 더 강력한 브랜드를 가지고 있거나 ③ 브랜드를 전환하는 데 너무 많은 비용이 들기 때문에 특정 기업을 선택한다. 이처럼 고객 자산의 개념은 이 세 가지 동인 중 어느 것이 고객에게 가장 중요한지 그리고 고객이 특정 기업을 떠나지 않고 더 많이 구매하도록 하는 데 가장 효과적인지를 이해할 수 있도록 하는 진단 도구를 활용할 수 있다(Lemon, Rust, & Zeithaml, 2001). 이러한 고객 자산 진단(Customer Equity Diagnostic)을 활용함으로써 기업은 성장을 위한 주요 기회를 식별하고 예상치 못한 취약성을 밝힐 수 있다. 요컨대, 고객 자산의 개념은 고객에 대한 가치 제공을 극대화하기 위한 경쟁 전략을 조직의 중심에 두는 마케팅 및 기업 전략의 새로운 접근 방식이라 할 수 있다.

3.1 고객 자산 진단(Customer Equity Diagnostic)

① 가치 자산의 중요도
- 고객들은 동종업계의 브랜드 간에 뚜렷한 차이가 있는 것으로 인식하고 있습니까?
- 귀사의 고객들은 구매 시에 제품의 객관적 속성을 중요하게 생각하는 편입니까?
- 귀사는 주로 BtoB 환경에서 거래하는 편입니까?

· 귀사가 취급하는 제품군에 대한 소비자 구매 결정 과정은 복잡한 편입니까?
· 혁신이 귀하의 산업에서 지속적인 성공의 열쇠입니까?
· 귀사가 제공하는 제품은 제품 수명 주기상으로 볼 때 성숙기에 와 있는 편입니까?

② 가치 자산의 성과
· 귀사의 제품/서비스는 품질 면에서 동종업계를 주도하는 리더가 되고 있습니까?
· 귀사는 품질을 지속적으로 개선하기 위한 이니셔티브가 있습니까?
· 고객은 그들이 받는 품질이 지불한 가격만큼 가치 있다고 인식합니까?
· 귀사는 업계에서 지속적으로 최저 가격을 유지하고 있습니까?
· 제품 및 서비스 유통 분야에서 업계를 주도하고 있습니까?
· 귀사의 영업시간, 위치, 제품의 취급 면에서 고객들이 편리하게 느끼고 있습니까?

③ 브랜드 자산의 중요도
· 고객들이 귀사의 제품/서비스를 구매할 때 제품의 객관적 특성보다는 고객의 주관적, 경험적 속성을 중요시하는 편입니까?
· 고객이 귀하의 제품을 소비하거나 사용할 경우 다른 고객들에게 잘 보이는 편입니까?
· 귀사의 대부분의 제품은 고객이 자주 구매하는 소비재입니까?
· 귀사 제품에 대한 고객의 구매 결정 과정은 비교적 간단합니까?
· 소비하거나 사용하기 전에 제품이나 서비스의 품질을 평가하는 것이 어렵습니까?
· 귀사는 광고가 고객과의 의사소통의 기본 형태입니까?

④ 브랜드 자산의 성과
· 귀사는 브랜드 인지도 부문에서 업계 리더입니까?
· 고객은 귀하의 광고와 귀하가 보내는 정보에 주의를 기울이고 잘 기억하는 편입니까?
· 귀사는 좋은 기업 시민으로 알려져 있습니까? 커뮤니티 행사에 적극적이신가요?
· 귀사는 기업 윤리 기준의 개발이나 유지에 있어 업계를 주도합니까?
· 고객은 귀사의 브랜드에 대해 강한 정서적 유대감을 느끼고 있습니까?

⑤ 관계 자산의 중요도
- 귀사와 같은 업종에서 로열티 프로그램은 필수적입니까?
- 고객들은 귀사의 제품이나 서비스를 중심으로 한 커뮤니티(동호회)의 구성원이 되는 것을 중요하게 느끼고 있습니까?
- 귀사로부터 제공되는 각종 전자메일이나 서비스에 대해 고객은 별 의의 없이 받아들이는 편입니까?
- 고객들은 거래처를 바꾸면 그에 따른 손해가 있을 것으로 생각하는 편입니까?
- 귀사는 고객과의 지속적인 관계 유지가 중요합니까?

⑥ 관계 자산의 성과
- 고객은 귀사가 업계 최고의 로열티 프로그램을 보유하고 있다고 인식합니까?
- 귀사는 최고의 고객에게 특별한 혜택과 서비스를 제공하는 프로그램으로 업계를 주도하고 있습니까?
- 귀사의 고객들은 귀사와 거래하는 방법을 잘 알고 있거나 이해하고 있습니까?
- 고객들은 귀사를 공동체 의식을 제공하는 리더로 인식하고 있습니까?
- 귀사는 고객과의 대화를 장려합니까?

3.2 고객 자산 기반 마케팅 전략 수립

고객 자산 기반 마케팅 전략 수립을 위해서는 고객 생애 가치에 대한 계량화된 데이터를 기반으로 이루어져야 한다. 그러나 여기에서는 앞에서 소개된 고객 자산 진단(Customer Equity Diagnostic)을 활용함으로써 진단적인 측면에서 고객 자산 기반의 마케팅 전략 수립 프로세스를 소개한다.

> **단계 1**: 자사 업의 특성과 비즈니스 환경으로 보아 현재 우리 기업의 고객 자산에 기여하는 촉진 자산들의 상대적 중요도와 성과는 어떠한가?

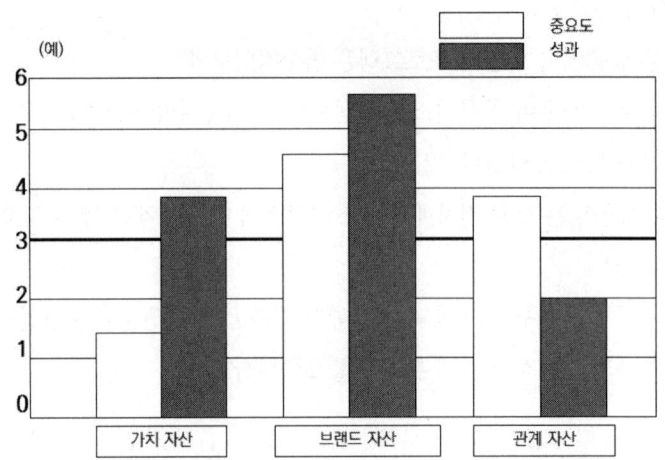

단계 2: 촉진 자산들의 중요도-성과 Map을 Plotting 한다.

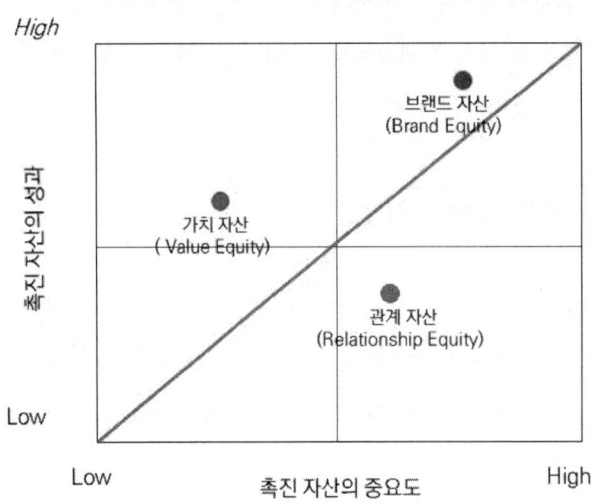

단계 3: 촉진 자산들의 Plotting 결과를 기초로 자사가 추진해야 할 자산 전략의 우선순위를 정한다(2개 이상도 무방함).

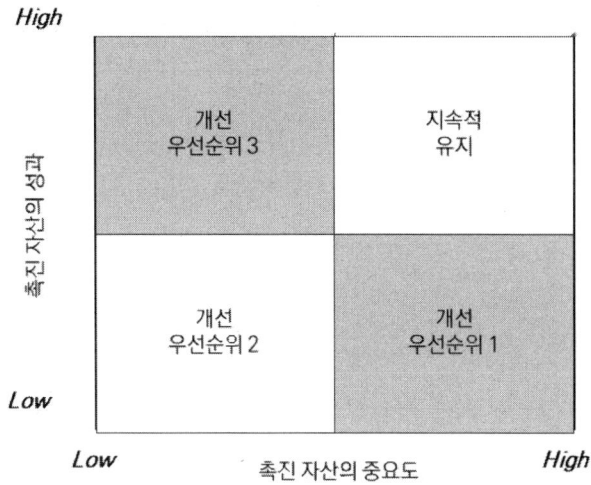

> **단계 4**: 우선순위에 해당하는 촉진 자산의 하위 요인들의 성과를 분석하여 성과가 낮은 요인들의 현상과 문제점 그리고 그 원인을 찾아본다.

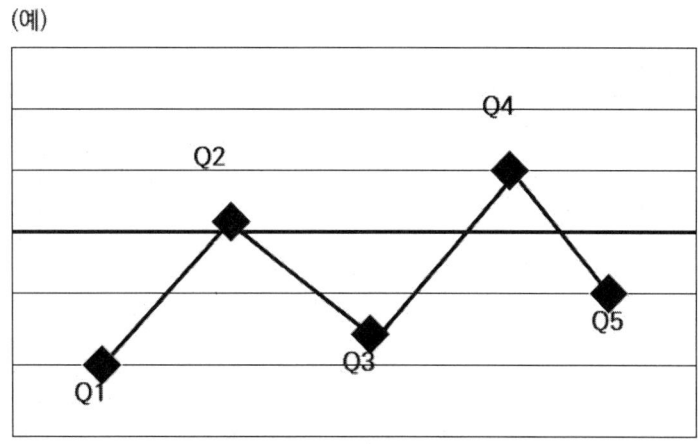

제4부. 스케일업을 위한 핵심 역량

(예)

촉진 자산	하위 요소	현상과 문제점	원인
(예) 관계 자산	Q 1 Q 3 Q 5		

> **단계 5**: 앞에서 논의된 원인 분석을 토대로 개선방안이 무엇인지, 동일한 현상에 대한 경쟁사의 활동 등을 참고하여 차별화된 개선 방안을 찾고 이를 실행하기 위한 실천 계획을 세운다.

(예)

하위 요소	개선 방안	실천 주체	비고
Q 1 Q 3 Q 5			

II. 온라인 마케팅

디지털 비즈니스에서 마케팅 전략의 첫 번째이자 가장 중요한 단계는 온라인 영역을 확보하는 것이다. 웹 사이트를 만들면 완전한 자신의 디지털 공간을 확보하게 되는 것이다. 그 다음으로, 더 많은 리드, 웹 트래픽을 생성하고 새로운 고객을 확보하기 위한 올바른 마케팅 전략을 사용하여 기업의 성장 계획을 개략적으로 기술해야 한다. 영향력 있는 마케팅 및 PR에서 SEO(검색 엔진 최적화)에 이르기까지, 여기서는 기업의 비즈니스에 성장을 촉진하기 위해 어떤 유형의 마케팅에 집중할 것인지 탐색해 볼 것이다.

1. 온라인 마케팅의 트렌드

온라인 마케팅 전략의 유형은 광범위하지만 최근 주목받는 마케팅 트렌드 분석(https://www.wix.com/blog/2021/12/marketing-trends/)을 토대로 다음과 같은 10가지 온라인 마케팅 전략을 소개한다. 그러나 어떤 방법이든 잠재 고객이 기업의 비즈니스를 좋아하고 신뢰하는 경우에만 효과적이라는 것을 기억할 필요가 있다:

· 콘텐츠 마케팅
· 소셜 미디어 마케팅
· 검색 엔진 최적화 (SEO)
· 이메일 마케팅 및 뉴스레터
· 인플루언서 마케팅
· 미디어 및 PR 획득
· 방문 페이지
· 광고
· 제휴 마케팅

· 행동 유도 문안(CTA)

1.1 콘텐츠 마케팅(Content marketing)

콘텐츠 마케팅은 온라인에서 대상 고객을 대상으로 콘텐츠를 제작, 게시 및 배포하는 데 중점을 둔 마케팅의 한 형태이다. 가치 있고 유익한 콘텐츠를 만드는 것은 고객에게 유익한 정보를 제공할 뿐만 아니라 기업의 비즈니스가 고객과 의미 있게 연결될 수 있는 전략적 기회를 창출한다.

콘텐츠 마케팅은 브랜드에 대한 인식을 높이고 관련 분야의 권위자로서의 메시지를 전하는 데 도움이 된다. 초기에 이 전략에 초점을 맞추는 것은 나중에 소셜 미디어 또는 이메일 뉴스 레터에서 콘텐츠를 공유할 수 있으므로 다른 마케팅 아이디어에도 유용하다. 가장 인기 있는 콘텐츠 전략은 다음과 같다:

· 콘텐츠 작성
· 인포그래픽
· 비디오 마케팅
· 팟캐스트

1.2 소셜 미디어 마케팅(Social media marketing)

많은 중소기업은 마케팅을 위해 소셜 미디어를 사용한다. 소셜 미디어를 사용하는 중소기업이 늘어나는 것은 놀랄 일이 아니다. 소셜 미디어 마케팅은 가시성을 높이고 웹 사이트 트래픽을 확보하는 가장 영향력 있는 방법의 하나다. Instagram Reels에서 TikTok에 이르기까지 새로운 잠재 고객 앞에서 선택할 수 있는 옵션은 끝이 없다. 따라서 기업은 타깃 고객을 기반으로 가장 집중하는 채널을 전략적으로 선택했는지 확인할 필요가 있다.

이러한 소셜 미디어에서 간과해서는 안 될 중요한 구성 요소는 소셜 미디어 광고이다. 예를 들어, Facebook의 광고는 신규 고객을 크게 늘릴 수 있다. 기업의 비즈니스에 대한 Facebook 광고를 시도하고 싶을 때는 Wix의 Facebook Ads 설정을 완료하면 Wix 인공 지능이 캠페인을 관리한다. 스마트 알고리즘은 광고가 가장 많이 영향을 미칠 수 있는 플랫폼과 배치, 위치, 잠재 고객을 파악하여 캠페인을 설정하고 최적화한다. 비즈니스 홍보를 위한 인기 있는 소셜 네트워크의 예는 다음과 같다:

- 인스타그램 마케팅
- 유튜브 마케팅
- 틱톡 마케팅
- 페이스북 마케팅
- 링크드인 마케팅
- 핀터레스트 마케팅
- 트위터 마케팅

1.3 검색 엔진 최적화(Search Engine Optimization : SEO)

검색 엔진 최적화는 검색 엔진으로부터 웹사이트나 웹페이지에 대한 트래픽의 품질과 양을 개선하는 과정이다. 웹 페이지 검색 엔진이 자료를 수집하고 순위를 매기는 방식에 맞게 웹 페이지를 구성해서 검색 결과의 상위에 나올 수 있게 한다. SEO 기술을 사용하면 올바른 종류의 트래픽을 사이트로 보낼 수 있다. 검색을 통해 기업을 찾는 사람들은 이미 의도를 가지고 기업의 비즈니스 웹 사이트에 접속한다. 웹 사이트로 트래픽을 유도하는 것이 유일한 이점은 아니다. 수익금 판매도 SEO로 개선될 수 있다. SEO에서 승리하려면 키워드 연구를 올바른 방법으로 수행하는 방법을 배워야 한다. 어떤 의도의 키워드를 선택했는지를 탐색하고 그것을 기초로 방문 페이지에서 콘텐츠를 최적화하여 순위를 높일 수 있다.

1.4 이메일 마케팅 및 뉴스레터(Email marketing and newsletters)

이메일 마케팅은 비즈니스 제품 또는 서비스를 홍보하기 위해 이메일을 사용하는 강력한 마케팅 채널, 다이렉트 마케팅 및 디지털 마케팅의 한 형태이다. 이를 마케팅 자동화 노력에 통합하여 고객이 최신 항목 또는 제안을 알 수 있도록 도울 수 있다. 또한 다양한 유형의 마케팅 이메일을 통해 리드 생성, 브랜드 인지도, 관계 구축 또는 구매 간 고객 참여 유지를 통해 마케팅 전략에서 중추적인 역할을 할 수 있다.

그러나 이메일 마케팅 캠페인이 성공하려면 잠재 고객에게 올바른 종류의 메시지를 전달해야 한다. 좋은 이메일 마케팅은 고객 관계를 구축하고 구독자로부터의 신뢰를 얻는다. 따라서 이메일 마케팅 전략이 올바르게 적용되면 강력한 ROI를 창출하고 고객 유지율을 높이며 구매 결정에 영향을 미칠 수 있다.

이메일 마케팅을 위한 팁:

최근 개최된 허브스팟(HubSpot)의 가상 INBOUND 콘퍼런스에는 디지털 마케팅을 위한 다양한 전략이 소개됐다. 그중 이메일 마케팅 전략을 세울 때 참고할 만한 월드데이터(Worlddata)의 CEO Jay Schwedelson(제이 스웨델슨) 발표의 주요 내용을 간략히 공유한다(INBOUND, 2021, Jay Schwedelsonhttps://www.inbound.com/speakers).

① 제목이 가장 중요하다

발표의 상당 부분이 이메일 마케팅에서 가장 중요한 부분인 제목에 초점이 맞추어졌다. 결국 아무도 이메일을 열지 않으면 아무리 획기적인 콘텐츠라도 영향력을 발휘할 수 없다. 우선, B2B 이메일에서 "IT's HEERE!" 같이 과장된 제목일 경우 오픈율이 14% 증가한 반면, meeting, chat, training, quick과 같은 단어는 지난 6개월 간 오픈율이 낮아졌다. 그리고 제목이 20자 미만인 경우 오픈율이 27% 더 높은 것으로 나타났다는 흥미로운 분석 결과도 공유했는데, 수신자들이 받는 이메일 중 9%만이 제목이 간결해 오히려 눈에 띈다고 해석했다.

② 모든 링크를 최적화하라

제목 다음에 언급한 것은 마케팅 이메일의 본문에 대한 것이었다. 우선 Jay Schwedelson(제이 스웨델슨)은 마케터가 모든 이미지에 링크를 넣어야 한다고 조언했다. 그렇지 않다면, 사용자가 링크를 기대하고 이미지를 클릭했을 때 이미지가 다운로드 된다. 이미지에도 상호 작용의 기회가 있지만, 이미지 다운로드는 사용자가 기대하는 동작이 아닐 가능성이 높다. 둘째로 Jay는 이메일의 모든 링크를 로고가 포함된 페이지로 연결하라고 조언했다. 모든 주요 링크로 사용자를 핵심 랜딩 페이지로 이동시키면 클릭률이 57% 증가하는데, 마케터라면 이런 기회를 놓쳐서는 안 된다는 설명이다.

③ 더 많이 보내라

마케터는 언제나 주목을 받는 것과 수신 거부의 가능성 사이에서 균형을 맞추기 위해 노력한다. 하지만 더 공격적인 것이 실제 효과가 더 높다. 2주 안에 3번의 이메일을 보낸 것이 성과와 응답률이 높다. 공격적으로 이메일을 보내라고 조언한다. 같은 이메일을 사용하더라도 색이나 제목, 혹은 다른 작은 변화를 통해 성과를 더 높일 수 있다.

④ 타이밍이 핵심이다

타이밍이 가장 중요하며, 특히 이메일 마케팅에서는 더욱 중요하다는 이야기를 들어봤을 것이다. 결론적으로 이메일이 아무리 훌륭하더라도 상황이 좋지 않거나 불편한 시간에 수신자에게 도달하면 최적의 결과를 볼 수 없다.

이메일을 보내기에 적합하지 않은 시간은 다음과 같다. 예를 들어, 금요일 밤에는 사람들이 지친 한 주를 마무리하는 시간이기 때문에 다음 주 월요일까지 이메일을 열어 보지 않을 가능성이 높다. 한편, 월요일은 전문가들이 휴식을 취하고 일주일을 시작하기 때문에 중요한 메일을 보내기에 적기다. 물론, 최적의 시간을 찾기 위해선 여러 번의 테스트를 거치는 것이 중요하다.

1.5 인플루언서 마케팅(Influencer marketing)

저자이자 기업가인 Seth Godin(2019)에 따르면, "사람들은 상품과 서비스를 사지 않는다. 그들은 관계, 이야기 및 마법을 구입한다." 이 말은 인플루언서 마케팅의 힘을 요약하고 있다. 가장 빠르게 성장하는 마케팅 전략 중 하나인 인플루언서 마케팅은 기업의 브랜드에 대해 이야기해 줄 실제 인물을 사용하는 것이다.

인플루언서들은 주어진 주제나 틈새시장에 대한 높은 추종자 또는 권위를 가진 개인이다. 이것은 잠재 고객을 구축하는 데 많은 시간을 소비하지 않고도 제품과 브랜드를 높은 팔로워(follower) 수준까지 노출시킬 수 있기 때문에 최고의 마케팅 전략 중 하나이다. 그뿐만 아니라 기업이 함께 일하기로 선택한 인플루언서는 그들의 권위를 사용하여 잠재 소비자가 구매하도록 동요시킬 수 있다. 따라서 인플루언서 마케팅의 핵심은 제품과 관련이 있고 브랜드 가치에 부합하는 영향력 있는 사람을 찾는 것이다.

1.6 미디어 및 PR 획득(Media and PR)

비즈니스와 웹 사이트를 시작한 후에는 이를 널리 알려야 한다. 미디어를 통한 긍정적인 홍보와 견인력을 얻으면 비즈니스에 대한 소문이 생길 것이고 대중의 관심을 끌기 시작할 것이다. 이 영역 내의 마케팅 전략은 TV, 신문, 라디오 및 팟 캐스트를 포함하여 다양한 형태로 제공된다.

이상적으로는 언론과 홍보를 무료로 획득하는 것이지만 유료 PR 대행사와 협력하는 것을 고려하더라도 ROI는 가치가 있음을 입증할 수 있다. 빌 게이츠 자신은 "만약 내가 2달러만 남는다면, 나는 PR에 1달러를 쓸 것이다."라고 한 말의 의미를 새겨볼 가치가 있다.

1.7 랜딩 페이지(Landing pages)

랜딩 페이지는 검색 엔진, 광고 등을 경유하여 접속하는 이용자가 최초로 보게 되는 웹페이지이다. 링크를 클릭하고 해당 웹페이지에 접속하면 마케터가 의도한 행위를 하도록 하는 페이지를 의미한다. 따라서 마케팅 담당자의 가장 친한 친구라고 할 수 있는 이 실행형 페이지에는 전환이라는 명확한 목표를 가지고 있다.

다양한 온라인 마케팅 전략이 얼마나 성공적이든, 방문 페이지와 웹 사이트는 모든 노력을 가치 있게 만들기 위해 적절한 속도로 전환되어야 한다. 페이지 로드 속도가 단 1초가 지연되어도 전환율은 7% 감소한다. 따라서 랜딩 페이지 모범 사례를 최신 상태로 유지하여 웹 사이트 전환율을 높이도록 해야 한다. 참고로 Wix의 랜딩 페이지 빌더(Wix Landing Page Builder)를 사용하면 이미 모범 사례를 염두에 둔 최적화된 페이지를 제공하고 있다.

1.8 광고(Advertising)

기업의 비즈니스를 위해 고려해야 할 다양한 유형의 광고가 있다. 소셜 미디어 광고에서 TV 및 인쇄 광고에 이르기까지 선택 옵션은 매우 많다. 한 가지 분명한 것은 온라인 광고는 잠재 고객의 관심을 끌 수 있는 강력한 방법이라는 것이다. 디지털 기술은 이러한 마케팅 투자 결과를 추적하고 측정하는 데 도움을 준다.

초기에 Google에 광고하는 방법을 배우면 디지털 광고 내에서 성장에 도움이 된다. Google은 전 세계적으로 가장 큰 검색 엔진이기 때문에 경쟁에서 앞서 나가고자 하거나 제품과 관련된 전략적 키워드를 보여 주고 싶을 때 유용하게 활용할 수 있다. 기업의 비즈니스에 적합한 광고 방법을 선택하려면 다음 사항을 고려할 필요가 있다:

· 잠재 고객
· 비용 및 예산

· 캠페인 시기와 기간
· 사용 가능한 크리에이티브

1.9 제휴 마케팅(Affiliate marketing)

제휴 마케팅이란 다른 사람들이 자사 기업의 브랜드를 홍보해 주는 유료 파트너십으로 생각할 수 있다. 제휴 마케팅 프로그램을 만들면 궁극적으로 소셜 미디어 계정, 블로그 또는 기타 플랫폼에서 제품 프로모션을 배포할 다른 제휴사와 협력하게 된다. 그들의 판매는 제휴사 링크라는 고유한 링크로 추적되며, 그 결과 성과에 따라 보상을 받을 수 있도록 한다.

이러한 유형의 마케팅은 인기가 높아지고 있으며 점점 더 많은 기업들이 자체 제휴 프로그램을 출시하고 있다. 이러한 성장으로 인해 오늘날 상당수의 광고주가 전반적인 마케팅 전략의 일환으로 제휴 마케팅을 실시하고 있다.

1.10. 행동 촉구(Calls-to-action: CTA)

강력한 클릭 유도 문안을 작성하여 사용자가 마케팅 콘텐츠에 대한 행동을 취하도록 동기를 부여하는 것이다. 이를 위해서는 잠재 고객에게 뉴스 레터 구독을 위해 제품을 구매하도록 요청하는 것부터 무엇이든 클릭을 절박하게 만드는 버튼이나 짧은 메시지가 있어야 한다.

CTA는 사용자를 고객으로 전환하는 데 매우 중요하므로 효과적으로 만들어야 한다. 따라서 다양한 마케팅 시나리오에 맞게 CTA를 작성하기 위한 강력한 행동 유도 사례를 참조하는 것이 필요하다〈표 11-1〉(https://www.wix.com/blog/2018/11/call-to-action-examples/).

〈표 11-1〉 행동 촉구 문안 예

분야	기업명	행동 촉구 문안 예
웹 사이트	Wix.com	Create a website you're proud of
	Slack	Now is your moment to build a better tomorrow
	Box	Request a demo
	Domino's	Delivery or carryout
	Zoom	Why Zoom
	International Rescue Committee	Donate
	Carissa Potter	Submit
	The Chef and the Dish	Book your private cooking class
	Lever	Let's talk
eCommerce	Modcloth	Shop Halloween
	Patagonia	Take action
	Saint-Isadore	Shop online
	Greek Sandals	Discover the collection
Facebook ad	HotJar	Understand why users are leaving your site
	SoundCloud	Get paid for your plays
	Outreach	Read now
Instagram ad	Amazon Music	Get offer
	The Syntopia Hotel	Visit Instagram profile
Google search ad	Stitch Fix	Take your style quiz today
	Booking.com	Quick and secure booking
	Overstock	Last chance summer savings

분야	기업명	행동 촉구 문안 예
Display ad	Tableau	Get the whitepaper
	Volkswagen	Find a dealer
	Upstart	Learn more
Pop-up	Balloon	Sign up to be notified of screenings in your area
	Backlinko	Get the free guide now
Email	Lyft	Ride and save
	Asana	Register now
	Headspace	Get some Headspace
	Chipotle	Get my guac

※ 자료원: https://www.wix.com/blog

III. 시장 진출 전략

시장 진출 전략은 경쟁 우위를 달성하기 위해 신제품이나 서비스를 출시함으로써 고객에게 가치를 제공하려는 기업의 전술적 계획이다. 시장 진출 전략은 세 가지 주요 질문에 답해야 한다. 즉 고객이 누구인지, 제공하고자 하는 것이 무엇인지 그리고 대상 고객에게 어떻게 도달할 수 있는가에 대한 주요 질문에 답해야 한다. 간단히 말해서, 시장 진출 전략은 제품이 고객에게 어떻게 전달될 것인지에 대한 개요라고 할 수 있다.

기업은 시장 진출 전략을 개발함으로써 다음과 같은 이점을 얻을 수 있다. 즉 출시 시간을 단축할 수 있고, 제품 출시의 비용을 절감할 수 있으며, 긍정적인 고객 경험을 제공하고, 사명을 명확히 함으로써 성공적인 제품 출시를 보장할 수 있다. 또한 시장 진출 전략은 고객 획득 비용을 줄이고, 문제를 해결하는 회사의 역량을 강화하고, 프로세스 전반에 걸쳐 팀을 안내하고, 성장 경로를 설정하는 데 도움이 된다.

따라서 효과적인 시장 진출 전략을 수립하려면 고객과 소통하고, 미션 중심의 회사이어야 하며, 경쟁업체를 따라잡아야 한다. 결과적으로 성공적인 시장 진출 전략에는 고객(Customers), 회사(Company) 및 경쟁자(Competitors)의 세 가지 C가 포함된다.

1. 시장 진출 전략의 구성 요소

3요소 모델은 효과적인 시장 진출 전략을 개발하기 위해 널리 사용되는 개념이다. 구성 요소는 동적이며 상호 연관되어 있으며 각각은 다른 구성 요소에 영향을 준다.

1.1 고객(Customers)

고객은 비즈니스의 타깃이자 비즈니스의 원동력이기도 하다. 먼저 타깃이 누구인지 정의해야 하며 제품은 그들의 요구 사항을 충족해야 한다. 심층 인터뷰 및 설문지를 사용하여 관련 고객 데이터를 많이 수집할 수 있다. 설문은 인구 통계, 성별, 소득, 제품 구매 이유, 의사 결정 과정의 세부 사항 및 문제점(pain points)과 관련이 있는 내용이다.

또한 고객에 관한 2차 정보 출처를 사용할 수도 있다. 웹사이트나 잡지와 같은 업계 전문 온라인 및 종이 매체 소스를 검토할 수도 있다. Twitter 또는 Linkedin에서 고객 프로필을 조사하여 그들이 게시하는 내용, 토론하는 내용, 구독하는 정보의 소스를 파악할 수 있다. 끝으로, 이미 웹사이트를 가지고 있다면 사용자의 행동을 검토함으로써 추가적인 정보를 수집할 수 있다.

고객에 대한 필수 데이터 수집 후 이메일 주소 및 전화번호와 같은 연락처 정보를 남겨 달라고 요청하는 소셜 미디어 캠페인을 실행할 수 있다. 이러한 기반을 통해 동영상이나 쿠폰과 같은 추가 자료를 제공하여 고객과 계속 연락할 수 있다. 즉 고객과의 메시지를 개인화하고 스토리텔링을 사용하여 고객과 지속적으로 소통할 필요가 있다.

1.2 기업(Company)

성공하기 위해 회사는 사명을 명확히 하고 자원, 열정 및 역량을 확인해야 한다. 이러한 요소에 따라 비즈니스의 초점을 가격 리더십에 맞출 것인지 아니면 운영 효율성이나 제품 리더십이 있는 혁신적인 문화나 서비스 지향 문화에 집중 여부가 결정된다. 강한 가치는 마케팅 전략이 장기적으로 일정하게 유지되도록 하는 데 도움이 된다.

시장 진출 전략에서 가장 중요한 부분은 제품이다. 훌륭한 제품을 만들려면 많은 기술, 호기심, 창의성이 필요하다. 성공적인 제품을 개발하기 위해서 회사는 변화하는 기술, 비즈니스 기회, 팀 역학 및 고객 요구 사항을 고려하면서 시행착오를 통해 학습해야 한다. 훌륭한 제품을 만드는 것은 끝이 없는 과정이다. 즉 시장의 요구는 시시각각 변하기 때문에 제품은 불가피한 변화에 적응해야 한다. 시장 수요를 조사하는 가장 좋은 방법의 하나는 제품의 베타 버전을 출시하고 피드백을 수집하여 개선하는 것이다.

또한 가격의 하한선을 이해하기 위해서는 제품 비용을 추정해야 하며 그런 다음 잠재 구매자들의 제품의 가치 평가를 통해 가격 상한을 정의할 수 있다. 그뿐만 아니라 경쟁사의 가격 전략을 분석하는 것은 필수적이다. 이러한 정보를 고려함으로써 가격을 설정할 수 있다.

1.3 경쟁사(Competitors)

경쟁에서 돋보이려면 고유한 가치 제안을 만들고 경쟁사를 분석해야 한다. 경쟁사의 제품 포트폴리오, 역량, 자신을 표현하는 방식, 목표 및 성과에 대한 데이터가 포함되어야 한다. 경쟁업체에 대한 정보 출처로는 경쟁업체의 웹 사이트, 연례 보고서, 뉴스 레터 등이 있다. 또한 고객 리뷰를 분석하고 경쟁사의 제품에서 누락된 사항을 정의한

다음 고객의 요구를 충족시키기 위해 어떤 특징을 제품에 추가할 것인지를 결정할 수 있다.

검토해야 할 또 다른 사항은 경쟁사의 가격 책정, 콘텐츠 전략, 제품 마케팅 방식, 경쟁사의 콘텐츠 수준, 소셜 미디어 전략 및 존재감이다. 이외에도 SWOT 분석을 통해 경쟁사의 강점, 약점, 기회 및 위협에 대해 알아볼 수 있다.

고객, 회사 및 경쟁업체에 대한 예비 조사로 무장했다면 시장 진출 전략을 수립할 준비가 된 것이다. 다음은 회사의 비즈니스에 특히 적합한 시장 진출 전략을 개발하는 데 도움이 되는 가장 효과적인 프레임워크와 관련 예를 검토한다.

2. 시장 진출 전략 프레임워크(Go-to-market strategy framework)

시장 진출 전략 프레임워크는 10가지 간단한 단계로 구성된다. 이를 통해 목표 시장, 해당 산업, 제품-시장 적합성, 경쟁, 수요 및 유통에 대해 더 깊게 이해할 수 있다. 즉 이러한 전략은 제품을 시장에 출시하거나 새로운 시장 세그먼트를 이해하는 과정에서 저지를 수 있는 실수를 방지하는 많은 정보를 다루게 된다.

2.1 목표 시장과 구매자 페르소나 확인

제품에 대한 두 가지 일반적인 구매 시나리오가 있다. 첫 번째 경우 구매 당사자는 기업 고객이 아닌 고객 또는 소규모 기업이다. 두 번째 경우 구매 당사자는 보다 큰 기업이다.

타깃 고객이 기업 고객이 아닌 경우 현실적인 구매자 페르소나를 만들어야 할 필요가 있다. 그것은 제품을 개발하고 잠재 구매자를 더 잘 타기팅할 수 있는 콘텐츠를 만드는 데 도움이 된다. 구매자 페르소나는 조사를 바탕으로 이상적인 고객의 특성을 가진 가상의 인물이다. 구매자 페르소나의 특징은 이름, 행동 특성, 인구 통계 정보 및 관심사에 관한 사항들이다.

페르소나를 만들려면 몇 가지 간단한 단계를 수행해야 한다. Google Analytics, 고객 데이터베이스 및 소셜 미디어 분석을 사용하여 연령, 위치, 관심사, 지출 패턴 및 문제를 고려하여 잠재 고객에 대한 조사를 수행한다. 그런 다음 대상 고객이 해결하려고 하는 문제를 식별하고 어떤 지원을 제공할 수 있는지를 이해한다.

보다 큰 기업을 위한 구매자 페르소나를 만드는 경우에는 행동 과정이 달라진다. 첫 번째 단계는 누가 우리의 제품을 구매할 것이며 누가 우리의 제품에 대한 구매 결정을 내릴 것인지 분석하는 것이다. 이러한 의사 결정자를 '구매 센터'라고 부른다.

구매 센터는 일반적으로 판매 프로세스 동안 개시자, 사용자, 영향력 행사자, 의사 결정권자, 구매자, 승인자 및 게이트 키퍼의 7가지 역할로 구성된다. 개시자는 제품에 대한 초기 관심을 나타내는 사람이다. 사용자는 우리의 제품을 정기적으로 사용하는 사람이다. 영향력 행사자는 다른 사람들의 구매 결정에 영향을 미칠 수 있는 힘이 있다. 의사 결정자는 일반적으로 구매를 승인하며 구매자는 예산을 관리한다. 승인자는 최종 승인을 부여한 다음 이니셔티브를 관리 수준으로 푸시하는 사람이다. 마지막으로 게이트 키퍼는 제품의 구현을 막을 권리를 가지고 있다.

이들이 우리의 제품을 구매하도록 설득하려면 그들의 동기, 목표, 문제 및 애로점을 이해해야 하는데 그 역할은 관련 산업, 제품 및 기타 요인에 따라 달라질 수 있다.

2.2 수요 조사

구매자 페르소나를 정의한 후에는 고객의 당면 문제가 무엇인지 그리고 제품 또는 서비스가 고객의 요구에 맞는지 여부를 명확히 해야 한다. 이 단계에서 우리 제품의 가치와 구매자 페르소나들이 매일 직면하는 애로점을 고려해야 하며 더 나아가 관련 업계의 어려움과 제품이 타깃 시장에 미치는 영향을 조사해야 한다. 그런 다음 경쟁업체를 연구하고 기존 솔루션과 차별화되는 제품의 특징을 정의하되 이때 타깃 고객이 사용 가능한 제품에 대해 무엇을 좋아하고 싫어하는지를 학습하는 것이 중요하다.

2.3 메시징 개발

메시징은 회사 자체에 관해 이야기하거나 고객에게 제공하는 가치에 관해 이야기하려고 할 때 사용하는 핵심 요점이다. 메시징은 회사, 제품 또는 서비스에 대해 무엇을 어떻게 전달할 것인지에 중점을 두며 슬로건, 보도자료, SNS 게시물, 프레젠테이션 등 다양한 마케팅 자료의 기반이 된다.

메시지는 회사의 제품 또는 서비스에 대한 주요 아이디어를 잠재 구매자에게 전달하고, 회사가 제공하는 가치를 표현하며, 무엇이 다른지 그리고 해결하고자 하는 문제가 무엇인지를 표현하는 것을 목표로 한다. 고객의 욕구와 바람을 해결하고자 할 때는 고객과 정서적 유대를 구축하는 것이 중요하다. 유머를 사용하고 소비자가 일상생활에서 사용하는 자연어를 사용하는 것이 좋다.

메시징을 통해 회사가 달성하고자 하는 마케팅 전략과 목표를 정의하는 것부터 시작해야 하며 그다음 단계는 회사, 제품 또는 서비스와 연관될 키워드를 밝히는 것이다. 그런 후에 간결하고 기억에 남는 메시지 문장을 작성해야 한다. 목표 고객, 포지셔닝 및 브랜드의 약속을 포함하는 프레임워크로 진술을 구성할 수 있다.

경쟁사의 메시지 전략은 진술을 발전시키는 데 도움이 되는 좋은 정보 소스일 수 있다. 경쟁 제품과 차별화되는 요소 즉 무엇이 제품을 독특하게 만드는지 그리고 경쟁사의 다른 제품보다 왜 본 제품을 선택해야 하는지에 대한 이유를 정의할 수 있다.

2.4 고객의 여정 이해

구매자의 여정은 고객의 행동과 구매 프로세스의 단계 수를 예측하는 데 도움이 된다. 구매자의 관점과 회사의 관점에서 고객의 여정을 고려할 필요가 있다.

구매자의 여정은 일반적으로 다음과 같은 4단계로 이루어진다:

① 인식(Awareness)
이 단계에서 고객은 제품에 대해 알게 된다. 잠재 구매자는 소셜 미디어 광고, 블로그 게시물, 비디오 또는 검색 엔진을 통해 정보를 얻는다.

② 고려(Consideration)
고객은 콘텐츠에 참여함으로써 해결할 수 있는 문제에 관심을 보인다. 잠재 고객은 평가 기간을 갖거나 결정을 내리기 전에 제품에 대한 교육 콘텐츠를 연구한다.

③ 결정(Decision)
의사 결정 과정 동안 고객은 영업 팀과 의사소통하고 제품의 특징이나 가격의 세부 내용을 협상하기도 한다.

④ 애호도(Loyalty)
결정이 내려지면 구매자는 회사의 애호도 고객으로 남아 있을 이유가 필요하다. 대부분의 경우 애호도를 구축할 수 있는 가장 중요한 기회는 우수한 고객 서비스를 제공하는 데 있다.

2.5 가격 책정 전략

가격 책정은 제품이 제공하는 가치에 대해 고객에게 메시지를 보내는 것이다. 가격 책정은 회사의 제품이 독점적이고 따라서 더 비싸다는 생각을 반영할 수 있다. 반면에 저렴한 가격은 다른 경쟁자보다 경쟁적 우위를 누릴 수 있다. 가격은 목표 시장, 경쟁자, PR 및 마케팅과 같은 여러 가지 측면에 따라 달라진다. 합리적인 가격을 설정하려면 구매자 페르소나의 니즈를 고려할 필요가 있고 그것이 그들의 목표에 부합하는지를 이해해야 한다.

2.6 외부 마케팅 계획 작성

브랜드 인식 구축은 청중의 주의를 끌기 위해 필요한 단계이다. 이 단계는 브랜딩, 콘텐츠 제작, 웹사이트, PR, 이벤트 및 광고를 다룬다. 목표 고객에게 다가가기 위한 인기 있는 방법으로는 소셜 미디어, 검색 광고, 이메일, 방문 페이지, 콜드 콜, 업계 컨퍼런스, 웨비나, 전자책 등이 있다. 잠재 구매자가 제품에 관심을 갖게 되면 다음 단계로 진행하여 교육 자료 또는 무료 체험판을 제공하여 결정을 내리도록 동기화시킬 필요가 있다.

2.7 콘텐츠 생성

콘텐츠 마케팅은 고객의 구매를 유도하고, 일회성 구매자를 애호도가 높은 구매자로 전환하는 데 매우 효과적인 도구이다. 콘텐츠는 회사의 제품이 해결하는 문제에 대해 고객을 교육하고 브랜드 인지도를 높인다. 고객은 키워드 검색을 수행하여 회사의 콘텐츠를 찾을 수 있다. 따라서 검색 엔진 최적화는 회사의 콘텐츠가 검색 결과에서 더 높게 나타날 가능성을 높여주며 그 결과 트래픽이 증가하고 판매가 증가할 수 있다.

비디오 콘텐츠에 대한 수요는 매년 증가하고 있다. HubSpot의 보고(2022)에 따르면 소비자의 54% 이상이 다른 유형의 콘텐츠보다 브랜드의 비디오를 선호하는 것으로 나타났다. 86% 이상의 기업이 비디오를 마케팅 도구로 사용하여 사용자 참여를 높이고 브랜드 인지도를 높이며 고객 충성도를 향상한다. 또한 동영상은 가장 많이 공유되고 측정하기 쉬운 유형의 콘텐츠이기도 하다.

YouTube, Instagram, Facebook 및 TikTok을 통해 공유되는 비디오 콘텐츠로 인해 비즈니스에서 참여도를 높이고 사용자를 전환할 수 있다. 제품 데모, 사용 후기, 인터뷰, 사용 방법 동영상 등 다양한 유형의 동영상을 만들어 브랜드를 홍보할 수 있다.

2.8 판매 유입 경로 개발

이 단계에서는 잠재 고객이 고객으로 전환되는 방법을 명확히 한다. 회사의 팀이 잠재적인 구매자를 찾고, 그들과 교류하고, 회사의 제품을 판매하는 방법을 염두에 두어야 한다. 영업 팀이 영업을 최적화하기 위해 사용할 도구를 아는 것이 중요하다. 영업 담당자는 잠재 고객에게 제품의 가치를 입증하기 위해 소프트웨어 도구와 프레젠테이션이 필요할 수 있다. 고려해야 할 다른 문제는 팀 교육 및 판매 보고를 관리하는 방법이다.

2.9 고객 지원 서비스에 주의

고객 지원은 일회성 구매자를 평생 고객으로 만들 수 있다. 구매자의 애호도를 높이고 구매자가 특별하다고 느끼게 하려면 친근한 고객 서비스를 창출할 필요가 있다. 고객이 제품을 사용하는 데 도움이 되도록 하는 도구, 소프트웨어 및 고객 지원팀과 같이 고객에게 제공할 제안에 대해 생각하는 것이 중요하다. 질의 및 불만 사항을 모니터링하고 응답하기 위해 소셜 미디어 플랫폼을 사용하는 것을 고려해 볼 수 있다.

2.10 성공 지표의 정의

성공 지표는 목표 달성 여부를 추정하는 데 도움이 된다. 적절한 지표를 선택할 때 지표가 회사 전략과 일치하는지 여부, 계산의 어려움 및 결과 분석에 필요한 시간을 염두에 두어야 한다. 회사의 건강 상태를 추정하는 데 도움이 되는 지표에는 월간 반복 수익, 연간 반복 수익, 고객 획득 비용, 고객 생애 가치 및 순수익 유지율이 포함된다.

3. 글로벌 시장 진출을 위한 10가지 단계[1]

'글로벌화'는 경제, 금융, 무역 및 통신 통합을 향한 세계적인 움직임으로 정의된다. 글로벌화의 개념은 로마 제국까지 거슬러 올라갈 수 있다. 더 최근에는 Thomas L. Friedman이 그의 저서에서 이 개념을 대중화했다. 《세계는 평평하다(World Is Flat)》라는 책에서 그는 글로벌화된 무역, 아웃소싱, 공급망의 속도가 빨라지고 있으며 이것이 비즈니스 조직과 비즈니스 관행에 미치는 영향이 21세기에도 계속해서 성장할 것이라고 주장했다.

중소기업의 경우 글로벌 진출은 기존 비즈니스 활동을 방해할 수 있는 중요한 작업이다. 따라서 CEO와 관리자는 전체 영향을 이해하고 보상이 위험을 능가하는지 판단하는 것이 중요하다. 조직 전체의 이해 관계자는 글로벌 이니셔티브 외에도 일상적인 활동을 계속 실행하기 위해 더 많은 책임을 져야 한다.

중소기업을 글로벌화는 복잡하고 역동적인 과정이다. 목표 시장, 경쟁, 현재 현지 시장 동향, 성공적으로 출시하고 성장을 주도하기 위한 필요조건들에 대한 깊은 이해를 얻는 것은 중요한 기초가 된다.

3.1 '심층 분석' 실시(Perform a 'Deep Dive' Due Diligence)

글로벌로 진출하기 전에 회사의 비즈니스에 어떤 영향을 미칠 것인지 이해하는 것이 중요하다.

- 당사의 제품이 현지 시장에서 판매될 것인지 결정하기 위해 시장 세분화 분석을 준비한다.

---

[1] Dennis Day and Michael Evans. (2015). 10 Key Steps To Expanding Your Business Globally, Forbes, 2015.03.04

- 현지 제품과의 제품 격차 분석을 실시하여 현지 기업이 충족하지 못하는 요구 사항이 있는지를 파악한다.
- 경쟁에 대한 SWOT 분석을 통해 당사의 제품이 현지 제품보다 가격이 높을 수 있는지, 시장이 당사의 제품을 살 수 있는가를 알아본다.
- 시장 기회/규모를 고려함으로써 시장이 얼마나 큰지 목표로 하는 판매를 하는 데 얼마나 시간이 걸릴지를 결정한다.

3.2 전략 및 사업 계획 개발(Develop a Strategy and Business Plan)

각 시장은 경제, 문화, 정부 및 시장 조건으로 인한 미묘한 차이가 있다. 전체 기업 전략 및 목표와 통합된 상태를 유지하면서 현지 성공을 주도하는 현지화된 전략 및 사업 계획을 개발하는 것이 중요하다.

- 단기, 중기, 장기 전략을 수립하고. 진행 상황과 비용/이익을 측정하기 위한 합리적인 목표를 설정한다.
- 목표, 목표 및 성공 지표를 정의한다.
- 완전한 비즈니스 모델과 구조를 설계하고 별도의 회사를 설립할 것인지 아니면 지점 또는 영업 사무소를 설립할지를 결정한다.
- 탑다운식 연간 예산을 개발한다.
- 약정 날짜가 포함된 전술적 프로젝트 계획을 개발한다.

3.3 교두보 팀 구성(Establish a Beachhead Team)

많은 글로벌 기업은 모기업의 경영진과 함께 시작하거나 처음부터 빠르게 현지 팀을 구성하려고 한다. 이는 시간이 오래 걸리고 위험하며 시장 출시 시간을 늦출 수 있다. 검증된 고위 임시 임원을 고용하면 회사가 올바른 고위 관리팀을 고용하는 동안 본격 운영에 착수하고, 가정을 신속하게 검증하고, 주요 준비 이니셔티브를 추진할 수 있다.

- 깊은 영역 전문 지식을 갖춘 고위 임시 경영진을 영입하거나 임시 리더를 경영진 리더십 조직에 아웃소싱한다.
- 금융 인프라 구축을 위해 지역 서비스 제공업체를 아웃소싱하는 것을 고려한다.
- 상임 리더십 팀 모집을 위한 프로세스를 시작한다.

3.4 제품 준비(Product Readiness)

제품 갭 분석을 기반으로 제품을 시장에 출시하여 영향력 있는 제품 차별화를 달성하는 데 필요한 단계를 밟는다.

- 정부 및 산업별 규정을 검토하여 필요한 경우 규정 준수 및 인증을 획득하도록 한다.
- 제품의 현지화가 필요한지를 결정하되 특히 제품 이름을 현지 언어로 번역하는 데 세심한 주의를 기울인다.
- 일부 국가에서는 아이디어가 복사될 수 있으므로 특허 및 상표 등록을 추진한다.
- 현지 표준에 따라 테스트 및 품질 보증 검토를 시작한다.
- 현지 물류 및 유통망을 고려하여 누가 당사의 제품을 팔 것이며 어떻게 그들에게 도달할 것인가를 결정한다.

3.5 조직 준비성(Organizational Readiness)

언어, 규정 또는 관습과 같은 문화적 차이로 인해 직원들이 회사의 계획에 참여하고 실행하도록 보장하기 위해 국제 운영에서 구현되는 정책 및 절차에 유연해야 한다. '하나의 사이즈가 모든 것에 적합하다'는 식의 사고방식은 단기적 이점이 있을 수 있지만, 장기적으로는 부정적인 영향을 미칠 수 있다.

- 전략을 성공적으로 실행하는 데 필요한 조직 구조를 설계한다.
- 전체 회사 정책과 균형을 유지하면서 현지 요구 사항을 준수하는 정책, 절차 및 핸드

북을 개발한다.
- 자격을 갖춘 현지 직원을 유치하기 위해 경쟁력 있는 복리후생 프로그램을 개발한다.
- 현지 표준 및 관습에 따라 경쟁력 있는 보상 패키지를 개발한다.
- 국내 인프라와 호환되는 현지 정보 기술 인프라를 개발한다.
- 급여 및 인적 자원 기능을 관리하되 이 역시 아웃소싱을 통해 가능한 프로세스이다.

3.6 시장 진출 전략 수립(Establish a Go-to-Market Strategy)

제품 또는 서비스의 효과적인 판매 및 마케팅에는 판매 전략, 판매 전달, 브랜딩/가치 제안, 마케팅 전략, 마케팅 프로그램 및 가격 책정을 다루는 포괄적이고 응집력 있는 전략이 필요하다. 이들 모두는 시장 수용과 수익 성장을 촉진하는 명확한 시장 차별화 요소를 만든다.

- 직접, 간접, OEM, 유통업체 등 최적의 판매 모델을 결정한다.
- 솔루션, 기능, 컨설팅, 가격 등을 통한 판매 방법론을 결정한다.
- 새로운 브랜드를 만들 것인지 아니면 본래의 브랜드를 사용할 것인지를 결정한다.
- 종합적인 마케팅 계획 및 KPI를 개발한다.
- 가격 모델을 평가한다. 저개발 국가의 소비자는 가격에 매우 민감하고 제품이 현지 경제 환경에 적합하지 않을 수도 있기 때문이다.

3.7 법적 준비(Legal Readiness)

일부 국가는 소송이 많은 것으로 알려져 있으므로 불필요한 상업적 위험을 최소화하기 위해 강력한 법적 절차를 마련하는 것이 중요하다. 또한 정부 기관은 자국 내에서 운영하기 전에 법적 문서를 준비해야 하는 엄격한 요구 사항을 가지고 있다.

- 현지화된 상업 계약을 작성한다.
- 산업별 세부 규정을 검토하여 필요한 경우 규정 준수 및 인증 획득을 얻어 놓는다.
- 분쟁 해결, 출입국 관리, 통관, 선적 등 전반적인 업무를 수행한다.
- 기업 기록 및 거버넌스를 유지하되 이 역시 아웃소싱을 통한 기능이 적합할 수 있다.

3.8 세금 및 재정 준비(Tax and Finance Readiness)

적시에 보고를 받고 외국 법인이 현지 기업 정책 및 절차를 준수하도록 하려면 적절한 세금 및 금융 인프라를 조기에 설정해야 할 필요가 있다.

- 회계, 급여, 세금을 위한 아웃소싱을 고려한다.
- 현지 은행 관계를 구축한다.
- 위험 관리 계획을 수립한다.
- 현금 송환 계획을 수립한다.
- 판매세 및 부가 가치세를 준비하고 보고한다.

3.9 최종 예산 준비(Prepare Your Final Budget Preparation)

위 단계의 결과는 외국 기업의 이해 관계자가 공격적이면서도 달성 가능한 최종 예산을 개발할 수 있도록 충분한 데이터를 제공해야 하며 현지 팀이 소유할 수 있어야 한다.

- 세부적인 핵심 성과 지표와 함께 3년 예산 및 12개월 사업 계획을 개발하고 6개월마다 업데이트한다.
- 분기별 운영 검토를 수행한다.
- 분산 분석을 통해 실제 보고에 대한 실시간(또는 최소 주간) 예산을 설한다.

3.10 현지 업체와의 긴밀한 관계 구축

타사 관계를 통해 제공될 수 있는 무료 제품 및 서비스의 지원 에코시스템을 만들어 강력한 경쟁 우위를 확보한다. 이러한 관계는 재정적 위험을 최소화하면서 조직의 확장을 지원할 수 있다.

· 얼라이언스/파트너/디스트리뷰터 프로그램을 협상한다.
· 생태계 전략 및 비즈니스 모델을 개발한다.
· 관계를 관리하고 육성하기 위해 내부 동맹 팀을 구성한다.

사업을 해외로 확장하는 것은 소심한 사람들을 위한 것은 아니다. 하지만 글로벌 시장이 더 큰 성장 기회를 제공하기 때문에 대부분 비즈니스에서 불가피할 것이다. 세부 사항에 주의를 기울이고 관리 기능을 아웃소싱함으로써 글로벌 진출이라는 어려운 작업이 좋은 결과를 얻을 수도 있다.

스케일업 스토리(11)

글로벌 유통업체 'Pricecheck'

Debbie Harrison은 일찍이 사업에 대해 배웠다. 그녀와 그녀의 남동생 Mark마크가 현재 운영하고 있는 회사는 1978년 부모인 Moira와 Doug에 의해 시작되었다. "그들은 일주일에 반을 일했습니다. 우리 엄마는 학교에서 우리를 데리러 오셨고, 그 다음에는 차고에서 게임인 척하면서 주식에 가격을 붙이고 방학은 창고 주변에서 롤러스케이트를 타며 보냈습니다."라고 그녀는 말했다.

그들 부모님의 스타트업은 건강 및 미용 전문 유통업체였다. Mark와 Debbie는 2007년 Sheffield에 기반을 둔 회사의 고삐를 완전히 인수했으며 Mark는 재무 및 운영에 집중하고 Debbie는 거래에 중점을 두었다. 매출액은 1,700만 파운드였다. 2세대는 그것을 발전시켰다. 올해 스케일업 지수에서 Price check는 미국에서 가장 장수한 8대 스케일링 회사 중 하나이다.

"브렉시트와 코로나를 포함한 지난 5년 동안 우리의 평균 성장률은 15.5%였습니다. 2022년 4월까지의 매출액은 11,200만 파운드이었으며 이번 회계 연도까지 13,000만 파운드에 도달할 예정입니다."라고 Debbie Harrison은 말했다. Pricecheck는 향후 3년 동안 연간 15%의 성장률, 즉 20,000만 파운드 비즈니스가 되는 것을 목표로 하고 있으며 현재까지의 성장은 자체 자금으로 이루어졌다. 이 회사는 현재 약 300명의 직원을 고용하고 있다. 올해 11월에는 작년 이맘때보다 17% 더 많은 직원을 고용하고 있다.

Pricecheck에 관한 모든 것이 극적인 속도로 일어났다. 6년 전에 새로운 본사로 이사했으며, 10년간 사용할 건물로 생각했으나 그것은 두 개로 늘어났다. 이 회사는 현재 식료품, 주류, 프리미엄 화장품 및 향수, 선물 용품, 처방전 없이 구입할 수 있는 의약품 및 가정용 청소 제품을 판매하고 있다. 말 그대로 그들이 제공하는 제품군으로 매장을 채울 수 있으며 Pricecheck를 도매상이라고 부르는 것은 큰 현금과 운반 창고의 그림을 연상시키지만 단언컨대 그렇지 않다.

그녀는 "우리는 항상 배달 도매상이었고, 우리는 그것을 다음 단계로 끌어 올렸습니다. 우리는 고용 가능한 영업 인력입니다. 우리는 브랜드 소유자에게 새로운 지리적 위치이든 새로운 '공백' 기회이든 새로운 시장에 대한 표적화된 접근 방식을 제공합니다"라고 말했다. 이 회사는 주요 수출회사이다. 2011년부터 국제통상부(DIT)와 협력하기 시작했다. DIT는 각 시장을 하나씩 공략할 수 있는 체계적이고 구조화된 전략을 수립하는 데 도움이 되었다. 그들은 좋은 지원을 제공하고 그들과의 연결 고리는 강하게 남아있다.

Pricecheck는 현재 83개 국가에 판매하고 있으며 수출은 총 매출의 4,500만 파운드를 차지한다. "시장은 환율 변동에 따라 다르지만 일반적으로 더 큰 시장은 스칸디나비아, 네덜란드, 북미 및 호주입니다."라고 그녀는 말한다. "우리는 올해 20개 국가를 목표로 국가별 100만 파운드 이상의 매출액을 목표로 하고 있습니다."

그러나 회사는 또한 국내 사업에 새로운 접근 방식을 취하고 있다. 모든 정상적인 일을 잘하려고 노력할 뿐만 아니라 브랜드에 다양한 방법과 새로운 시장으로의 경로를 제공하여 고객이 선택하는 유통업체로 만들기 위해 개선 사항을 제공하며 매우 서비스 주도적이다. 따라서 Pricecheck의 팀은 고객과 협력하여 Harrison이 '공백'이라고 부르는 것을 찾아 매장에서 판매하는 제품의 범위를 확장하거나 새로운 장소에서 품목을 판매한다. 예를 들어, 패션 매장에는 음료로 가득 찬 냉장고가 있거나 화장품과 향수를 판매할 수 있다. Pricecheck의 브랜드 관리팀은 소매업체와 협력하여 어떤 브랜드가 매장에 제대로 배치될 것인지 조언한다.

또 하나의 새로운 주요 통로는 아마존이었다. 여기에서 Pricecheck는 플랫폼의 브랜드에 대한 마케팅 및 판매 배포 서비스 역할을 하며 웹스토어 디자인 및 콘텐츠에서

SEO에 이르기까지 모든 것을 선택 및 포장 및 배포에 이르기까지 모든 것을 제공한다. "우리는 완전한 브랜드 마케팅 서비스를 제공할 수 있습니다. IT 시스템을 잘 파악해야 하지만 우리는 아마존을 비즈니스로 관리하는 기술을 마스터했으며 흥미진진한 성장 지역입니다."라고 Harrison은 말했다.

비즈니스가 성장하고 서비스가 발전함에 따라 기술에 대한 요구 사항도 변화하고 있다. 그녀는 "내 동생과 나 자신뿐만 아니라 수십 년 동안 이 사업에 종사해 왔고 어떤 일이든 할 수 있는 사람들이 있지만 지금은 훨씬 더 전문적입니다. 5년 전만 해도 마케팅 부서에는 한 명의 직원이 있었습니다. 오늘날 우리에게는 군대가 있습니다. 우리는 말 그대로 일부 브랜드의 판매 및 마케팅 및 유통 대행사입니다."라고 말한다.

회사는 내년의 성장을 위해 항상 모집하고 있다. 이는 젊은 지역 졸업생을 많이 모집하는 것을 의미한다. 그녀는 셰필드, 노팅엄, 허더즈필드, 헐 및 리즈 대학과 함께 셰필드 할람의 '우수한' 비즈니스 및 기술 학교를 인용하면서 "우리는 지역적으로 축복을 받았습니다"라고 말했다. 이는 회사가 이러한 지역 대학에 쏟은 노력에 대한 보답이다. "우리는 초청 강연을 하고, 취업 박람회와 오픈 데이에 참석하고, 학생들을 위한 현장 투어를 개최합니다. 많은 사람들이 대학에서 우리에 관한 프로젝트를 진행한 후 이곳에서 일하기 위해 지원합니다."라고 Harrison은 말했다.

※ 자료원: www.scaleupinstitute.org.uk/stories

12장. 운영 시스템(Operations Systems)과 인프라

스타트업에서 스케일업으로 도약하기 위해 갖춰야 할 많은 요건 가운데 IT 시스템 및 인프라는 가장 중요한 영역 중 하나이다. 아무리 좋은 조직문화, 잘 팔리는 제품 그리고 좋은 제품을 보유하고 있다고 하더라도 시스템이 최신 상태가 아니어서 주문을 제대로 이행하지 못하거나 실수하게 되면 모두를 잃게 된다. 그러나 IT는 많은 기업가가 어려움을 겪는 분야이기도 하다. 재무나 인적 자원 관리보다 IT는 훨씬 더 전문적이며 변화가 빠른 분야로서 잘못 결정하면 큰 비용이 낭비되며 비즈니스의 잠재적 손실을 가져올 수 있는 영역이기도 하다.

모든 비즈니스에는 견고한 운영 시스템이 필요하지만, 스케일업의 경우는 높은 성장으로 인해 이러한 시스템에 대한 요구 사항이 빠르게 변화하기 때문에 문제가 간단하지만은 않다. 따라서 비즈니스 인프라는 변화에 적응해야 하지만 경직되지 않도록 유연하게 유지해야 할 필요가 있다. 즉 성장하는 비즈니스의 전략적 관점을 토대로 기업의 고유한 요구 사항을 반영하고 기업의 가치를 창출하는 방향으로 시스템이 운영되도록 해야 한다.

Ⅰ. 운영 시스템 개발의 사이클과 고려 사항

1. 운영 시스템 개발의 단계

모든 비즈니스가 다르지만, 필요로 하는 시스템을 선택하는 데 영향을 미치는 일반적인 단계가 있다.

① 단계 1:
최소한의 직원이 있는 작은 회사에서 리더는 돌아다니면서 모든 사람과 이야기하고

무슨 일이 일어나고 있는지 느낄 수 있는 단계이다.

② 단계 2:

비즈니스가 성장함에 따라 관리팀이 확장되어 기능별 전문화를 도입한다. 이때 사람들은 특정 도구를 필요로 한다. 예로써 영업은 CRM 시스템을 원하고 재무는 QuickBooks와 같은 회계 소프트웨어 패키지로 업그레이드하기를 원한다.

③ 단계 3:

비즈니스가 더욱 성장함으로 인해 좋은 경영정보시스템 없이는 기업이 계속 최고의 위치를 유지하기 어려운 경우이다. 이때에는 데이터가 있어야 한다.

④ 단계 4:

판매량이 증가하고 비즈니스가 복잡해짐에 따라 더 다양한 고객에게 더 다양한 제품을 제공하기 위해 더 나은 시스템이 필요로 하는 경우이다. 보다 큰 규모의 비즈니스를 위해서는 좋은 시스템이 가져다주는 효율성이 필요한 단계이다.

2. 운영 시스템 도입 시 고려해야 할 사항

위의 단계를 기초로 운영 시스템과 관련하여 당면하는 문제를 살펴보면 관리(administrative) 및 운영(operational)이라는 두 가지 범주로 나누어진다. 관리 시스템이 부적절하면 기업은 직원을 관리하고, 청구서를 지불하고, 송장을 수집하고, 다른 모든 회사의 기본 사항을 처리하는 등의 일을 할 수 없다. 또한 운영 시스템이 보조를 맞추지 못하면 회사는 고객이 주문하는 제품을 제공할 수 없으며 모든 비즈니스가 차단된다. 두 경우 모두 당면 문제가 직원이건 제품이건 고객이건 관계없이 비즈니스 볼륨이 증가함으로 인해 나타나는 현상으로서 시스템을 업그레이드해야 할 필요성이 있음을 시사하는 것이다. 더 많은 직원은 더 나은 인적 자원 관리 시스템이 필요하고, 더 많은 고객은 더 정교한 CRM 패키지와 더 나은 청구 시스템을 요구하는 등 이러한 요구 사항은 비즈니스의 규모가 커짐에 따라 더욱 복잡해진다. 이처럼 운영 시스템 도입을 위한 단계별 필요 사항은 다르겠지만 시스템 도입 시 고려해야 할 공통적인 사항이 있다.

2.1 솔루션 찾기

CRM, 재무, 인적 자원 및 기타 관리 시스템은 일반적으로 비즈니스가 다르더라도 동일한 기능을 필요로 하기 때문에 기성품으로 구매할 수 있다. 특별한 이유가 없다면 값비싼 독점 시스템이 필요하지는 않다.

운영 시스템은 제조든 서비스든 이 수준의 모든 비즈니스가 서로 다르기 때문에 잠재적으로 더 문제가 된다. 제조 회사는 새로운 유형의 생산 라인이 필요할 수 있고, 여행사는 직원이 더 많은 예약을 처리할 수 있는 더 나은 소프트웨어 시스템을 필요로 할 수 있다. 따라서 외현적으로 볼 때는 시스템이 동일한 작업(증가된 판매량 제공, 고객 지원을 위한 백오피스 시스템 관리, 청구, 수금 등)을 수행하고 있지만, 일부 맞춤형 시스템 개발이 필요할 수도 있다.

2.2 변화의 수용

회사가 새로운 시스템에 아무리 많은 투자를 하더라도 관련된 사람들이 참여하지 않으면 시스템의 구현은 정체될 것이다. 시스템의 구현은 변화가 필요하지만, 조직은 이러한 변화를 고수하기 위한 좋은 방법론이 필요하다. 사람들은 현재에 머무르는 것보다 움직이는 것이 낫다는 것을 받아들여야만 변화를 수용할 수 있다. 따라서 리더는 변화에 대한 저항에 직면할 경우 비즈니스에 대한 부정적인 결과를 설명하고 변화 이후의 삶에 대한 긍정적인 비전을 전달해야 한다. 장기적인 비전은 또한 거기에 도달하는 데 필요한 단기적인 개별 단계로 보완되어야 한다.

2.3 시스템 사항

비즈니스 성장은 하드웨어 및 소프트웨어 측면 모두에서 IT 문제를 야기한다. 해결해야 할 몇 가지 주요 문제는 다음과 같다. 하드웨어 측면에서 고려해야 할 첫 번째 사항은 서버(Servers)에 관한 것이다. 일반적으로 기업이 6명의 사용자에 도달하면 스토리지 및 기타 문제를 처리하기 위해 서버가 필요한데 일반적으로 10명의 사용자마다 서버가 필요하다. 하드웨어와 관련된 또 하나는 사항은 클라우드(Cloud)와 물리적 인프라(physical infrastructure)에 관한 것이다. 새 하드웨어를 추가하고 값비싼 소프트웨어 라이선스를 구입하기 전에 요구 사항을 처리하기 위해 클라우드를 사용해야 할 것인가의 여부를 고려할 필요가 있다. 클라우드로 이동하면 하드웨어를 소유할 필요가 없으며 다른 사람이 인프라를 관리해 주고 있으므로 추가 용량을 바로 추가할 수 있다.

소프트웨어와 관련하여 고려해야 할 점은 다음과 같다. 즉 직원을 추가함에 따라 그들 모두와 연락을 유지하는 수단을 갖는 내부 커뮤니케이션의 문제가 점점 더 중요해진다. 회사 공지 사항을 배포하고 직원들이 알아야 할 정보 등을 위한 중앙 저장소를 제공해야 할 필요가 있다.

초기에 회계 소프트웨어의 주요 기능은 기본 금융 거래를 추적하는 것이었다. 그러나 시간이 지남에 따라 비즈니스의 재무 상태를 훨씬 더 자세하게 분석할 수 있는 데이터를 생성할 수 있는 회계·재무 패키지가 필요하다. 또한 인적 자원 관리를 위한 기능도 필요하다. 소기업은 초기에 급여, 복리후생, 출석 및 규정 준수와 같은 핵심 인적 자원 관리 기능을 포함하여 기록 보관 및 규정 준수에 초점을 맞춘다. 그러나 시간이 지남에 따라 채용 및 유지, 성과 관리 및 교육과 관련된 전략적 인적자원 기능을 추가하고 싶을 것이다. 이외에도 조직 내 팀이 가치를 창출할 수 있도록 하는 프로세스(예: 공급망 관리, 영업 지원, 마케팅 운영)와 고객에게 가치를 제공하는 프로세스 및 기능(주문 이행, 솔루션 엔지니어링)을 체계적으로 관리하고 실행하는 패키지에 대한 필요성도 증가한다.

마지막으로 전체적으로 고려해야 할 사항은 사내 지원 기술자 팀을 고용할지 또는 아웃소싱에 의해 IT를 돌볼지를 결정하는 것이다. 많은 소기업의 경우 관리형 서비스 계약을 체결하는 후자가 더 나은 선택이 될 수 있다.

II. 스케일업과 운영 시스템

운영 작업은 일반화하기 어렵다. 기업마다 운영 팀의 역할, 책임 및 목표는 매우 다르며 공통점이 전혀 없을 수도 있다. 그러나 운영은 회사의 고유한 요구 사항과 회사가 가치를 창출하는 방법에 전적으로 의존한다. 다양한 이해 관계자와 함께하는 수많은 작업이라고 할 수 있다. 이러한 이유로 운영 관리자와 해당 팀의 소프트웨어 툴킷은 비즈니스마다 크게 다르다.

1. 운영 팀의 역할

운영 팀의 임무는 비즈니스를 계속 운영하고 가치를 창출하는 프로세스를 관리하고 최적화하는 것이다(영리 목적의 맥락에서 회사의 수익, 시장의 제품 또는 서비스). 일반적으로 운영 팀은 다음과 같은 핵심 비즈니스의 일부 또는 전부를 관리할 수 있다:

· 주문 이행 및 물류(Order fulfillment and logistics)
· 고객 경험 및 지원(Customer experience and support)
· 규제 준수(Regulatory compliance)
· 상품 기획, 서비스 기획, 서비스 자체 지원(Support in product planning, service planning, and service itself)
· 공급망 및 공급업체 관계 감독(Overseeing supply chain and supplier

relations)
- 품질 관리 활동(Quality control activities)
- 시스템 구현(System implementation)
- 프로세스 관리 및 최적화(Process management and optimization)

즉 다른 팀이 가치를 창출할 수 있도록 하는 프로세스(예: 공급망 관리, 영업 지원, 마케팅 운영)와 고객에게 가치를 제공하는 프로세스 및 기능(주문 이행, 솔루션 엔지니어링)을 두 부분으로 나누면 일반적으로 운영 팀에서 관리하고 실행한다. 그러나 어떤 업종이나 비즈니스 모델과 관계없이 모든 운영 책임자는 "어떻게 하면 제품과 서비스를 가장 효율적이고 비용 효율적으로 제공할 수 있을까?"라는 질문을 스스로 해야 한다. 이는 모든 산업에 종사하고 있는 운영 책임자의 진정한 과제이며, 고성장을 추구하는 스케일업 기업의 운영을 맡은 운영 책임자에게는 더욱 중요한 과제라고 할 수 있다.

2. '스케일업을 위한 운영'의 의미

모든 비즈니스에서 지속적인 성공은 성장만이 아니라 비즈니스의 스케일업으로 이루어진다. 비즈니스를 스케일업하려면 기하급수적으로 성장하는 동시에 운영 비용을 낮게 유지해야 한다. 기업이 운영을 스케일업한다는 것은 예측할 수 있고 비용 효율적인 방식으로 증가하는 작업 또는 매출을 처리할 수 있고 품질이나 고객 만족도를 저하하지 않는다는 것을 의미한다. 즉 회사가 기하급수적으로 성장하면서 운영 비용은 낮게 유지되고 품질은 일관되게 유지(또는 증가)될 때 비로써 기대했던 스케일업 지점에 도달한 것이라고 할 수 있다.

3. 스케일을 위한 운영의 기술적인 문제

성장 단계에 있는 회사에서 대부분의 운영 부서의 문제는 그들의 프로세스가 기능적 요구와 적응성에서 벗어났다는 것이다. 그렇다면 기업이 제품이나 서비스를 제공하는 데 필요한 것은 무엇이며 또 그것을 어떻게 준비해야 할까?

3.1 수동식 운영 방식

운영에 대한 '수동식' 접근 방식은 비즈니스를 시작하고 초기 성장을 이루는 단계에서 유연성을 유지하는 데는 좋다. 그러나 빠르게 성장하는 비즈니스에 대해서 계속 적용하는 것은 매우 어려울 수 있다. 그 이유는 스케일업 기업의 운영에는 자동화가 필요하기 때문이다. 특히 비즈니스가 성장함에 따라 가장 크게 증가할 핵심 비즈니스 프로세스의 경우 더욱 그렇다. 올바른 시스템을 갖추지 못한 채 급속한 성장을 이룬 운영 팀은 상황이 실제로 통제 불능 상태가 되기 전에 최대한 빨리 도구를 구입하고 구현해야 하는 상황에 처하게 된다.

3.2 기존 시스템 '레거시(Legacy)' 접근 방식

운영을 위한 접근 방식의 또 다른 측면에는 ERP 및 CRM과 같은 기업 시스템이 있으며 이는 많은 비즈니스에서 사실상의 '운영 시스템'으로 사용해 왔다. 이러한 시스템은 운영 프로세스를 자동화하고 확장할 수 있는 능력이 뛰어나지만 고성장 기업의 운영 팀에게는 몇 가지 단점이 있다. 즉 엄청나게 비싸다는 점이다. 확장성 문제를 빠르게 해결하고 비용을 낮게 유지하려는 팀에게는 이상적인 선택이 아니라고 할 수 있다.

요컨대, 고성장 기업의 운영 팀은 수동적인 접근에 의한 조정이나 고도로 맞춤화된 레거시 소프트웨어에 대한 투자로는 충족되지 않는 매우 구체적인 요구 사항을 가지고 있다. 그들은 저렴하고 유연하며 신속하게 구현하고 결과를 제공할 수 있는 작업에 적합한 도구가 필요하다.

III. 고성장 기업 운영을 위한 IT 인프라

스케일업을 위한 기업 운영을 확장하려는 경우 커뮤니케이션, 협업, 프로세스 관리, 재무, 주문 이행, 고객 지원 등 고려해야 할 몇 가지 비즈니스 기능이 있다. 다행히도 프로세스를 개선하고 수동 작업을 자동화하고 빠른 결과를 확인하려는 운영 팀에 적합한 강력한 소프트웨어 도구가 많이 있다. 고성장하는 기업의 비즈니스 운영 리더들이 추천하는 기능별 활용 빈도가 비교적 높은 소프트웨어 도구들을 살펴보면 다음과 같다(https://www.nextmatter.com/blog/operations-tools-for-fast-growing-businesses).

1. 협업 및 문서화(Collaboration and Documentation)

① Slack

Slack은 일상적인 팀 커뮤니케이션이 이루어지는 곳이다. 이메일을 통한 커뮤니케이션보다 쉽고 빠를 뿐만 아니라 제대로 사용하면 조직의 성과를 위해서도 좋다.

이메일과 달리 Slack을 사용하면 팀 구성원이 구독하는 채널과 알림을 받을 메시지를 제어할 수 있다. 그뿐만 아니라 Slack에는 기본 비즈니스 기능을 실행하기 위한 불필요한 애플리케이션 전환을 방지할 수 있는 많은 통합 기능도 포함되어 있다. 그러나 비록 일부 사람들이 Slack이 직장의 생산성에 미치는 영향에 대해 이의를 제기했지만, Slack이 탁월한 커뮤니케이션 플랫폼이라는 사실은 변함이 없다. 적절한 개인적인 경계와 회사 지침을 갖춘 Slack은 이메일로부터 한발 더 나아간 발전을 이루었다.

② Notion

운영 리더는 부서별 절차, 데이터 및 전략에 대한 단일 정보 소스가 필요하다. 또한 운영 팀은 조직의 가장 복잡한 작업을 수행하기 위해 훌륭하고 명확하며 업데이트된 문서가 필요하다. Notion은 바로 이러한 필요성을 해결하기 위한 솔루션이다. Notion은 계획수립 도구, 쓰기 로그, 작업 관리자, 데이터베이스 등으로 사용할 수 있으며 특히 문서화 솔루션으로 추천할 만하다.

Notion에서 문서를 작성, 편집 및 공유하는 것은 매우 간단하고 실제로 재미있게 할 수 있다. Notion은 풍부한 대화형 콘텐츠를 처리하며 기본적으로 모든 파일 형식을 업로드하고 볼 수 있다. 또한 문서화 시스템을 원하는 대로 구축하고 스타일을 지정할 수 있다. 팀이 문서화를 진지하게 받아들이기를 원한다면 Notion이 적격한 솔루션이라고 할 수 있다.

2. 작업 및 프로젝트 관리(Task and Project Management)

① Trello

Trello는 프로젝트 관리를 위한 초기 도구이자 여전히 최고의 성능을 발휘하는 도구 중 하나이다. Trello는 매우 간단한 개념을 기반으로 한다. 효과적인 프로젝트 관리를 위해서는 모든 관련 작업, 파일 및 이해 관계자에 대한 이해가 필요하며 또한 우선순위가 변경되거나 작업이 완료될 때 항목을 재정렬할 수 있는 기능이 필요하다. 작업 또는 프로젝트 기반 커뮤니케이션을 위해 팀의 이메일 또는 Slack 사용을 대체할 수 있는 도구라고 할 수 있다.

Notion과 마찬가지로 Trello를 사용할 수 있는 다양한 방법이 있다. 운영 팀의 경우 운영 프로젝트 관리를 위해 특별히 Trello를 사용하는 것이 좋다. 즉, 고유한 조건, 이해 관계자 및 작업이 포함되지만 매일 반복되는 운영 프로세스가 아닌 프로젝트 관리에 적합한 솔루션이다.

② Basecamp

Basecamp는 오랜 기간 테스트를 거친 또 다른 프로젝트 관리 도구이다.

이 플랫폼은 팀과 프로젝트를 순조롭게 진행하는 데 도움이 되며 회의 및 체크인의 필요성을 제거하여 운영 효율성을 높인다. Basecamp의 모든 프로젝트에는 메시지 보드, 할 일 목록, 실시간 채팅, 일정, 문서 및 파일, 자동 체크인 등 프로젝트를 완료하는 데 필요한 6가지 특정 도구가 포함되어 있다. 프로젝트 관리는 팀의 시간을 덜 소비해야 조직에 실제로 중요한 작업을 제공하는 데 더 많은 시간을 할애할 수 있다. Basecamp는 이러한 목적을 위한 도구로써 충분한 가치가 있다.

③ Hive

Hive는 수천 개의 팀이 더 빠르게 작업할 수 있도록 지원하는 선도적인 프로젝트 관리 도구이다. Hive는 모든 작업 공간 도구를 단일 대시보드에 제공하므로 창을 떠나지 않고도 프로젝트를 관리하고, 동료와 채팅하고, 이메일을 보내고, Zoom 통화를 시작할 수도 있다. Hive는 단순히 프로젝트를 관리하는 소프트웨어 그 이상의 기능을 함으로써 생산성을 향상시킬 수 있는 도구이다.

웹 브라우저, Mac 및 Windows용 데스크톱 앱 또는 iOS 및 Android 모바일 앱을 통해 온라인으로 Hive를 사용할 수 있으며 무료 평판을 제공하기도 하며 월정 요금제로 사용할 수 있도록 되어 있다.

3. 프로세스 및 워크플로 자동화(Process and Workflow Automation)

① Zapier

Zapier는 비즈니스 및 운영 작업을 자동화하는 강력한 도구이며 웹과 앱 통합으로 사용하기 쉽게 되어 있다. 통합을 구축하기 위해 코드를 작성하지 않고도 두 개의 앱(또는 여러 앱)을 연결하여 반복 작업을 자동화할 수 있다. Zapier는 운영 팀에서 사용할 수 있는 거의 모든 앱과 함께 작동하며 사용자가 알지 못할 수 있는 다른 앱과 시스템을 결합하는 방법에 대한 많은 유용한 제안도 제공하고 있다. 이러한 자동화된 각 단계는 팀을 위해 시간과 노력을 절약하도록 하며 다단계 통합체인 구축을 시작하면 더욱 비용을 절감할 수 있다.

Zapier는 독립 실행형 시스템으로 추천하지는 않는다. Zapier 사용의 운영상 이점은 나머지 운영 도구들과 함께 사용함으로써 워크플로우의 자동화 격차를 메우고 팀의 반복적인 수동 작업을 제거할 수 있다는 점이다.

② Next Matter

운영 팀은 비즈니스의 가장 중요한 프로세스를 주도하지만 확장 가능한 방식으로 프로세스를 시각화하고 수행하기 위한 전용 시스템이 없는 경우가 많다. Next Matter는 팀이 전체 프로세스를 캡처, 시각화, 자동화 및 실행할 수 있도록 하는 올인원 운영 플랫폼이다. Next Matter를 사용하여 팀은 이메일 중심의 수동 작업을 자동화된 디지털 프로세스로 변환하여 팀 구성원, 도구, 워크플로, 지침 등을 사용이 간편한 노코드/로우코드 시스템으로 가져온다.

Next Matter는 작업 할당, 데이터 참조, 결정, 조건부, 프로세스 예약 및 알림을 위한 자동화 기능을 제공하며 팀에서 매일 사용하는 도구와 통합되어 애플리케이션 전환을 제거해 준다. 또한 몇 분 안에 설정할 수 있는 외부 사용자 액세스 및 권한이 있는 공급업체, 파트너 또는 고객과 관련된 프로세스를 간소화할 수 있다. 이것은 특히 서비스 운영을 자동화하려는 기업과 매우 관련이 있다.

4. 고객 지원 운영(Customer Support Operations)

① ZenDesk

Zendesk는 빠르게 성장하는 기업을 위한 헬프 데스크 소프트웨어이다. 회사가 확장되면 다양한 일이 발생할 수 있다. 새로운 제품과 서비스를 제공하거나 더 광범위하고 다양한 고객을 확보할 수 있다. 어떤 경우이든 지원 운영 팀은 새롭고 다양한 고객 지원에 직면하게 된다.

다행스럽게도 Zendesk의 소프트웨어는 매우 직관적이고 사용하기 쉽다. 설정이 복잡하지 않으며 자체 AI 기반 자동화 및 사용자 지정 가능한 워크플로를 통해 지원 운영 팀이 더 스마트하고 빠르게 작업하고 확장 가능한 방식으로 더 많은 고객에게 다가갈 수 있다. 고객은 채팅, 티켓, 이메일, 전화, 헬프 센터, 커뮤니티 등 자신에게 가장 적합한 채널을 통해 팀에 연락할 수 있으며, Zendesk를 프로세스 관리 플랫폼과 직접 통합할 수도 있다. 운영 효율성의 관점에서 볼 때 Zendesk는 단순하고 확장 가능한 고객 지원 시스템을 구축하기 위한 하나의 방법이 될 수 있다.

② Intercom
제품 내 지원은 확장 가능한 지원 운영 구축의 가장 중요한 측면 중 하나임을 고려할 때 이에 해당하는 운영 도구 중 하나는 Intercom이다. Zendesk가 완벽한 지원 플랫폼과 티켓팅 시스템 측면에서 우수하나, Intercom은 제품 내 채팅 및 지원을 위한 자동화 기능 측면에서 상대적인 이점을 가지고 있다. 규칙 기반 자동화와 AI를 함께 사용하는 Intercom을 사용하면 정확한 고객 세분화 및 전용 메시징을 통해 고객 지원 여정의 거의 모든 단계를 자동화할 수 있다. 이것은 성장 여정의 초기 단계에 있는 소규모 지원팀을 위해서는 중요한 자산이다.

Intercom은 가격도 훨씬 저렴하여 Zendesk와 같은 전체 헬프 데스크 CRM 소프트웨어에 투자할 준비가 되지 않은 팀에게 이상적이다. 고객에게 더 나은 상호 작용 방법을 제공하고 자동화된 방식으로 고객 경험을 개선하려는 팀에게 Intercom은 확실한 선택이 될 수 있다.

5. 판매 운영(Sales Operations)

① PandaDoc

영업 및 영업 지원 팀이 제안서, 계약서 또는 견적서를 작성하고 보내야 하는 경우 PandaDoc을 사용하면 매우 쉽게 처리할 수 있다. 클라우드 기반 문서 관리 소프트웨어인 PandaDoc을 사용하면 팀에서 더 이상 문서를 인쇄하거나 스캔할 필요가 없다. 비즈니스 운영을 확장하려는 경우 서류 작업을 처리하는 데 막대한 시간이 소요될 수 있으므로 모든 것이 디지털 방식으로 처리되는 도구를 사용하는 것이 바람직하다. 또한 PandaDoc을 사용하면 팀이 동일한 도구 내에서 문서를 작성, 전송 및 모니터링할 수 있으므로 추가 애플리케이션 전환 및 불필요한 후속 작업을 방지할 수 있다.

② Pipedrive

Pipedrive는 전체적인 운영 CRM을 위한 최선의 솔루션일 수 있다. 즉 기업 CRM 솔루션에 필요한 모든 사용자에 대한 정의 없이 판매 운영을 빠르게 확장하려는 회사에게 적합한 옵션이다.

Pipedrive는 본래는 성장 단계에 있는 회사가 판매를 스케일업하도록 지원하면서 시작되었다. 따라서 의도적으로 기술 지식이 없는 최초 사용자의 경험에 초점을 두고 계정 설정 및 온보딩을 간단하게 하였고, 시각적이며 팀이 이해하기 쉬운 파이프라인과 대시보드를 스스로 만들 수 있도록 하였다. 즉, 영업 팀이 복잡한 데이터를 구성하거나 해석하는 데 방해가 되지 않고 판매에 집중할 수 있는 시간을 더 많이 갖도록 하는 CRM이다.

6. 회계(Accounting)

① Xero

운영 책임자에게 이상적인 회계 소프트웨어가 무엇을 해야 하는지 묻는다면 아마도 가장 많이 듣게 될 대답은 재무 관리에 소요되는 시간을 줄이는 것이라고 할 것이다.

Xero는 회계 및 청구 프로세스를 자동화하고 회계 작업을 가능한 한 간단하게 실행함으로써 이러한 요구 사항을 충족한다. 전자 인보이스를 보낼 수 있으며 비즈니스에서 견적을 생성하는 경우 그것을 몇 초 안에 인보이스로 변환할 수도 있다. 반복 송장, 지불 알림 및 연체 통지를 예약하여 수동으로 수집하는 작업을 제거할 수도 있다. Xero는 은행 및 신용 카드 거래를 자동으로 가져오고 대부분의 거래를 자동으로 전환한다. 그리고 현장에서 금융 활동을 해야 하는 경우 Xero의 모바일 기능도 우수하며 Xero의 가격 또한 성장 단계에 있는 비즈니스에 맞춰져 있다.

7. 재고 관리(Inventory Management)

① inFlow

성장하고 있거나 스케일업 중인 기업이 올바른 역할을 수행하기 위해서 재고 관리는 매우 중요한 기능이다. 창고에 잉여 제품을 보관하고 있는 초기 단계의 소매업체는 재고를 수동으로 또는 메모리로 추적하여 처리할 수 있다. 그러나 제품 수요가 급증하고 이월 주문 또는 누락된 항목으로 인해 고객을 잃기 시작하면 어떻게 될까?

inFlow는 주로 창고 관련 정보를 저장하고 검색할 수 있으면서도 사용하기 쉬운 도구를 원하는 재고 관리자를 위해 사용된다. 즉, 보다 강력한 재고 추적 기능을 찾고 있는 고성장 소매업이나 전자 상거래 비즈니스에 적합하다.

기존 ERP 제품과 달리 Inflow는 대부분 직접 설정할 수 있는 향상된 유연성과 사용자 지정 기능을 제공한다. 즉 Inflow 사용 고객은 'Customer Success'라는 메뉴를 통해 2시간 동안 온보딩하고, 출시 계획을 설정하고, 제품 및 판매를 신속하게 시작하고 실행할 수 있다. 이것은 기존의 대형 ERP에서는 기대할 수 없는 기능이므로 빠르게 성장하는 소매업 및 전자 상거래 업체에는 관심의 대상이 되는 솔루션이다.

8. 공급망, 배송 및 물류(Supply Chain, Shipping, and Logistics)

① Shippo

이름에서 알 수 있듯이 Shippo는 전자 상거래 배송 프로세스를 정말 간단하게 만드는 배송 플랫폼이다. Shippo를 상점, 장바구니 및 마켓플레이스와 통합하면 몇 번의 클릭만으로 쉽게 주문에서부터 포장 전표 인쇄까지 할 수 있다. 무엇보다도 Shippo는 각 주문에 대한 운송업체 요금 비교를 자동화하므로 추가 작업 없이 매번 배송 비용을 절약할 수 있다.

다른 많은 솔루션과 마찬가지로 Shippo의 주요 이점은 맞춤형 개발이나 코딩 없이 설정, 통합 및 배송을 시작할 수 있다는 점이다. 성장 단계에 있는 회사의 배송 작업 도구로서 제품을 고객에게 더 빠르고 저렴하며 확장 가능한 방식으로 제공하는 기능을 가진 솔루션이다.

② Anvyl

비즈니스의 스케일업을 위한 가장 큰 당면 과제 중의 하나는 비용 증가 없이 공급망 운영을 관리하는 것이다. 공급망 및 기타 생산 프로세스는 높은 가시성과 명확한 커뮤니케이션이 필요하다. 스케일업을 해야 할 때 스프레드시트, 레거시 시스템 및 수동적인 커뮤니케이션은 더 이상 적합하지 않다.

Anvyl은 공급망을 단순화하도록 돕는 솔루션이다. 모든 공급업체, 판매업체, 화물 운송업체 및 설계 프로세스를 하나의 플랫폼으로 가져온다. 또한 Anvyl은 플랫폼을 통해 공급업체, 화물 운송업체 및 디자이너로 구성된 대규모 네트워크를 직접 연결할 수 있다. 아울러 사용자 맞춤형이 가능하며 상대적으로 쉽게 맞춤화할 수 있다. 또한 레거시 맞춤형 구축 시스템보다 훨씬 적은 비용과 시간으로 전체 서비스 ERP 또는 필요한 특정 공급망 기능과 동등한 기능을 가질 수 있다.

IV. 결론

대체로 비즈니스 운영을 스케일업하려면 많은 작업이 필요하다. 운영 리더로서 무엇이 효과가 있고 그렇지 않은지 확인하기 위해 도구를 테스트하고 새로운 프로세스를 세부적으로 조정하는 데 추가 시간을 할애해야 할 것이다.

일단 새로운 프로세스를 마련하면 작업이 전반적으로 훨씬 더 쉬워진다는 것이다. 지금까지 작업을 수행해 온 수동적인 방식에 비해 기하급수적으로 쉬워진다. 운영이 훨씬 더 효율적으로 실행되고 프로세스가 훨씬 더 투명해지며 예상치 못하게 증가한 작업량과 타협하지 않고 훨씬 쉽게 처리할 수 있다. 이를 위해서는 비즈니스 운영에 적합한 도구를 얻는 데 시간을 투자하는 것이 매우 중요하다. 집이 불타버릴 때까지 기다리지 말아야 한다.

지금까지 소개된 솔루션 도구는 비즈니스 운영의 스케일업과 관련하여 시장에 출시된 주요 소프트웨어들이다. 이 도구들이 가지고 있는 특징을 잘 이해하고 해당 기업의 스케일업 목표에 맞는 솔루션을 택한다면 성공적인 스케일업을 위한 기업의 열망을 더욱 빠르고 구현할 수 있을 것이다.

스케일업 스토리(12)

디지털 경제의 사기꾼을 찾아내는 'Onfido'

악의적인 해커가 개인을 가장하여 개인과 기업의 개인 및 금융 정보를 훔치는 보안 침해는 글로벌 디지털 경제의 가장 큰 골칫거리 중 하나이다. Onfido는 이 문제를 해결하는 데 앞장서고 있다.

인터넷의 새로운 신원 표준이라고 자처하는 이 회사는 컴퓨터 비전 및 기타 AI 기반 기술을 사용하여 약 4,500가지 유형의 신원 문서를 검증하여 사람의 눈에는 보이지 않는 패턴을 확인하고 사용자의 정부 발급 신분증이 진짜인지 위조인지 식별한다.

현재 1,500개의 기업을 고객으로 두고 있으며, 이 가운데 약 60%는 금융 서비스 부문에 속해 있으며 20%는 가정 및 자동차 공유 플랫폼과 같은 '신탁 시장'이라고 부르는 부문의 고객들이다. 나머지는 온라인 의사부터 구매에 대한 부가 가치세를 환급받고자 하는 영국 관광객에 이르기까지 점점 더 다양해지고 있다. 이미 Onfido는 수천만 개의 ID를 확인했다.

지난해 매출 성장률은 342%였으며 계속해서 상당한 시장 견인력을 얻고 있다. 다른 젊은 혁신 핀테크 회사와 함께 입지를 구축하고 사용 사례를 입증한 후 이제 대형 금융 기관에 접근할 수 있다. 올해 Barclays는 Onfido를 올해의 공급업체 혁신 기업으로 선정했다. 기업부문은 대규모 스케일업 가능성을 제공한다.

"기업 부문에 접근하려면 스케일업이 필요합니다."라고 Kassai는 말한다. "감사 및 규정 준수 요구 사항을 충족해야 하지만 그들이 가장 원하는 것은 증거입니다. 그들은 우리 기술이 핀테크의 선두 주자에게 권한을 부여하는 데 어떻게 도움이 되었는지 확인했습니다." 그는 공공 부문에 대한 그들의 접근 방식이 더 제한적이라고 말한다. 대규모 금융 기관은 또한 강력한 재정에 대한 증거가 필요하다. 2019년에 회사는 SBI, Salesforce Ventures 및 M12(이전 Microsoft Ventures로 알려짐)와 같은 전략적 기술 투자자가 포함된 그룹으로부터 5천만 달러를 모금했다.

Kassai에게 가장 큰 스케일업 과제에 대해 물어보면 그는 단호하게 말한다. "항상 그랬고 앞으로도 그럴 것이라고 생각합니다. 회사가 150명에 가까워지면 조직을 100명에서 500명으로 이끈 경험이 있는 사람이 필요합니다. 그리고 그들은 소프트웨어나 기술 회사를 확장한 경험이 있어야 합니다. 이 경험은 우리가 너무 빨리 달리고 불필요한 실수를 할 여유가 없기 때문에 중요합니다." Onfido의 경영진 중 절반은 미국인이며 그중 일부는 런던으로 이주했다.

젊은 창업자 팀으로서 Kassai와 그의 동료들은 경험이 풍부한 고위 직원을 고용할 때 자문위원에게 크게 의존했다. 그는 초기 투자자인 브렌트 호버만(Brent Hoberman)을 여러 투자자 중 한 명으로 꼽았다. "처음 창업자가 되는 것은 고위 임원을 고용하려는 이점이 있습니다"라고 그는 말한다. "그들은 그들이 어떻게 물질적 영향을 미칠 수 있는지 알 수 있고 우리가 결정을 내리는 데 도움을 줄 수 있습니다. 그리고 그들은 우리가 과거에 얽매이지 않는 다른 사고방식을 가지고 있다는 것을 알고 있습니다."

현재 Onfido의 핵심 시장은 북유럽과 미국이며 남유럽과 아시아도 혼합되어 있다. 회사의 미래 성장 중 일부는 새로운 지리적 시장 진출에서 비롯될 것이다. Onfido는 프랑스에 문을 열었고 PayPal France의 전 이사 겸 총책임자를 국내 총책임자로 고용했으며 최근에는 싱가포르에 있다.

그러나 미국은 주요 시장이다. Kassai는 5년 전에 Onfido의 미국 사업을 시작했다. 그는 미국 기관들이 현지 구매를 원하기 때문에 실제 존재와 현지 대표를 갖는 것이 중요하다고 말했다. "우리는 우리가 여기에 머물고 있다는 것을 보여 줘야 했습니다."라고 그는 말한다.

그것은 기술 회사를 스케일링함에 있어서 미국과 유럽 간의 격차가 있다는 것을 직접적으로 체험하는 계기가 되었다. "주요 차이점은 마음가짐입니다. 미국에서는 신생 기업이 서로 돕는 반면 대서양 반대편에서는 더 방어적이지만 유럽에서 일하는 미국인 동료가 늘어나면서 변화하고 있다고 생각합니다. 미국에서는 훨씬 더 많은 피드백을 받습니다. 당신이 상적이거나 실망스럽다면 그들은 모두에게 말할 것입니다. 영국에서는 정말 인상적인 회사를 만날 수 있지만 룸메이트에게 그것에 대해 말할 수도 없습니다. 하지만 이제는 변하고 있다고 생각합니다."

Onfido의 미국 진출에서 중요한 초기 역할은 회사가 글로벌 시장을 위한 비즈니스 프로그램의 초기 집단에 참여하는 것이었다. Kassai는 해당 피어 그룹의 WhatsApp 그룹에 남아 있다. "여행 중에 미리 약속된 회의를 갖는 것이 진정한 가치를 제공했습니다. 하지만 더 큰 이점은 모두 같은 일을 하려고 노력하는 같은 생각을 가진 사람들과 시간을 보내는 것이었습니다. 프로그램이 끝난 후 나눈 대화 중 일부는 엄청난 변화를 가져왔습니다."

Kassai에 대한 또 다른 영감은 SVC2UK, 즉 실리콘 밸리가 영국에 오다였습니다. 2012년 행사에서 영감을 받은 학생부터 2019년 SVC2UK 옥스포드 프로그램의 '생각의 리더' 게스트가 되어 자신의 스케일업 이야기를 공유하기까지 7년이라는 시간이 걸렸다.

당연히 그 여정에는 이미 상당한 수의 인수에 관한 대화가 포함되어 있었다고 그는 말한다. 그러나 Kassai는 Onfido가 디지털 경제에서 장기적으로 독립적인 플레이어가 될 것이라는 것을 확신하면서 "우리는 10~20년 계획을 갖고 있으며 모든 투자자들에게 이를 분명히 했습니다."라고 말한다.

문제의 규모를 감안할 때 Onfido의 지평은 넓어야 한다. Kassai는 "사기꾼은 사라지지 않고 실제로 점점 더 심해지고 있습니다. 최근의 자체 보고서에 의하면 원격 온라인상의 신원 사기로 인해 세계 경제에 연간 5조 달러의 비용이 발생하고 그중 1%만이 당국에 의해 복구되는 것으로 추정합니다. 우리 기계와 모델이 그것들을 잡는 데 효과적이긴 하지만, 우리는 아직 그것들을 모두 잡지 못하고 있습니다. 갈 길이 멉니다."라고 말한다.

※ 자료원: www.scaleupinstitute.org.uk/stories

13장. 자금 조달과 투자 유치

Ⅰ. 자금 조달

1. 자금 조달의 원천

기업의 창업 및 성장 과정에서 자금 조달은 기업의 성공과 실패를 결정하는 가장 중요한 요소 가운데 하나이다. 적절한 시기에 적절하게 조달된 자금은 기술이나 사업 아이디어만큼 사업 성과에 큰 영향을 미친다.

창업 초기부터 성장, 도약 단계까지 기업의 성장 과정에 있어서 자금 조달은 지속적으로 필요하다. 특히, 창업 초기 기업에 자금 조달은 기업의 생존과 직결되는 문제이기 때문에 창업자는 자금 조달에 있어 어떠한 방법들이 있는지 알아야 하며, 각 자금 조달 방식의 장단점 및 자본 조달 비용 등을 종합적으로 고려해야 한다. 이러한 자금 조달은 스케일업을 위한 단계에서도 중요한 조건 중의 하나이다. 스케일업 자금 수요의 특징은 기업이 성장 단계를 밟아 나감에 따라 필요한 자금 규모가 점점 커지기 때문이다.

특히 과학 및 기술 기반의 혁신을 기반으로 사업화하는 것은 사업화 여정에 따라 상당한 자원을 배치해야 할 필요성을 느끼며 이를 위해서는 자금 및 투자 요소에 크게 의존한다. 이러한 자금 조달과 투자는 공공 및 민간 등 출처가 다양하게 구성되는데 비록 정도의 차이는 있으나 자금 조달의 원천을 크게 4가지 유형으로 구분해 볼 수 있다.

① 첫째는 지원금(Grants)이다.
지식 재산(IP)의 생성, 기술 준비 수준 또는 결과론적으로 창출되는 새로운 일자리의

수와 같은 다른 목표가 설정될 수 있음에도 불구하고 재무적 회수에 대한 기대 없이 자금이 완전히 제공되는 보조금이다.

② 둘째는 대출(Loans)이다.
이것은 제공된 자금이 어느 시점에서는 반환되어야 하는 것으로서 필요한 대출 및 담보를 처리하는 비용은 돈을 빌리는 데 대한 이자율에 따라 달라질 수 있다.

③ 셋째는 지급금(Payments)이다.
지급금은 특정 제품 및 서비스 제공을 조건으로 하는 자금으로서, 예를 들어 일부 기업은 특정 제품 및 서비스 제공을 조건으로 하여 자금을 조달하기도 한다.

④ 넷째는 지분 자금(Equity funding)이다.
이것은 회사의 일부 소유권에 대한 대가로 투자가 제공되는 것이다. 이 소유권은 여러 금융 상품 가운데서 일반적으로 회사의 주식을 사용하여 구성할 수 있으며 계약조건 서류에 첨부된 조건이 명시되어 있다.

〈표 13-1〉은 일반적으로 기업이 접근할 수 있는 다양한 자금 조달 출처에 대한 요약을 제공하고 있다.

〈표 13-1〉 자금 출처의 개요

자금 출처 Funding Sources	특징 Characteristics
개인 저축	창립자 또는 창립 팀의 개인적인 저축 및 차입금
친구 및 가족	일반적으로 가까운 친구나 가족으로부터 후한 조건으로 소액의 자금을 조달
크라우드 펀딩	자금을 필요로 하는 수요자가 온라인 플랫폼 등을 통해 불특정 다수 대중에게 자금을 모으는 방식으로, 종류에 따라 후원형, 기부형, 대출형, 증권형 등 네 가지 형태
정부 지원금	시민, 지역 및 국가 기관과 단체로부터 보조금 또는 대출로 제공하는 자금

자금 출처 Funding Sources	특징 Characteristics
엔젤	벤처 기업이 필요로 하는 자금을 개인 투자자들 여럿이 돈을 모아 지원해 주고 그 대가로 주식을 받는 투자
시드 펀드 (Seed funds)	일반적으로 초기 단계 소액의 투자를 위해 공식적으로 구성된 투자 펀드 및 지분
인큐베이터	공식적으로 구성된 투자 및 자문 회사로서 일반적으로 성장의 초기 단계의 벤처 기업에 투자했다가 나중에 기업 공개를 통해 투자 이익 확보
액셀러레이터	공식적으로 구성된 투자 및 자문 회사로서 성장 가능성이 있는 초기 창업자들을 선발해 관리, 자문, 투자를 통해 그에 대한 지분 확보
벤처 캐피털	높은 기대 수익이 예상되는 벤처 기업이나 스타트업에 투자하는 기업으로 액셀러레이터 역할은 물론 기업 공개 이전까지 대규모 자본 조달 역할 수행
사모펀드 (Private Equity)	벤처 캐피털보다 더 강력한 화력을 가진 펀드로서 일반적으로 소수의 개인, 기관, 기업, 단체 등을 대상으로 투자 자본을 모집하여 이를 바탕으로 투자 활동을 통해 영리를 추구하되 급속한 확장에 필요한 더 많은 금액을 위해 부채 금융과 결합할 수도 있음
공개 시장 (Public Markets)	적절한 증권 거래소에 상장되면 기업에 공개 시장이 열려 잘 정의된 규칙에 따라 자신의 주식을 사고팔 수 있으며, 투자자는 상장된 주식 및 주식을 거래하는 개인, 조직 또는 기업이 될 수 있음
기업	대기업은 투자를 통해 새로운 제품 및 서비스, 새로운 시장 또는 재정적 수익을 원할 수도 있지만 새로운 것에 대한 공동 개발을 위해 비용을 지불할 수도 있음
은행	일반적으로 '담보' 자산에 대해 구조화 대출 자금을 제공하는 대출 기관이지만 때때로 지분 투자를 할 수도 있음
고객	기업의 제품과 서비스를 사용하고 비용을 지불하는 고객은 기업을 운영하고 성장시키기 위한 자금을 제공하는 것과 같으며 고객은 가장 저렴한 금융 형태라고 할 수 있음

개인 저축 및 기업가의 가족이나 친구의 지원은 거의 설명이 필요하지 않다. 그러나 크라우드 펀딩은 크라우드 기반 대출 펀딩을 의미하며 일반적으로 주식 펀딩으로 상대

적으로 적은 양의 돈을 제공하는 대규모 투자자 그룹인 크라우드를 의미한다. 지역, 국가 및 정부 기관의 지원금은 일반적으로 보조금 및 대출, 때로는 과학 기술의 사업화를 위한 자금을 조달하는 데 중요한 역할을 한다. 예를 들어 나노 물질 또는 양자 컴퓨팅과 같은 새로운 기반 시설의 구축이 필요로 하는 기술 개발에 중요한 역할을 할 수 있다. 또한 디지털 기술로 구현되는 새로운 의료 제품 및 서비스와 같이 광범위한 적용 가능성을 가진 새로운 애플리케이션 및 도구의 개발을 지원하는 데에도 중요한 역할을 할 수 있다. 그러나 이러한 정부 지원금의 정부의 정책에 의해 크게 영향을 받는다. 실용적인 수준에서 이는 국가 및 민간 공적 자금과의 파트너십을 포함한 다양한 자금 조달 구조로 나타날 수 있는데 이는 국가에 따라서 그리고 시장의 상황에 따라 다를 수 있다.

엔젤은 일반적으로 기업에 주식 자금 및 사업적 전문 지식을 제공하는 순자산이 높은 개인이다. 종자 펀드는 동일한 공간에서 운영되며 종종 투자 수단으로 구성된 엔젤 그룹으로 구성되기도 한다. 인큐베이터 및 액셀러레이터는 초기 단계의 기업에 다양한 서비스를 제공하는 '개입(intervention)' 기관으로, 일반적으로 주식 자본에 대한 대가로 자금과 자원을 투자한다. 벤처 캐피털(VC) 및 사모 펀드(private equity fund)는 공식적으로 구성되고 구조화된 투자 수단으로 구성되는데, 이는 부유한 개인, 기업 및 기타 조직이 제공하는 자금의 지분 투자를 처리하는 전문 관리자에 의해 운영된다. 또한 VC는 지분 투자 외에 대출 금융을 제공하기도 한다.

공개 시장은 일반적으로 기업이 확장 자본을 조달하기 위해 사용하며, 기업 지분의 일부를 공공 투자자에게 매각하여 성장 자금을 조달하기도 한다. 대기업은 공공 시장에 일상적으로 참가하지만, 전략적 이해관계가 있는 소규모 고성장 기업에 직접 투자할 수도 있다. 은행은 일반적으로 대출 자금의 출처로 알려져 있다. 즉 '담보' 자산에 대해 구조화 대출 자금을 제공하는 대출 기관이지만 때때로 지분 투자를 할 수도 있다. 끝으로 기업의 제품과 서비스를 사용하고 비용을 지불하는 고객은 자금 조달의 중요한 원천임에도 불구하고 종종 간과되는 경향이 있다. 즉 고객은 기업을 운영하고 성장시키기 위한 자금을 제공하는 원천으로서 가장 저렴한 금융 형태라고 할 수 있다.

2. 자금 조달과 자본 구조

위에서는 자금을 제공하는 원천으로서 다양한 유형을 살펴보았다. 이러한 자금 조달의 유형을 자본 구조의 측면에서 본다면 기업의 자금 조달 유형은 크게 두 가지로 나누어 볼 수 있다. 그 하나는 주식을 발행하여 창업자, 창업자 가족·친지, 엔젤 투자자, 기관 투자자 등으로부터 자금을 조달하는 것이고, 다른 하나는 금융 기관으로부터 차입하거나 사채(일반 사채, 전환 사채, 신주 인수권부 사채 등)를 발행하여 자금을 조달하는 방법이다. 전자가 자기 자본 조달이고 후자가 타인 자본 조달이다.

자기 자본은 상환 의무가 없는 자금이며, 타인 자본은 일정 기간 후에는 상환해야 하는 상환의 의무가 있는 자금이다. 기업 입장에서 가장 매력 있는 자금은 상환 의무가 없는 자기 자금이다. 타인 자본으로 조달한 자금에 대해서는 고정적 이자만 지급하면 되므로, 기업 이익이 많이 나면 주주의 몫이 커지고, 반대로 이익이 적게 나면 기업이익 대부분이 차입금 이자로 지급되어 주주의 몫이 적게 된다. 따라서 사업 초기에는 기업의 이익이 없거나 작을 것이므로 자기 자본으로 자금을 조달하여 운영해야 안정적인 기업 경영을 할 수 있다. 반면에 사업 안정기에는 기업 수익력이 높으므로 필요한 자금을 타인 자본으로 조달하는 것이 주주의 이익을 크게 할 수 있을 것이다.

사업 초기에 자기 자본으로 자금을 조달하기 위해서는 기업 가치가 낮아서 많은 주식 지분을 투자자에게 제공해야 하는데, 일단 유치한 투자는 상환할 수 없다. 자기 자본이 상환 의무는 없지만, 대가가 없는 자금은 아니다. 배당을 해야 하고 상황에 따라서는 경영 참여를 허용해야 하기 때문이다. 사업 초기의 지나친 투자 유치는 향후 경영권을 위협할 수 있다. 따라서 상환 의무가 없는 자금이라는 이유만으로 무조건 자기 자본을 선호하는 것은 위험하다. 기업에 꼭 필요한 만큼만 자기 자본으로 자금을 조달한다는 의식이 필요하며 기업의 성장 단계에 따라 적절한 자금 조달 방법이 필요하다.

II. 성장 단계별 자금 조달

1. 기업 수명 주기별 자금 조달

기업은 하나의 시스템으로 유기적인 생명체처럼 성장한다. 즉, ① 신제품이나 신기술 개발을 구상하며 사업 계획을 작성하는 연구 개발 단계, ② 기업 조직을 갖추고 신제품과 신기술을 사업화하는 창업 단계, ③ 제품을 시장에 출시하고 점차 생산과 매출이 급신장하는 성장 단계, ④ 안정된 매출을 성취하여 규모를 확대하고 신제품을 추가해 가는 확장 단계, ⑤ 안정된 매출과 이익을 바탕으로 일정한 성장세를 유지하는 성숙 단계 그리고 ⑥ 시장에서 점차 사라지는 쇠퇴기까지 일정한 수명 주기를 갖는다.

이와 같은 기업의 성장 단계별로 필요한 자금을 적기에 조달하는 것이 중요하다. 자금 조달에는 비용이 들고 일정 기간 후에는 상환하거나 보상해야 하므로, 그 조달 방법, 조달 비용, 상환 방법 등을 종합적으로 검토하여 성장 단계별로 가장 유리한 자금 조달 방법을 찾는 것이 중요하다.

1.1 연구 개발 단계

연구 개발 및 창업 단계에는 가능한 한 기업에 재무적 부담과 위험을 주지 않으면서 기술 개발과 성공적 창업을 뒷받침할 수 있는 자금으로 종자돈(seed money)이 필요하다. 일반적으로 자본금, 창업자 개인자금과 엔젤의 투자 자금을 이용할 수 있겠는데 이것만으로는 부족하여 담보나 기술보증 등을 이용하여 금융 기관으로부터 정부의 저리 정책 자금을 대출받는 방법을 찾아보는 것이 필요하다. 창업 단계에서는 기업의 높은 위험 때문에 투자가 쉽지는 않지만, 사업성 또는 기술성이 있고 미래 성장업종이면 벤처 캐피털 투자를 유도할 수 있다.

1.2 창업 단계

매출이 급신장하는 성장 단계에서는 시설 투자, 인력 확보, 마케팅 등을 위한 시설 자금과 운전 자금이 많이 소요되는데, 이 단계는 기존 매출 실적과 담보력이 취약하여 금융 기관으로부터 자금을 투·융자를 받기는 쉽지 않다. 그러나 이 단계의 기업은 어느 정도 미래 예측이 가능하므로 사업 계획을 잘 작성해서 금융 기관과 협의하면 필요한 자금을 조달할 수 있다. 성장 단계의 기업이 지원받을 수 있는 정부의 저리 정책 자금도 많이 있다. 업종의 특성과 사업 계획이 훌륭한 경우에는 벤처 캐피털의 투자도 가능하다.

1.3 성장 단계

기업의 성장 단계에서는 기업의 매출 실적과 신용도, 담보력 등이 뒷받침될 수 있기 때문에 금융 기관으로부터의 자금 조달이 비교적 용이하다. 금융 기관의 자금 운용이 어려운 시기에는 금융 기관 쪽에서 대출을 홍보하는 등 여신 공략을 해오는 경우도 있다. 이 단계는 아직도 자본 축적이 미흡하고 담보력도 미약하나 손익 분기점 달성이 가능하여, 벤처 캐피털도 적극적으로 투자하게 된다. 기업으로서도 금융 기관의 융자 및 투자를 전략적으로 유치하기에 유리한 단계이다.

1.4 확장 단계

사업이 번창하고 신규 참가 회사와 경쟁이 시작되어 규모의 경제를 추구하고자 사업을 확대하며 신제품을 추가하여 사업을 다각화하는 단계이다. 자본 축적도 어느 정도 이루어지고 담보력도 있기 때문에 금융 기관으로부터 주목받고 금융전략에 우월적 지위를 확보할 수 있다. 따라서 자금 코스트, 경영권의 확보, 세무 문제, 주식 공개 준비, 금융 기관을 선택적 이용, 벤처 캐피털의 적극적인 접근이 가능한 시기이다.

1.5 성숙 단계

기업의 종합적인 역량에 의해서 사회적 존재로서 사업 기반을 구축하고 주식을 거래소에 상장할 수 있는 단계, 벤처 캐피털은 조속한 주식공개를 권유하고 계열 기업을 창업하거나 점진적으로 기업을 성장시키면서 사회적 책임에 관심을 갖게 된다. 성숙 단계에 이르면 기업은 축적된 신용을 바탕으로 자본 시장과 금융 시장에서 유리한 자금을 안정적으로 조달할 수 있다.

요약하면 사업 개시 초에는 기업 신용이 축적되어 있지 못하기 때문에 창업자의 개인 자금이나 개인 투자자, 정부의 정책 자금 대출 등을 이용하는 데 노력하고, 사업에 대한 비전과 사업성, 성장성을 어느 정도 확실하게 보여 줄 수 있는 시점에 벤처 캐피털의 투자를 적극적으로 유치하는 것이 기업 가치를 제대로 평가받아 유리한 조건의 자금을 조달할 수 있는 전략이라 생각된다.

2. 기술 혁신 기업의 사업화 단계별 자금 조달

기업의 성장 단계별로 필요한 자금 조달과 관련하여 앞에서 제시된 기업 수명 주기별 자금 조달은 기업의 일반적인 성장 단계별 필요한 자금 조달의 내용이다. 그러나 혁신적인 기술 기반 기업의 경우 기업발전 단계별 자금 조달 유형에 대한 설명으로는 다소 일반적인 수준의 설명에 국한되고 있다.

그 예로, 혁신적인 기술 기반 기업의 스케일업에 초점을 둘 경우 스타트업에서 스케일업에 이르기까지의 세부 과정은 잘 설명되지 않고 단순히 '죽음의 계곡(valley of death)'이라는 형이상학적 용어를 사용하고 이를 극복하기 위한 방안이 필요하다는 사실만 강조되는 경향이 있다. 아울러 이 과정에서 필요한 세부 자금 조달의 유형과 방법에 대해서 밝혀진 내용도 희소하다. 이러한 사실은 스타트업이 그만큼 죽음의 계곡을 벗어나기 위한 과정을 제어하거나 관리하기 어렵다는 것을 의미한다.

이와 관련하여 Phadke & Vyakarnam(2017)는 기업에 대한 자금 조달 유형에 대한 분석을 위해 기업의 사업화 여정을 15개의 단위로 분할하고 이를 기반으로 기업에 대한 자금 조달 유형을 분석하였다. 캐즘 Ⅰ 전 단계는 세 가지 세그먼트로 분할하였다. 그리고 캐즘 Ⅰ, 캐즘 Ⅱ, 캐즘 Ⅲ 그리고 캐즘 Ⅲ 후 단계에 대해서도 동일한 접근 방식을 채택하였다. 이러한 접근 방식은 벤처 캐피털 리스트(VC)가 캐즘 Ⅱ 이후 제공하는 투자 시리즈 A, B 및 C로 설명하기 위해 채택한 3가지 분할 접근 방식과 일관성을 유지하기 위함이다. 이러한 세분화를 통해 사업화 경로를 따라 다양한 유형의 자금 조달이 수행하는 역할을 이해할 수 있었다. 또한 캐즘을 통과할 때 사용되는 다양한 유형의 자금을 탐색하였다.

[그림 13-1]에 요약된 분석은 자금이 작동하는 방식에 대해 일반적으로 인식하고 있는 것과 몇 가지 흥미로운 차이점을 보여주었다. 스타트업 초기 콘셉트 개발과 프로토타입으로 전환되는 캐즘 Ⅰ의 극복을 지원하는 데 사용할 수 있는 다양한 자금 조달 옵션이 있다. 즉 친구와 가족, 엔젤과 공공 부문 지원금은 캐즘 Ⅰ의 극복을 위한 자금 조달에 있어서 중요한 역할을 한다. 반면 VC는 캐즘 Ⅰ을 통과하는 데 거의 역할을 하지 않는다.

캐즘 Ⅱ를 극복하려는 기업의 자금 조달은 일반적인 생각과는 상당한 격차가 있다. 즉 일반적인 인식과 달리 VC는 캐즘 Ⅱ를 극복하는 과정에서는 자금 조달의 유형으로 나타나지 않는다. 즉 대부분의 '고위험' VC는 기업이 일단 캐즘 Ⅱ를 통과하고 난 후에 나타나는데 그것은 VC가 투자 전에 기업의 고객에 대한 명확한 입증과 지속 가능한 비즈니스 모델을 필요로 함을 알 수 있다. 그러나 고객을 통한 자금 조달은 사업화 여정의 모든 단계에서 중요한 역할을 하고 있음을 보여 주고 있다.

[그림 13-1] 자금 조달 출처와 캐즘의 관계

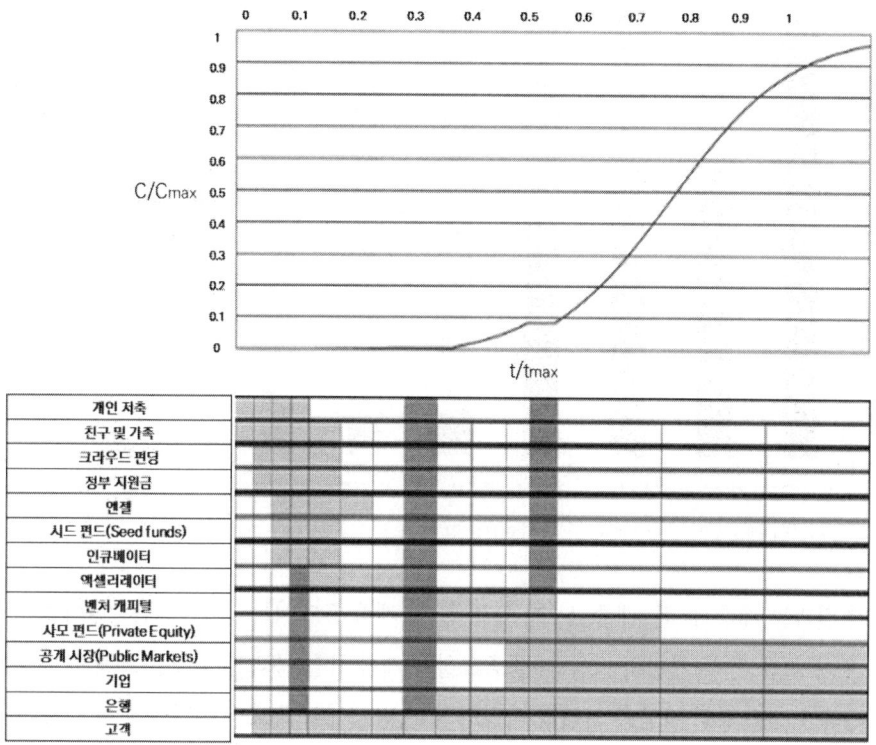

※ 자료원: Phadke & Vyakarnam(2017) 자료 재정리

한편 다양한 성장 단계에서 다양한 투자 유형의 상대적 기여도를 정량화한 결과는 [그림 13-2]에 나와 있다.

[그림 13-2] 캐즘별 자금 출처 상세 보기

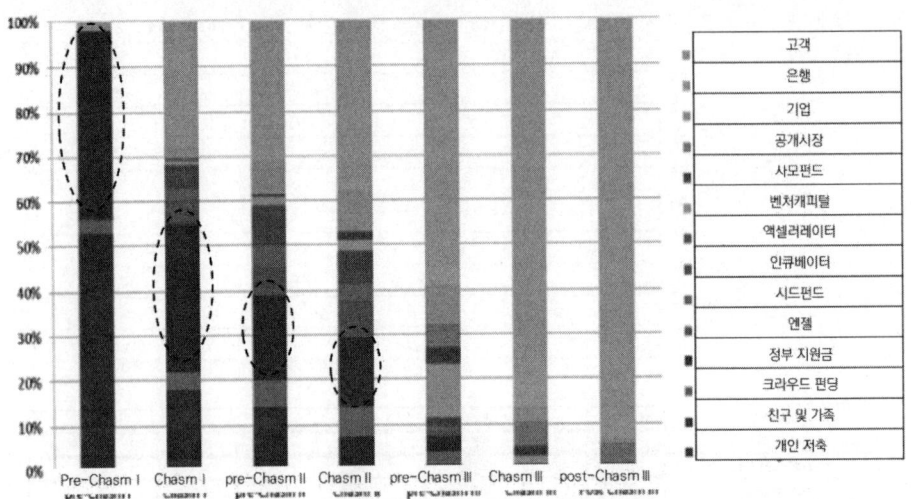

※ 자료원: Phadke & Vyakarnam(2017) 자료 재정리

 이 결과는 캐즘 Ⅰ 전, 캐즘 Ⅰ, 캐즘 Ⅱ 전 및 캐즘 Ⅱ에서는 정부 자금 지원의 중요성을 보여 준다. 정부 기관의 자금 지원 중요성은 캐즘 Ⅱ를 통과한 후에는 크게 감소했다. 그러나 고객을 통한 자금은 사업화 여정의 모든 단계에서 중요한 역할을 한다는 것을 보여 준다.

 특히 사업 성공에 중요한 캐즘 Ⅱ의 중요성을 감안할 때 연구 대상에 속했던 기업에 대한 캐즘 Ⅱ 통과를 위한 일반적인 자금 조달 유형을 자세히 살펴보았을 때 고객 자금 지원, 정부 기관 및 기업(대기업)이 캐즘Ⅱ를 통과할 때 중요한 역할을 한다는 것을 보여 주고 있다. 그러나 사업화 성공에 중요한 캐즘을 통과하는 데 VC가 수행하는 상대적으로 작은 역할을 하는 것으로 나타나고 있다.

3. 투자 유치의 기본 전략

 창업자의 소규모 자본으로 시작하는 창업, 중소·벤처 기업의 특성상 상품개발 및 성장을 위한 외부 자금 조달은 사업의 핵심 신기술 또는 혁신적인 아이디어만큼이나 중요하다. 한편 기업의 성공은 경영 전략만이 아니라 자금의 조달 및 운용에 대한 금융 전략을 통하여 기업 가치를 높이는 데 있다.

미국 실리콘 밸리의 많은 기업도 창업 단계부터 우수한 벤처 캐피털이나 유능한 개인 투자자의 투자 유치를 위하여 자금 조달 전략을 중요시한다. 기업의 리스크는 시장 변화의 속도만큼이나 환경 변화에 노출되어 있어 위험을 분산하고 소득을 나누는 전략이 중요하다. 따라서 투자 유치를 위하여 다음과 같은 기초 지식이 필요하다.

3.1 성장 단계별로 자금 조달의 원천이 다르다

중소·벤처 기업의 성장 과정에 따라 그 자금의 원천은 변화한다. 제1단계인 기술 개발 단계에서는 창업자 또는 동업자가 개인의 자산을 현금화하여 투자하게 된다. 제2단계인 상품화 단계에서는 동 사업에 관심을 표명하는 개인 투자자로부터 투자를 받을 수 있다. 제3단계인 성장 단계에서는 사업성이 우수하면 벤처 캐피털로부터 투자 유치를 할 수 있다. 제4단계인 정착 단계에는 일반 투자자로부터 투자를 받거나 장외 시장, 코스닥 시장에 등록을 통하여 IPOs를 하게 된다.

3.2 자금 조달에는 직접 금융과 간접 금융 방식이 있다.

자금은 일반적으로 조달된 자금의 성격에 따라 자기 자본과 타인 자본 또는 기업 금융에서는 내부 금융과 외부 금융으로 구분한다. 자기 자본은 주식 발행 및 자본 잉여금 등으로 회사가 소유하고 있는 자금이며 타인 자본은 회사채 발행 및 금융 기관으로부터의 차입금같이 외부로부터 빌린 자금이라는 개념으로 접근하면 된다. 따라서 매출이나 수익이 저조하고 유형 자산이 부족해 담보력이 떨어지는 초기 단계의 중소·벤처 기업은 창업자, 개인 투자자 또는 벤처 캐피털 등에게 주식 발행을 통해 대부분 그 소요 자금을 조달한다.

3.3 주식 발행 시 할증부 유상증자는 기업의 미래 가치를 반영한다.

중소·벤처 기업의 주요 자금 조달 방법인 주식의 발행과 인수는 돈을 내고 인수하는 유상증자와 돈을 내지 않고 인수하는 무상증자로 구분된다. 할증부 유상증자는 기업 가치를 인정하여 주식 인수 시 프리미엄을 주는 것이다.

사례를 들어보면 현재 자본금이 5억 원인데 이사회를 통해 유상증자 10억 원을 결의하고 액면가 5천 원인 주식에 대해 신주 발행 가격을 주당 1만 원으로 정했을 경우 자본금은 5억 원이 증가하지만, 실질적으로 들어온 현금은 10억 원이 된다. 즉, 자본금은 총액 10억 원이 되고 자본 잉여금인 주식 발행 초과금으로 5억 원이 남게 되는데 이때 5억 원은 주주들에게 무상 증자를 할 수 있는 재원이 된다.

3.4 적절한 주식 분산은 기업의 성장을 촉진하는 데 도움이 된다.

지분은 경영권과 직결되는 매우 민감한 사안이다. 그러나 외부 개인 투자가, 유관 기업, 벤처 캐피털 등 주주를 영입하여 사업 리스크를 커버하고 마케팅, 재무 등에 지원을 받을 수 있어 기업 성장에 도움이 된다. 성공한 기업이 코스닥 시장에 등록하기 위해 주식 공모가 필요하게 된다. 이 경우 최소한 전체 지분의 20%가 불특정 소액 주주에게 분산을 요구할 수 있게 되는데, 초기부터 자신에게 적합한 투자자를 참여시켜 동반자를 만드는 것이 나을 것이다. 창업 기업은 초기에는 투자 유치 후 50% 이상의 지분을 확보하는 것이 바람직하다.

3.5 자기 자본과 타인 자본 비율을 조화롭게 구성한다.

금융 기관의 대출을 받을 경우 지급 이자는 세금을 절감하는 효과가 있고 절세뿐만 아니라 다가오는 몇 년 동안의 사업이 급속히 성장한다면 자기 자본으로 조달하여 지분율을 낮추는 것보다는 타인 자본을 활용하는 것이 좋을 수도 있다. 그러나 기업은 항상 환경 변화에 대한 리스크가 있다. 따라서 타인 자본의 조달이 가능한 경우라도 성장 단계별로 투자를 유치하여 사업이 어려울 때 도움을 청할 수 있는 지분 구조를 만드는 것이 좋다.

3.6 투자 유치는 기업의 자금 조달 및 금융 전략이다.

창업자가 기관으로부터 투자를 받는 경우 처음으로 대면하게 되는 곳은 벤처 캐피털이다. 벤처 캐피털은 단지 돈뿐만 아니라 회사의 성장, 경영 노하우 및 IPO 등을 지원한다. 따라서 해당 기업에 적합한 벤처 캐피털로부터 가치를 인정받아 적절한 할증배수로 필요한 자금을 받는 것은 중요하다. 기업은 좋은 상품과 서비스를 시장에 판매하여 수익을 얻는다. 그러나 더 큰 이익은 기업 자체를 상품화하여 주식 지분을 시장에 팔 경우에 얻게 되는 것이다.

III. 자금 조달과 기업 가치 평가

비즈니스 평가는 회사 또는 자산의 재무적 가치를 계산하는 과정이다. 가치 평가에는 수익, 이익 및 손실과 같은 다양한 지표와 비즈니스가 직면한 위험 및 기회를 수집하고 분석하는 작업이 포함된다. 목표는 기업의 추정 내재 가치에 도달하고 기업가와 투자자가 정보에 입각한 구매, 판매 또는 투자 결정을 내릴 수 있도록 하는 것이다. 특히 기술 기업의 평가는 주식 기반 자금 조달에서 중요한 역할을 한다. 평가가 높을수록 기업은 투자에 대한 대가로 기업 주식의 더 적은 비율을 배당한다. 즉 회사가 공개 시장에 상장되거나 다른 회사가 인수할 때 '출구' 시 다른 주주에게 발생하는 가치는 말할 것도 없고 회사의 관리 및 통제에 상당한 영향을 미칠 수 있다.

1. 기업 평가를 결정하는 데 사용되는 데이터

기업의 가치 평가를 결정하기 위한 몇 가지 핵심 정보는 다음과 같다(CB Insight, 2021):

① 재무 기록(Financial records)

수익에서 비용, 부채에 이르기까지 상세하고 잘 문서화된 재무 기록을 보유하면 감정인이 미래의 현금 흐름과 이익을 결정할 수 있다. 재무 데이터는 성장률을 계산하는 데도 중요하다. 높은 성장 전망을 가진 스타트업은 더 높은 평가를 받는 경향이 있다.

② 관리 경험(Management experience)

강력한 성공 기록을 가진 관리자는 비즈니스 가치에 긍정적인 영향을 미친다. 그러나 전체 비즈니스의 생존이 CEO의 고유한 기술에만 의존한다면 투자자는 그 위험 요소를 무시할 수 없다. 직원의 경험과 동기 부여도 똑같이 중요하다. 똑똑하고 충성스러운 전문가는 그들이 일하는 회사의 가치를 높인다.

③ 시장 여건(Market conditions)

경제 상황, 금리 수준 및 평균 급여는 고려해야 할 다른 요소이다. 호황을 누리는 경제는 특정 제품과 서비스에 대한 수요를 증가시킬 수 있다. 그러나 많은 유사한 비즈니스로 포화된 부문은 신규 진입자의 평가를 낮출 수 있다.

④ 무형 자산(Intangible assets)

평판, 상표 및 고객 관계는 비즈니스 가치를 높일 수 있다. 이러한 자산에 수치를 표시하기 어려운 경우가 많지만, 그 영향은 상당하다.

⑤ 유형 자산(Tangible assets)

도구, 사업장 및 차량도 고려해야 하며 그 가치를 쉽게 계산할 수 있다. 규모와 품질에 따라 물리적 자산은 비즈니스 가치를 높일 수 있다.

⑥ 회사 규모(Company size)

큰 회사는 일반적으로 더 큰 소득 흐름 때문에 작은 회사보다 더 큰 가치 평가를 요구한다. 또한 대기업은 자본과 잘 개발된 제품에 더 쉽게 접근할 수 있는 경향이 있으므로 주요 리더의 손실로 인한 영향을 덜 받는다.

⑦ 경쟁 우위(Competitive advantage)
경쟁적 우위를 시간이 지남에 따라 유지할 수 없으면 비즈니스 가치가 타격을 입을 것이다. 그러나 보다 오랫동안 경쟁 우위를 유지할 수 있는 회사는 더 높은 가치를 요구할 수 있다.

2. 기업 가치 평가 방법

시장 가치는 시장 참가자와 투자자에 따라 회사가 얼마나 가치가 있는지 나타낸다. 공기업의 경우 주가를 이용하여 시가를 산정할 수 있다. 회사에 100,000주당 50달러에 판매되는 공개 거래 주식이 있는 경우 시가 총액으로 알려진 그 가치는 5백만 달러이다. 공기업을 평가할 때 개인 회사의 가치를 계산하거나 시가 총액을 넘어서는 다양한 방법이 있다. 그러나 제한된 과거 데이터와 사용할 수 없거나 감사되지 않은 재무 정보를 고려할 때 민간 기업 가치 평가를 파악하는 것은 특히 어렵다. 다음 〈표 13-2〉는 일반적으로 사용하는 기업 가치 평가 방법의 예이다.

〈표 13-2〉 기업 가치 평가 방법과 특징

평가 방법	특징
DCF 분석 방법	할인된 현금 흐름 분석(discounted cash flow analysis)을 사용하여 예상 미래 현금 흐름의 오늘 가치를 계산
상대 가치 분석 방법	비교 가능한 여러 회사를 사용하여 회사의 가치를 추정
순 장부 가치 방법	유형 및 무형 자산의 순 장부 가치를 계산
스코어카드 평가 방법	동일한 섹터, 단계 및 지역 내에서 운영되는 스타트업의 평균 평가를 사용하여 스타트업을 평가
벤처 캐피털 방법	미래의 수익 후 평가를 계산한 다음 이 수치를 사용하여 수익 전 평가에 도달

평가 방법	특징
Berkus 방법	최대 $500,000의 가치를 다른 매개 변수에 할당하여 스타트업의 가치를 계산
위험 요소 합산 방법	12개의 위험 범주를 점수화하여 수익 전 스타트업의 가치를 추정

2.1 수익이 있는 기업의 평가 방법

매출이 발생하기 시작했고 '매출 후' 단계에 진입했음을 의미하는 수익이 있는 민간 기업의 평가는 일반적으로 현금 흐름 할인(DCF), 평가 배수 또는 자산 평가 방법을 사용하여 수행된다. 이러한 방법은 독립적으로 또는 조합하여 결론을 교차 확인하는 데 사용할 수 있다.

(1) 현금 흐름 할인 분석법(Discounted Cash Flow)

회사의 DCF 분석은 미래 현금 흐름을 계산하고 이를 다시 오늘로 할인하는 것을 중심으로 이루어진다. 성숙한 민간 기업을 분석하는 것은 간단한 과정이다. 그들은 분석가가 현금 흐름을 예측하고 유사한 공기업과 비교하는 데 사용할 수 있는 안정적인 재무 데이터를 가지고 있다. 그러나 젊은 스타트업의 미래 현금 흐름을 계산하는 것은 어렵다. 많은 신생 기업이 가능한 한 빨리 성장하려고 노력하고 있으며 현금 흐름이 없거나 제한적일 수 있다. 성장에 최적화된 운영과 결합된 재무 데이터의 부족은 재무 예측을 어렵게 만든다. 이 경우 할인율은 다음과 같은 여러 요인을 고려하여 계산된다[그림 13-3].

무위험 이자율(Risk-free rate0: 미국 국채와 같은 무위험 투자에 자금을 투입하면 투자자에게 무위험 이자율이라는 이자율이 제공된다. 따라서 민간 기업에 대한 위험한 투자는 위험이 낮은 대안보다 더 나은 수익을 제공해야 한다.

비유동성 프리미엄(Illiquidity premium): 주요 증권 거래소에서 거래되는 주식과 달리 개인 회사 소유권은 빠르게 사고팔 수 없다. 따라서 투자자들은 일정 기간 동안 투자에 '고착'되어 있기 때문에 할인율이 더 높다.

위험 프리미엄(Risk premium): 소수의 스타트업만이 10년 이상 운영된다. 따라서 기업 중 많은 기업이 투자자가 기대한 만큼의 성과를 거두지 못할 것이다. 위험 프리미엄은 이러한 위험 요소를 포착하여 할인율에 반영하려는 시도이다.

[그림 13-3] DCF 평가 방법과 관련된 단계 요약

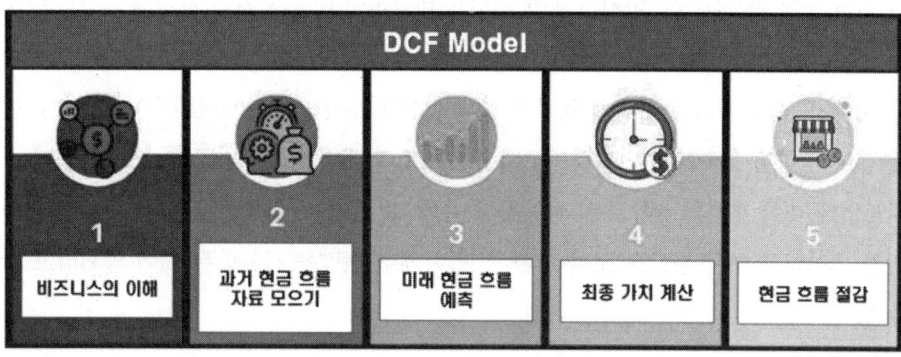

※ 자료원: https://training-nyc.com/learn/financial-modeling/dcf-modeling

(2) 상대 가치 분석법(Multiples Analysis Method)

상대 가치 분석에는 비교 가능한 민간 기업의 재무 지표(예: 가치)를 다른 재무 지표(예: 수익)로 나누어 계산한 비율인 배수를 사용하여 회사 가치를 추정하는 것이다. 예를 들어, 매출이 천만 달러인 모바일 게임 회사의 소유주가 비즈니스 가격을 책정하려고 한다고 가정해 보자. 연구에 따르면 최근에 여러 경쟁 업체가 5배의 수익을 얻기 위해 인수되었다. 이를 기초로 기업가는 회사의 가격을 5천만 달러로 결정할 수 있다.

상대 가치 분석법으로 작업할 때 어려운 부분은 데이터를 찾는 것이다. 이상적으로는 모바일 게임 회사가 같은 산업의 회사와 비교하는 것이지만 항상 가능한 것은 아니다. 비교 가능한 회사는 공개적으로 사용 가능한 수익 수치가 없을 수도 있다. 이에 대한 잠재적인 솔루션은 모든 게임 회사의 광범위한 그룹과 비교하는 것이다. 그러나 실적이 낮

은 비즈니스와 비교하면 평가의 정확성이 떨어진다.

또 다른 문제는 비교 가능한 회사의 수익 또는 이익이 정적인 경향이 있다는 것이다. 특정 기간의 상황만 반영했을 경우의 불완전성이다. 예를 들어, 모바일 게임 회사는 2020년 가치를 계산하기 위해 2015년에 사용된 수익에 의존했을 수 있다. 그러나 5년 동안 많은 변화가 있을 수 있다. 즉 모든 회사는 시장 성장, 직원 품질 또는 이익 마진과 같은 변수가 있기 때문에 수익만을 아는 것이 전체 이야기를 하지 않는다. 일부 투자자는 여러 공개 회사를 사용하지만 공개 기업과 비교하여 비공개 기업 가치를 계산하는 것은 불완전한 방법이다. 공개 기업은 일반적으로 더 크고 유동적이며 덜 위험하기 때문이다. 이것이 바로 스타트업 가치 평가가 공개 시장에 대한 할인을 포함하는 이유이다. 예를 들어 상장된 소프트웨어 회사가 8배 수익으로 거래하는 경우 유사한 소프트웨어 스타트업에 대한 평가는 6배 수익 배수를 사용할 수 있다. 궁극적으로 민간 기업 평가를 위한 데이터에 대한 접근은 보다 정확한 평가 배수 전략을 사용하는 것이 열쇠라고 할 수 있다.

(3) 순 장부 가치법(Net Book Value)

순 장부 가치란 기업이 보유한 자산에서 부채의 가치를 제외한 가치, 즉 자기 자본의 가치를 말한다. 이때 자산과 부채는 장부 가치가 아닌 시장가치로 환산해 평가할 때 실제 자기 자본의 가치를 더욱 잘 반영할 수 있다. 이 평가법은 계산이 쉽다는 장점이 있지만, 기업이 영업 활동으로 얻는 이익의 가치를 반영하지 못한다는 단점이 있다. 또한 유형 자산 비중이 높은 기업에게 적합할 수 있지만, 무형 자산 비중이 높은 기업에 적용하기 어려울 수도 있다. 기술, 브랜드, 노하우, 또는 저작권과 같은 무형 자산을 시장 가치로 환산하는 방법이 어렵기 때문이다. 따라서 이 평가법은 청산을 앞둔 무형 자산 비중이 낮은 기업에 적합할 수 있다.

2.2 수익 전 기업의 평가 방법

수익 전 스타트업을 평가하는 것은 수익과 수익 수치가 없어 수익이 있는 스타트업을 평가하기보다 더 어렵다. 따라서 수익 전 기업의 평가는 견인력, 설립자의 질, 프로토타입 및 업계 동향과 같은 불완전한 매개 변수를 사용하여 수행된다. 여기서 견인력(traction)은 많은 투자자에게 중요한 지표이다. 적은 예산으로 성장하고, 낮은 취득 비용으로 고객을 유치하고, 그 과정에서 수익을 내는 스타트업은 더 높은 기업 가치를 기대할 수 있다.

투자자들은 다양한 배경을 가진 경험 있고 헌신적인 창업 팀이 있는 스타트업에 프리미엄을 부여한다. 예를 들어, 똑똑한 프로그래머를 창업자로 두는 것도 중요하지만 창업 팀에 마케터와 영업 전문가도 포함된다면 회사의 가치는 더 커질 것이다. 수익을 미리 내는 회사는 프로토타입이나 MVP(Minimum Viable Product)를 생산하는 경우 더 높은 가치 평가를 기대할 수도 있다. 그 이유는 회사가 아이디어를 현실로 만들 비전과 결의가 있음을 보여 주는 것이기 때문이다.

수익 전 스타트업에 대한 평가도 시장 상황에 따라 다르다. 많은 경쟁 회사와 제한된 수의 투자자가 있는 시장은 낮은 기업 가치 평가를 초래할 것이다. 그러나 AI나 게임과 같이 호황을 누리고 있는 산업에서 귀중한 특허 아이디어를 가진 스타트업은 더 가치가 있을 것이다. 투자자들은 높은 마진을 내는 회사가 특히 매력적이라는 것을 알고 있기 때문이다. 수익 창출 이전의 스타트업에 투자하는 것은 위험하지만 잠재적인 보상은 엄청나다. Facebook을 예로 들어 보자. PayPal의 공동 설립자인 Peter Thiel이 4개월 된 신생 기업에 50만 달러를 투자했을 때 회사의 2004년 수익 전 평가는 약 5백만 달러였다. 오늘날 이 회사의 시가 총액은 7000억 달러가 넘는다[그림 13-4].

[그림 13-4] 2004년부터 2011년까지 Facebook의 기업 가치 평가

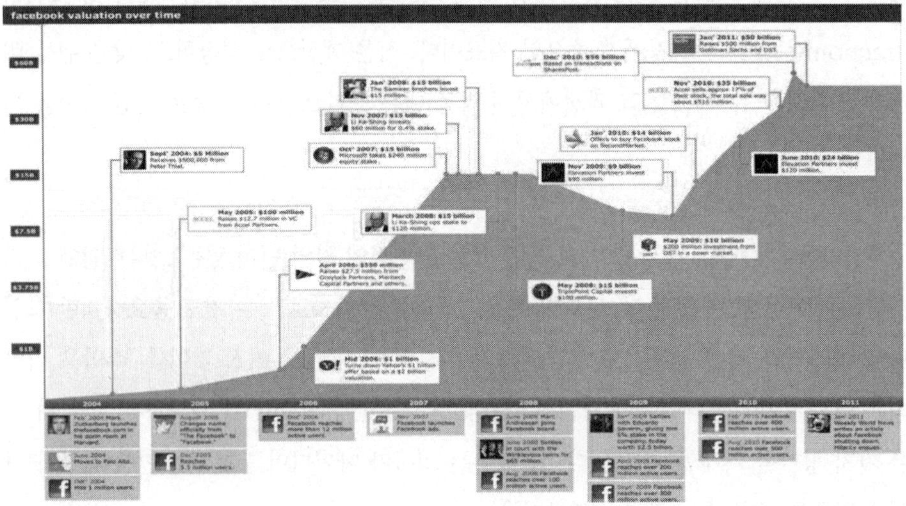

※ 자료원: TechCrunch

수익 전 기업의 가치를 계산하는 것은 어려울 수 있다. 그러나 다양한 투자자, 기업가 및 학계가 개발한 몇 가지 전략이 도움이 될 수 있다.

(1) 스코어카드 평가법(Scorecard Valuation Method)

엔젤 투자자 Bill Payne이 고안한 스코어카드 평가법은 동일한 부문, 단계 및 지역 내에서 이미 자금을 지원받고 운영되는 다른 스타트업과 비교한다. 비교 요소(Comparison Factor)로는 팀, 제품 또는 기술, 경쟁 환경, 영업 및 마케팅, 추가 자금 조달 필요성 등 여러 요소가 고려된다. 프로세스는 비교 가능한 스타트업의 평균 가치를 찾는 것으로 시작되며 투자자는 경기 침체 또는 기타 시장 이벤트가 영향을 미쳤을 수 있으므로 이러한 평가 수치가 발표된 시기를 고려해야 한다.

다음 단계에서 투자자는 다양한 비교 요소에 가중치(Range)를 적용한다. 선호도에 따라 일부 투자자는 제품보다 관리팀이 더 중요하다고 생각할 수도 있다. 또는 판매 채널의 효율성보다 기회의 크기를 더 중시할 수도 있다. 마지막 단계에서 투자자는 목표 기업(Target Company)에게 범주별로 점수를 할당한다. 예를 들어, 경영진에게

150%의 점수를 할당하면 투자자가 스타트업의 설립자와 관리자를 매우 유능하게 여긴다는 의미이다. 할당된 점수에 가중치를 곱하면 요인 점수(factor)가 제공된다〈표 13-3〉.

〈표 13-3〉 스코어카드 평가 템플릿

비교 요소	가중치(max)(A)	대상 기업 기대치(B)	지수 (A*B)
The strength of the Management Team How experienced are the founders, single founder / team, are the founders e.g. serial entrepreneurs?	30%	125%	0.3750
Size of the Opportunity Target market, first mover? Scalability?	25%	150%	0.3750
Product/Technology Easy to copy? Barriers to entry? IP?	15%	100%	0.1500
Competitive Environment How many competitors? Their strength?	10%	75%	0.0750
Marketing/Sales Channels/Partnerships Go-to-market strategy, sales contracts signed?	10%	80%	0.0800
Need for Additional Investment	5%	100%	0.0500
Other Hiring capabilities, Access to funds, etc.	5%	100%	0.0500

※ 자료원: https://medium.com/humble-ventures/

모든 요소를 합하면 평가 비율이 산출되며, 여기에 비교 가능한 회사의 평균 수익 전 평가가 곱해진다. 그 결과 수치는 스타트업의 가치를 알려준다. 예를 들어, 회사에 1.07의 계수가 할당되고 비교 가능한 신생 기업의 평균 가치가 2백만 달러인 경우 회사의 가치는 214만 달러가 된다.

(2) 벤처 캐피털 방식(Venture Capital Method)

벤처 캐피털 방식은 1987년 Harvard Business School의 교수인 Sahlman & Scherlis(1987)에 의해 개발되었다. 여기에는 수익 후 평가를 계산한 다음 해당 수치를 사용하여 수익 전 평가에 이르는 작업이 포함된다. 자산의 미래 가치는 예상 수익에 예상 마진 및 업계 주가 수익 비율(PER: Price to Earning Ration) 또는 기타 관련 배수를 곱하여 계산한다.

예를 들어, 건강 기술 회사는 20%의 이윤으로 10년 후에 2천만 달러의 매출을 기대한다. 관련 산업의 P/E 비율은 15이다. 따라서 판매 연도에 이 비즈니스의 미래가치는 다음 공식을 사용하여 계산한다: $20M * 20% * 15 = $60M

이제 수익 전 가치 평가를 계산하기 위해서는 투자 수익률(ROI)과 투자 금액을 고려해야 한 투자자가 100만 달러 투자에 대해 20배의 ROI를 원하는 경우 사전 수익에 대해서는 다음과 같은 계산이 적용된다: $60M/ 20 - $1M = $2M

벤처 캐피털 회사와 다른 투자자들은 이 방법과 다른 방법을 그들의 투자 철학과 접근 방식에 맞게 조정한다. 예를 들어 Andreessen Horowitz와 같은 유명한 VC가 사용하는 지표는 사용자당 평균 수익(ARPU: Average Revenue Per User)이다. VC는 수익 이전 회사의 가치를 계산할 때 비교 가능한 회사의 ARPU를 고려할 수 있다.

(3) 버쿠스 방식(Berkus Method)

Berkus 방식은 엔젤 투자자 Dave Berkus에 의해 발명되었다[그림 13-5]. 회사의 비즈니스 아이디어, 프로토타입, 관리팀, 전략적 관계 및 판매 계획을 평가한다. 각 요소의 가치는 최대 $500,000이며, 이를 통해 스타트업은 최대 $2.5M의 가치를 평가받을 수 있다.

[그림 13-5] Berkus 방식

The Berkus Method
For a box expected to reach at least $20M in revenue by year 5

1. Sound idea (basic value) $300k
2. Prototype (technology) $500k
3. Quality management team (execution) $300k
4. Strategic relationships (go-to-market) $200k
5. Product rollout or Sales $100k

BOX PRE-MONEY VALUATION (max. $2M) $1,400,000

※ 자료원: https://medium.com/parisoma-blog

이 방법의 기본 아이디어는 위험 감소 요소에 재정적 가치를 할당하는 것이지만 투자자는 이 방법을 광범위하게 수정할 수 있다. 예를 들어 의료기기 스타트업과 거래하는 경우 투자자는 '마케팅 위험'을 'FDA 승인 위험'으로 대체하는 것을 고려할 수 있다.

(4) 위험 요소 합산법(Risk Factor Summation Method)

위험 요소 합산법은 -2에서 +2까지의 등급으로 12개의 위험 범주를 채점하는 것을 포함하며, 부정적인 등급은 최종 평가를 낮추고 긍정적인 등급은 증가시킨다. 어떤 면에서 위험 요소 합계는 Berkus 방법의 확장이라고 할 수도 있다[그림 13-6].

투자자는 관리, 사업 단계, 소송, 평판 등을 포함한 다양한 위험 범주에 점수를 매긴다. 부정적인 점수는 가치 평가를 최대 $500,000까지 낮출 수 있고 긍정적인 점수는 같은 금액만큼 가치를 높일 수 있다.

[그림 13-6] 위험 요소 합산법(RFS)

Risk Factor Summation Method

The Risk Factor Summation Method

INITIAL VALUE			$1,500,000
1. MANAGEMENT RISK	Very low	+$500,000	$2,000,000
2. STAGE OF THE BUSINESS	Normal		
3. LEGISLATION/POLITICAL RISK	Normal		
4. MANUFACTURING RISK	Normal		
5. SALES AND MANUFACTURING RISK	Normal		
6. FUNDING/CAPITAL RAISING RISK	Normal		
7. COMPETITION RISK	Very high	-$500,000	$1,500,000
8. TECHNOLOGY RISK	Low	+$250,000	$1,750,000
9. LITIGATION RISK	Very low	+$500,000	$2,250,000
10. INTERNATIONAL RISK	Normal		
11. REPUTATION RISK	Very low	+$500,000	$2,750,000
12. POTENTIAL LUCRATIVE EXIT	Normal		
BOX VALUATION			$2,750,000

※ 출처: Denis Dovgopoliy(2019)

3. 기업 가치 평가 방법의 선택

선택할 수 있는 비즈니스 평가 방법에는 여러 가지가 있다. 일부는 다른 것보다 더 복잡하며 다른 방법으로 인해 동일한 기초 자산에 대해서 서로 다른 평가가 발생할 수도 있다. 적절한 비즈니스 평가 방법을 선택하는 것은 평가가 필요한 이유를 비롯한 여러 요소에 따라 달라진다. 예를 들어 회사를 판매하는 경우 일반적으로 더 높은 가치를 달성하기를 원한다. 그러나 비즈니스를 인수할 때 초과하는 지급을 피하고자 더욱 보수적인 평가를 선호할 가능성이 크다.

회사가 자산 중심 기업인지 서비스 중심 기업인지를 고려하는 것도 중요하다. 회사가 자산이 많은 경우 순 장부 가치 방법이 그 가치를 가장 잘 포착할 수 있다. 투자자는 또한 산업 규범을 알아야 필요가 있다. 특정 부문의 비즈니스는 일반적으로 가치를 가장 잘 포착하는 특정 방법 또는 상대적 가치로 평가될 수 있다. 기업이 제공하는 기술의 고유한 특성도 고려해야 한다. 흥미롭지만 검증되지 않은 기술을 추구하는 기업은 현재 자산보다 미래 성장 가능성을 포착하는 평가 방법을 선호할 수 있다. 궁극적으로 동일한 회사에 대해 여러 평가 방법을 사용하고 모든 방법의 평균을 보지 않을 이유가 없다.

4. 기업 가치 평가 결과의 공정성 확인 방법

간단히 말해서, 시가 총액 또는 VC 평가를 통해 확인되는 시장 가치가 각각 추정된 내재 가치보다 높거나 낮을 때 회사는 과대평가되거나 저평가된 것이다. 따라서 공정한 가치를 계산하기 위해서는 근본적인 분석이 필요하다. 기본 분석은 외부 이벤트뿐만 아니라 다음과 같은 다양한 재무 매개 변수를 연구하여 회사 가치를 평가한다.

· **주가 수익 비율(P/E: Price-to-earnings ratio)**
기업의 주가와 주당 순이익의 비율을 말한다. 동료 또는 과거 수준에 비해 낮은 P/E 비율은 저평가된 회사로 나타날 수 있다.

· **가격/수익률 비율(PEG: Price/Earnings-to-Growth ratio)**
회사의 P/E 비율을 이익 성장률로 나눈 값이다.

· **가격 대비 판매 비율(P/S: Price-to-Sales ratio)**
회사의 주가를 주당 매출/수익으로 나눈 비율이다. P/S 비율이 업계 평균보다 낮으면 회사가 저평가될 수 있다.

· **배당 수익률(Dividend yield)**
기업이 연간 배당금으로 지불하는 금액을 주가와 비교하여 나타내는 비율이다. 투자자들은 안정적인 배당 수익률을 가진 회사를 선호한다.

· 수익률(Earnings yield)

주당 순이익을 주가로 나눈 비율이다. 기업의 이익 수익률이 국고 수익률보다 현저히 낮다면 과대평가가 나타날 수 있다. 국채 수익률보다 이익수익률이 높다는 것은 저평가 된 주식을 의미할 수 있다.

· 부채 비율(Debt-equity ratio)

부채 금액을 주주 자본으로 나누어 계산한다. 비율이 높다는 것은 기업이 차입금에 대한 의존도가 높다는 것을 의미하지만 이 비율은 업계 평균과 비교해야 한다.

· 자기 자본 이익률(Return on equity)

당기 순이익을 자기 자본으로 나누어 계산한 비율이다. 높은 자기 자본 수익률은 투자자들이 저평가된 회사에서 찾는 신호 중 하나일 수 있다.

· 유동 비율(Current ratio)

유동 자산을 유동 부채로 나누어 계산한다. 1보다 낮으면 회사가 단기간에 부채를 자산으로 충당할 수 없고 재정적 어려움에 직면할 수 있음을 나타낸다.

· 장부가 비율(P/B : Price-to-book ratio)

주가를 주당 장부가로 나누어 계산한다. 1보다 작으면 회사의 주식이 총 자산 가치보다 낮게 거래되고 있으며 잠재적인 저평가를 알리는 신호이다. 가치 평가 분석은 가치 함정과 같은 다른 요소도 고려해야 한다. 주택 건설업체나 자동차 제조업체와 같은 일부 회사는 경제가 매우 좋을 때 막대한 이익, 낮은 주가수익비율(P/E) 비율 및 큰 배당금을 누린다. 그러나 가치 함정으로 알려진 이러한 상황은 경제 성장 사이클의 끝 무렵에 나타난다.

흔히 있는 일은 경기 침체 동안 이익의 급격한 하락이다. 매력적인 비율에 눈이 멀어 경험이 부족한 투자자는 이러한 산업에 대규모 투자를 결정할 수도 있지만, 시장 조정이 시작되면 놀랄 수 있다. 하지만 가치 함정이 항상 좋은 성과를 내는 비즈니스와 연결되어있는 것은 아니다. P/E와 같은 비율은 해당 비즈니스의 문제로 인해 때로는 낮게 나올 수도 있다.

지금까지 기업의 자금 조달의 일환으로 필요한 기업 가치 평가에 대해 살펴보았다. 즉 가치 평가에 사용되는 데이터, 기업을 평가하는 방법, 수익 전과 수익 후 기업의 평가 방법, 기업 가치 평가 방법의 선택 및 공정한 평가 여부의 확인 방법들을 살펴보았다.

기업의 평가는 주식 기반 자금 조달에서 중요한 역할을 한다. 기업 입장에서는 기업가는 공정한 가치 평가를 기반으로 잠재적 투자자 및 구매자로부터 합리적인 투자 및 공정한 주식 가격을 받기를 원한다. 가치 평가는 투자자에게 기업을 홍보하는 데에도 중요하다. 잘 문서화된 평가는 기업가의 신뢰성을 보여 주고 자금 확보 가능성을 높인다. 이외에도 기업가는 전략적 계획을 개발할 때, 재산 승계 및 상속을 계획할 경우에도 가치 평가 데이터가 필요하다.

그러나 기업 가치 평가는 결코 과학이 아니라 예술에 가깝다. 마치 예술품을 감상하듯이 보는 사람에 따라 혹은 아는 만큼 달라지는 것이 기업에 대한 평가라고 할 수 있다. 그럼에도 불구하고 가능한 한 광범위한 데이터 소스를 참조하고 다른 투자자, 분석가 및 거래자가 설정한 모범 사례를 사용하는 것이 유용할 수 있다. 각 평가는 고유하며 관련 당사자는 자신의 이익을 가장 잘 반영하는 전략을 사용해야 한다.

스케일업 스토리(13)

손가락 안전 도어시스템 설계 판매 기업 'Safehinge Primera'

대학 프로젝트로 시작되었다. 필립 로스(Philip Ross)와 마틴 아이조드(Martin Izod)는 글래스고 대학교(University of Glasgow)의 일부인 글래스고 예술 학교(Glasgow School of Art)에서 제품 디자인 공학을 공부하고 있었다. 두 사람은 손가락이 끼지 않는 도어 경첩을 디자인했다. 2009년에 혁신적인 손가락 안전 제품을 기반으로 사업을 시작했다.

오늘날 이 제품은 초등학교와 보육원에서 국가 표준에 가까워졌지만 그것이 코로나 팬데믹 기간 동안에도 회사 매출이 연간 40% 증가하게 만든 주요 요인은 아니다. 시작한 지 5년 만에 정신 건강 병원에서 이 제품을 사용하기 시작했기 때문이다. 그리고 Phil과 Martin은 이것이 손가락 안전 제품의 새로운 시장이 될 수 있다고 생각하기 시작했지만, 함께 공부했던 친구는 분리되어 나갔다. 그들은 그를 방문하러 갔다. 세 사람 모두 제품 디자이너는 자신들의 방의 열악한 디자인에 대해 이야기하는 데 시간을 보냈다. 그들의 사업을 감안할 때, 그들은 빛이 새어 나올 수 있는 문을 보았다. 그래서 그들은 시장을 진지하게 조사하기 시작했다. Martin Izod는 "우리는 개인적으로 연결되어 목적의식을 갖게 되었고 사업적인 기회도 있다는 것을 알게 되었다."고 했다.

그들은 결국 완전한 도어 시스템을 설계하고 그 과정에서 잠금장치 전문가를 확보했다. 오늘날 Safehinge Primera는 정신 건강 병원을 위한 안전 도어 시스템을 공급하는 세계 2대 공급업체 중 하나이다. 그리고 지난 6년 동안 천천히 그리고 꾸준히 성장해 온 사업이 시작되었다. 정신 건강 부문에 집중한 후 지난 2년 동안 수익이 600만 파운드에서 1,200만 파운드로 증가했다.

안전 도어 시스템은 자살 및 자해의 위험을 줄인다: 정신 건강 병원의 모든 자살 중 절반 이상이 어떤 식으로든 문이나 하드웨어를 사용한다. "우리가 아는 한, 우리는 디자인 측면에서 매우 철저하기 때문에 우리 제품과 관련된 자살이 전혀 없는 유일한 공급업체입니다"라고 Ross는 말한다. "물론 그것은 바뀔 수 있지만 우리는 지금까지의 실적을 매우 자랑스럽게 생각합니다."

제품 디자이너로서 두 사람은 제품 디자인, 마케팅 및 판매에 집중하기로 초기 전략적 결정을 내렸다. Safehinge Primera는 제조업체가 아니다. "우리 사업에서 제품을 만지는 부분은 단 한 곳뿐입니다"라고 Izod는 말한다. 크고, 부피가 크고, 가치가 높고, 맞춤 제작된 도어 셋은 영국에서 조립되며 부품은 주로 영국과 아시아 태평양 지역에서 공급된다.

두 사람은 전환 시점에서 Scaleup Scotland 프로그램을 만났다. "우리는 모든 토대를 마련했고, 적절한 분야를 찾았으며, 적절한 제품을 보유하고 있었다"라고 Ross는 말하였다. 그들은 스케일업을 기대하고 있었기 때문에 타이밍이 적절하였다. 이 프로그램은 그들이 직면한 모든 문제를 다루었다. 문화를 문서화하는 것은 문화에서 나온 최초이자 아마도 가장 영향력 있는 일이었을 것이다. Phil은 "우리는 너무 많이 고용하고 해고했다"며 "사람과 문화에 관한 Scaleup Scotland 프로그램의 첫 번째 세션은 변혁적인 것으로 판명되었습니다. 우리 직원들은 이제 우리의 가장 큰 강점 중 하나입니다. 우리에겐 환상적인 팀이 있습니다."

이 기간 동안 Martin은 긴 Covid-19에 걸렸다. "Scaleup Scotland 프로그램을 통해 우리는 빌딩 블록을 제자리에 놓기 시작했습니다."라고 Ross는 말했다. "그런 일이 일어났고 우리가 그 프로그램을 거치지 않았다면 우리가 어디에 있었을지 잘 모르겠습니다. 우리는 무언가를 알아냈을 것이지만 2년 동안 연간 40% 성장하여 Covid-19 전염병의 매우 어려운 2년 동안 비즈니스를 두 배로 늘릴 수 있었을지 확신할 수 없습니다."

제4부. 스케일업을 위한 핵심 역량

"우리는 Scaleup Scotland에서 보다 기업가적인 마인드를 얻었습니다. 우리는 더 크게, 그리고 전 세계적으로 생각하고 있습니다. 우리는 앞으로 나아갈 길과 도전이 무엇인지 모른다고 생각하면서 도착했고 그 반대를 생각하면서 떠났습니다. 우리는 자신감과 앞으로 나아갈 길을 알고 있으며 우리를 도울 수 있는 인맥을 가지고 있습니다. 그리고 앞으로 많은 기회가 있습니다. 영국에는 여전히 중요한 미개척 기회가 있습니다."라고 Martin Izod는 말했다. "심각한 위험을 초래하는 침실 문이 많이 있으며, 모두 업그레이드 될 때까지 해당 위험을 관리하기 위해 임상 팀에 큰 의존도를 둡니다."

"그리고 글로벌 기회가 있습니다. 이 사업은 미국과 호주에서 시작되고 있으며, 이 두 시장은 우리 제품이 아주 잘 어울리는 다른 두 시장입니다"라고 Ross는 말했다. "더 많은 연구를 할수록 더 많은 성장을 볼 수 있습니다. 우리는 향후 3,4년 동안 영국에서 수익을 2,000만 파운드로 늘리는 것을 목표로 하고 있지만, 수출 전략과 새로운 기술을 추가하면 6,000만 파운드에 도달하기를 열망하고 있습니다. 4년 동안 사업은 5배로 늘어날 수 있습니다."

"우리는 기회의 확대를 확신합니다."라고 Izod는 말한다. "우리 목적의 힘과 깊이는 우리를 앞으로 나아가게 할 것입니다. 우리는 정신 건강 관리의 질을 개선하고 삶의 어려운 시기를 헤쳐나가는 사람들을 돕는 것을 지지합니다. 우리는 우리 모두보다 더 큰 사명을 함께 수행하고 있으며, 우리가 직면한 복잡성이 무엇이든 간에 우리를 움직이게 합니다."

※ 자료원: www.scaleupinstitute.org.uk/stories

14장. 인적 자원과 조직 관리

조직의 역동성, 팀 및 리더십 분야에서 기업이 직면한 인적 자원 문제를 다루는 많은 연구가 있다. 그러나 연구의 대부분은 규모가 크고 안정적이고 성숙한 기업의 행동을 분석하는 데 기반을 두고 있다. 보다 최근에는 정적인 환경과는 다소 관련성이 적은 빠르게 성장하는 기술기업이 직면한 문제를 이해하려는 시도가 많아지고 있다.

그 예로써 Phadke와 Vyakarnam(2017)는 과학 및 기술 기반의 혁신을 사업화하는 문제를 이해하기 위한 연구에서 인적 자원의 문제를 기존의 문헌에서 관찰한 것보다 더 명확하게 구성해야 한다는 것을 발견하였다. 즉 과학 및 기술 기반 스타트업의 시작 및 성장과 관련된 핵심 변수를 정리한 결과 아래와 같이 조직 및 인적 자원 관리의 핵심 변인들을 분류하였다〈표 14-1〉.

이러한 분류를 기준으로 조직과 인적자원 관리의 개념 및 이론들을 차례대로 살펴보고 주제별 연구 결과를 중심으로 스케일업 기업이 당면할 내용을 고찰하고자 한다.

〈표 14-1〉 인적 자원과 조직 관리 핵심 변인들

항목	핵심 변인
인재	핵심 역량
	기업가적 지향성
	'T자형' 전문성을 포함한 기술과 사업화 기술의 융합
팀	심리 측정 프로파일링 도구 및 기술 사용
	팀 역할 및 프로세스
	팀 성과관리

항목	핵심 변인
조직 구조 및 관리	크기 대 구조의 절충
	통제 시스템
	커뮤니케이션
리더십	기존의 리더-팔로워-목표 공유 패러다임
	리더십에 대한 하이브리드 접근 방식
	DAC 패러다임에 기반한 '플랫' 구조
문화	내러티브: 이야기와 신화
	권력 구조
	보수 및 보상

※ 자료원: Phadke & Vyakarnam(2017)

I. 인적 자원 관리

1. 인재(Talent)

기술 기업의 성공은 올바른 인재를 보유하는 능력에 크게 의존한다는 점에 대해 많은 공감대가 이루어지고 있다. 필요한 인재의 유형과 관련하여 범기능적인 스킬을 지닌 T자형 인재의 필요성이 강조되고 있다. 즉 T의 최상위인 여러 분야에 걸친 광범위한 전문 지식과 특정 영역에 대한 심층적인 지식이 결합된 유형의 인재를 말한다. 이러한 유형의 인재가 갖추어야 할 구체적인 역량이 무엇인가를 이해하기 위해서는 핵심 역량에 대한 올바른 이해가 필요하다.

Prahalad와 Hamel(1990)에 의하면 핵심 역량(core competences)은 다양한 생산 스킬과 여러 분야 기술의 통합에 대해 조직 내에 축적된 집단적 학습 행위로 정의된다.

즉 핵심 역량은 스킬(Skill), 프로세스(Process), 자산(Asset), 기술(Technology), 가치(Value)가 총체적으로 만들어 내는 능력이므로 그 구성 요소 하나하나는 핵심 역량의 중요한 요소가 될지라도 그 자체로는 핵심 역량이 될 수 없다. 예를 들어 Apple의 핵심 역량은 기술에 인문학과 디자인을 접목하는 능력이며 브랜드 가치라든지 OS, 디자인이 아니라는 의미이다[그림 14-1].

[그림 14-1] 핵심 역량의 구성 요소

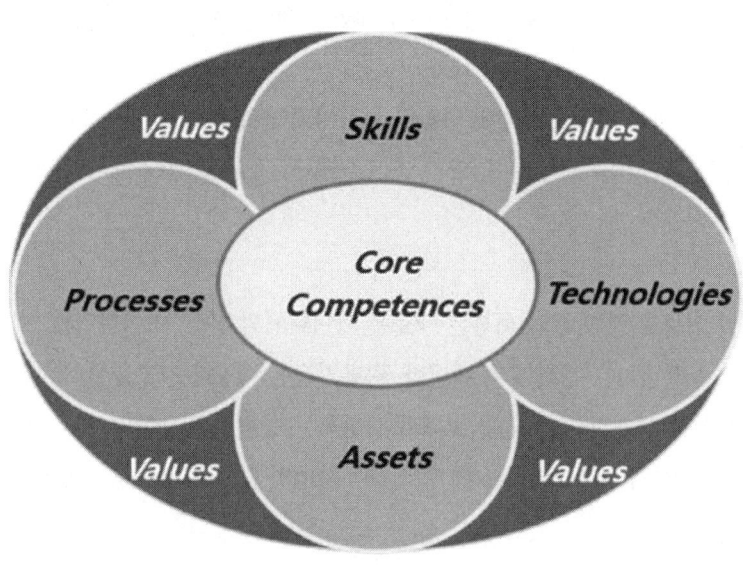

※ 자료원: Prahalad & Hamel(1990) 자료 재정리

그러나 기업의 핵심 역량이 무엇인가를 판단하는 데 다소 체계적인 접근이 필요하다. 먼저 타 기업 대비 독보적인 성과를 창출한 적이 있는가를 1차 판단의 기준으로 한다. 만약 독보적인 성과를 창출한 적이 없다면 기업 내 핵심 역량이 없다고 보아야 한다. 따라서 기업이나 사업을 위한 핵심역량의 도출은 다음과 같은 과정을 거친다. 먼저 사업의 독보적인 성과가 있었는가를 확인하고, 성과를 통해 고객과 회사가 얻은 혜택을 확인하며, 성과를 창출하게 만든 핵심 요소(스킬, 프로세스, 자산, 기술, 가치)를 도출하고, 핵심 요소의 결합을 통해 핵심 역량 후보를 도출한 후 핵심 역량 후보를 평가한 결과를 토대로 핵심 역량, 기본 경쟁 필요 요건, 잠재 핵심 역량 및 미래 핵심 역량으로 분류한다.

이렇게 도출된 핵심 역량을 기초로 올바른 인재의 선발이나 능력 개발 그리고 사업 영역 선정에 활용할 수 있다.

과학과 기술 기반의 사업화를 위해서는 기업가적 지향성(entrepreneurial orientation)이 중요하다는 것에 대해 많은 논쟁이 있다. 이 논쟁의 부분으로서 기업가는 태어나는 것인지 아니면 만들어지는 것인지, 과학자와 기술자가 어떻게 기업가가 될 수 있는지, 기업가 정신을 가르치거나 배울 수 있는지, 기업가를 지원하고 멘토링할 수 있는 네트워크는 어떻게 만들 수 있는지에 대한 논쟁이 포함된다.

그러나 기업가적 지향성에 대한 다양한 논쟁이 있음에도 불구하고 기업가적 지향성의 성공 여부는 기업가의 동기 부여, 자기 인식, 사회적 기술 및 관계 관리 능력에 달려있다는 사실이다.

과학 및 기술 기반 혁신의 핵심은 새로운 아이디어의 발상, 아이디어의 개념화, 제품 및 서비스를 종합하는 능력이다. 이러한 종합 기술은 다양한 기술을 이해하고 통합하고 기술의 기능을 잠재적 사용자 및 고객과 결합하는 능력이 필요하다. 이러한 기술-사업의 합성 기술은 캐즘을 극복하는 데 중요하며 다양한 도구와 기술을 사용하여 체계적으로 가르칠 수 있다.

2. 팀

효과적인 팀을 구성할 때 두 가지 핵심 사항이 중요하다. 기능적 측면에서 특정 주제에 대한 전문성(Subject matter expertise)과 또 하나는 일반적인 행동 유형이다. 주제에 대한 전문성은 핵심역량으로 정의되며 기술과 목표 시장의 유형에 따라 분명히 달라지기 때문에 여기서는 팀 구성원의 공통적인 행동에 대한 Belbin의 제안을 소개하고자 한다.

Belbin(2013)의 주장에 의하면, 팀이 성과를 내기 위해서는 팀 역할의 유형들이 팀 내에 골고루(모두) 갖추어져야 하는데 Belbin은 이를 '팀 역할의 균형화(team role balance)'라고 부른다. [그림 14-2]에서 제시된 바와 같이 9가지의 팀 역할이 팀 내에 모두 존재하면 '팀 역할이 균형화(balanced team role)되었다'라고 한다. 즉 팀원의 수와는 관계없이 9개의 팀 역할이 팀 내에 어느 정도 갖추어져 있느냐에(존재하느냐에) 따라 팀의 성과가 달라진다는 것이다.

여기서 팀 역할이란, 공식적으로 직무와 관련하여 부여된 기능적인 역할과 달리, 비공식적이고 직무와 관련성이 없는 팀 내 구성원의 역할이다. 예를 들면, 팀워크가 발휘되기 위해서는 누군가가 팀원 간의 만남 그 자체가 재미있게끔 팀의 분위기를 잘 돋워야 하고, 어떤 사람은 꼼꼼히 따지면서 내부 비판가 역할을 잘해야 하고, 또 어떤 사람은 전체적 조화 혹은 최적화를 잘 이룩해 내야 한다. 만약 "자네 역할이 뭔가?"라고 상사가 물으면, "예, 저는 채용 담당입니다" 혹은 "급여 담당입니다"라고 기능적 역할만을 제시하지, "예, 저는 분위기 잡는 사람입니다" 혹은 "비판하는 사람입니다"라고 하지는 않는다. 하지만 팀워크가 있으려면 팀 역할이 존재하여야 한다. 한 개인의 경우, 비록 주어진 기능을 잘 수행하는 기능적 역할은 있을지라도 여러 가지의 팀 역할 중 어느 하나도 올바로 수행하지 못할 수 있고, 거꾸로 한 사람이 동시에 여러 개의 역할을 잘 수행할 수도 있다.

따라서 특정 팀 내에서 팀원은 자신의 역할을 이해함으로써 팀 구성원으로서 강점을 개발하고 약점을 관리하여 팀에 기여하는 방식을 개선할 수 있다. 한편 팀 리더와 팀 개발 실무자는 이러한 모델을 사용하여 보다 균형 잡힌 팀을 만드는 노력을 할 수 있다.

[그림 14-2] 9가지 팀 역할 유형과 특성

유형		내용	각 유형의 약점
창조자 Plant		창조적, 상상력 풍부, 전통이나 인습에 얽매이지 않고 어려운 문제 잘 해결함	작은 소홀하고 효과적 의사소통에 집착함
자원 탐색가 Resouce Investigator		외향적, 열정적, 말하기를 좋아함. 기회 발굴 및 탐색하고 친교를 잘함	매우 긍정적이나 초기 열정이 사라지면 관심을 상실함
지휘/조절자 Coordinator		성숙, 자신감 넘치는 지도자로서 목표를 명확히 하고 의사 결정을 촉진하고 위임을 잘함	조직과 사람을 적절하게 다루는 것처럼 보일 수 있으며 개인적 일까지도 위임하는 경향
추진자 Shaper		도전적, 활기 넘침, 곤경 속에서도 장애를 극복하는 추진력과 용기 지님	남을 자극하고 사람의 감정을 상하게 할 수 있음
모니터/평가자 Monitor evaluator		냉정하고 전략적, 총명함. 모든 안을 검토하고 정확히 판단하는 편임	상대를 고무시키는 추진력과 능력이 부족, 비판적인 경향
팀워크 조성자 Teamworker		협력적, 온화함, 타인을 잘 이해하며 외교적임. 경청하고 마찰 피하며 조직을 평온하게 함	결정적 상황에서 판단력 결여, 쉽게 영향 받는 경향
실행자 Implementer		엄격, 신뢰성, 보수적 능률적임. 아이디어를 실행에 잘 옮김	다소 비탄력적이나 새로운 가능성에 대한 대응력 높음
완결자 Completer		근면 성실, 실수나 부족한 것 찾아내고 제시간에 일을 완수함	걱정이 많음, 쉽게 위임하지 않음, 사소한 것에 간섭하는 경향
전문가 Specialist		한 가지 일에 전념, 솔선, 헌신적. 전문 분야의 지식과 기능 제공함	세부 분야의 기술적 내용에 치중. 큰 그림 놓치는 경향

※ 자료원: Belbin(2013) 자료 재정리

한편 고성장 기업의 팀 구성원들의 행동에 대한 통찰력을 제공하기 위한 목적으로 사용되는 심리 측정 도구로서 MBTI(Myers-Briggs Type Indicator)를 활용할 수도 있다. MBTI는 개인이 쉽게 응답할 수 있는 자기보고서 문항을 통해 인식하고 판단할 때의 각자 선호하는 경향을 찾고, 이러한 선호 경향들이 인간의 행동에 어떠한 영향을 미치는가를 파악하여 실생활에 응용할 수 있도록 제작된 심리 검사이다.

이 검사는 내향성(Introversion) 또는 외향성(Extroversion), 감각(Sensing) 또는 직관(iNtuition), 사고(Thinking) 또는 감정(Feeling), 판단 (Judging) 또는 인식(Perceiving)의 네 가지 범주를 지정한다. 네 가지 범주마다 두 가지 경우가 존재하므로 총 16가지의 유형이 만들어진다. MBTI는 팀 구성원의 행동에 대한 통찰력을 제공할 수 있는 간단한 도구이기 때문에 구성원들의 성격 유형을 진단하고 이를 기초로 팀원 자신들의 장단점 개발을 통해 팀워크를 향상시키기 위한 목적으로 많은 기업에서 사용되고 있다[그림 14-3].

[그림 14-3] MBTI 16가지 성격 유형의 대표적 특징

선호 경향
- 외향 (E) ←── 에너지 방향 ──→ 내향 (I)
- 감각 (S) ←── 인식 기능 ──→ 직관 (N)
- 사고 (T) ←── 판단 기능 ──→ 감정 (F)
- 판단 (J) ←── 생활 양식 ──→ 인식 (P)

ISTJ	ISFJ	INFJ	INTJ
책임감이 강함, 현실적, 매사에 철저하고 보수적이다.	차분하고 헌신적, 인내심이 강함, 타인의 감정 변화에 주의를 기울임	높은 통찰력으로 사람들에게 영감을 줌, 공동체의 이익을 중요시함.	의지가 강함, 독립적, 분석력이 뛰어남.
ISTP	**ISFP**	**INFP**	**INTP**
과묵하고 분석적, 적응력이 강함.	온화하고 겸손함, 삶의 여유를 만끽함.	성실하고 이해심이 많고 개방적, 잘 표현하지 않으나 내적 신념이 강함.	지적 호기심이 높으며, 잠재력과 가능성을 중요시함.
ESTP	**ESFP**	**ENFP**	**ENTP**
느긋함, 관용적이며 타협을 잘함, 현실적 문제 해결에 능숙함.	호기심이 많음, 개방적, 구체적인 사실을 중요시함.	상상력이 풍부, 순발력이 뛰어남, 일상적인 활동에 지루함을 느낌.	박학다식하고 독창적임, 끊임없이 새로운 시도를 함.
ESTJ	**ESFJ**	**ENFJ**	**ENTJ**
체계적으로 일하고 규칙을 준수함, 사실적 목표설정에 능함.	사람에 대한 관심이 많음, 친절하고 동정심이 많음.	사교적이고, 타인의 의견을 존중함, 비판을 받으면 예민하게 반응함.	철저한 준비를 하고 활동적임, 통솔력이 있으며 단호함.

※ 자료원: Myers & Kirby(1994) 자료 재정리

지금까지 과학과 기술 기반의 혁신을 사업화하는 데 요구되는 인재와 이러한 인재들을 팀으로 결합하는 방법에 대해 살펴보았다. 그 과정에서 특히 팀 내 구성원들의 역할과 행동 유형에 대한 이해가 중요함을 강조하였다. 그러나 빠르게 성장하는 기업에 자신 있게 확실한 지침을 제공하기 어려운 점도 있다. 왜냐하면 초기 단계의 기업에서는 구성원들의 역할과 프로세스 간의 구분이 항상 명확하지 않을 수 있기 때문이다. 그럼에도 불구하고 기업은 균형 잡힌 팀을 만드는 노력을 통해 팀 성과를 관리할 필요가 있다. 기술 기반 기업의 또 다른 중요한 문제는 가상 팀의 관리 문제이다. 즉 팀 구성원이 물리적 상호 작용 없이 서로 다른 지역 및 시간대에서 상호 작용해야 할 때 이러한 팀이 효과적이고 안정적으로 운영하는 방법을 마련해야 할 필요가 있다.

II. 조직 구조와 관리

1. 조직 성장의 단계

모든 조직은 다양한 성장 단계를 거치며 각 단계마다 조직은 당면 문제를 해결해야 한다. 조직 성장과 관련하여 Larry E. Greiner는 1998년 Harvard Business Review를 통해 '조직의 성장에 따른 진화와 혁명'이라는 제목의 기고를 통해 현상 유지를 뒤흔들고 후속 단계를 안내하는 '혁명'으로 강조된 성장의 5단계를 제안하였다.

[그림 14-4] 조직의 성장 단계

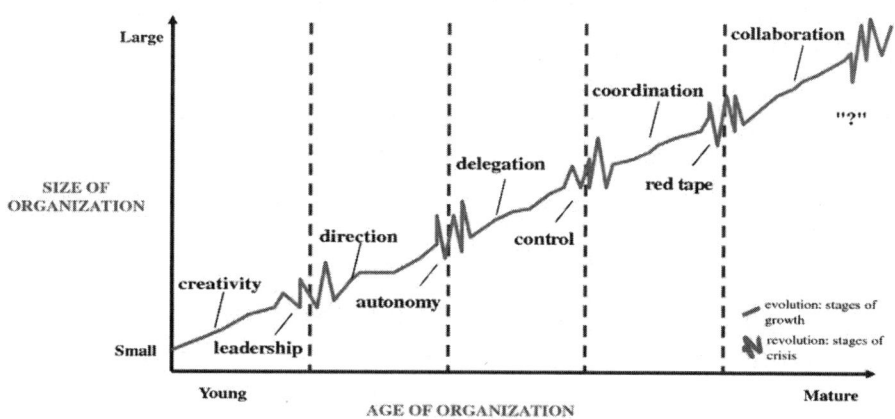

※ 자료원: Greiner(1998)

Greiner는 조직의 성장 단계를 [그림 14-4]와 같이 창의성(creativity), 지시(direction), 위임(delegation), 조정(coordination) 및 협업(collaboration)의 5단계로 제시하고 〈표 14-2〉와 같이 각 단계별 조직 운영의 특징을 제안하였다.

〈표 14-2〉 조직 성장 단계별 조직 운영

항목	제1단계	제2단계	제3단계	제4단계	제5단계
경영의 초점	생산과 판매	운영 효율성	시장 확대	조직의 통합	문제 해결 혁신
조직 구조	비공식 구조	권한 집중 기능별 조직	권한 분산 지리적 분산구조	라인/스태프 제품별 팀구조	매트릭스팀 구조
최고 경영자 스타일	개인주의 기업가 정신	지시형	권한 위양	감시 감독	참여형
통제 기구	시장에서 결과 평가	표준화 원가 중심적	보고 이익 중심적	계획 투자 중심적	참여를 통한 공동 목표 설정
관리자 보상	소유권	기본급 성과급	개인별 보너스	이익 분배 스톡옵션	팀 보너스

※ 자료원: Greiner(1998) 자료 재정리

Greiner의 조직 성장 모델은 다음과 같은 조직에 대한 특정 가정을 기반으로 한다. 첫 번째 가정은 조직은 경직되고, 관료적이며 통제 중심적이며 중앙 집중화된 실체라는 것이다. 둘째, 조직은 조직의 미래 성공이 조직 내부에 있다는 사실을 깨닫지 못하고 진화하는 개발 상태를 평가하지도 못한다. 따라서 경영진이 조직 개발 문제를 이해하지 못하면 시장 기회와 관계없이 조직이 현재의 진화 단계(진화 실패)에서 멈추는 결과를 초래할 수 있다.

이러한 Greiner의 연구는 기술기업이 성장함에 따라 구조와 역동성을 이해하기 위한 기초를 제공했지만, 조직의 규모에 따라 이러한 접근을 일반화할 수 없는 몇 가지 한계가 있다. 다시 말해서 이 모델은 초기 단계의 기업에 대한 적용 가능성이 있지만 대체로 직원이 50명 이상의 잘 정립된 기업을 대상으로 성장 분석을 했다는 점이다.

한편 조직 구조와 관련하여 모든 기업은 성장함에 따라 세부적인 제품 그룹을 기반으로 하는 M형(multidivisional form) 사업부 구조를 개발하며, 기능 라인을 기반으로 하는 U형(unitary form) 구조는 기업이 성장함에 따라 점차 위축된다는 것을 가정한다. U자형의 단일 형태 조직 구조는 마케팅 및 재무와 같은 기능적 라인을 따라 단일 단위로 관리되는 구조를 말한다. 반면에 M자형 구조는 회사가 여러 개의 반자율적 단위로 분할된 것을 말하며 중앙 기관의 재무적 목표에 의해 각 단위를 통제한다.

그러나 Greiner의 이러한 주장은 Greiner의 연구가 1990년대에 M형 모델을 지배적으로 운용한 미국 기업에서 나온 것이라는 사실을 반영한 것으로써 U자형 구조에 대한 보다 최근의 선호도는 포함하지 않고 있다. 즉 오늘날은 대규모의 기업이라도 제품 유형이나 제품 그룹이 아닌 디자인 또는 제조와 같은 기능적 범주에 따라 고도로 통합된 U자형 조직 구조로 되어 있기 때문이다.

2. 조직 성장과 조직 운영

한편 조직 크기에 따른 조직 운영의 연관성을 보다 세부적으로 이해하기 위해 Phadke와 Vyakarnam(2017)은 Greiner가 언급한 조직 운영의 5가지 주요 지표가 기업의 크기에 따라 어떻게 변했는지 비교하였다. Phadke와 Vyakarnam(2017)가 제시한 기업 규모의 10가지 범주는 다음과 같다:

- 단일 기업가(Single Entrepreneuer): 기업의 출발점인 기업가
- 창립 그룹(Founding Group): 과학 및 기술 기반 혁신에 중점을 둔 기업가의 아이디어가 대중화되는 초기 창립 그룹
- 임시 팀(Ad-hoc Team): 빠르게 형성되고 변형될 수 있는 전일제 및 시간제로 투입되는 임시 팀
- 초기 팀(Early Team): 임시적 구조에서 벗어나는 최초의 공식적인 팀
- 출시 팀(Launch Team): 첫 번째 제품이나 서비스를 전담 고객에게 제공하는 데 집중하는 팀
- 고성과 팀(High-performance Team): 새로운 제품 및 서비스의 효과적인 제공에 중점을 두는 팀
- 통합 팀(Integrated Team): 회사의 전반적인 사업화 목표를 달성하기 위해 최적으로 구성된 팀
- U형 팀(U-form Team): 기능적으로 조직되어 다양한 제품과 서비스를 제공하는 단일 형태의 팀
- M형 팀(M-form Team): 특정 제품이나 서비스, 제품 및 서비스 제품군을 각각 담당하는 별개의 부서로 구성된 팀
- H형 팀(H-form Team): U형과 M형 조직의 융합에 의한 팀

<표 14-3> 조직 성장의 팀 발전 단계별 조직 운영

	경영의 초점	조직 구조	최고 경영자 관리 스타일	통제 기구	관리자 보상
단일 기업가	아이디어		매우 개인적		소유권
창립 그룹	최초 프로토타입	비공식적 관계	협력과 전투적		소유권 공유
임시 팀	프로토타입 발전	공식적 관계	협력		공유+ 초기 옵션
초기 팀	최초 전담 고객	프로세스 대 역할 매핑	결과에 집중	자원 할당	구조화된 옵션
출시 팀	사업화 가능한 제품	공식적 조직도	결과에 집중	비용 관리	구조화된 옵션
고성과 팀	사업화 제품 개발	간소화된 조직	성과에 집중	성과 관리	성과 인센티브
통합 팀	완전한 출시 준비	기능적 책임	기업에 집중	시장 결과	집단 보너스
U형 팀	주요 사업화 제품 출시	기능적 구조	지시적	시장 결과	집단 보너스
M형 팀	시장 개발	사업부제 구조	위임적	보고 및 손익센터	수익 공유+ 스톡옵션
H형 팀	수익 극대화	매트릭스 구조	위임적	목표 설정 및 모니터링	수익 공유+ 스톡옵션

※ 자료원: Phadke & Vyakarnam(2017)

모든 기업이 항상 이러한 경로의 모든 단계를 통과하는 것은 아니다. 어떤 기업은 완전하게 이루어진 초기 팀에서 시작하여 조직 성장의 경로를 따를 수 있으며 또 어떤 기업은 시장에 대한 신속한 출시가 중요했기 때문에 고성과 팀의 단계를 건너뛸 수도 있다. 그러나 이러한 결과는 기업의 상대적 성숙도에 대해 기업에 유용한 통찰력을 제공할 수 있다. <표 14-3>은 시간이 지남에 따라 팀에 대한 초점이 어떻게 변하는지 보여주는 분석 결과를 보여주고 있다. 이를 통해 기업이 성장함에 따라 변화하는 리더십 및 관리의 우선순위를 알 수 있고 이 연속체상에서 자신의 기업이 어느 위치에 있는지 이해할 수 있다.

한편 Phadke와 Vyakarnam(2017)은 스케일업 프로세스에 관한 자신들의 3원 캐즘 모델(Triple Chasm Model)에서 사업화 여정에 따른 고객 성장 데이터와 팀·조직의 유형에 대한 분석을 결합하여 [그림 14-5]와 같이 사업화 여정에 따라 달라지는 팀·조직의 유형을 매핑하였다. 이러한 결과가 의미하는 바는 기업이 성장하고 새로운 고객을 확보함에 따라 조직의 유형과 그에 따른 운영 방식을 변경할 필요가 있다는 것이다. 따라서 스케일업을 추구하는 기업은 조직 구조의 변화가 미치는 영향을 이해하고 기업의 성숙도에 맞는 조직 구조에 관한 결정을 내려야 한다.

[그림 14-5] 사업화 여정에 따른 팀·조직 구조의 변화

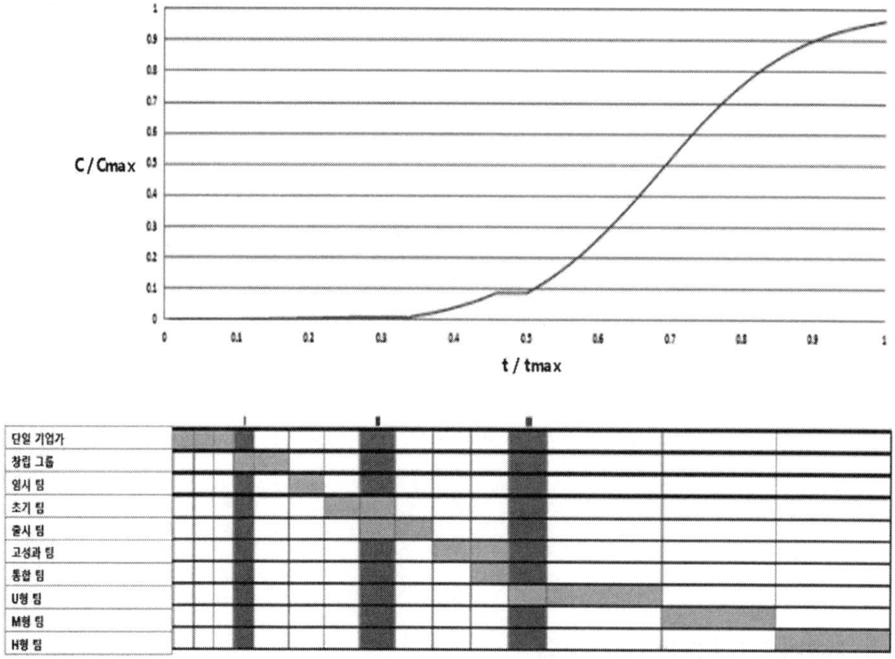

※ 자료원: Phadke & Vyakarnam(2017) 자료 재정리

III. 리더십

훌륭한 리더는 무엇에 의해 결정되는가? 리더십에 관한 전통적인 연구는 크게 세 가지 정도로 대별된다. 먼저 리더십은 개인적 특성(trait)에서 비롯된다는 접근이다. 이러한 접근은 여러 리더를 조사해서 어떤 공통적인 성격적, 사회적, 신체적 특성이 있는지를 알아보고자 했다. 또 하나는 심리학의 행동주의에 영향을 받은 이론으로써 좋은 리더는 특별히 어떤 행동 양식이 있고 그것을 배움으로써 누구나 좋은 지도자가 될 수 있다고 보았다. 즉 특성 이론에서 주장한 것처럼 리더가 타고난다는 것을 인정하지 않았다. 하지만 연구 결과들 사이에 큰 일관성이 나타나지 않아 이를 해결하기 위해 '상황'이라는 변수를 끌어들였다. 즉 A 상황에서는 X 유형의 리더가 B 상황에서는 Y 유형의 리더가 더 적합하다는 식의 접근법인 '상황적 리더십 이론(Contingency Theory)'이 도입되었다. 상황적 리더십 이론에는 피들러의 상황 리더십 이론(Fiedler's contingency theory of leadership), Hersey와 Blanchard의 상황적 리더십 이론(Situational Leadership Theory), 및 LMX 이론(Leader-Member Exchange Theory) 등의 다양한 이론들이 있다. 이후의 리더십 이론은 불확실한 환경변화에 대처할 수 있는 리더십의 중요성을 강조하면서 기존 이론의 복잡한 상황변수 분석과 리더 스타일 분석을 지양하고 리더의 모습 그 자체를 묘사한 것들로 주류를 이루고 있다. 대표적인 것으로는 리더십 귀인 이론(Attribution theory of leadership), 카리스마적 리더십 이론(Charismatic leadership theory), 거래적-변혁적 리더십 이론(Transactional-Transitional Leadership Theory), 비저너리 리더십 이론(Visionary leadership theory) 등이 있다.

1. 통합 리더십 이론 DAC 모델

최근에는 리더십이란 개인으로서는 결코 달성할 수 없는 결과를 달성하기 위해 함께 일할 수 있게 해주는 사회적 과정이라고 정의하는 주장이 있다. Drath et al.(2008)은 리더십의 전통적인 리더-추종자-공유 목표의 구성체를 통합하는 일반화된 리더십 이론인 DAC 모델을 제안하였다[그림 14-6]. 여기서 DAC란 Direction(방향), Alignment(조정), Commitment(몰입)을 말하며 조직 구성원이 조직의 성과를 실현하기 위해 자발적이고 효과적으로 협력하도록 만드는 것이다. 따라서 리더십을 실현한다고 말할 때 그것은 바로 방향, 조정 및 몰입이 이루어지도록 하는 것을 의미한다.

[그림 14-6] DAC 모델

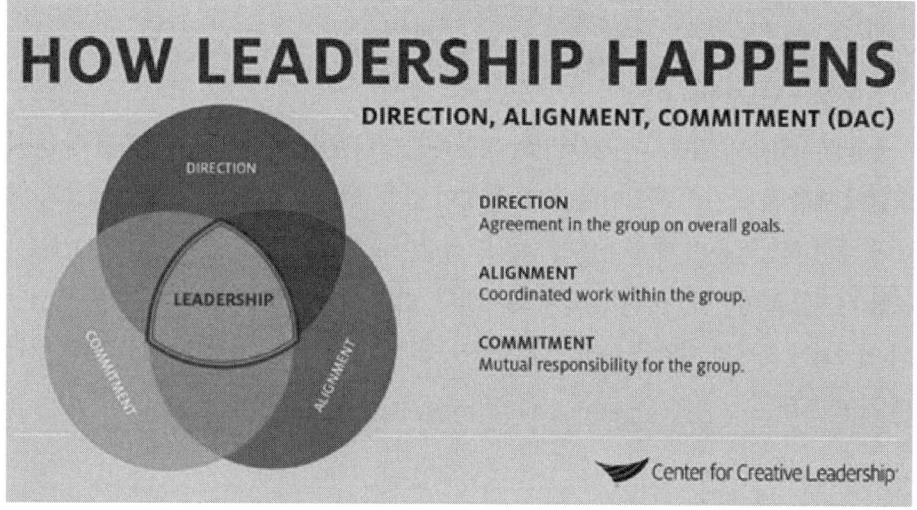

※ 자료원: Drath et al.(2008)

이러한 DAC의 의미를 세부적으로 살펴보면 다음과 같다.

① 방향성(Direction)

방향성은 집단이 함께 달성하고자 하는 전반적인 목표에 대한 집단의 동의라고 할 수 있다. 따라서 강한 동의가 있는 집단의 경우 구성원은 집단의 성공이 어떤 것인지에 대한 공통된 이해를 갖고 있으며 달성하려는 목표에 동의한다. 반면에 방향이 약한 집단의 구성원은 함께 무엇을 성취해야 할지 확신이 서지 않거나 경쟁으로 인해 다른 방향으로 끌려가는 느낌을 받는다.

② 업무 조정(Alignment)

조정은 집단 내 작업의 다양한 측면을 통합하여 공유된 방향을 위해 함께 일하도록 한다. 조정이 잘 이루어진 집단의 구성원들은 서로 다른 과업이나 역할 및 전문 지식을 자신들의 작업을 위해 통합한다. 반면에 조정이 확실하지 않은 그룹의 구성원은 고립되어 일하며, 자신의 작업이 그룹의 더 큰 작업에 어떻게 부합하는지 명확하게 알지 못하며, 중복 작업을 하거나, 중요한 작업에 체계적으로 기여하지 못한다.

③ 몰입(commitment)

몰입은 사람들이 집단의 성공(개인의 성공뿐만 아니라)을 개인의 우선순위로 삼을 때 집단에 대한 서로 간의 책임이다. 강한 몰입이 있는 집단의 구성원은 집단의 성공과 행복에 대한 책임감을 느끼며 다른 구성원도 똑같이 느낀다는 것을 알고 있다. 그들은 서로를 신뢰하고 어려운 시기에 집단과 함께한다. 반면 몰입이 약한 집단의 구성원은 집단의 이익보다 자신의 이익을 우선시하고 하기 쉽거나 얻을 수 있는 것이 있을 때만 집단에 기여한다.

2. DAC 모델의 적용

그렇다면 리더로서 어떻게 DAC를 만들고 조직에서 리더십을 발휘할 수 있을까? 시도해야 할 3가지 중요한 전략은 다음과 같다. 첫째, 리더십이 일어나고 있는지 주의를 기울일 필요가 있다. 이를 위해서는 DAC의 증거를 찾고 결과에 주의를 기울임으로써 더 필요한 부분을 식별할 뿐만 아니라 원하는 수준의 방향성, 업무 조정 및 몰입을 생성하는 프로세스 및 상호 작용의 종류를 볼 수 있다.

둘째, 더 많은 리더십을 발휘하도록 해야 한다. 적절한 리더십 프로세스가 많지 않다는 것을 알게 되면 이를 만들어야 한다. 유용한 리더십 프로세스가 있을 때는 사람들이 효과적으로 참여할 수 있는 기술을 가졌는지 확인할 필요가 있다. 그리고 기존의 리더십 프로세스가 더 이상 필요한 방향성, 업무 조정 및 몰입을 불러일으키지 않는 것 같으면 새로운 프로세스를 탐색해야 한다.

셋째, 리더십 함양에 참여하는 리더 자신의 능력을 향상시킬 필요가 있다. 개인의 기술과 능력을 지속적으로 심화하고 확장하는 것이 필요하다. 다양한 역량을 통해 여러 가지 프로세스에 더 효과적으로 참여할 수 있다. 만약 어디에 노력을 집중해야 하는지 궁금하다면 이 질문에 답하기 위한 준거가 바로 DAC 모델이라는 점을 인식할 필요가 있다. 즉 조직에서 더 많은 DAC를 간절히 보고 싶은 곳이 있다면 그곳은 어디일까? 그 상황에서 더 많은 리더십이 발휘되도록 하려면 무엇을 더 잘해야 할까?

물론 DAC 접근 방식을 적용하더라도 빠른 수정이 일어나는 것은 아니다. 그러나 그것은 명확성과 앞으로 나아갈 길을 제공한다. 방향성, 업무 조정 및 몰입이 나타나는 곳과 그렇지 않은 곳에서 사람들과 이야기하고 새로운 리더십 프로세스에 대한 실험에 다른 사람들을 참여시키고 자신의 능력을 향상시키는 방법에 대한 의견을 구할 필요가 있다. 리더십은 하나의 사회적 과정이기 때문에 결국 다른 사람들과 함께함으로써 리더십을 발휘할 수 있다.

리더십에 관한 이러한 DAC 모델은 리더십의 존재론 자체에 대한 또 하나의 획을 긋는 주장으로, 많은 기업이 DAC 철학을 적용하려고 했다. 그러나 이 모델은 잘 정립되고 성숙한 기업에서 이러한 리더십 모델을 지원하는 문화를 만들 수 있으나 조직 성장에서 초기 단계의 기업이나 시장에 따라 신속하게 대처해야 하는 기술 기업의 경우에는 적용하기 어렵다는 주장도 있다. 따라서 일부 기업에서는 DAC 접근 방식을 적용하면서도 여전히 기존의 리더-추종자 패러다임에 기초한 융합적인 리더의 행동을 나타내고 있다.

그 예로써 Phadke & Vyakarnam(2017)은 12가지의 기술 관련 시장에 참여하고 있는 기업들을 대상으로 리더-추종자-공유 목표에 기반한 전통적인 접근 방식, DAC 모델에 기반한 접근 방식 및 이 두 가지를 혼용하는 융합적 접근 방식의 리더십을 채택하는 정도를 조사하였다.

[그림 14-7]에서 보여 주는 바와 같이 엔지니어링 및 통신과 같은 기술집약적 시장에 참여하고 기업의 경우는 기존의 리더-추종-목표라는 전통적인 리더십 패러다임이 여전히 지배적인 것으로 나타났다. 반면 DAC 기반 리더십 패러다임은 미디어 및 엔터테인먼트, 소프트웨어 및 컴퓨팅 도구 및 교육 시장에서 강하게 나타났다. 또한 융합적 접근 방식은 중공업 기반 시장과 비교하여 생명 공학에 기반한 새로운 시장 공간과 에너지, 조명 및 금융 서비스에서 더 널리 퍼져 있었다.

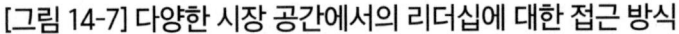

[그림 14-7] 다양한 시장 공간에서의 리더십에 대한 접근 방식

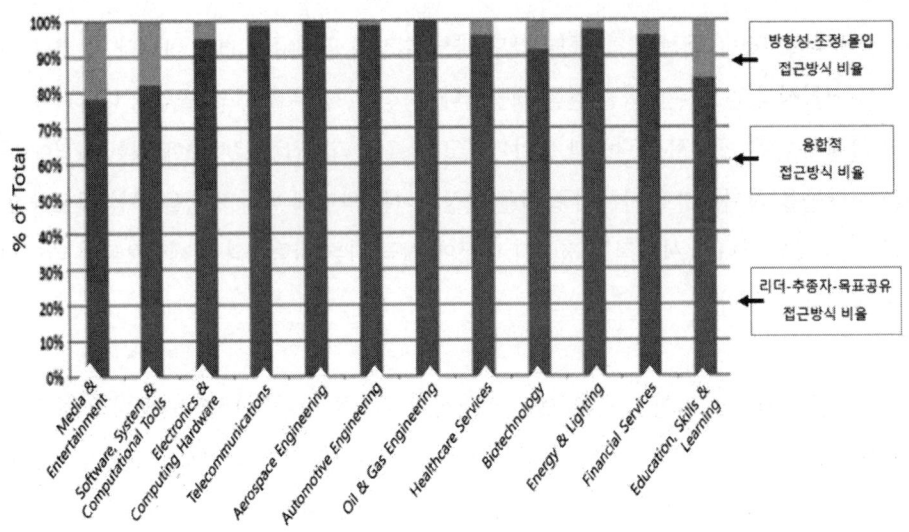

※ 자료원: Phadke & Vyakarnam(2017) 자료 재정리

요약하면 이러한 결과가 비록 체계적인 검증 프로세스에 기반한 보편타당성이 있는 자료는 아니라고 하더라도 DAC 기반 접근 방식은 특히 미디어, 엔터테인먼트 및 통신

과 같은 고성장 시장에서 활동하는 기업에서 점진적으로 확산되고 있다는 사실에 주목할 만하다.

계층적 리더-추종자 모델에 기반한 전통적인 리더십 관점은 성장하고 기업에 가장 적합한 모델이 아닐 수도 있다. 이에 대한 대안으로 리더십을 사회적 과정으로 보는 DAC 모델이 기업에게 더 적합할 수도 있다. 그러나 현실적으로 기술 중심의 일부 기업들은 그들이 참여하고 있는 시장의 유형에 따라 이 두 가지 접근 방식을 결합한 융합적인 리더십 모델을 채택하고 있다. 따라서 스케일업을 지향하는 기업은 자신의 기술시장의 유형과 기업의 성숙도에 따라 적절한 조직 구조를 선택하고 그에 따른 리더십 관점을 채택할 필요가 있다.

IV. 조직 문화

한 국가의 관습 및 전통과 마찬가지로 팀이나 조직에도 시간이 지남에 따라 문화가 형성된다. 함께 일하는 사람들은 그들이 생각하고 행동하는 방식의 유사성을 기반으로 공유 문화를 개발하는 경향이 있다. 다양한 요소들이 문화의 효과성을 결정하는데, 그것은 조직 구조나 구조 조정과 같은 요소에 의해 영향을 받을 수도 있다.

1. 조직 문화의 중요성

조직 연구자들은 오랫동안 조직문화의 의미와 결과에 대해 논의해 왔다. 기존의 통념에 따르면 구성원의 행동을 조직 목표와 일치시키는 강력한 문화는 성과를 향상시킬 수 있다. 그러나 보다 최근에는 강한 문화는 오히려 일상과 행동의 획일성을 더 많이 준수하는 것과 관련이 있어 역동적인 환경에서는 약한 문화의 기업보다 덜 효과적이라는 견해도 있다.

이에 대해 Chatman et al.(2014)은 두 견해 모두 문화를 구성하고 있는 문화적 규범의 3가지 차원을 잘 인식하지 못한 결과로부터 비롯된 것이라고 주장하였다. 즉, 규범의 내용(예: 팀워크, 성실성), 조직 구성원이 규범을 유지하는 정도(강도) 그리고 조직 내 규범에 대해 구성원이 동의하는 정도(의견 일치)의 세 가지 차원이 문화에 포함한다는 점을 인식하지 못하고 있기 때문이라고 주장하였다. 따라서 적응력이라는 규범이 강력하게 유지되고 문화적 규범이 구성원들 사이에서 널리 공유된다면 강력한 문화가 역동적인 환경에서도 성과를 향상시킬 것이라고 주장한다. 결론적으로 말하면 조직 문화는 이해하기 쉽지 않지만 조직의 작업 환경과 결과에 막대한 영향을 미칠 수 있다. 이러한 이유로 무엇이 효과적인 문화를 만드는지, 그리고 제대로 작동하지 않는 문화를 어떻게 변화시킬 것인지에 관한 방법을 찾아내기 위해 많은 연구가 수행된 이유이다.

그 결과 다행스럽게도 조직 문화를 살펴보는 데 도움이 되는 접근 방식이 개발되었다. 1992년 Gerry Johnson과 Kevan Scholes가 개발한 문화 웹(Cultural Web)은 조직의 문화를 살펴보고 변경하기 위한 접근 방식을 제공한다. 이를 사용하여 현재 조직의 문화적 가정과 관행을 살펴보고 조직 요소를 전략에 맞게 조정하도록 설정할 수 있다[그림 14-8].

2. 조직 문화 웹(Cultural Web)

2.1 조직 문화 웹(Cultural Web)의 구성 요소

작업 환경의 패턴 또는 모델이라고 부르는 '패러다임'을 구성하는 데 도움이 되는 6개의 상호 관련된 문화적 요소가 있다. 각각의 요인을 분석함으로써 무엇이 효과가 있고, 무엇이 작동하지 않으며, 무엇이 변경되어야 하는지에 관한 큰 그림의 문화를 살펴볼 수 있다: 6가지 요소는 다음과 같다.

[그림 14-8] 조직 문화 웹 체계

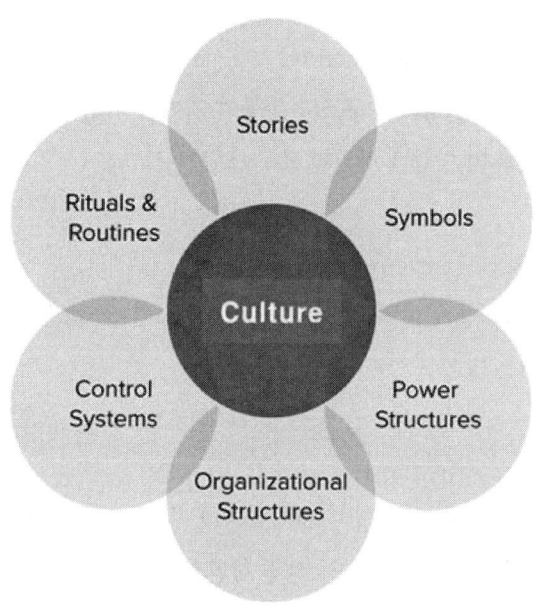

※ 자료원: Johnson, Whittington, & Scholes(2012) 연구의 재정리

① 스토리(Stories)

회사 안팎에서 과거의 사건과 사람들에 관한 이야기. 회사가 영속화하기로 선택한 사람과 대상은 회사가 가치 있게 여기는 것과 훌륭한 행동으로 인식하는 것에 대해 많은 것을 말해줍니다.

② 의식과 일과(Rituals and Routines)

수용 가능한 행동을 나타내는 사람들의 일상적인 행동과 활동으로서 이것은 주어진 상황에서 발생할 것으로 예상되는 것과 경영진이 가치 있다고 생각하는 것을 결정한다.

③ 상징(Symbols)

회사와 관련된 모든 시각적 이미지를 의미하는 것으로서 로고 및 브랜딩, 드레스 코드, 사무실 디자인 및 제품 또는 서비스의 광고 방법과 같은 기타 미묘한 요소도 포함된다. 기본적으로 조직의 맥락에서 보고 듣거나 만질 수 있는 모든 것이 포함된다.

④ 조직 구조(Organizational Structure)
여기에는 조직도에 의해 정의된 구조와 누구의 기여가 가장 가치가 있는지를 나타내는 기록되지 않은 권력 및 영향력 라인이 모두 포함된다.

⑤ 통제 시스템(Control Systems)
조직이 통제되는 방식을 말하며. 여기에는 재무 시스템, 품질 시스템 및 보상(조직 내에서 측정 및 배분되는 방식 포함)이 포함된다.

⑥ 권력 구조(Power Structures)
누가 결정을 내리며 그러한 결정이 실제로 어떻게 내려지는지를 결정하는 것이다. 여기에는 한두 명의 주요 고위 경영진, 전체 경영진 또는 부서가 포함될 수 있다. 핵심은 이러한 사람들이 의사 결정, 운영 및 전략적 방향에 가장 큰 영향을 미친다는 사실이다.

2.2 문화 웹의 사용 방법

이러한 문화 웹(Cultural Web)을 사용하여 먼저 현재의 조직 문화를 살펴보고, 다음으로 원하는 문화를 그려 봄으로써 두 가지 사이의 차이점을 찾을 수 있다. 그 차이는 바로 고성과의 조직 문화를 달성하는 데 필요한 변화 요소라고 할 수 있다.

(1) 현재 상태의 문화 분석하기
먼저 각 요소를 개별적으로 살펴보고 각 요소의 지배적인 요소를 결정하는 데 도움이 되는 질문을 스스로에게 해 본다.

① 스토리(Stories)
· 사람들은 현재 조직에 대해 어떤 이야기를 하고 있습니까?

- 고객 및 기타 이해 관계자 사이에 어떤 평판이 전달됩니까?
- 이 이야기들은 당신의 조직이 믿는 것에 대해 무엇을 말합니까?
- 직원들은 회사의 역사를 생각할 때 무엇을 이야기합니까?
- 입사한 신입 사원들에게 어떤 이야기를 해 주나요?
- 이 이야기에는 어떤 영웅, 악당, 독재자가 등장합니까?

예시(자동차 차체 수리 회사)
- 고객 불만이 많고 일을 하는 것으로 알려져 있습니다.
- 스태프들은 창업자가 1,000달러 대출로 회사를 시작했다고 이야기합니다.
- 메시지는 우리가 할 수 있는 가장 저렴한 방법으로 일을 한다는 것입니다.

② 의식과 일과(Rituals and Routines)
- 고객이 방문할 때 무엇을 기대합니까?
- 직원들은 무엇을 기대합니까?
- 바뀌면 즉각적으로 드러나는 것은 무엇인가?
- 이 루틴은 어떤 행동을 장려합니까?
- 새로운 문제에 직면했을 때 사람들은 그것을 해결할 때 어떤 규칙을 적용합니까?
- 이 의식은 어떤 핵심 신념을 반영합니까?

예시(자동차 차체 수리 회사)
- 고객은 기다리는 동안 신문과 커피를 기대하거나 출근길에 차를 마십니다.
- 직원들은 자신의 타임카드를 매우 신중하게 검토하기를 기대합니다.
- 돈에 대한 이야기, 특히 비용 절감에 대한 이야기가 많다.

③ 상징(Symbols)
- 회사 고유의 전문 용어나 언어가 사용됩니까? 이것은 모두에게 얼마나 잘 알려져 있고 사용할 수 있습니까?
- 사용된 상태 기호가 있습니까?
- 고객과 직원의 별도의 관점에서 볼 때 귀하의 조직과 관련된 이미지는 무엇입니까?

예시(자동차 차체 수리 회사)
· 우리는 밝은 빨간색 셔틀 밴을 사용합니다. · 우리는 밝은 빨간색 무료 차량 – 소형, 경제 차량을 제공합니다. · 사장님은 정장이 아닌 작업복을 입습니다.

④ 조직 구조(Organizational Structure)

· 구조가 평면적입니까, 계층적입니까? 공식 또는 비공식? 유기적인가요, 기계적인가요?
· 공식적인 권위 라인은 어디에 있습니까?
· 비공식적인 라인이 있습니까?

예시(자동차 차체 수리 회사)
· 평면 구조 – 소유자, 헤드 정비사, 정비사, 리셉션. · 접수원이 오너의 아내라 고객 불만 사항이 있으면 바로 찾아가는 편이다. · 그것은 각자 자신을 위한 정비사입니다. 도구나 소모품을 공유하지 않고 팀워크가 거의 없습니다.

⑤ 통제 시스템(Control Systems)

· 어떤 프로세스나 절차가 가장 강력하게 통제되고 있습니까? 가장 약한 컨트롤?
· 회사는 일반적으로 느슨하게 또는 엄격하게 통제됩니까?
· 근로자들은 일을 잘하면 보상을 받습니까?, 반대로 나쁜 일을 하면 벌을 받습니까?
· 운영, 재정 등을 통제하기 위해 어떤 보고서가 발행됩니까?

예시(자동차 차체 수리 회사)
· 비용은 고도로 통제되며 고객은 마지막 나사까지 부품에 대해 청구됩니다. · 품질을 강조하지 않습니다. 최소한의 직접 비용으로 작업을 완료하는 것이 목표입니다. · 직원의 견적/견적 금액이 10% 이상 초과되면 직원이 지불합니다.

⑥ 권력 구조(Power Structures)

· 조직에서 실제 권력은 누가 가지고 있는가?

· 이 사람들은 조직 내에서 무엇을 믿고 옹호합니까?

· 누가 결정을 내리거나 영향을 미치는가?

· 이 권력은 어떻게 사용되거나 남용되는가?

> **예시(자동차 차체 수리 회사)**
> · 오너는 저비용 고수익 모델을 믿으며 단골손님을 잃을 각오가 되어 있습니다.
> · 고정 급여의 위협으로 인해 역학이 이 모델에서 계속 작동합니다.

위의 질문에 대한 답을 토대로 기업 문화에 영향을 미치는 요소에 대한 그림을 그리기 시작한다. 이제 웹 전체를 살펴보고 전체 문화에 관해 일반화된 기술을 해야 한다. 기업 문화에 대한 이러한 진술은 다음과 같아야 한다:

- 현재 상태의 문화를 기술한다.
- 웹 전체에 만연한 요인을 밝힌다.

(2) 이상적으로 생각하는 문화 분석하기

현재 문화 웹의 그림이 완성되었으므로 이제 원하는 문화에 대해 생각하면서 과정을 반복해야 한다. 조직의 전략에서 시작하여 조직의 문화가 어떻게 보이길 원하는지, 모든 것이 올바르게 정렬되어야 하는지, 이상적인 기업 문화가 있어야 하는지에 대해 생각해 본다.

(3) 차이점 매핑

이제 두 개의 문화 웹 다이어그램을 비교하고 조직의 전략적 목표 및 목표를 생각하면서 둘 사이의 차이점을 확인한다.

· 현재 문화에 대한 분석을 통해 두드러지게 나타난 문화적 강점은 무엇인가?

· 전략을 방해하거나 서로 맞지 않는 요인은 무엇인가?

· 직장의 건강과 생산성에 해로운 요소는 무엇인가?

· 어떤 요인을 격려하고 강화할 것인가?

· 어떤 요소를 바꿔야 할 것인가?

· 어떤 새로운 신념과 행동을 촉진시킬 필요가 있는가?

(4) 변화의 우선순위를 정하고 이를 해결하기 위한 계획 수립

현재의 문화 웹과 이상적인 문화 웹을 비교한 결과 비록 현재와 미래의 문화 웹 성분 간의 갭(Gap)이 밝혀졌다 하더라도 차이가 밝혀진 모든 문화 성분을 동시에 개선할 수는 없다. 이런 상황에서는 회사와 관련성이 높다고 판단되는 정도를 표시하고 요소별 실행 점수를 가중함으로써 그 결과를 기초로 변화를 위한 문화 웹 요소의 우선순위를 정한다. 이러한 우선순위를 기초로 문화 요소의 변화를 위한 실천 계획을 수립하는 단계로 진행하는 것이 바람직하다.

2.3 문화 웹 사례: Amazon

아마존의 전략 패러다임은 지구에서 가장 고객 중심적인 기업으로 정의된다. 또한 Amazon은 사람들이 온라인에서 사고 싶은 모든 것을 찾고 발견할 수 있는 곳이 되기 위해 노력한다.

① 스토리(Stories)

아마존의 이야기는 창업자의 이야기와 얽혀 있다. 책에 대한 엄청난 수요로 인해 Amazon의 창립자인 Jeff Bezos는 온라인 서점으로 사업을 시작했다. 그는 세계에서 가장 큰 강인 아마존의 이름을 따서 회사 이름을 지었다. 처음에 Bezos는 자신의 서점을 세계에서 가장 큰 서점으로 만들려고 했다. 그러나 인터넷의 미래에 대한 보고서를 읽은 후 그는 온라인 광고를 위해 몇 가지를 더 선택했고 꾸준히 아마존을 오늘날의 가장 큰 온라인 소매업체로 만들었다. Amazon은 웹 사이트에서 A부터 Z까지 모든 것을 제공한다.

② 의식과 일과(Rituals and Routines)

경쟁자와 차별화되는 Amazon의 의식 중 하나는 더 높은 직위를 위해 직원을 고용하는 방식이다. 특히 Amazon은 직원 중 일부를 Bar Raisers로 지정한다. 그들은 채용,

인터뷰, 심지어 후보자 거부까지 책임이 있다. 아마존의 철학에 따르면 그들은 또한 사전 전문 지식이 없는 사람을 고용하여 교육하는 것을 선호한다.

③ 상징(Symbols)

Bezos는 회사 이름이 알파벳 'A'로 시작하여 알파벳 순서로 맨 처음 표시되기를 원했다. 아마존의 A to Z 로고는 또 다른 매력적인 요소이다. 로고는 A에서 Z로 이어지는 미소 모양의 곡선 화살표를 특징으로 한다. 이 기호는 고객의 행복과 A – Z 선택이라는 의미를 전달한다.

④ 조직 구조(Organizational Structure)

Amazon의 조직 계층은 복잡성으로 유명하며 회사의 자회사는 여러 국가에서 자율적으로 운영된다. 회사는 7개 부문에 걸쳐 조직되어 있으며 각 부문은 위의 명령에 응답하고 경쟁보다는 협력을 장려한다.

⑤ 통제 시스템(Control Systems)

Amazon은 유통 센터 전반에 걸쳐 높은 수준의 품질과 생산성을 유지하기 위한 중요한 측정치를 개발했다. 측정치 중 일부는 직원 성과, 시간당 선택 항목, 재고 정확성 등이다. 비용을 불문하고 배송한다는 신조로 인해 Amazon은 처음에 상당한 비용에 직면했다. 향후 손실을 방지하기 위해 Amazon은 주문 확인과 배송 사이의 시간을 계산하기 시작했다.

⑥ 권력 구조(Power Structures)

아마존의 권력은 위에서 아래로 분산되어 있다. 2021년 7월, 아마존의 창업자 Jeff Bezos는 새로운 CEO로 취임한 Andy Jassy에게 경영권을 넘겼다. Jeff Bezos는 현재 이 조직의 집행 위원장을 맡고 있다. 고위 임원 그룹 외에 Amazon의 관리 구조를 아는 사람은 거의 없다. 그럼에도 불구하고 일부 최고 경영진은 분명히 다른 경영진보다 더 많은 통제력을 가지고 있다.

지금까지 조직 문화의 중요성과 문화 웹을 통한 조직 문화의 변화 방법을 알아보았다. 조직의 성과는 크든 작든 조직 문화의 영향을 받는다. 조직의 미래를 위해서는 문화가 매우 중요하다다. Johnson and Scholes의 문화 웹에 따르면 기업 문화는 직원들이 상호 작용하는 방식과 조직이 외부 세계와 상호 작용하는 방식 모두와 연결되어 있다. 강력한 조직 문화의 이점은 복제하기 어렵고 회사에 상당한 경쟁 우위를 제공한다. 문화 웹 모델을 적절하게 구현하면 기업의 문화를 독특하게 만드는 요인과 기업의 성과와 성공을 개선하기 위해 할 수 있는 일이 무엇인가를 이해하는 데 도움이 될 수 있다.

스케일업 스토리(14)

부엌에서 시작한 피부 웰빙 기업 'Absolute Collagen'

Absolute Collagen은 2015년 Maxine Laceby와 그녀의 장녀 Darcy가 직접 만든 뼈 국물에 함유된 콜라겐이 피부와 웰빙에 긍정적인 혜택을 준다는 것을 직접 경험한 후 설립했다. 사업을 시작한 경험이 없는 그녀는 50세의 나이에 부엌에서 순수한 콜라겐 제품을 만들기 시작했다.

그녀의 ADHD가 도움이 되었다며 다음과 같이 말했다. "항상 방법을 찾을 것이기 때문에 그것은 나의 초능력입니다. 숙련된 블렌더에 제품을 가져갔을 때 그들은 효과가 없을 것이라고 생각했지만 주방에서 이를 극복할 방법을 찾았습니다. 2017년에 Absolute Collagen의 해양 콜라겐 레미콘 봉지가 출시되었습니다."

그곳에서 Maxine은 딸 Darcy를 비즈니스의 전문가로 인정하면서 매우 성공적인 소비자 직접 판매 웰빙 브랜드를 빠르게 만들었다. 식탁위에서 출발한 스타트업은 2020년에 1,700만 파운드의 매출을 기록했다. 올해는 이 수치를 두 배로 늘릴 예정이다.

처음부터 소비자에게 직접 판매되는 브랜드였다. "건강 웰빙 제품 판매점인 Holland & Barrett와 Boots에 재고가 필요하다는 말을 들었지만 소비자들은 교육을 받을 필요가 있다는 것을 알고 있었기 때문에 그들과 가까이 지내면서 최상의 서비스를 제공하고 싶었습니다."라고 그녀는 말했다.

2020년 초, 8명의 사람들이 그녀의 집에서 일하면서 차고에서 매일 3,000개의 소포를 포장했다. 현재는 Telford에 창고가 있고 Birmingham에 사무실이 있으며 급여 명부에는 41명이 있다. 2020년 12월, 중견 시장 사모 펀드 회사인 Livingbridge는 1,500만 파운드를 투자하여 Absolute Collagen의 가치를 거의 4,300만 파운드로 평가했으며. 테이블에는 네 가지 제안이 있었다. 그것은 그녀가 2018년에 합류한 NatWest Entrepreneur Accelerator 및 Next Level 프로그램에 참여함으로써 얻은 귀중하면서도 놀라운 여정이었다.

"그것은 저에게 큰 도움이 되었습니다."라고 그녀는 말한다. "서로 다른 비즈니스에서 같은 생각을 가진 사람들과 함께하는 것이 좋았습니다. 이를 통해 제 비즈니스와 제 자신을 다른 관점에서 바라볼 수 있었고 제가 하고 있는 일을 배우고 검증할 수 있었습니다." 그리고 이 프로그램은 그녀에게 사모펀드 Livingbridge와 거래를 하는 것에 대한 이해와 자신감을 주었다. "사모 펀드 투자를 준비하는 과정은 매우 교육적이었습니다."라고 그녀는 말했다. "그것은 그 자체로 훌륭한 과정입니다. 사업주들은 투자를 받든 받지 않든 그것을 거쳐야 합니다."

Absolute Collagen의 성장 계획은 새로운 시장과 신제품 모두에 있다. 실사 과정에서 Livingbridge의 데이터 팀은 영국 시장에서 더 많은 잠재적 영역을 식별했기 때문에 이러한 영역을 예리하게 파악하고 있었다.

글로벌 성장은 천천히 그리고 꾸준히 이루어질 것이다. Absolute Collagen이 프랑스에서 출시된다. "우리는 아마존에 존재해야 하지만 아마존이 내 비즈니스와 고객을 소유하는 것을 원하지 않습니다. 저에게 아마존은 시장 테스트 국가와 신제품 개발을 위한 도구입니다. 소비자에게 직접 판매하는 우리의 모델은 우리가 고객과 매우 좋은 관계를 맺고 있음을 의미합니다. 그들은 브랜드를 옹호하고 우리와 이야기합니다. 내년에는 Absolute Collagen이 새로운 제품 영역에 출시될 예정입니다. 우리의 신제품 개발은 소비자와의 대화를 기반으로 하며 소비자 교육 및 마케팅에 막대한 투자를 할 것입니다. 그리고 회사는 성숙할 것입니다."

현재 Maxine Laceby는 대주주로 남아 있지만 CEO로 남아 있지는 않다. 그녀의 딸들이 사업에 남아 있다: Darcy는 브랜드 책임자로, 21세의 Margot은 크리에이티브 팀에 있다.) "투자자들과 이야기를 나눴을 때, 저는 제가 앞으로 비즈니스의 CEO가 되기에 적합한 사람이 아니라는 점을 분명히 했습니다. 입증된 실적을 가진 사람이 필요했습니다. 그리고 사모펀드 회사들은 그 말을 듣는 것을 좋아했는데, 그것은 내가 나 자신과 내 사업을 알고 있다는 것을 의미했기 때문입니다. 새로운 CEO가 곧 임명될 것으로 예상됩니다."

Maxine Laceby는 자신이 성취한 것을 인정하지만 그녀 주변의 팀에 중점을 둔다. 그녀가 훌륭했던 부분은 "내가 탁월하지 않은 부분을 알고 있었기 때문에 처음 시작했을 때 노트북을 거의 켤 수 없었습니다. 그러나 이것은 온라인 비즈니스입니다." 어쩌면 그녀는 25년 동안 어머니로 살아온 데서 비롯된 것 같다고 회상한다. "엄마가 되는 것과 기업가가 되는 것 사이에는 차이가 없다"고 그녀는 말한다. "당신이 이끄십시오. 모든 사람이 괜찮은지 확인하십시오. 그리고 열심히 일하십시오."

※ 자료원: www.scaleupinstitute.org.uk/stories

참고 문헌

제1장

김준영, 김혜진. (2019). 벤처 생태계의 스케일업과 패러다임 변화, KDB산업 은행 산은조사 월보, 제768호.

산업은행. (2019). 주요국의 스타트업(Startup) 지원 방식과 시사점, 산은조사월보, 제761호.

손가녕. (2019). 「주요국의 스케일업 지원 정책과 시사점」, 제31권 2호 통권 685호. 과학기술정책연구원.

조덕희. (2014). 창업기업의 고용 창출 성과 및 정책 과제, 보고서, 산업 연구원.

중소기업청. (2014). 2014년도 창업 지원 사업.

중소벤처 기업부. (2021). 한국 창업 생태계의 변화 분석.

중소벤처 기업부. (2023). 보도자료, 2022년 국내 거대신생기업(유니콘 기업).

통계청. (2007). 전국사업체조사.

통계청. (2012). 전국사업체조사.

통계청. (2019). 기업생멸행정통계.

통계청. (2022). 2021년 기업생멸행정통계.

Autio, E., & Hölzl, W. (2008). Addressing challenges for high-growth companies: summary and conclusions of the Europe INNOVA gazelles innovation panel: drivers and challenges for innovation performancve at the sector level. Office for Official Publications of the European Communities.

CB Insights. (2023). Global Unicorn Club.

Coutu, S. (2014). The scale up report on UK economic growth, An independent report to the UK government. http://www.scaleupreport.org/scaleup-report.pdf

Isenberg, D. (2017). "스타트업을 넘어 스케일업으로". 중소벤처 기업부 주관, 중소·벤처 성장생태계 육성(Scale Up) 워크숍.

Kane, T. (2010). "The importance of Startups in Job Creation and Job Destruction", KAUFFMAN Foundation Research Series.

Kauffman Foundation. (2010). High-Growth Firms and the Future of the American Economy.

NESTA. (2009). Annual report and accounts 2008/09.

PWC/CB Insights. (2018). "MoneyTree Report Q4 2017.

PWC/CB Insights. (2019). "MoneyTree Report Q4 2018.

SBA(2014). Scale-up America, 2014. 11.

Stangler, D., & Kedrosky, P. (2010). "Neutralism and Entrepreneurship : The Structural Dynamics of Startups, Young Firms, and Job Creation", Kauffman Foundation Research Series.

https://www.scaleupinstitute.org.uk/

제2장

정보통신기술진흥센터. (2018). 주요국의 스케일업 지원정책, 해외 ICT R&D 정책 동향.

중소벤처 기업부. (2019). 관계 부처 합동(2019). 제2벤처 붐 확산 전략, '19.3.6.

홍대웅, 전병훈. (2019). 글로벌 창업기업 스케일업(Scale-up) 지원 정책 분석을 통한 국내 스케일업 정책 방향에 관한 연구, 벤처 창업 연구 제14권 제6호 (통권66호), 11-27.

CB Insights. (2023). Global Unicorn Club.

Coutu, S. (2014). The Scale-up Report: on UK Economic Growth.

European Commission. (2016), the Start-up and Scale-up Initiative, 2016.

European Commission. (2018), FactSheet VentureEU.

https://lafrenchtech.com/en/
https://technation.io/
https://www.bpifrance.com/
https://www.germanaccelerator.com/
https://www.scaleupinstitute.org.uk/

제3장

Anyadike-Danes, M., Bonner, K., Hart, M., & Mason, C. (2009). Measuring Business Growth: High-growth firms and their contribution to employment in the UK, NESTA.

Arrighetti, A., & Lasagni, A. (2013). Assessing the determinants of high-growth manufacturing firms in Italy. International Journal of the Economics of Business, 20(2), 245-267.

Bamiatzi, V. C., & Kirchmaier, T. (2014). Strategies for superior performance under adverse conditions: A focus on small and medium-sized high-growth firms. International Small Business Journal, 32(3), 259-284.

Barringer, B. R., Jones, F. F., & Neubaum, D. O. (2005). A quantitative content analysis of the characteristics of rapid-growth firms and their founders. Journal of business venturing, 20(5), 663-687.

Chandler, G. N., Broberg, J. C., & Allison, T. H. (2014). Customer value propositions in declining industries: Differences between industry representative and high-growth firms. Strategic Entrepreneurship

Journal, 8(3), 234–253.

Chinta, R., & Kloppenborg, T. J. (2010). Projects and processes for sustainable organizational growth. SAM Advanced Management Journal, 75(2), 22.

Coeurduroy, R., & Murray, G. (2008). Institutional environments and the location decisions of start-ups: evidence from the first international market entries of new technology-based firms. Journal of International Business Studies, 39, 625–646.

Crossan, M. M., & Apaydin, M. (2010). A multi-dimensional framework of organizational innovation: A systematic review of the literature. Journal of management studies, 47(6), 1154–1191.

Delmar, F., McKelvie, A., & Wennberg, K. (2013). Untangling the relationships among growth, profitability and survival in new firms. Technovation, 33(8–9), 276–291.

Dwyer, B., & Kotey, B. (2016). Identifying high growth firms: Where are we?. Journal of Management & Organization, 22(4), 457–475.

Espitia-Escuer, M., García-Cebrián, L. I., & Muñoz-Porcar, A. (2015). Location as a competitive advantage for entrepreneurship an empirical application in the Region of Aragon (Spain). International Entrepreneurship and Management Journal, 11, 133–148.

Feeser, H. R., & Willard, G. E. (1990). Founding strategy and performance: A comparison of high and low growth high tech firms. Strategic management journal, 11(2), 87–98.

Fujita, M., & Thisse, J. F. (2002). Agglomeration and market interaction. Available at SSRN 315966.

Gabrielsson, J., Dahlstrand, Å. L., & Politis, D. (2014). Sustainable high-growth entrepreneurship: a study of rapidly growing firms in the Scania region. The International Journal of Entrepreneurship and

Innovation, 15(1), 29-40.

Garnsey, E., Stam, E., & Heffernan, P. (2006). New firm growth: Exploring processes and paths. Industry and innovation, 13(1), 1-20.

Giner, J. M., Santa-María, M. J., & Fuster, A. (2017). High-growth firms: does location matter?. International Entrepreneurship and Management Journal, 13, 75-96.

Goedhuys, M., & Sleuwaegen, L. (2010). High-growth entrepreneurial firms in Africa: a quantile regression approach. Small Business Economics, 34, 31-51.

Harms, R., & Ehrmann, T. (2009). Firm-level entrepreneurship and performance for German Gazelles. International journal of entrepreneurial venturing, 1(2), 185-204.

Heidemann, M. (2018). Identifying the growth determinants of high-growth firms: a systematic literature review (Master's thesis, University of Twente).

Hinton, M., & Hamilton, R. T. (2013). Characterizing high-growth firms in New Zealand. The International Journal of Entrepreneurship and Innovation, 14(1), 39-48.

Lee, N. (2014). What holds back high-growth firms? Evidence from UK SMEs. Small Business Economics, 43, 183-195.

Li, H. H. J., Tan, K. H., & Hida, A. (2011). Sustaining growth in electronic manufacturing sector: lessons from Japanese mid-size EMS providers. International Journal of Production Research, 49(18), 5415-5430.

Li, M., Goetz, S. J., Partridge, M., & Fleming, D. A. (2016). Location determinants of high-growth firms. Entrepreneurship & Regional Development, 28(1-2), 97-125.

Liberati, A., Altman, D. G., Tetzlaff, J., Mulrow, C., Gøtzsche, P. C., Ioannidis,

J. P., ... & Moher, D. (2009). The PRISMA statement for reporting systematic reviews and meta-analyses of studies that evaluate health care interventions: explanation and laboration. Annals of internal medicine, 151(4), W-65.

Littunen, H., & Tohmo, T. (2003). The high growth in new metal-based manufacturing and business service firms in Finland. Small business economics, 21, 187-200.

Kelly, R., & Kim, H. (2018). Venture capital as a catalyst for commercialization and high growth. The Journal of technology transfer, 43, 1466-1492.

Mascarenhas, B., Kumaraswamy, A., Day, D., & Baveja, A. (2002). Five strategies for rapid firm growth and how to implement them. Managerial and Decision Economics, 23(4-5), 317-330.

Mason, C., Brown, R., Hart, M., & Anyadike-Danes, M. (2015). High growth firms, jobs and peripheral regions: the case of Scotland. Cambridge Journal of Regions, Economy and Society, 8(2), 343-358.

Mohr, V., Garnsey, E., & Theyel, G. (2014). The role of alliances in the early development of high-growth firms. Industrial and Corporate Change, 23(1), 233-259.

Mthimkhulu, A., & Aziakpono, M. (2016). What characterises high-growth firms in South Africa? Evidence from World Bank Enterprise Survey. South African Journal of Business Management, 47(4), 71-81.

Ng, P. Y., & Hamilton, R. T. (2016). Experiences of high-growth technology firms in Malaysia and New Zealand. Technology Analysis & Strategic Management, 28(8), 901-915.

Niosi, J. (2002). National systems of innovations are "x-efficient"(and x-effective): Why some are slow learners. Research policy, 31(2), 291-302.

O'Regan, N., Ghobadian, A., & Gallear, D. (2006). In search of the drivers of high growth in manufacturing SMEs. Technovation, 26(1), 30-41.

Román, J. J., Cancino, C. A., & Gallizo, J. L. (2017). Exploracion de las caracteristicas y oportunidades de empresas vitivinicolas de rapido crecimiento en Chile. Estudios Gerenciales, 33(143), 115-124.

Rosenthal, S. S., & Strange, W. C. (2004). Evidence on the nature and sources of agglomeration economies. In Handbook of regional and urban economics (Vol. 4, pp. 2119-2171). Elsevier.

Satterthwaite, S., & Hamilton, R. T. (2017). High-growth firms in New Zealand: Superstars or shooting stars?. International Small Business Journal, 35(3), 244-261.

Savarese, M. F., Orsi, L., & Belussi, F. (2016). New venture high growth in high-tech environments. European Planning Studies, 24(11), 1937-1958.

Segarra, A., & Teruel, M. (2014). High-growth firms and innovation: an empirical analysis for Spanish firms. Small Business Economics, 43, 805-821.

Stangler, D. (2010). High-growth firms and the future of the American economy. Available at SSRN 1568246.

Upton, N., Teal, E. J., & Felan, J. T. (2001). Strategic and business planning practices of fast growth family firms. Journal of small business management, 39(1), 60-72.

Walker, J. (2010). The use of performance-based remuneration: High versus low-growth firms. Australian Accounting Review, 20(3), 256-264.

Willard, G. E., Krueger, D. A., & Feeser, H. R. (1992). In order to grow, must the founder go: A comparison of performance between founder and non-founder managed high-growth manufacturing firms. Journal of Business Venturing, 7(3), 181-194.

제4장

Bass, F. M. (1969). A new product growth for model consumer durables. Management science, 15(5), 215-227.

Beal, G. M., & Bohlen, J. M. (1957). The diffusion process (pp. 111-1211956). Agricultural Experiment Station, Iowa State College.

Mahajan, V., Muller, E., & Wind, Y. (Eds.). (2000). New-product diffusion models (Vol. 11). Springer Science & Business Media.

Moore, G. A. (1991). Crossing the Chasm: Marketing and Selling High-Tech Goods to Mainstream Customers. New York: Harper Business.

OECD. (2007). Eurostat-OECD Manual on Business Demography Statistics.

Phadke, U., & Vyakarnam, S. (2017). Camels, Tigers & Unicorns: Re-Thinking Science And Technology-Enabled Innovation. World Scientific.

Rogers, E. M. (1962). Diffusion of innovations(1st ed.). New York: Free Press of Glencoe.

Rogers, E. M. (2003). Diffusion of Innovations(5th ed.). Simon and Schuster.

Schumpeter(1942). Capitalism, Socialism and Democracy. Vol. 36, Harper & Row,York, 132-145.

제5장

중소벤처 기업부. (2018). 글로벌 강소기업 운영 지침

OECD. (2013). An International Benchmarking Analysis of Public Programes for High-Gro wth Firms, Final Report.

Hermann, S. (1996). Hidden Champions of the Twenty-First Century: The Success Strategies of Unknown World Market Leaders. Springer.

www.GrowthWheel.com.

제6장

BABSON. (2016). Economic Development Entrepreneurship Programs.

Davies, M. (2014). Russian Vanity Projects Lose Lustre. Irish Times, May 26.

Feige, D. (2014). Start-Up Chile: A Critical Analysis. International Affairs Forum, June.

Hathaway, I., & Litan, R. (2014). Declining Business Dynamism in the United States: A Look at States and Metros. The Brookings Institution.

Isenberg, D. (2011). Seeding Entrepreneurship: How to Create a Venture Finance Ecosystem. The Economist Idea Economy, November 2.

Isenberg, D. (2014). For a Booming Economy, Bet on High Growth Firms, Not Small Business, Harvard Business Review.

Isenberg, D. & Onyemah, V. (2016). Fostering Scale Up Ecosystems for Regional Economic Growth – Innovations Case Narrative: Manizales-Mas and Scale Up Milwaukee, Global Entrepreneurship Congress.

World Economic Forum. (2015). Leveraging Entrepreneurial Ambition and Innovation, January.

제7장

Balfour, B. (2013). Traction vs Growth, https://brianbalfour.com/essays/traction.vs.growth.

Love, H. (2016). The start-up J Curve: The six steps to entrepreneurial success. Greenleaf Book Group.

Brown, M. (5). Phases of the startup lifecycle: Morgan Brown on what it takes to grow a startup. In Growth Marketing Conference.

Blank, S. (2015). What do I do now? The startup life cycle.

Boeker, W. (1988). Organizational origins: Entrepreneurial and environmental imprinting of the time of founding. University of Illinois at Urbana-Champaign's Academy for Entrepreneurial Leadership Historical Research Reference in Entrepreneurship.

Bruton, G. D., & Rubanik, Y. (2002). Resources of the firm, Russian high-technology startups, and firm growth. Journal of Business Venturing, 17(6), 553-576.

Colombo, M. G., & Piva, E. (2008). Strengths and weaknesses of academic startups: a conceptual model. Engineering Management, IEEE Transactions on, 55(1), 37-49.

Salamzadeh, A., Farsi, J. Y., Motavaseli, M., Markovic, M. R., & Kesim, H. K.(2015). Institutional factors affecting the transformation of entrepreneurial universities. International Journal of Business and Globalisation, 14(3), 271-291.

Tanha, D., Salamzadeh, A., Allahian, Z., & Salamzadeh, Y. (2011). Commercialization of university research and innovations in Iran: obstacles and solutions. Journal of Knowledge Management, Economics and Information Technology, 1(7), 126-146.

Van Gelderen, M., Thurik, R., &Bosma, N. (2005).Success and risk factors in the pre-startup phase. Small Business Economics, 24(4), 365-380.

제8장

Kocher, C. (2019). 4 Ways to Improve Cash Flow When Scaling Up Your Company, The Transformation Company. https://thetransformation.

company/ 4-ways-to-improve-cash-flow-when-scaling-up-your-company/

Collins, J. (2001). Good to Great : Why Some Companies Make the Leap...And Others Don't. Harper Business,

Hoppe, M. (2019). How to overcome the risks of scaling up a business, PLANNING & MANAGEMENT. https://insidesmallbusiness.com.au/management/planning-management/how-to-overcome-the-risks-of-scaling-up-a-business

Branson, R. (2017). Scaling Branson Style by Richard Branson, Founder Magazine. Startup Genome. (2011). Startup Genome Report Extra on Premature Scaling.

Blank, S. (2013). The Four Steps to the Epiphany(2nd ed.). K&S Ranch

https://www.cleveroad.com/blog/how-to-scale-a-startup-complete-guide-for-entrepreneurs

https://blog.growthinstitute.com/scale-up-blueprint/startup-to-scaleup Inc.com

https://www.inc.com/neil-patel/7-ways-to-prepare-your-startup-to-scale-up.html

https://integrio.net/blog/how-to-scale-a-startup

https://www.pwc.com/gx/en/services/entrepreneurial-private-business/small-business-solutions/blogs/the-secret-to-successful-scale-up-financing.html

https://sloboda-studio.com/blog/how-to-scale-your-startup-or-business-effectively/

https://startupeuropepartnership.eu/

제9장

Blank, S. (2013). The Four Steps to the Epiphany. Successful Strategies for Products that Win. Pescadero, CA; K&S Ranch.

Davidow, W. H. (1986). Marketing High Technology: An Insider's View. New York: Free Press.

MasterClass. (2022). Agile Leadership in Organizations: 4 Qualities of Agile Leaders. https://www.masterclass.com/articles/agile-leadership

Moore, G. (2002). Crossing the Chasm: Marketing and Selling Technology Products to Mainstream Customers, rev. ed. New York: Harper Business.

Rogers, E. M. (1962). Diffusion of Innovations. Glencoe: Free Press

제10장

Burgelman, R. A., & Grove, A. (2012). Strategic dynamics: three key themes. Christensen, C. (1997). The Innovator's Dilemma. Harvard Business University Press

Dixit, A. K., & Nalebuff, B. (2008). The art of strategy: a game theorist's guide to success in business & life. WW Norton & Company.

European scale-up report(2020). Edited by Veroniek, Sophie & Thomas, VLERICK Business School.

Hamel, G., & Prahalad, C. K. (1990). The core competence of the corporation. Harvard business review, 68(3), 79-91.

Johnson, P. (2007). Astute competition: The economics of strategic diversity (Vol. 11). Elsevier.

Lafley, A. G., & Martin, R. L. (2013). Playing to win: How strategy really works. Harvard Business Press.

Phadke, U., & Vyakarnam, S. (2017). Camels, Tigers & Unicorns: Re-Thinking Science And Technology-Enabled Innovation. World Scientific.

Porter, M.E. (1985) Competitive Advantage: Creating and Sustaining Superior Performance. New York

Teece, D. J., Pisano, G., & Shuen, A. (1997). Dynamic capabilities and strategic management. Strategic management journal, 18(7), 509-533.

제11장

오대석(2022). 매일경제, 소프트웨어 업계 화두…'사스'를 아시나요? [Digital+]

Aaker, D. A., & Keller, K. L. (1990). Consumer evaluations of brand extensions. Journal of marketing, 54(1), 27-41.

Blattberg, R. C., & Deighton, J. (1996). Manage marketing by the customer equity test. Harvard business review, 74(4), 136-144.

Gartner(2022). Report: Top Strategic Technology Trends for 2022.

Kamakura, W. A., & Russell, G. J. (1991). Measuring consumer perceptions of brand quality with scanner data: Implications for brand equity. (No Title).

Lemon, K. N., Rust, R. T., & Zeithaml, V. A. (2001). What drives customer equity?. Marketing management, 10(1), 20-25.

INBOUND. (2021). Jay Schwedelsonhttps://www.inbound.com/speakers

HubSpot. (2022). The HubSpot Blog's 2022 Video Marketing Report [Data from 500+ Video Marketers]

Skok, M. J. (2016). Harvard i-Labs: Go to Market Strategy.

Godin, S. (2019). This Is Marketing: You Can't Be Seen Until You Learn to See, Portfolio; Illustrated.

Rust, R. T., Zeithaml, V. A., & Lemon, K. N. (2000). Driving Customer Equity: How Customer Lifetime Value Is Reshap-ing Corporate Strategy. New

York: The Free Press.

https://awware.co/blog/go-to-market-gtm-strategy/
https://gotomarketlauncher.com/videos/harvard-ilabs-gtm-strategy-michael-skok-part-1/
https://MATTHEW MAY.com
https://www.wix.com/blog/2021/12/marketing-strategies/

제12장

https://anvyl.com/
https://basecamp.com/
https://goshippo.com/
https://hive.com/
https://slack.com/intl/ko-kr/
https://trello.com/
https://www.inflowinventory.com/
https://www.intercom.com/about
https://www.nextmatter.com/
https://www.nextmatter.com/blog/operations-tools-for-fast-growing-businesses
https://www.notion.so/ko-kr
https://www.pandadoc.com/
https://www.pipedrive.com/
https://www.xero.com/
https://www.zendesk.com/
https://zapier.com/customer-stories/calendly

제13장

CB Insight. (2021). How To Value A Company: An In-Depth Guide To The Business Valuation Process.

Dovgopoliy, D. (2019). Startup Vauation.

Phadke, U., & Vyakarnam, S. (2017). Camels, Tigers & Unicorns: Re-Thinking Science And Technology-Enabled Innovation. World Scientific.

Sahlman, W. A., & Scherlis, D. (1987). Method for Valuing High-Risk. Long-Term Investments: The Venture Capital Method, Harvard Business School Background No te 288-006, July 1987. (Revised October 2009).

https://medium.com/humble-ventures
https://medium.com/parisoma-blog
http//techcrunch.com
https://training-nyc.com/learn/financial-modeling/dcf-modeling

제14장

Belbin, R. M. (2013). Changing the way we work. Routledge.

Chatman, J. A., Caldwell, D. F., O'Reilly, C. A., & Doerr, B. (2014). Parsing organizational culture: How the norm for adaptability influences the relationship between culture consensus and financial performance in high-technology firms. Journal of Organizational Behavior, 35(6), 785-808.

Drath, W. H., McCauley, C. D., Palus, C. J., Van Velsor, E., O'Connor, P. M., & McGuire, J. B. (2008). Direction, alignment, commitment: Toward a more integrative onto logy of leadership. The leadership quarterly, 19(6),

635-653.

Greiner, L. E. (1998). Evolution and revolution as organizations grow. Harvard business review, 76(3), 55-64.

Phadke, U., & Vyakarnam, S. (2017). Camels, Tigers & Unicorns: Re-Thinking Science And Technology-Enabled Innovation. World Scientific.

Prahalad, C. K., & Hamel, G. (1997). The core competence of the corporation (pp. 969-987). Physica-Verlag HD.

https://www.mindtools.com/pages/article/newSTR_90.htm